영토해양 국제판례 연구

독도연구소 편

박영사

머 리 말

2016년 필리핀과 중국 간 남중국해 분쟁에 대한 헤이그 중재재판소의 판정은 국제사회의 이목을 집중시킨 세기의 판결이었다. 그것은 특히 우리의 독도주권에 대해 임의관할을 원칙으로 하는 국제사법재판소에 대한 제소 주장 등 일본의 상시적인 도발행위와 결부되어 국민적 관심과 사회적 반향을 불러일으킴으로써 영토해양 관련 국제판례에 대한 학술적 연구를 제고하는 주요한 계기로 자리매김하게 되었다.

영토해양 관련 국제판례에 대한 연구는 3면이 바다로 둘러싸인 해양국가로서 우리나라의 지정학적 특성이라는 측면에 더하여 실제적인 국제법의 운용과 법리의 적용에 대한 검토를 통한 시사점의 도출이라는 측면에서 그 중요성은 아무리 강조해도 지나침이 없다고 할 것이다.

그러한 전제에서 전원 국제해양법 전문가로 구성된 본 연구서의 집필진은 영토해양 관련 대표적인 국제판례로 최신사례인 2016년 남중국해 중재판정을 포함하여 도서영유권, 해양경계, 국경분쟁을 대표하는 총 31건의 사례를 선정하여 공동연구를 진행해 왔다. 국제재판소의 해당 판례로는 국제사법재판소(ICJ), 상설중재재판소(PCA), 상설국제사법재판소(PCIJ)의 순으로 각각 15건, 15건, 1건으로 영토해양 분야 국제판례에서의 변화의 추이가 반영되고 있는 것으로 보인다.

집필진의 최초의 구상은 지금까지 국내에 소개된 적이 없는 영토해양 국제판례의 원문 전체를 번역하고 이에 대한 판례연구서를 시리즈로 출간하는 것이었다. 그러나 일부 국제판례의 경우 개별 사례가 수권의 판례연구서에 해당하는 분량으로 그 내용이 방대하다는 점에서, 본 연구서는 집필진이 담당한 판례별 원문 전체에 대한 번역을 원칙으로 원문에 충실하면서도 복잡다기한 영토해양 국제판례를 처음으로 학습하는 초학자들이 쉽게 이해할 수 있는 통일된 집필 기준을 마련하여 이를 엄수한 노작임을 언급하고자 한다.

요컨대 국제해양법 분야 연구의 지침서로서 영토해양 국제판례를 분석함에 있어 판례연구의 전형적인 프레임을 적용하여, Ⅰ. 사실관계(Fact), Ⅱ. 쟁점(Issue), Ⅲ. 판결(Decision), Ⅳ. 평석(Commentary) 순으로 각 판례별 연구성과의 핵심 논지를 쉽고 체계적으로 이해할 수 있도록 서술함과 아울러 내용면에서도 과부족 없이 수록함으로써 독자제현의 이해를 돕고자 하였다.

모쪼록 영토해양 분야에서의 최신사례까지 대표적인 국제판례를 망라하고 있는 본 연구서를 통해 유관 분야 실무자뿐만 아니라 법학전문대학원 연구자들을 비롯한 국제법 초학자들도 폭넓게 활용함으로써 영토해양 관련 전문가 및 연구자의 학술적 역량을 제고하는데 기여할 수 있기를 기대해 마지않는다.

끝으로 『영토해양 국제판례 연구』가 나오기까지 어려운 판례에 대해 옥고를 집필해 주신 국제해양법 학자 여러분의 노고에 집필자를 대표하여 깊이 감사드린다. 그리고 본 연구서가 갖는 영토해양 연구의 지침서적 가치를 공감하고 흔쾌히 출판해준 도서출판 박영사와 담당자 여러분들의 노고에도 깊은 사의를 표한다.

2017년 12월 집필자를 대표하여
동북아역사재단 연구위원 도시환

목　차

제1장　도서영유권

제2장　해양경계

제3장 국경분쟁

부 록

제 1 장

도서영유권

팔마스섬 사건(네덜란드/미국)

The Island of Palmas Case(Netherlands v. USA), RIAA Vol. II(1928)

도시환(동북아역사재단)

Ⅰ. 사실관계

팔마스섬 사건(1928)은 팔마스섬의 주권에 대한 미국과 네덜란드 사이의 분쟁으로, 양국이 체결한 특별협정에 따라 헤이그 소재 상설중재재판소 (Permanent Court of Arbitration)에 회부되어 중재판정이 내려졌다. 팔마스섬은 단일의 고립된 섬으로 특별협정 전문에 그 위도와 경도가 정확히 적시되어 있으며, 당사국들이 제출한 증거에 의하면 필리핀제도의 민다나오섬과 나누사군도 최북단의 섬(네덜란드령 동인도) 사이의 중간 지점에 위치해 있다.

분쟁의 기원은 1906년 1월 21일 당시 필리핀군도의 모로 지방 총독이었던 레너드 우드(Leonard Wood)장군이 팔마스섬을 방문하던 중 네덜란드 국기가 게양된 사실과 관련하여 상부에 보고하면서 시작되었다. 1898년 12월 10일 미국과 스페인 사이에 체결된 평화조약 제3조에 의하여 미국에 할양된 "필리핀제도"의 범위에 포함되는 팔마스섬이 동시에 네덜란드의 동인도회사가 소유한 영토의 일부를 형성하는 것으로 간주되면서 분쟁이 발생하였다. 양국은 1906년 3월 31일 교섭을 시작하여 1925년 1월 23일 중재재판을 위한 특별협정을 체결하였고, 이를 통해 선임된 Max Huber 중재재판관이 1928년 4월 4일 중재판정을 내렸다.

　　이 사건에서 미국은 필리핀에 대한 스페인의 권리의 승계자로서 일차적으로 그 권원의 근거를 발견에 두고 있다. 미국이 취득한 주권의 존재는 가장 신뢰할 만한 지도제작자와 저술가뿐만 아니라 스페인과 네덜란드가 체약국인 1648년 뮌스터조약에 의해서도 확인된다는 것이다. 또한 국제법상 취득된 권원을 소멸시킬 만한 사유가 발생한 바 없으며, 1898년 12월 10일자 조약에 의하여 스페인이 미국에 필리핀을 할양한 시점의 상태가 유지되었다는 것이다. 이러한 상황하에서 정확히 팔마스섬에 대한 주권의 실제적 행사를 표명하는 사실들을 확립할 필요는 없으며, 미국은 팔마스섬이 필리핀제도의 지리적 일부를 구성하므로 인접성의 원칙에 따라서 필리핀에 대한 주권을 가지는 국가에게 속한다고 주장하였다.

　　이에 대하여 네덜란드는 1677년부터 혹은 1648년 이전 시기인 식민지 개척의 초기부터 동인도회사에 의하여 대표되는 네덜란드가 주권을 행사하며 점유하였다고 주장하였다. 이러한 주권은 Sangi섬(Talautse제도의 주도)의 원주민 추장들과 체결한 협약으로부터 발생한 것으로서, 이 협약은 팔마스섬을 포함하는 영토에 대한 네덜란드의 종주권을 확립하는 것이었다. 따라서 이러한 상황은 국제조약들에 의해 효력을 인정받았다고 주장하였다.[1]

Ⅱ. 쟁　점

　　중재재판소에 제기된 팔마스섬 사건의 주요 쟁점을 정리하면 다음과 같다.

　　첫째, 미국은 청구권의 직접적인 근거로 파리조약에 의하여 발생된 할양이라는 권원을 주장하였다. 이 할양에 의하여 파리조약 제3조에 표시된 지역에서 스페인이 가진 주권의 모든 권리가 미국으로 이전되었으며 따라서 팔마스섬에 관한 모든 권리도 미국으로 이전되었다는 것이다. 그러나 파리조약이 체결되고 발효할 당시 팔마스섬에 관한 주권은 확정되지 않았던 점에서 파리조약의 체결과 통보로 인한 네덜란드의 권리에 대한 저촉여부의 문제를 검토해야 한다.

---

1) *Island of Palmas* Case(Netherlands v. USA), (1928) Ⅱ RIAA 829, pp. 836~838.

둘째, 미국은 스페인의 승계국으로서 발견이라는 권원을 주장하였다. 즉 팔마스섬에 대한 스페인의 권원은 발견이며, 스페인은 이미 16세기에 팔마스섬을 발견했다는 것이다. 그러나 당시의 실정법이 합리적인 기간 내에 실제적이고 지속적인 점유라는 부가적인 행위없이 발견이라는 미성숙 권원(inchoate title) 자체에 대해 법률상의 영토주권을 수반하는 것으로 보는 경우 주권은 결정적 기일(critical date) 즉 파리조약 체결 및 발효 시점에 존재했는가 하는 문제를 검토해야 한다.

셋째, 미국은 조약에 의한 승인을 근거로 팔마스섬에 대한 주권을 주장하였다. 미국이 원용한 조약은 스페인과 네덜란드 사이의 평화상태를 수립한 1648년 1월 30일자 평화조약(뮌스터조약)이며, 이 조약 제5조는 동인도와 서인도에 관하여 스페인과 네덜란드 사이의 영토관계를 규정하고 있다. 그러나 원용하고 있는 조약이 분쟁대상인 팔마스섬에 대해 언급하고 있지 않으므로 영토주권의 존재가 여타 사실들에 의하여 충분히 유효하게 확립되었는가 하는 문제를 검토해야 한다.

넷째, 미국은 인접성으로부터 발생하는 권원을 주장하였다. 미국에 따르면 팔마스섬은 필리핀의 지리적 일부를 구성하며, 따라서 이 섬은 필리핀에 대한 주권을 가진 국가인 스페인에 속했다는 것이다. 그러나 인접성의 원칙은 영토주권의 문제와 관련하여 타국을 배제하는 권리와 자국의 권한을 행사할 의무 사이의 상충관계를 해결하는 법적 방법으로서 정확성이 결여되어 있으며 그 적용에 있어서 자의적인 결과를 도출할 수 있는 문제를 검토해야 한다.

다섯째, 네덜란드는 동인도회사가 이미 17세기에 Talautse제도의 주도(主島)인 Sangi섬의 원주민 추장들과 체결한 협약에 의하여 팔마스섬에 대한 네덜란드의 주권을 확립했다고 주장하였다. 타부칸과 타루나의 원주민 추장들과의 협약은 1677년, 1697년, 1720년, 1758년에 체결되었고 1828년과 1899년에는 네덜란드와 원주민 추장 사이에 체결되었다. 그러나 동인도회사가 원주민 추장들과 체결한 협약이 국제법상 유효한 것인가의 문제를 검토해야 한다.

여섯째, 네덜란드는 과거 2세기 동안 팔마스섬에 대한 네덜란드의 주권이

계속 행사되었다고 주장하였다. 네덜란드는 자국 항해자들이 발견한 팔마스섬
이 타부칸에 속한다는 1677년 진술을 비롯하여, 1700년 자국 선박의 지휘관이
원주민에게서 1681년 타부칸 추장의 문서를 수령한 사실, 이 섬이 타루나의 일
부라는 언급이 포함된 1857년 메나도 지사의 보고 등을 제시했다. 그러나 국가
권한 행사의 법적 결함 여부와 미국이 제시하는 권원과의 우위 문제를 검토해
야 한다.

Ⅲ. 판　　결

당사국의 주장에 대한 검토를 통해 중재판정이 도출한 결론은 다음과
같다.

1. 미국의 주장에 대한 검토

팔마스섬에 대한 미국의 주권 주장은 파리조약에 따른 할양에 의하여 스
페인으로부터 취득했다는 것이다. 파리조약은 할양의 범위 안에 분쟁 대상인
섬을 포함하고 있으나, 이 범위에 관해 네덜란드의 유보나 항의가 없었음에도
불구하고 동 조약은 기존에 스페인에게 부여되지 않았던 여하한 주권의 권원
도 미국을 위하여 창설할 수는 없다. 따라서 핵심 논점은 파리조약이 발효될
당시에 스페인이 팔마스섬에 대한 주권을 가지고 있었는지 여부를 결정하는
것이다.

미국의 주장은 발견, 조약에 의한 승인 및 인접성과 같은 주권의 취득으로
유도하는 행위 또는 상황에 관한 권원들에 입각해 있다. 그러나 미국은 그렇게
취득된 주권이 항상 실효적으로 행사되었다는 사실을 확립하지 못했다.

먼저 미국이 스페인의 승계자로서 그와 대등한 또는 그보다 더 강한 권
원을 제시하는가를 살펴보아야 한다. 이것에 대해서는 부정적으로 답변하게
된다.

발견의 권원은 그것이 뮌스터조약과 위트레흐트조약에 의하여 이미 처리

되지 않았다면 가장 우호적이고 가장 확장된 해석에 따르더라도, 실효적 점유에 의하여 주권을 확립할 청구권으로서의 미성숙 권원으로서만 존재한다. 그러나 미성숙 권원은 주권의 계속적이고 평화적인 행사에 입각한 확정적 권원에 우선할 수 없다.

영토주권의 기초로 이해되는 인접성의 권원은 국제법상 근거가 없다.

조약에 의한 승인의 권원은 적용되지 않는다. 그것은 Miangas의 종속과 더불어 Sangi 국가들이 1648년에 스페인에 의하여 소유되고 점유되었다고 보더라도 뮌스터조약으로부터 도출되는 스페인의 권리들은 위트레흐트조약에 의하여 취득된 것들에 의하여 대체되었을 것이기 때문이다. 이제 1714년 팔마스섬에 관한 점유상태의 증거가 있다면, 그것은 네덜란드에 유리한 것이다. 그러나 위트레흐트조약을 고려하지 않는 경우에도, 1677년 이후에 창설된 상황에 대한 스페인의 묵인은 현재로서는 스페인과 그 승계자로부터 계속 협약상의 권리들을 원용할 가능성을 박탈할 것이다.

2. 네덜란드의 주장에 대한 검토

네덜란드의 주권 주장은 본질적으로 팔마스섬에 대한 평화적이고 계속적인 국가 권한의 행사라는 권원에 입각해 있다. 이 권원은 국제법상 국가 권한의 실질적인 행사가 뒤따르지 않는 주권 취득의 권원에 우선하므로, 먼저 네덜란드의 주장이 증거에 의하여 충분히 확립되었는지, 또한 그렇다면 어느 정도의 기간인지를 확인할 필요가 있다.

Max Huber 중재재판관은 네덜란드가 다음의 사실들을 확립하는 데 성공했다고 판단하였다.

a. 팔마스섬은 적어도 1700년 이래 계속하여 Sangi섬(Talautse Isles)의 토착국 중 2개국의 일부를 형성한 팔마스섬 또는 이와 유사한 이름으로 지정된 섬과 동일하다.

b. 이 토착국들은 1677년부터 동인도회사와 결부된 네덜란드와 체결한 종주권 협약에 의하여 종주국에게 종속국을 자국 영토의 일부로 간주하는 것을

정당화할 권한을 부여하였다.

　c. 정확히 팔마스섬에 대한 종주국 또는 종속국에 의한 국가 권한의 행사로 특정되는 행위들이 1898년과 1906년 사이의 기간뿐만 아니라 1700년과 1898년 사이의 서로 다른 시기에도 발생했음이 확립되었다.

　팔마스섬에서 네덜란드 주권의 직·간접적 행사 행위들은, 특히 18세기와 19세기 초에는 많지 않았으며, 계속적 행사의 증거에는 상당한 간극들이 있다. 그러나 작고 멀리 떨어져 있으며 원주민들만이 거주하고 있는 섬에 대한 주권의 빈번한 행사를 기대할 수 없다는 고려는 별론으로 하고, 주권의 행사가 매우 먼 기간까지 소급해야 할 필요는 없다. 그러한 행사가 현지 상황에 따라 실제적으로 주장되는 권리에 반하는 상태를 확인할 수 있는 합리적 가능성을 가진 제3국의 주권 또는 청구권에 허용되는 정도의 오랜 시간에 앞서 이미 계속적이고 평화적으로 존재했거나 1898년에 존재하면 충분하다.

　주권의 행사가 정확히 어느 시기에 시작되었는지를 확립해야 할 필요는 없으며, 1898년 이전의 결정적 시기에 그것이 존재했다는 것으로 충분하다. 주권의 확립이 국가통제의 점진적인 강화에 따른 완만한 발전의 결과일 수 있다는 것은 지극히 당연하다. 주권이 토착국에 대한 식민국가의 종주권 확립과 그러한 종속국의 외부 속령에 관하여 취득되는 경우라면 특히 그러하다.

　19세기 중반 이후의 기간에 관한 증거들은 네덜란드의 인도 정부가 그 섬을 명백히 그 속령의 일부라고 여겼고 1898년 직전 수년 동안에 주권 행사가 강화되기 시작했다는 사실을 분명히 보여준다.

　스페인인들이 1666년에 몰루카스로부터 철수하면서 주권적 권리의 유지에 관하여 유보를 표명했던 시점 이래 1906년 미국에 의한 주장이 제기될 때까지 Talautse(Sangi) 소도들과 그 속령(Miangas 포함)에 대한 네덜란드의 영토적 권리 행사에 대한 어떤 주장과 기타 다른 행위 또는 항의도 기록된 바 없다. 주권 행사에 관한 증거와 관련된 전 기간(1700~1906년) 동안 네덜란드 주권 행사의 평화적 성격은 인정되어야만 한다.

　더욱이 네덜란드의 주권 표명을 상쇄하거나 무효로 할 만한, 스페인 또는 다른 국가에 의한 팔마스섬에 대한 주권 행사를 확립할 아무런 증거가 없다. 제3국과 관련하여 당 법정에 제출된 증거는 적어도 17세기 중반 이래로 그러한 행위의 어떠한 흔적도 표출하지 못한다. 이러한 상황들은 팔마스섬에 관하여 2세기 이상 동안 스페인과 네덜란드 사이의 분쟁의 증거가 없다는 점과 아울러 네덜란드 주권의 배타적 행사의 간접적 증거들이다.

그러므로 첫째 국가 권한의 행사가 법적으로 결함이 있어서 유효한 주권의 권원을 창설할 수 없는가의 여부와 둘째 미국이 네덜란드의 권원보다 우위의 권원을 제시할 수 없는가의 여부를 고려해야 한다.

국가 권한의 계속적이고 평화적인 행사의 방법에 의한 주권 취득의 조건 (이른바 시효)과 관련하여 그 중 일부는 미국의 반대이유서에서 논의된 바 있으나, 다음과 같은 사항이 언급되어져야 한다.

그러한 권한의 행사는 공개적이고 공적인 것이었으며, 식민국에 대한 주권의 행사와 관련된 관행에 부합하는 것이었다. 상당한 기간 동안 인간이 거주하는 영토에 대한 은밀한 국가 권한의 행사는 불가능했을 것으로 보인다. 네덜란드가 타국들에게 Sangi 국가들에 대한 종주권의 확립 또는 이 영토들에 대한 주권 행사의 확립을 통지할 의무는 존재하지 않았다.

그러한 통지는 다른 형식적 행위와 마찬가지로 명백한 법의 지배의 결과로서 합법성의 조건일 뿐이다. 1885년 열강들이 아프리카 대륙에 대하여 채택한 이런 종류의 규칙은 명백하게 다른 지역들에 적용되지 않으며, 따라서 1885년 Taruna와 체결한 계약 또는 1889년 Kandahar-Taruna와 체결한 계약이 팔마스섬에 대한 주권의 첫 번째 주장으로 고려된다고 하더라도 통지 규칙의 대상이 되는 것은 아니다.

나아가 네덜란드가 파생적 또는 불확실한 권원 하에서가 아니라 주권자인 자신의 권리로서 Sangi 국가들에 대한 국가 권한을 행사했음에는 의문의 여지가 있을 수 없다.

마지막으로 1677년 Talautse Isles(Sangi)에 대한 네덜란드의 종주권 확립이 뮌스터조약을 위반했는지 여부와 이러한 상황이 장기간의 국가 권한 행사라는 수단에 의해 주권 취득을 방해했는지 여부에 대한 문제를 고찰해야 하나, 위트 레흐트조약이 1714년에 존재했던 상황을 승인하여 Tabukan과 Miangas에 대한 네덜란드의 종주권을 인정했으므로 검토할 필요는 없다.

　네덜란드에 의한 주권 취득의 조건들은 충족된 것으로 보아야 하며, 따라서 1700년 이전으로 소급하는 오랜 기간 동안 국가 권한의 계속적이고 평화적인 행사에 의하여 취득된 네덜란드 주권의 권원은 유효하다.

3. 중재결정

　논의의 목적상 현재의 절차를 규율하는 규칙에 따라 당 법정에 제출된 증거가 미국이 제출한 바와 같이 팔마스섬에 대한 주권의 계속적이고 평화적인 행사를 확립하는 데 충분하지 못했음이 인정되는 경우에도 동일한 결론에 도달할 것이다. 이 경우 당사국 모두 그 섬에 대한 주권 주장을 확립하지 못했을 것이며, 중재재판관의 결정은 각 당사국이 원용한 권원의 상대적 우위에 입각해야만 할 것이다.

　이러한 근거에 입각한 해결은 특별협정에 의해서도 필요할 것이다. 중재재판관이 결정해야 할 논점을 확정하기 위해 당사국이 채택한 문언(제1조)은 본 사건에 대하여 팔마스섬이 오직 미국 또는 네덜란드 중 일국에 속할 수 있으며, 그 전체로서 분쟁 당사국인 양국 중 일국의 영토 일부를 형성하는 것을 전제로 하고 있다. 특별협정 전문의 문언에 따르면 1925년 1월 23일자 협정의 목적은 분쟁을 "종결"하는 것이므로, 당사국의 명백한 의사는 중재판정이 "재판 불능"으로 결정되는 것이 아니라 그 섬이 소송 당사국 중 일국의 영토 일부를 형성하는 것으로 결정해야 한다는 것이다.

　중재재판관이 양국에 의해 원용된 권원들의 상대적 우위에 입각하여 결정할 가능성은 당사국에 의하여 특별협정에서 예견되었어야 하는 바, 분쟁 대상인 그 섬의 사정상 영토 주권에 관하여 제출된 증거가 주권의 존재에 관한 분명한 결론을 도출하기에 충분하지 않은 것으로 입증될 것이 예견되었기 때문이다.

　이상의 이유로 스페인의 주권에 유리한 어떠한 추정도 스페인의 승계자로

서의 미국에 의하여 원용된 권원과 관련된 국제법에 입각할 수 없다. 따라서
미국의 청구취지에 따라 네덜란드가 그 주장을 뒷받침하기 위해 제출한 증거
가 분쟁 대상인 그 섬과 관련이 없다거나 그 섬에 대한 국가 권한의 계속적인
행사를 확립하기에 충분하지 못한 것이 인정된다 하더라도, 이 사건을 미국에
유리하게 결정할 충분한 근거는 되지 못한다. 어쨌든 중재재판관이 증거를 뒷
받침하기 위해 제시된 충분히 신뢰할 만하고 정확한 항해 관찰에 입각하여 오
직 팔마스섬에만 관련되는 증거, 즉 1895년 기선 Raaf호, 1898년 H.M.S. Edi호
및 1906년 우드 장군의 방문과 관련된 증거만을 고려해야 한다 하더라도, 국가
권한의 행사 및 깃발이나 문장과 같은 주권의 외부적 표식의 존재는 네덜란드
에 의하여 입증된 것이다.

　이 사실들은 적어도 국가 권한의 계속적이고 평화적인 행사에 의한 주권
의 확립 또는 아직 일국의 영토 일부를 형성하지 못한 섬에 대한 점유의 시작
에 해당한다. 이러한 상황은 주권의 조건들을 완성하기 위한 네덜란드에 유리
한 미성숙 권원을 창설할 것이다. 중재재판관의 의견으로는 국가 권한의 행사
에 입각한 그러한 미성숙 권원은 발견으로부터 도출된 미성숙 권원에 우선하
며, 특히 발견에 의한 권원이 매우 오랜 시간 동안 점유에 의하여 완성되지 않
은 채 방치되어 왔다면 더욱 그러하다. 그리고 이러한 권원은 형평상 인접성의
개념으로부터 도출될 수도 있는 어떠한 청구권에도 동일하게 우선할 것이다.
국제법은 일반적인 법과 마찬가지로 법적 보호를 받을 가치가 있는 서로 다른
이해관계의 공존을 보장하는 것을 목적으로 한다. 주권은 당사국 중 일국에만
귀속될 수 있기 때문에 본 사안처럼 상충되는 두 이익 중 오직 하나만을 우선
해야 한다면, 의문이 있을 때에는 결정적인 시점에 분쟁중인 영토에 거주하고
있는 사람들과 다른 국가들에게 그들의 권리에 대한 일정한 보증을 제공하는
상태의 유지를 수반하는 이익이 국제법상 승인되고 있다는 가정 하에 발전의
어떠한 구체적인 형태도 아직 받지 못한 이익에 우선해야 한다.

　파리조약 발효시에 팔마스섬이 어떠한 국가의 영토에도 속하지 않았다고
가정하면, 스페인은 자국이 발견 또는 인접성으로부터 도출되는 권리만을 양도

할 수 있었을 것이다. 다른 한편 네덜란드의 미성숙 권원은 제3국간에 체결된
조약에 의하여 변경될 수는 없으며, 적어도 1906년까지 그 문제에 관한 분쟁이
발생하지 않은 이상 그러한 조약이 미성숙 권원을 완성하기 위해 네덜란드가
착수한 어떠한 행위에도 위법성을 부과할 수는 없을 것이다.

1906년 1월 21일 우드 장군의 팔마스섬 방문에 관한 보고서에 의하면, 주
권의 외부적 표식에 의해서도 입증되는 네덜란드 당국의 확립은 이미 이 상태
의 유지의 중요성이 오랜 과거의 시기에 있었을 뿐만 아니라 점유에 의하여 뒷
받침되지 않는 발견이나 단순한 지리적 위치에 입각한 권원에 우선하는 발전
단계에 도달해 있었던 것으로 보인다.

이것은 각 당사국이 원용한 권원의 상대적 우위라는 근거와, 특히 분쟁 발
생 직전의 시기에 관한 증거의 한정된 일부에만 입각하여 도달한 결론이다.

1700년부터 1906년의 기간에 명백한 네덜란드 주권의 평화적 행사가 있었
음을 보여주는 경향과, 네덜란드 주권의 존재를 입증하기에 충분한 것으로 볼
수 있는 모든 증거를 고려한다면, 이와 동일한 결론은 더 큰 설득력을 가질 것
임이 분명하다.

이러한 이유로 중재재판관은 1925년 1월 23일자 특별협정 제1조에 따라
팔마스 섬은 그 전체로서 네덜란드 영토의 일부를 구성한다고 판결하였다.[2]

Ⅳ. 평   석

1. 국제법상 영토주권의 정의

영토주권은 국제법에 의하여 승인된 이른바 자연적 국경, 이의제기 없는 경
계획정의 외부적 표지, 또는 국경협정과 같은 인접 이해관계국 상호간에 체결된
법적 합의, 혹은 확정된 경계 안에 있는 국가들의 승인행위에 의하여 인정되고
공간적으로 획정되는 상태의 권리이다. 영토 일부에 대한 주권에 관한 분쟁이

---

2) *Ibid.*, pp. 866~871.

발생하는 경우 어느 국가가 주장하는 할양, 정복, 선점 등의 권원이 다른 국가가 그에 대항하여 제기하는 주장보다 우월한가를 검토하는 것이 관행이다. 그러나 그 주장이 다른 국가가 실제로 주권을 행사하였다는 사실에 입각해 있는 경우에는, 특정 시점에 영토주권이 유효하게 취득되었다는 사실만으로는 권원을 확립하기에 충분하지 않다. 이를 위해서는 영토주권이 계속 존재해 왔고 또 분쟁의 결정을 위하여 고려되는 시점에 존재하였음이 입증되어야만 한다. 이러한 입증은 오직 영토주권에만 속하는 그러한 국가행위의 실제적 행사에 있다.

2. 실효적 지배의 권원으로서 계속적·평화적 영토주권의 행사

국제법상 영토주권 취득의 권원은 선점 또는 정복과 같은 실효적 획득행위에 입각해 있거나, 할양처럼 양도국과 양수국 또는 적어도 그들 중 하나가 유효하게 할양대상 영토를 처분할 능력을 가질 것을 전제로 한다. 자연적 첨부는 그 활동범위 내에 해당하는 지점에까지 확장될 수 있는 실제적 주권이 존재하는 경우에 영토의 일부에 대한 첨부로 이해된다. 따라서 주권의 핵심적인 구성요소는 그 존속에 있어서 흠결이 없어야 한다는 것이다. 학설뿐만 아니라 관행도 타국과의 관계에서 계속적이고 평화적인 영토주권의 행사가 권원의 확립에 필요함을 인정하고 있다. 18세기 중반 이래 국제법상 선점은 실효적이어야 함을 요구한다는 주장은 실효성이 취득행위에 대해서만 요구되고 권리의 유지를 위하여 동일하게 요구되지 않는다면 생각할 수 없을 것이다. 실효성이 무엇보다도 선점에 대하여 주장되어 왔다면, 이는 이미 확립된 영토에 관하여는 문제가 거의 발생하지 않기 때문이다. 국제법의 성립 이전과 동일하게 영토의 경계는 필연적으로 국가권력이 그 안에서 행사된다는 사실에 의하여 결정되었으며, 또한 국제법의 지배하에서도 평화적이고 계속적인 주권 행사의 사실은 여전히 국가들 사이의 경계를 확립할 때 가장 중요한 고려사항 중의 하나이다.

3. 영토주권의 존속과 관련한 시제법의 적용

특정 사건에서 연속적인 기간에 있어 유효했던 상이한 법체계 가운데 어느 쪽이 적용되어야 하는가는 이른바 시제법(時際法; doctrine of intertemporal law) 문제에 관하여 권리의 창설과 권리의 존재는 구별하여야 한다. 권리가 발생하는 시점에 효력이 있는 법에 있어서 권리의 창설 행위를 대상으로 하는 원칙은 권리의 존재, 즉 그 권리의 계속적 표명은 법의 발전에 의하여 요구되는 조건에 따라야 하는 것이다.

　　19세기 이래 지배적인 견해에 따르면, 발견이라는 미성숙 권원은 합리적 기간 내에 발견되었다고 주장되는 지역의 실효적 점유에 의하여 완성되어야 하는데, 스페인은 팔마스섬을 실제로 점유하거나 주권을 행사하지 않았다. 1898년에 스페인의 권원이 미성숙인 채로 여전히 존속했고 또 파리조약 제3조에 따른 할양대상에 포함된 것으로 간주되어야 함을 인정한다고 하더라도, 미성숙 권원은 타국에 의한 권한의 계속적이고 평화적인 행사에 우선할 수 없다. 그러한 권한의 행사는 타국에 의하여 제시되는 그 이전의 확정적인 권원에 대해서까지도 우선할 수 있기 때문이다.[3]

4. 영토주권의 타국 법익에 대한 보호의무

　　영토주권은 국가 권한 행사의 배타적 권리를 포함함과 동시에 이 권리는 의무를 수반한다. 즉 그 영토 안에서 타국의 권리, 특히 평시 및 전시에 있어서의 영토보전의 권리 및 불가침의 권리, 그리고 각국이 외국 영토에 소재하는 자국민을 위한 국가의 권리를 보호할 의무를 진다. 상황에 일치하는 방식으로 그 영토주권을 명백히 하지 않고는 국가는 이러한 의무를 수행할 수 없다. 영토주권은 타국의 행위를 배제하기 위한 부정적인 측면에만 국한되는 것이 아니다. 그것은 모든 측면에서 국제법상 최소한의 보호를 보장하기 위하여 인간의 활동이 이루어지는 공간을 국가들 사이에 분배하는 역할로 기여하기 때문이다.[4]

---

3) *Ibid.*, pp. 845~846.
4) *Ibid.*, p. 839.

클리프턴 섬 사건(프랑스/멕시코)

Clipperton Island Arbitration(France v. Mexico), RIAA Vol. Ⅱ(1931)

전순신(동아대)

Ⅰ. 사실관계

멕시코의 남서 670해리의 태평양상에 있는 무인도 클리프턴 섬에 대한 주권의 귀속 문제에 대해, 19세기 말 프랑스와 멕시코 간에 분쟁이 발생했다. 이 문제로 인해 1897년 이래로 양국 간에 오랫동안 외교상의 논쟁이 있어 왔다. 그 후 1909년 3월 2일, 양국은 이 사건을 중재재판에 회부하기로 결정하고, 이태리 국왕 에마누엘 3세(Victoro Emmanuel Ⅲ)에게 중재재판을 의뢰했다. 중재재판관은 무주지에 대한 주권의 취득에는 실효적 선점이 그 요건이라고 했다. 동 중재재판관은 프랑스는 선점의 의사를 가지고 있을 뿐만 아니라 본건의 사정하에서 필요한 정도의 선점의 요건을 충족시켰고, 나아가 다른 국가에 통지의 노력도 했다는 것을 인정하고, 프랑스측에 동 섬이 귀속한다고 판정했다.

1858년 11월 17일, 프랑스 정부의 대리인, 해군 대위 케르웨귀엔(Vaisseau Victor le Coat de Kerwéguen)이 클리프턴 근해를 반 마일쯤 순항한 후, 상선 라미랄호(L'Amiral) 선상에서, 해군장관의 명령에 따라, 동 섬의 주권은 동 일자 이후 영원히 황제 나폴레옹 3세와 그 후계인·상속인에 속한다는 것을 선언한 문서를 기초했다. 순항 중에 조심스럽고 면밀하게 지리일람표를 작성했다. 많은 어려움 끝에 한 척의 보트가 수명의 승무원을 상륙시키는 것에 성공했다.

11월 20일 저녁, 2번 째의 상륙 시도에 실패한 후, 동 섬내에 아무런 주권의 징표를 남기지 않은 채 배는 섬을 떠났다. de Kerwéguen 대위는, 호놀루루의 프랑스 영사관에게 자기의 임무 완료를 정식으로 통고했다. 또 동 영사관은 유사한 통지를 하와이 정부에게도 했다. 동 영사관의 주선으로, 클리프턴 섬에 대한 프랑스의 주권이 이미 선포되었다는 선언이 12월 8일자의 호놀루루의 신문, 폴리네시안(the Polynesian)에 영문으로 공표되었다.

그 후 1887년 말까지는 프랑스측이나, 또 다른 열강측으로부터도 동 섬에 대해 주권의 적극적, 또한 명백한 행위는 없었다. 그 섬에는 여전히 정주하는 인구는 없었고, 행정도 조직되지 않았다. 동 섬에 있는 구아노(guano) 광산의 채굴 허가가 1858년 4월 8일, 황제에 의해 Lockart라는 사람에게 부여되었다. 그것이 de Kerwéguen 대위의 파견으로 연결되었지만, 구아노 광산의 채굴 허가(concession)는 계속되지 않았고, 채굴은 다른 프랑스인에 의해서도 이루어지지 않았다.

1897년 말 무렵, 정확하게는 동년 11월 24일에, 프랑스는 관찰의 명을 받은 태평양 분함대 사령관을 통해서, 불명의 3명이 동 섬에서 샌프란시스코의 '오세아니아 포스페이트 회사'(Oceanic Phostpate Co)를 위해 구아노를 채집하고 있다는 것 및 프랑스 선박의 출현으로 그들이 미국 국기를 게양했다는 것을 확인했다. 프랑스는 미국 정부에 이 사건에 대한 설명을 요구했으나 동 정부는 동 회사에 어떤 허가도 부여하지 않았다는 점, 또 클리프턴 섬의 주권에 대해 어떠한 권리도 요구할 의도가 없다고 답했다(1898년 1월 28일).

프랑스 해군의 감시행위가 있은지 약 1개월 후, 미국과의 외교교섭이 행해지고 있는 동안, 클리프턴 섬을 오랫동안 멕시코의 영토라고 생각하고 있었던 멕시코가, 프랑스가 주장하는 선점을 무시하고, 군함 데모크라타(le Democrata)를 현지에 파견했다. 이 행동은 영국이 동 섬에 어떤 의도가 있다고 하는 보도 ― 나중에 부정확한 것으로 알려졌지만 ― 때문에 취해진 것이다. 1897년 12월 13일, 동 선박에서부터 상륙한 사관과 해병으로 구성된 파견대는, 프랑스 선박이 예전에 왔을 때 동 섬에 살고 있었던 3명을 또 발견했다. 파견대는 그들에게 미국 국기를 내리게 하고, 그 자리에 멕시코의 국기를 게양했다. 위의 3명 중, 2명은 동 섬을 떠나는 것에 동의했지만, 1명은 거기에 머물겠다고 선언했다. 언제까지인지는 알 수 없지만 그는 실제로 거기에 머물렀다. 그 이후 데모크라타호는 12월 15일에 동 섬을 떠났다.

멕시코가 클리프턴 섬에 군함을 파견한 것을 안 프랑스는, 1월 8일에 멕시코에게 동 섬에 대한 프랑스의 권리를 상기시켰다. 그 이후 상당히 오랫동안 외교상의 논쟁이 있었다. 양국 정부는 1909년 3월 2일자의 합의에 의해, 동 섬의 주권에 대한 분쟁의 해결을 중재재판에 회부하기로 결정하고, 이태리국왕 에마누엘 3세에게 중재재판을 의뢰했다.

Ⅱ. 쟁 점

멕시코는 클리프턴 섬을 스페인 해군이 발견했고, 교황 알렉산더 Alexander 7세가 교서로 정하였으므로 스페인에 속하였고, 1836년부터는 스페인의 승계국인 멕시코에 속한다고 주장하였다.

프랑스는 클리프턴 섬을 1858년 11월 17일 합법적으로 취득하였으며 동 섬을 포기할 의사를 표명한 바 없음을 주장하였다.

Ⅲ. 판 결

중재재판관은 다음과 같이 판정했다.

먼저 프랑스가 클리프턴 섬에 대한 주권을 선포하기 이전에, 동 섬은 벌써 멕시코에 귀속했다고 하는 멕시코의 주된 논점을 심사해야 한다. 만약 이 주장이 근거가 있다면, 동 섬에 대한 프랑스의 선점은 위법이라고 결론지울 수밖에 없다.

멕시코에 의하면 클리프턴 섬은 18세기 초에 이것을 피난처로서 이용했던 유명한 영국의 탐험가의 이름을 빌려 온, 파시옹 섬(La passion), 메다노 또는 메다노스섬(Medano or Medanos)(스페인 어로 사구의 의미)으로 불리어지고 있었다. 멕시코는 이 섬은 스페인 해군이 발견했고, 교황 알렉산더 Alexander 7세의 교서로 정해진, 그 당시의 유효한 법에 의해 스페인에 속하고, 그 후 1836년부터는 스페인의 승계국인 멕시코에 속한다고 주장했다.

그러나 우리가 현재 아는 한 이 섬의 명칭이 무엇이든, 실제로 스페인의 항해자가 발견했다는 것은 증명되지 않고 있다. 프랑스 선박, 라 프린세스(La Princesse) 및 라 데꾸베르뜨(La Découverte)의 1711년의 항해일지가, 이 섬을 확인하고 기술하기 이전에, 스페인의 항해자가 동 섬을 알고 있었을 가능성은 추측할 수 있지만, 그것으로부터 결정적인 논거를 끌어낼 수는 없다.

게다가 스페인 국민이 동 섬을 발견했다는 것을 인정한다고 해도, 멕시코의 주장을 확증하기 위해서는 스페인이 국가의 입장에서, 동 섬을 자국의 영토에 편입할 권리를 가질 뿐만 아니라, 그 권리를 실효적으로 행사했다는 것을 입증할 필요가 있다. 그러나 그러한 것은 전혀 입증되지 않고 있다. 멕시코는 자국의 주장을 뒷받침하기 위해 멕시코 지리통계협회 회보(des Archives de la Société Mexicaine de Géographie and Statistique)에 인쇄된 한 편의 지도를 제출했다. 이 지도에는 동 섬이 "북미에서 스페인의 정치적 군사적 지배"(Gouvernements politiques et militaires de l'Espange en Amérique du Nord)에 포함되는 것으로 기술되어 있었다. 그러나 이 지도의 공적 성격은 확인할 수가 없다. 왜냐하면 그것이 스페인 국가의 명령에 의해, 또 그 감독 하에 제작되었는지가 확실하지 않고, 또한 위의 지도에 기술된, 왕립 멕시코 영사재판소(au tribunal royal du Consultat du Mexique)에서 사용되었다고 하는 자필의 메모도 그 지도에 공적 성격을 부여하지 않기 때문이다.

또한 멕시코의 역사적 권리의 증명은 동 섬에 대한 주권의 표명에 의해 뒷받침되지 않았다. 멕시코의 주권은 1897년, 포함 데모크라타가 파견되기까지는 행사된 적이 없었다. 동 섬이 멕시코에 속하는 영토라고 하는 단순한 확신은, 비록 일반적이고 오래된 것이라고 해도, 어떠한 지지를 얻을 수 없다.

따라서 1858년 11월에, 프랑스가 클리프턴 섬에 대해 주권을 선포했을 때,

동 섬은 무주의 영역(territorium nullius)이라고 하는 법적 지위에 있었고, 따라서 선점이 가능하다는 것을 인정하지 않을 수 없다.

프랑스가 이런 종류의 영토 취득의 유효성을 위해서는 국제법상 요구되는 여러 가지 요건을 충족시켰는지, 실효적 선점을 했는지 하는 문제는 여전히 남는다. 실제로 멕시코는, 지금까지 검토한 얼마 되지 않은 주요한 주장에 덧붙어, 2차적으로 프랑스의 선점은 유효하지 않고, 1897년에도 여전히 무주지(nullius)로 생각되는 동 섬을 선점할 수 있는 자국의 권리를 주장했다.

이 문제에 관한 한, 무엇보다도 프랑스가 1858년에 명백하고 정확한 방법으로 나타낸 행위의 규칙성, 그리고 프랑스가 동 섬을 자국의 영토라고 생각하는 의사는 다투기 어려운 것으로 인정되는 근거가 있다.

다른 한편, 프랑스가 동 섬의 실효적 점유를 행했는지가 다툼이 되었고, 또 실효적 성질의 점유를 하지 않았다면 그 선점은 무효(nulle et non avenue)로 생각하지 않을 수 없다고 주장되었다.

법으로서의 효력을 가진 초기억적 관행에 의하면, 선점의사(animus occupandi) 이외에 구체적이며 명목적이 아닌 점유를 행하는 것이 선점의 필요조건이라는 점은 의심의 여지가 없다. 점유의 실행은, 1개의 행위 또는 일련의 행위로 구성되고, 그 행위에 의해 선점국이 문제의 영토를 자기 뜻대로, 배타적 권능을 행사하는 조치를 취하는 것을 말한다. 엄격히 말하자면, 일반적인 경우 국가가 영토 그 자체에서 그 법을 준수시킬 수 있는 조직을 확립해야만 이것이 가능하다. 그러나 이 조치는, 적절히 말하자면, 점유의 실행에 해당하는 수단에 불과하고, 따라서 점유의 실행과 동일시 할 수는 없다. 이 수단에 호소할 필요가 없는 경우도 있을 수 있다. 만약 영토에 완전하게 사람이 살지 않는 것이 사실이라면, 선점국이 거기에 나타난 최초의 순간부터, 또한 그 국가가 절대적으로 또한 다툼의 여지없이 마음대로 사용할 수 있을 시점에서부터 점유의 실행은 완성된 것으로 생각되어야 하고, 선점은 그것으로써 완료한다. 선점한 영역에서 기득권을 존중받는데 충분한 권능의 존재를 확보하기 위해서, 1885년의 베를린 의정서 제35조에 규정된 의무 ─ 경우에 따라 정해진 조건 내에서 무역과 통과의 자유 - 를 원용할 이유는 없다. 베를린 의정서는 프랑스가 이 섬을 선점한 후에 체결되었고, 아프리카 연안의 영역에만 관련이 있고, 또 조인국(멕시코는 조인국이 아님)만을 구속하기 때문에 본건에 대해 가치를 가질 수가 없다. 또한, 제35조는 정확하게 말하자면 점유의 실행과는 관련이 없고, 벌써 이루어진 유효한 선점을 전제로 한 의무를 규정하고 있다.

프랑스 선점의 정규성은 다른 열강에 통고하지 않았다는 이유로 여전히 의문시 되고 있다. 그러나 통고의 의무 그 자체는 베를린 의정서 제34조에 규정되어 있지만, 위에서 말한 것처럼 본건에는 적용될 수 없다는 것에 유의해야 한다. 행위에 대해 어떤 방법으로든지 주지시킨 것만으로도 그 당시로서는 충분한 것이고, 프랑스는 앞에서 기술한 방법에 의해 행위 그 자체를 공표함으로써 고지성의 의무를 다한 것으로 평가하지 않을 수 없다.

이러한 전제에서부터 클리프턴 섬은 1858년 11월 17일에 프랑스가 합법적으로 취득한 것이다. 프랑스가 동 섬을 포기할 의사(animus)를 가진 적이 없기 때문에 나중에 그 권리를 포기(derelicto)에 의해 상실했다고 판단할 근거는 없다. 그리고 프랑스가 동 섬에 대해 그 권능을 적극적으로 행사하지 않았다는 사실이 이미 결정적으로 완성된 취득의 실효를 가져오는 것은 아니다.

이러한 이유로,

중재재판관으로서, 클리프턴 섬에 대한 주권은 1858년 11월 17일부터 프랑스에 귀속된 것으로 결정한다.

로마, 1931년 1월 28일

빅토로 에마누엘

Ⅳ. 평　석

(1) 영역취득의 권원에는 선점, 시효, 할양, 첨부 그리고 정복 등이 있다. 선점은 그 중의 하나인데, 유럽 국가들이 해외 식민지를 개척할 시기에 나온 이론이다. 식민지 개척의 초기에는 발견, 국기게양과 같은 단순한 행위에 대해

서도 법적 의미를 부여했다. 그러나 이것이 발전하여 점유는 '실효적'이어야 한
다는 보다 엄격한 요건을 요구하게 되었다.

   동 판정이 나오기 3년 전, 1928년의 팔마스(Palmas) 섬 사건에서 후버
(Huber) 중재재판관은 선점은 권원의 취득뿐만 아니라 유지도 실효적이 되어야
한다고 했다. 동 판정은 무인도라고 하는 특별한 경우, 완화된 입장에서 선점의
조건을 제시한 점에서 특별한 의미를 가진다.

   (2) 본 사건에서 멕시코는, 스페인이 이 섬을 처음으로 발견했고 1836년
이후 승계국인 멕시코에 이 섬이 속한다고 주장했다. 중재재판관은 스페인이
발견했다는 증거가 없고, 비록 발견했다고 하더라도 스페인이 자국의 영토에
그 섬을 편입할 권리를 가지고, 그 권리를 실효적으로 행사했다는 증거도 없다
고 판단했다. 또 멕시코도 클리프턴 섬이 자국에 속한다는 단순한 확신 이외에
는 선점의 어떠한 증거도 제시하지 못했다. 따라서 멕시코의 주장은 지지를 얻
을 수 없다.

   2차적으로 멕시코는 1897년 12월 13일, 군함 데모크라타를 파견할 때까지
프랑스가 이 섬을 '실효적' 점유를 하지 않았기 때문에, 1897년에도 이 섬은 여
전히 무주지이고 이 섬을 발견한 멕시코가 선점할 권리를 갖는다고 주장했다.

   (3) 이에 대해 동 판정은 실효적 선점의 필요조건으로서 선점의사(animus
occupandi) 이외에 명목적이 아닌 구체적 점유를 들고 있다. 동 판정은 다음과
같이 설시하고 있다.

   "법으로서의 효력을 가진 초기억적 관행에 의하면, 선점의사(animus
occupandi) 이외에 구체적이며 명목적이 아닌 점유를 행하는 것이 선점의 필요
조건이라는 것은 의심의 여지가 없다. 점유의 실행은, 1개의 행위 또는 일련의
행위로 구성되고, 그 행위에 의해 선점국이 문제의 영토를 자기 뜻대로, 배타적
권능을 행사하는 조치를 취하는 것이다".

   그러나 동 판정은 무인도라든지 인구가 극히 적은 곳에서는 주권 행사의
정도가 미미해도 좋다는 입장을 취했지만, 명목적인 것이 되어서는 아니 된다
고 했다. 결론적으로 동 판정은 클리프턴 섬에 대한 프랑스의 행위를 동 섬의

사정 하에서는 진정한 행위로 인정했다.

(4) 주권의 행사나 표명은 계속적인 것이 되지 않으면 아니 된다는 요건에 대해서도 동 판정은 매우 완화된 입장을 취하고 있다. 즉, "만약 영토가 완전하게 사람이 살지 않는 것이 사실이라면, 선점국이 거기에 나타난 최초의 순간부터, 또는 그 국가가 절대적으로 또한 다툼의 여지없이 마음대로 사용할 수 있을 때, 바로 그 시점에서부터 점유의 실행은 완성된 것으로 생각해야 하고, 선점은 그것으로 완료한다." 동 판정은 무인도의 경우 선점의 조건을 극단적으로 완화시켰다고 할 수 있다.

팔마스 섬 사건의 중재판정도 "주권의 표명행위는 18, 19세기에 그리 많지 않았고, 계속적인 표명 간에는 '상당한 간격'(considerable gaps)이 있다. 원주민만이 사는 멀리 떨어져 있는 작은 섬에 대한 주권의 표명이 빈번(frequent)하리라는 것은 기대할 수 없다"고 했다. 클리프턴 섬에 대한 중재판정은 대체로 팔마스 섬의 중재판정을 답습하고 있는 것으로 보인다. 이와 같이 실효성의 판단기준은 시대와 장소에 따라 달라질 수 있다.

(5) 프랑스가 클리프턴 섬에 대해 주권을 선포할 당시, 발견의 권원과 선점의 권원과의 구별을 어디에 두고 있는지 하는 의문이 있을 수 있다. 그러나 동 판정은 실효적 선점을 문제로 삼고 있지, 발견의 권원을 정당화시키는 논지는 아닌 것 같다. 스페인이나 멕시코의 행위에 대한 평가방법을 보아도 발견은 선점의 출발점에 불과하다는 것은 명확하다. 본건의 판정은 발견의 법리보다 선점의 법리를 강조한 것으로 평가될 수 있다.

(6) 동 판정에서는 1885년의 베를린 의정서가 문제로 등장하고 있다. 추측건대 멕시코측이 베를린 의정서에 정해진 실효적 선점의 엄격한 조건과 외국에 통고할 의무를 원용하여 프랑스의 부작위를 주장한 것으로 생각된다. 동 판정은 멕시코는 동 의정서의 당사국이 아니기 때문에, 동 의정서는 본 사건에 적용되지 않는다고 판정했다. 당연한 일이다.

동부 그린란드의 법적 지위(덴마크/노르웨이)

Legal Status of Eastern Greenland(Norway v. Denmark), PCIJ(1933)

박현진(대한국제법학회)

I. 사실관계

상설국제사법재판소[Permanent Court of International Justice(PCIJ); 이하 "재판소"]의 '동부 그린란드의 법적 지위'(1933) 판결[1]은 팔마스섬 중재판정(1928)과 클리퍼튼섬 중재판정(1931)에 이은 3번째의 도서·영토분쟁 관련 주요 판결이다. 이 사건은 1931년 당시 그린란드섬의 서부 해안지역을 실효적으로 지배하던 덴마크가 이 섬의 내륙·동부 지역을 포함, 섬 전역에 대한 영유권을 주장하자 노르웨이가 이에 반발하여 동부 그린란드에 대한 일방적 점유를 선언하고 주권을 주장하면서 발생한 사건이다.

이 사건에서 덴마크 측은 1) 1721년 식민지를 재건한 이후 그린란드의 서부와 북부에 식민지 정착촌과 공장 등을 건설·운영하면서 입법·행정행위를 통해 그린란드 전 지역에 대하여 평화적·계속적 국가기능의 행사에 입각한 실효적 지배권을 확립하였으며, 그리고 2) 노르웨이 측이 조약 및 자국 외무장관의 일방선언을 통해 그린란드 전역에 대한 덴마크의 주권을 이미 승인하였거나 또는 이의를 제기하지 않겠다고 약속하였으므로 이제 이를 뒤집는 이의를

---

1) *Legal Status of Eastern Greenland*(Denmark v. Norway), Judgment, PCIJ, Ser. A/B, No. 53(1933. 4. 5), p. 22.

제기할 수 없다(금반언의 원칙)고 주장하였다.

이에 대하여 노르웨이 측은 1931년 7월 10일(기준시점) 자국이 동부 그린란드 지역에 대한 점유를 선언할 당시 덴마크 측은 이 지역에 대한 실효적 지배를 확립하지 못한 무주지(terra nullius)였다고 주장하면서,[2] 자국인들이 동부 그린란드 지역에서 오랫동안 수렵·어업에 종사한 사실을 근거로 이 지역에 대한 주권을 선언함으로써[3] 영유권 분쟁이 발생하였다. 노르웨이 측은 또 덴마크 측이 주권 행사의 증거로 원용하고 있는 18세기 입법·행정행위에 등장하는 '그린란드'라는 용어 내지 지명이 지리적 의미로 사용된 것이 아니라 단지 서부 해안의 식민지 정착촌 또는 식민지화된 지역을 의미한다고 주장하였다.

II. 쟁   점

"그린란드"의 의미, 실효적 지배와 일방 선언의 효과

재판소에 제기된 쟁점은 지도에 사용된 "그린란드"라는 용어의 의미와 지리적 적용범위, 가혹한 자연환경을 가진 극지·오지 지역에 대한 실효적 지배(effective control)의 의의·요건과 입증방식, 그리고 그린란드 영토분쟁에 관한 노르웨이 외무장관의 일방적 성명의 법적 성격·효과 등이었다. 그 가운데서도 핵심쟁점은 분쟁 발생 당시 덴마크 측이 1) 서부로부터 육로에 의한 접근이 매우 어려운 그린란드의 동부 지역에 대하여서도 효과적인 국가기능을 행사, 그린란드 전역에 대하여 실효적 지배에 입각한 영토주권을 확립한 것으로 추정할 수 있는가, 아니면 2) 식민지 정착촌이 건설된 서부 지역만을 실효적으로 지배한 것인가에 대한 판단이었다.[4] 이 사건에서 재판소는 실효적 지배에 입각

---

2) *Ibid.*, pp. 24~35. 220만 평방킬로미터의 그린란드는 당시 5/6가 내륙 빙하(Inland Ice)로 덮여 있어 육로를 통한 동·서부 해안 간 이동은 불가능했다(*ibid.*, pp. 26~27).

3) *Ibid.*, p. 39.

4) 네덜란드와 미국 간 팔마스 섬 중재판정에서 후버(M. Huber) 단독 중재재판관은 실효적 지배의 원칙에 따라 이 섬을 네덜란드의 영유로 인정하였다. Island of Palmas case(The

한 권원의 2가지 요건 - 즉 1) 문제의 영역에 대하여 주권자로서 행동하려는
의사·의지 그리고 2) 국가기능의 현실적 행사·현시[5] - 을 제시하였다.

문제는 덴마크 측이 1721년 그린란드 서부지역에 정착촌을 재건, 실효적
지배권을 행사한 데 반해, 동부지역은 북극 해류, 유빙과 폭풍 등 가혹한 기후
조건과 내륙빙하 등으로 인해 접근이 제한적이라는 점 등에 비추어 동부지역
에 대해서도 덴마크 측의 실효적 지배가 인정될 수 있는가 하는 점이었다. 흥
미로운 점은 노르웨이 측이 10세기 그린란드 서부지역에 건설된 2개 북유럽인
정착촌(two Nordic settlements)이 사라진 후 그린란드는 무주지가 된 것이라고
주장한 점이다.[6] 그러나 재판소는 노르웨이 측 주장을 배척하였다. 재판소는
13~14세기 그린란드에 관한 국왕의 권리는 주권(sovereignty)에 상응한 것으로
서 그 범위는 2개 식민지 정착촌에 국한된 것이 아니었으며, 또 정착촌이 소멸
된 후 약 200년 간 접촉은 끊어졌지만, 그린란드에 대한 국왕의 권리라는 전통
이 지속되었으며 17세기 초 국왕과 국민에게 그린란드에 관한 관심이 다시 일
어나면서 원정대를 파견하기 시작하였다고 지적하였다.[7]

Ⅲ. 판   결

1. 극지·오지에 대한 실효적 지배, 국내 입법·법령과 국가행위

이 사건에서 재판소는 크게 2가지 근거 - 실효적 지배의 원칙과 노르웨이
의 일방선언("이렌 선언") - 에 입각하여(판결이유) 덴마크 승소판결을 내리면서,
노르웨이 국왕이든 덴마크 국왕이든 그린란드 영유권을 자발적으로 유기·포기

Netherlands v. U.S.A.), 1928, *United Nations Reports of International Arbitral Awards*,
   vol. 2, 1949, p. 831, 839~840.
5) *Ibid.*, pp. 45~46.
6) *Ibid.*, p. 46.
7) *Ibid.*, pp. 46~47.

한 것을 입증하는 결정적인 증거는 없었다고 판시하였다.[8] 실효적 지배의 원칙
과 관련, 재판소는 팔마스섬 중재판정의 선례를 좇아 그 판단기준으로 경쟁하
는 영유권 주장의 '상대적 우월성'('superior claim')[9]을 제시하였다. 즉 영토분쟁
사건에서 국제·중재재판소는 양 당사자가 주장하는 주권적 권리의 현실적 행
사 양태에 대하여 만족하지 못하는 경우가 많았으며, 이는 인구가 희박하거나
또는 정착촌이 건설되지 않은 지역에 관한 주권 주장의 경우에 특히 그러하다
고 설시하였다.[10]

재판소는 이어 덴마크/노르웨이 국왕이 1721년 한스 에게데(Hans Egede)
가 그린란드에 식민지를 재건한 후 1814년(덴마크/스웨덴 연합왕국에서 노르웨이가
분리된 때)까지 덴마크 국왕은 식민지 지역과 식민화되지 않은 지역을 포함, 그
린란드 전역에 대하여 덴마크에 유효한 주권 주장을 부여하기에 충분한 정도
의 국가기능을 현시하였거나 또는 현시한 것으로 간주된다고 설시하였다.[11] 재
판소는 식민지 창설 후 식민지에 교역독점 허가를 발급하고 이어 그 독점권을
보호·강제 집행하는데 필요한 입법을 제정하면서 독점사업권자를 지정하였으
며, 이들 법령에 그린란드 주민에 대한 차별적 대우를 금지하는 조항을 포함시
켜 그린란드 전역에 적용하였다는 점을 인정하였다. 또 판결 당시까지 발효 중
이던 교역금지에 관한 1758년 및 1776년 법령 역시 식민지의 외측 한계를 넘
어 그린란드의 "모든 장소에서(in all places whatever)" 적용되도록 그 적용범위
를 규정하고 있었다고 재판소는 이를 인정하였다.[12]

재판소는 또 덴마크 정부가 1921년 5월 10일자 명령(Decree) 공포 이후 그
린란드 동부해안에서 덴마크 정부의 활동이 증가한 사실, 1925년 제정된 수

---

8) *Ibid.*, p. 47. 조선시대 독도에 대한 '무인도유지정책'('공도정책')이 독도 영토주권 또는 영
   토권원에 대한 유기(방기) 또는 포기의 의사표시로 추정될 수 없다. 박현진, 『독도 영토주
   권 연구』(경기 파주: 경인문화사, 2016), pp. 219, 240, 243, 248, 304, 332 & 341.

9) *Ibid.*, p. 46.

10) *Ibid.*

11) *Ibid.*, pp. 48~51 & 54; I. Brownlie, *Principles of Public International Law*(6th edn.,
    Oxford: Clarendon, 2003), p. 136; 박현진, 전게각주 8, p. 228.

12) *Ibid.*, p. 48.

렵·어업규제 입법, 그리고 같은 해 그린란드를 여러 개의 주(州)로 분할한 입법 등에 주목하면서, 이를 모두 덴마크 정부가 분쟁영토와 관련하여 정부기능을 행사하고 있었던 사례임을 원용하였다.[13] 재판소는 정부가 지원한 수렵원정대의 활동, 민간기관이 조직하고 정부의 인가·격려 하에 수행된 과학원정대의 측량·탐험활동의 증가, 한 때 해군 장교의 지휘를 받았던 국가소유 선박 고트하브(Godthaab) 호를 수 차례 조사목적으로 동부해안에 파견한 사실, 그리고 1930년 행정규제명령에 따라 동부해안 방문자에 대한 허가발급 등의 행위·활동이 유효한 권원확립에 요구되는 2가지 요소—즉 주권행사의 의사·의지 및 국가활동의 현시—를 충분히 입증하는 사례로 원용하였다.[14]

2. 국제법상 덴마크 주권: '이렌 선언'과 양자·다자조약

제1차 세계대전 강화조약인 베르사이유 조약(Treaty of Versailles; Traité de Versailles) 조인(1919. 6. 28) 직후인 1919년 7월 14일 크리스티니아 주재 덴마크 공사는 노르웨이 외무장관을 만나 그린란드 전역에 대한 덴마크의 주권을 승인해 주도록 요청하였다. 노르웨이 외무장관은 8일 후인 7월 22일 덴마크 공사에 "노르웨이 정부는 이 문제의 해결에 있어서 이의를 제기하지 않을 것"[15]이라는 취지의 성명(statement)을 전달하였다["이렌 선언"(Ihlen Declaration)]. 재판소는 이 선언을 "무조건적이고 확정적 약속(unconditional and definitive undertaking/promise)"[16]으로 간주하고, 노르웨이에 대한 구속력을 인정하였다.[17]

---

13) *Ibid.*, p. 62.

14) *Ibid.*, pp. 62~63.

15) "that the Norwegian Government would not make any difficulties in the settlement of this question", *Ibid.*, pp. 36, 57~58, 60 & 69.

16) *Ibid.*, pp. 72~73.

17) 금반언의 법리는 1984년 ICJ의 메인만 사건에서도 원용되고 있으며, 이 원칙은 국제법의 보조적 법원, 즉 법의 일반원칙으로 간주된다고 해석된다. 박현진, 전게각주 8, pp. 276, 346(각주 159), 408, 412, 417 & 429~430 참조. 유사한 맥락에서 국제사법재판소(ICJ)는 1953년 망끼에·에끄레오 도서분쟁 사건과 1962년 프레아 비헤어 사원영유권 분쟁사건에

재판소는 이런 선언 이외에도 1742년 덴마크/프랑스 조약 및 1756년 덴마크/제노아 공화국 간 조약 등 상업조약(교역조건) 역시 이러한 교역 독점지역의 확대적용을 반영하고 있으며, 1782년 러시아 측과 교환한 각서들은 '그린란드'를 일반적으로 언급하고 있다고 지적하였다.[18] 재판소는 또 1814~1819년 사이 덴마크와 노르웨이의 연합왕국의 종료 당시 노르웨이는 그린란드에 대한 덴마크의 주권을 다투지 않기로 약속했으며, 아울러 양자협정(예컨대 1826년 덴마크와 스웨덴·노르웨이 연합왕국 간 상업조약), 그리고 양국이 공히 당사국인 많은 다자협정(예컨대 1920, 1924 및 1929년 만국우편협약)에서도 덴마크의 주권에 대한 노르웨이 측의 승인을 확인할 수 있다고 판시하였다.[19] 예컨대 1814년 키일 강화조약(Peace Treaty of Kiel)에서도 덴마크 국왕이 나폴레옹 전쟁 패전의 책임을 지고 스웨덴 국왕에게 노르웨이를 포기해야 했을 때 포기대상 영역에서 그린란드, 파로제도와 아이슬란드를 제외시켰다고(따라서 이들 영역은 계속 덴마크 국왕에 귀속되었다고) 지적하였다.[20]

3. '그린란드'의 의미

노르웨이 측은 덴마크가 자국 주권행사의 증거로 원용하고 있는 18세기 입법·행정 행위에 등장하는 "그린란드"라는 용어는 지리적 의미로 사용된 것이 아니라 단지 서부해안의 식민지들 또는 식민지화된 지역을 의미하는 것이라고 주장하였다. 재판소는 이러한 노르웨이의 주장을 배척하면서, 많은 지도에서 섬 전체를 표시하기 위해 습관적으로(habitually) 사용된 "그린란드"라는 명칭은 "그린란드"의 지리적 의미로서, 이 명칭은 그 용어의 통상적 의미로 해석·간주되어야 한다고 지적하였다.[21] 재판소는 노르웨이가 이 용어의 의미에 관해 특별한 또는 예외적 의미가 부여되어야 한다고 주장한다면 그 입증책임

서 묵인의 법리를 원용·확인하고 있다.

18) *Ibid.*, p. 49.

19) *Legal Status of Eastern Greenland, op. cit.*, pp. 64 & 68.

20) *Ibid.*, pp. 30, 51 & 68.

21) *Ibid.*, pp. 49~52.

이 노르웨이 측에 있다면서, 노르웨이가 그러한 자신의 주장을 입증하는데 성
공하지 못했다고 판시하였다.[22]

　　재판소는 이어 1740, 1751, 1758 및 1776년의 덴마크 법령은 모두 그린란
드 전역에서 적용하기 위한 것이며, 이들 법령에서 사용된 "그린란드"라는 용
어가 결코 오직 식민지화된 지역만을 의미한다는 노르웨이 측 견해를 뒷받침
하지 않는다면서, "그린란드"라는 용어가 이들 법령들에서 동일한 의미로 사
용되지 않은 것이라는 것을 입증할 만한 것은 아무 것도 없다고 설시하였다.[23]
또 노르웨이 측이 이 기간 중 여러 문서에 쓰인 "그린란드"는 당시 동부해안
이 알려져 있지 않았으므로 동부해안을 포함하는 취지로 해석될 수 없다고 주
장한 데 대해서도 재판소는 17~18세기 지도들을 검토해보면 그린란드 동부해
안의 일반적 특징과 윤곽이 지도제작자들에게 이미 알려져 있었음을 보여주고
있으며, 지리적 용어로서 "그린란드"는 서부해안이나 식민지화된 지역보다 동
부해안과 관련하여 더욱 빈번하게 사용되었다고 지적하였다.[24]

　　재판소는 이어 전술한 1826년 미국과의 조약에서 사용된 '그린란드'는 키
일 강화조약 제4조에서 사용된 의미 −즉 그린란드 전역− 로 사용된 것이
며, 이는 양국간 제 협정에도 동일하게 적용된다고 판시하였다.[25] 재판소는 또
1919년 베르사유 평화협정 조인을 전후하여 덴마크 측이 그린란드 전역에 대
한 주권을 승인받기 위해 미국, 노르웨이, 프랑스, 이태리, 일본, 영국 등 열강
들에 전달한 각서(memorandum)에서 일부 모순되거나 다양한 표현 −즉 그
린란드 전역에 대한 덴마크의 기존 주권의 공식적 승인 대신, (식민지화되지 않
은 동부지역을 포함하는) 그린란드 전역으로의 덴마크 관할 및 종주권의 확대
("extension of the care and suzerainty of Denmark to the whole of Greenland")에 대
한 승인 요청 등− 을 사용한 것은 사실이라고 인정하였다. 그럼에도 불구하고

---

22) *Ibid.*, p. 49.

23) *Ibid.*, pp. 49~50.

24) *Ibid.*, p. 50.

25) *Ibid.*, pp. 30, 51 & 68.

재판소는 이러한 각서에 나타난 덴마크 정부의 진정한 의도와 염원이 그린란
드 전역에 대하여 덴마크가 이미 확립·향유하고 있던 기존 주권의 승인을 얻
고자 한 것이었다는 덴마크의 주장을 인정하였다.[26]

4. 반대 · 개별 의견

안찌로티 재판관은 반대의견[27]을 통해 그린란드의 식민지화된 서부지역과
그렇지 않은 동부지역 간에는 근본적 차이가 존재하였다는 것은 부정할 수 없
다고 지적하였다. 그에 의하면 식민지에는 통상적 행정청과 사법조직이 존재한
반면, 그 외의 지역에는 유효한 법률은 존재했을 수 있으나 그러한 법률을 집
행할 권능은 존재하지 않았다면서 사실 법집행 관리들은 아무도 임명되지 않
았다고 주장하였다. 유사한 맥락에서 쉬킹 재판관과 왕 재판관 역시 공동 개별
의견[28]에서 문제의 덴마크 측 문서들은 입법행위를 입증할 수는 있지만 서부
해안 이외 지역에서 그 효과적 적용여부는 충분히 입증·확립되지 않았다고 지
적하였다. 이들 재판관들은 또 모든 정황상 덴마크에 추정적 권원(presumptive
title)이 부여되었다고 하더라도 1915~1921년 사이의 기간 중 그린란드 전역에
대한 주권승인을 취득하기 위해 덴마크 정부가 이해관계국들을 상대로 행한
외교적 제안들을 보면 당시 덴마크는 그린란드 전역에 대하여 이미 덴마크의
주권을 확립했다는 가설을 유지하지 못했던 점이 입증된다는 논지를 폈다.

Ⅳ. 평 석

1. 극지 · 오지에 대한 실효적 지배의 양태와 요건

실효적 지배는 근대 국제법상 영토권원(취득)의 한 근거(a root of territorial

---

26) *Ibid.*, pp. 56~62.
27) *Ibid.*, p. 76 이하.
28) *Ibid.*, p. 96.

title)를 구성하며(1928년 팔마스섬 중재사건), 또 권원취득의 증거로 원용되기도 한다. 문제는 접근이 어려운 오지·극지에 대한 실효적 지배는 어떤 조건을 충족할 때 입증·확립된 것으로 해석·간주되는가에 대한 구체적 기준이 불명확했다는 점이었다. 동부 그린란드 사건 판결은 오지·극지에 대한 실효적 지배의 기준·요건을 구체적으로 제시한 판결로 평가된다. 재판소는 극지·오지 또는 격지 무인도에 대한 주권의 현시가 '영토 내 모든 지점에서 항상 행사될 수는 없으며', 또한 실효적 지배의 통상적 요건은 극지·오지 또는 격지 무인도의 경우 완화·적용될 수밖에 없다는 입장을 천명한 것이다.[29] 즉 '실효적 점유'란 "반드시 영역 내 모든 지역에 대한 현실적·물리적 정착을 의미하는 것은 아니며, 실효적 점유·지배의 내용은 선험적·고정불변이 아니라 지리적 상황에 따라 상대적·가변적인 것"이라는 취지인 것이다.[30]

　　이 사건에서 노르웨이 측은 10세기 그린란드 서부지역에 건설된 2개 식민지 정착촌이 대략 15세기 경 사라진 후 그린란드는 무주지가 된 것이라고 주장하였으나, 재판소는 이를 배척하였다. 재판소는 영토분쟁 사건에서 양 당사자의 현실적 주권행사의 양태에 대하여 만족하지 못하였음에도 불구하고, 즉 정착촌이 건설되지 않은 동부지역에 대한 덴마크의 주권행사가 상대적으로 미약했음에도 불구하고 이를 그린란드 전역에 대한 덴마크의 현실적 주권의 현시로 인정하였다.[31] 재판소는 또 식민지가 재건된 1721년 이후 1814년까지 그린란드에 대하여 덴마크/노르웨이 국왕이 행사한 국가기능과 권리는 그린란드 전역에 대하여 덴마크에 유효한 주권 주장을 부여하기에 충분한 정도에 이르렀던 것으로 간주하였다(전술 III.1).

---

29) Arbitral Award of the King of Italy on the Subject of the Difference Relative to the Sovereignty over Clipperton Island(France v. Mexico), 1931, *American Journal of International Law*, vol. 26, 1932, p. 390; 박현진, "독도 영토주권과 무인도에 대한 상징적 병합 가상적 실효적 지배", 『국제법학회논총』 제58권 제4호(통권 제131호, 2013. 12), p. 103 및 박현진, 전게각주 8, pp. 186, 225 & 227.

30) 박현진, 상게서, pp. 216 & 227~228.

31) J.L. Brierly, *The Law of Nations: An Introduction to the International Law of Peace*(6th edn., by H. Waldock, Oxford: Clarendon, 1963), p. 164; 박현진, 전게각주 8, p. 228.

이러한 동부 그린란드 사건 판결은 실효적 지배에 입각한 한국의 독도권원의 근거 내지 증거와 관련하여 시사적이다. 재판소가 이 사건의 특징 가운데 하나는 바로 1931년까지 덴마크를 제외한 그 어떤 나라도 그린란드에 관한 영유권 주장을 제기하지 않았던 점이라고 지적한 점[32] 역시 독도주권과 관련한 일정한 유추를 가능하게 하는 부수적 의견으로 해석된다. 일본은 1905년 러일전쟁 중 시마네현에 의한 독도 비밀편입 주장을 내세우기 전까지 독도에 관해 아무런 권리도 주장하지 않았었다.

또 전술한 바와 같이 재판소는 덴마크의 1921년 법령 공포 이후 그린란드 동부해안에서 정부활동이 증가한 사실, 1925년 제정 수렵·어업규제 입법 및 그린란드에 대한 행정구역 개편 입법 등을 모두 분쟁중인 영토와 관련한 덴마크의 정부기능 행사(사실)로 원용하면서, 이러한 덴마크의 활동은 '노르웨이 정부가 제기한 항의나 유보(protests or reserves)에 의하여 그 성격이 변경되는 것은 아니다'라고 판시하였다.[33] 이 점 역시 한국의 일본이 제기하는 이의에 비추어 주목할 만한 부수적 의견이 아닐 수 없다. 또 재판소가 전술한 바와 같이 수렵원정대의 활동, 측량·탐험 과학원정대의 파견, 국가소유 선박(Godthaab)의 동부해안 시찰·조사 목적의 파견과 동부해안 방문자에 대한 허가발급 행위 등을 그린란드에 대한 실효적 지배를 입증하는 사실로 원용한 것(III.1)도 독도주권과 관련하여 시사하는 바가 크다[34]고 할 것이다.

2. 지명표기와 지명의 의미

동부 그린란드 사건 판결이 가지는 또 하나의 중요한 시사점은 지명표기와 관련된 것이다. 노르웨이 측은 덴마크가 자국 주권행사의 근거로 원용하는

---

32) *Legal Status of Eastern Greenland, op. cit.,* p. 46. 이 점과 관련, 1905년까지 조선(한국)을 제외하면 독도에 대한 주권을 주장한 나라는 없었다.

33) *Ibid.,* p. 62.

34) 예컨대 박현진, "독도 실효지배의 증거로서 민관합동 학술과학조사: 1947년 및 1952~53년 (과도)정부 한국산악회의 울릉도 독도조사를 중심으로", 국제법학회논총 제60권 제3호(통권 제138호, 2015. 9), pp. 61~96.

18세기 입법·행정 행위에 등장하는 "그린란드"라는 용어는 이 섬의 서부 식
민지 정착촌 또는 식민화된 지역을 표시한 지명이라고 주장한 데 대하여, 재
판소는 많은 지도와 18세기 덴마크의 국내법령에서 사용된 "그린란드"의 의미
를 검토한 후, 지리적 용어로서의 "그린란드"의 자연적 의미는 지도에 표시된
통상적인 지리적 의미라고 판시하였다.[35] 이 점과 관련, 일본은 1877년 태정
관 문서에서 "죽도(竹島＝울릉도) 외 일도(＝독도) 본방(本邦＝일본영토) 무관"[36]
이라는 입장을 재확인한 바,[37] 최고행정기관의 공식 내부문서에서 당시 조선이
사용하던 "석도"(石島)(1900. 10. 25 고종 칙령 제41호)나 "독도"[38]라는 용어를 쓰
지 않았다. 또 당시 일본이 사용한 "송도"(松島: 1870년 외무성 내부문서 「조선국교
제시말내탐서」)[39]나 "리앙코島"[40]라는 용어도 사용하지 않았다. "송도"라는 일본
식 지명은 조선의 적법한 독도권원에 대한 침탈을 구성할 것이므로 이를 피하
면서, 동시에 조선의 지명도 회피함으로써 훗날 기회가 오면 이를 침탈하려는
의도를 숨기고 있었다[41]는 해석을 가능하게 한다.

3. 분쟁당사국 간 양자조약 상의 영유권 관련 현상유지

1924년 덴마크가 노르웨이와 체결한 협약은 노르웨이가 동부 그린란드의
법적 지위를 무주지로 간주하는 입장을 유지하면서 동시에 협약 체결이 노르

---

35) *Legal Status of Eastern Greenland, op. cit.*, pp. 49~52.

36) 신용하, 『한국의 독도영유권 연구』(서울: 경인문화, 2006), pp. 108~122 & 166~175; 박현
진, 전게각주 8, p. 471.

37) 17세기 말 조선(숙종)과 일본 막부가 교환공문을 통해 울릉도·독도 영유권 문제를 외교적
으로 해결한 교섭과정을 조선에서는 '울릉도쟁계', 일본에서는 '죽도 일건'이라고 부르고
있다. 내등정중(內藤正中), "죽도일건을 둘러싼 제문제", 『독도논문번역선 I』(동북아의 평
화를 위한 바른역사정립 기획단, 2005), p. 119; 송병기, 『고쳐 쓴 울릉도와 독도』(서울: 단
국대 출판부, 2005), pp. 47~87.

38) 신용하, 전게각주 36, pp. 413~415 참조.

39) 신용하, 상게서, pp. 109~111, 118, 150 & 166.

40) 신용하, 상게서, pp. 128~129 & 177.

41) 신용하, 상게서, p. 112. 일본은 1905년 다시 독도를 '죽도'로 변경하여 이를 '무주지'라면서
시마네현 영토로 '편입'했다고 주장한다.

웨이의 입장을 해하지 않는다는 토대위에서 서명되었다.[42] 이 협약은 그린란
드 동부지역에 대한 덴마크의 권리(주권) 주장을 해치는 합의로 해석될 수 있는
가? 이에 대하여 재판소는 이 협약에도 불구하고 동시에 덴마크가 그린란드 전
역에 대한 권리를 가지며 또한 사실상 주권을 향유하고 있다는 자신의 입장을
유지할 권리를 배제한 것이 아니며, 또한 덴마크가 주권에 관한 유효한 주장을
확립하는 요소들이 모두 존재한다는 것을 입증할 권리를 배척한 것도 아니라
는 유권해석을 제시하였다.[43]

---

42) *Legal Status of Eastern Greenland*, *op. cit.*, p. 63.

43) *Ibid.*

망키에 에크레호 사건(영국/프랑스)

Minquiers and Ecrehos(France v. United Kingdom), ICJ(1953)

이성덕(중앙대)

Ⅰ. 사실관계

에크레호(Ecrehos)와 망키에(Minquiers) 제도(諸島)에 대한 주권 분쟁은 프랑스 정부가 각 제도에 대하여 주권 주장을 한 1886년(에크레호)과 1888년(망키에)에 발생하였으나 해결되지 않고 있었다. 그러다가 양 제도에 대한 영유권이 영국과 프랑스 중 누구에게 귀속되는지 하는 문제를, 양국이 1950년 12월 29일에 특별협정을 체결하여 국제사법재판소에 회부함으로써 사건이 개시되었다. 영국과 프랑스는 1066년 위리엄 노르만디(William Normandy) 공의 영국 정복, 1204년 필립 아우구스투스(Philip Augustus)의 노르만디(Normandy) 점령, 중세시대에 체결된 각종 조약, 고대 문서 및 중세시대 1202년 프랑스 법원의 판결 등 여러 중세의 사실 및 문서들에 기하여 양 제도에 대하여 영유권 보유를 주장하였으나, 재판소는 양 제도에 대하여 어느 국가가 더 강력하게 실효적 지배를 하였는지를 평가하여 영유권의 귀속을 판단하였다.

II. 쟁   점

이 사건은 영토분쟁 사건으로 영유권 획득을 증명하기 위한 증거를 인정하는 시기적 기준점, 즉, 결정적 기일(critical date)을 어떻게 정할 것인지, 오랜역사적 기간을 두고서 영유권 행사를 해온 사실관계가 존재하는 경우, 영유권행사라는 실효적인 지배 방식은 어떻게 이루어져야 하는지 하는 문제, 문제되는 해양 영역 주변에 설정된 공동어업수역의 성격 등과 관련한 문제들이 다루어졌다. 양 제도에 대하여 영유권을 주장하는 양국의 청구취지는 대략 다음과같다.

영국 정부는 동 제도에 대한 계속적인 주권의 행사를 보여주는 행위들로증명되는 실효적인 점유에 의하여 지지되는 역사적인 권원(ancient title)의 존재를 확보한 사실로부터, 혹은, 대체적으로, 유사한 행위들에 의하여 증명되는장기간의 계속적인 실효적인 점유에 의하여 확보되는 권원에 기초하여 영국이 국제법에 따라 완전하고 불가분의 주권을 망키에와 에크레호 제도에 소속된 작은 섬들(islets)과 암석들(rocks)에 대하여 갖는다고 주장하였다. 반면에 프랑스 정부는, 프랑스는 망키에 제도 및 에크레호 제도들에 대한 시원적인 권원(original title)을 가지며, 행사 가능한 범위 내에서 자국의 주권을 그곳에서 실효적으로 행사함으로써 그러한 시원적 권원을 항상 확인해 왔고, 1259년 Paris 조약을 체결한 시점 이후부터 영국은 동 제도에 대하여 실효적 점유를 확보할 수도 없었으며, 1839년 8월 2일 영국, 프랑스 양국이 공동어업수역을 설정하는협정을 체결한 이후부터는(1839년 8월 2일 협정에 대한 프랑스의 해석이 잘못된 경우라도 결론은 다르지 않다고 주장한다) 각 당사자가 동 제도에 행한 행위는 동 제도에 대한 영토 주권에 영향을 미치지 못하므로 1839년 이전의 사실에 기초하여동 제도에 대한 영유권 귀속이 결정되어야 하는데 이러한 점들을 고려하면 동제도는 프랑스에 귀속된다고 주장하였다.

Ⅲ. 판   결

　　재판소는 당사자들이 제출한 판단의 범위를 획정하는 것부터 시작하였다. 문제되는 작은 섬들로 구성된 두 제도는 영국의 Channel Islands인 Jersey섬과 프랑스 연안 사이에 놓여있는 섬들로, 에크레호는 Jersey섬으로부터 3.9해리, 프랑스 연안으로부터 6.6해리 지점에 있으며, 망키에는 Jersey섬으로부터 9.8해리, 프랑스 본토로부터는 16.2해리, 프랑스령인 Chausey섬으로부터 8해리 지점에 있다.

　　특별협정에 따라 재판소는 당사자 중 누가 두 제도에 대한 권원에 대하여 보다 더 설득력 있는 증거를 제출하였는지를 판단하도록 요청받았고, 그것들에 대하여 무주지 지위를 적용하는 것은 배제하였다. 또한 입증 책임의 문제는 보류되어 있는 관계로 각 당사자는 주장하는 권원과 그것을 입증하기 위하여 원용하는 사실들을 증명하여야만 했다. 결론적으로 특별협정이, 전유할 수 있는 한도 내에서 작은 섬들과 암석들을 언급할 때, 이 용어들은 물리적으로 전유할 수 있는 작은 섬들과 암석들을 의미하는 것으로 이해되었다. 재판소는 양 제도의 특정 단위의 작은 섬들에 대하여 자세하게 사실관계를 판단할 필요성은 없었다.

　　이어서 재판소는 양 당사자에 의하여 원용되는 권원들에 대하여 검토하였다. 영국 정부는 1066년 William Normandy 공의 영국 정복으로부터 그 권원을 도출하였다. 그 당시 수립된 Channel Islands를 포함하는 영국과 Normandy 공국간의 연맹은 프랑스의 Philip Augustus가 Normandy를 정복한 1204년까지 계속되었다. 그러나 관련 섬들을 정복하려는 Philip Augustus의 시도는 실패로 끝났기 때문에 영국은 에크레호와 망키에를 포함하는 모든 Channel Islands가 영국에 통합된 채로 남아 있었고, 이러한 사실관계는 그 이후에 체결된 양국간의 조약들에 의하여 법적으로 확인된다고 주장하였다. 이와 관련하여 프랑스 정부는 1204년 이후부터 프랑스가 대륙에 인접한 다른 몇몇 섬들과 함께 망키에와 에크레호를 보유하였다는 점을 영국에 의하여 원용된 동일한 중세시대의 조약들을 언급하면서 주장하였다.

재판소는 이러한 조약들(1259년 Paris 조약, 1360년 Calais 조약, 1420년 Troyes 조약) 중 어느 것도 어떤 섬들이 구체적으로 영국왕 혹은 프랑스왕에게 속하는 것인지를 특정하고 있지 않다고 판단하였다. 그러나 분쟁의 대상인 작은 섬들의 소유 혹은 점유에 대하여 약간의 시사를 주는 다른 고대 문서들이 있다. 영국은 그러한 문서들에 근거하여 Channel Islands 전체가 하나의 실체로 다루어졌음을 보여주고자 하였고, 그리고 영국이 보다 중요한 섬들을 보유하였기 때문에, 분쟁의 대상이 된 제도들을 또한 보유한다고 주장하였다. 재판소는 그 제도들에 대한 주권에 대하여 확정적인 결론에 이르는 것은 불가능하지만, 이러한 영국의 견해에 동조할 만한 강력한 추정이 나타난다고 생각하였다. 하지만 이 문제는 최종적으로 점유와 직접적으로 관련된 증거에 의존하여 해결되어야 한다고 판단하였다.

프랑스 정부는 Normandy 전역에 대한 군주로서의 프랑스왕과 이 영역에 대한 프랑스왕의 종속자(vassal)인 영국왕 간의 봉건적 연계에서 프랑스의 주권을 지지하는 추정을 찾고자 하였다. 이와 관련하여, 프랑스 정부는 프랑스왕의 봉토로서 Normandy 전역을 포함하여 영국왕 John이 보유하던 모든 토지를 영국왕 John이 모두 상실하였다고 판단한 1202년 프랑스 법원의 판결에 의존하였다. 그러나 영국 정부는 Normandy에 대한 프랑스왕의 봉건적인 권원은 명목적인 것일 뿐이라고 주장한다. 영국 정부는 Normandy 공이 Channel Islands를 프랑스왕의 봉토로서 받았다는 점을 부인하고 또한 1202년의 판결의 유효성 심지어 그 존재에 대하여서도 다툰다. 이러한 역사적인 논란거리를 해결하지 않고 재판소는 프랑스에 의하여 Normandy가 점령된 때인 1204년 Normandy 공국의 분리에 부여되는 법적 효과는 그 이후 세기 동안에 이루어진 수많은 사건들에 의하여 대체되었다고 판단하였다. 재판소는 결정적으로 중요한 것은 중세시대의 사실들에 근거한 간접적인 추정이 아니라 이 제도들의 소유 혹은 점유와 직접적으로 관련된 증거들이라고 판단하였다.

이러한 증거들에 대하여 판단하기 전에 재판소는 우선 양 제도 모두에 해당하는 일부 문제들을 검토하였다. 프랑스 정부는 1839년에 체결된 어업에 관한 협정은 주권 문제를 해결하지는 못하지만, 이 문제에 영향을 준다고 주장하였다. 분쟁의 대상인 제도들은 이 협정이 설정하는 공동어업수역 내에 속하는 것이라고 프랑스 정부는 주장하였다. 또한 이 협정의 체결로 당사자들이 주권의 표현과 관련한 추후적인 행위를 하는 것이 봉쇄되었다고 프랑스 정부는 주장하였다. 재판소는 이 협정이 수역에 대하여서만 다루었지 작은 섬들에 대한 공동 이용에 대하여서는 다루지 않았기 때문에 이러한 주장을 받아들일 수 없다고 판단하였다. 이 사건의 특별한 상황과 이들 제도들에 대하여 양 당사자간에 분쟁이 진정으로 발생한 시점을 고려하여, 재판소는 관련 당사자의 법적 지위를 향상시키기 위하여 취하여진 조치가 아닌 한 양 당사자의 모든 행위들을 판단의 대상으로 하였다.

재판소는 이어서 각 제도의 상황을 검토하였다. 특히 에크레호와 관련하여서 다양한 중세 문서들에 기초하여 재판소는 영국왕이 이러한 작은 섬들에 대하여 사법권과 징세권을 행사하였다고 판단하였다. 이러한 문서들은 또한 그 당시에 에크레호와 Jersey간에 긴밀한 관련성이 있었음을 보여준다.

19세기 초부터 그 관련성은 굴 어업의 중요성으로 인하여 다시 보다 밀접하게 되었다. 재판소는 에크레호와 관련한 형사절차, 1889년 이래 작은 섬들에 건설된 주거 가능한 집과 헛간들에 대한 과세 조치, 에크레호에 있는 부동산 거래 계약의 Jersey에서의 등록과 같은 Jersey 당국의 관할권 행사, 지방 행정권 및 입법권 행사와 관련한 다양한 행위들에 대하여 증명력 있는 증거가치를 부여하였다.

프랑스 정부는 1646년 Jersey 당국이 에크레호와 Chausey섬에서의 어업을 금지하고 1692년에 에크레호에의 방문을 제한한 사실을 원용하였다. 프랑스 정부는 또한 양 정부간에 19세기 초에 이루어진 외교적 서신(각서)교환(이에는 최소한 에크레호의 어느 부분이 Jersey 수역의 바깥에 있는 것으로 표시되고 그리고 무주물로 다루어졌는지를 보여주는 해도가 첨부되어 있음)을 언급하였다. 1886년 12월 15일자로 영국 외무부에 보낸 각서에서 프랑스 정부는 에크레호에 대한 주권을 처음으로 주장하였다. 이러한 사실들을 기초로 상반된 주장의 상대적인 가치를 평가하면서 재판소는 에크레호에 대한 주권은 영국에 속한다고 판단하였다.

망키에와 관련하여서 재판소는 1615년, 1616년, 1617년, 1692년에 Jersey에 있는 Noirmont 봉토의 장원법원이 망키에에서 발견된 난파선 사건들에 대하여 행사한 관할권에 대하여 주목하였는데 그 이유는 그러한 관할권 행사는 속지적인 것이었기 때문이다. 18세기 말, 19세기 및 20세기에 이루어진 망키에에서 발견된 사체를 검시한 사실, Jersey에서 온 사람들이 주거 가능한 집과 헛간을 건축하고 그것을 이유로 재산세를 납부한 사실, 망키에에 소재하는 부동산과 관련한 매매계약을 Jersey에서 등록한 사실들을 다른 관련 증거로 살펴보았다. 이러한 다양한 사실들은 Jersey 당국이 다양한 방법으로 오랜 기간 동안 망키에와 관련하여 통상적인 지방 행정권을 행사하였다는 점과 19세기와 20세기의 상당한 기간 동안 영국 당국이 이 제도와 관련하여 국가기능을 행사하였음을 보여준다.

프랑스 정부는 망키에는 1022년 Normandy 공이 Mont-Saint-Michel 대수도원에게 증여한 Chausey섬의 속령이라고 주장한다. 1784년에 이루어진 프랑스 당국 간의 서신은 프랑스인에 의하여 행하여진 망키에와 관련한 양허 신청과 연관되어 있다. 재판소는 이 서신은 주권과 관련한 프랑스의 주장을 지지하는 어떠한 것도 보여주지 않는다고 판단하였다. 다만, 그것이 영국왕과 관련하여 곤란함을 야기할지 모른다는 어떤 두려움을 보여주고 있다고 보았다. 또한 프랑스 정부는 1861년 이래 영국으로부터 어떠한 반대에도 봉착하지 않고, 망키에의 등대 및 부표에 대하여 독자적이 책임을 부담하였다고 주장한다. 재판소는 프랑스가 망키에에 설치한 부표는 제도들의 암초 바깥에 있는 것이고, 프랑스 항구로 혹은 항구로부터의 항해를 보조하기 위한 것으로 망키에의 위험한 암초로부터 선박을 보호하기 위한 것이라고 판단하였다. 프랑스 정부는 또한 망키에에 대한 다양한 공식 방문과 대륙 Normandy에 소재한 Granville 시장의 보조금으로 작은 섬들 중 하나에 지어진 집에 근거하여 자신의 주장을 뒷받침하였다.

　재판소는 프랑스 정부가 원용한 사실들은 프랑스가 망키에에 대하여 유효한 권원을 가지고 있다는 것을 보여주기에는 충분하지 못하다고 판단하였다. 특히 19세기와 20세기의 위에서 언급된 사실들과 관련하여, 그러한 행위들은 그 작은 섬들에 대하여 주권자로서 행위하려는 프랑스 정부의 의도를 보여주는 증거로는 불충분하다고 판단하였다. 이러한 성질을 갖는 그 행위들은 그 작은 섬들에 대하여 국가권한을 표현하는 것으로 여겨질 수도 없다고 판단하였다. 이러한 상황과 영국 정부가 제출한 증거와 관련하여 표시한 재판소의 입장에 따라 재판소는 망키에에 대한 주권은 영국에 속한다고 판단하였다.

Ⅳ. 평　석

1. 결정적 기일의 결정

　프랑스는 공동어업수역을 정한 1839년 어업협정이 체결된 시점에 문제의 제도와 관련한 주권 분쟁이 발생한 것이라고 말하면서 그 시점을 결정적 기일로 정하여야 한다고 주장하였지만, 재판소는 이러한 프랑스의 주장을 받아들이지 않았다. 재판소는 공동어업수역의 설정은 수역에 대한 공동이용만을 의미하는 것이지 문제되는 제도들의 영토 부분에 대한 공동이용을 의미하는 것이 아니기 때문에 동 협정으로 문제되는 제도에 대한 주권 분쟁이 발생한 것은 아니라고 판단하고 있다. 오히려 재판소는 양 제도에 대한 주권 분쟁은 프랑스 정부가 각 제도에 대하여 주권 주장을 한 1886년(에크레호에 대하여)과 1888년(망키에에 대하여)에 발생하였다고 판단하고 있다. 하지만 재판소는 이 시점도 확실한 결정적 기일로 인정하지 않고 있다. 왜냐하면 재판소는 본 사건의 특성상 그 이후의 후속적인 행위들도 그것이 관련 당사자의 법적 지위를 향상시키기 위한 목적으로 행하여진 것이 아닌 한 주권의 소재를 판단하기 위하여 재판소가 고려할 사항들이라고 판시하고 있기 때문이다. 즉 재판소는 "여러 측면에서 이러한 제도들과 관련한 활동은 주권에 관한 분쟁이 발생하기 오래 전부터 점차적으로 발전하여 왔고, 그것은 그 이래 중단 없이 그리고 유사한 방법으로 계속되어왔다. 이러한 상황에서, 각각 1886년과 1888년 이후 계속적인 발전과정 중에 일어난 모든 사태들을 배제할만한 정당한 근거는 없다"고 판단하고 있는 것이다. 이에 따르면 재판소는 1950년 12월 29일 동 제도와 관련한 분쟁을 재판소에 회부하기로 특별협정을 영국과 프랑스가 체결한 시점에 이 분쟁이 구체화되었다고 주장하는 영국의 입장을 사실상 받아들인 것으로 판단된다.

본 사건을 통하여 볼 때, 오랜 역사적인 기원을 갖는 영토 분쟁 사건의 경우, 어느 시점까지 이루어진 행위를 영역 주권을 입증하는 증거로 원용할 수 있는가를 말하는 결정적 기일의 결정은 쉬운 문제가 아님을 알 수 있다. 독도 분쟁의 경우에 있어서도 만약 그것이 사법적 판단대상이 되는 경우 결정적 기일 결정에 있어서 많은 다툼이 있을 것으로 예상된다.

2. 영역 취득에 있어서 실효적 점유의 중요성 확인

재판소는 문제되는 제도의 영유권의 귀속 문제를 판단함에 있어서 가장 중요시한 것은 동 제도의 점유를 누가 실효적으로 하였으며, 그와 관련한 상대적으로 더 설득력 있는 증거를 누가 제시하는가였다. 이와 관련하여 재판소는 "재판소의 입장에서 결정적으로 중요한 것은 중세시대에 있었던 사태들로부터 추론되는 간접적인 추정이 아니라 에크레호와 망키에 제도의 점유에 직접적으로 관련된 증거들이다"라고 판시한 것이다.

재판소는 중세시대의 봉건제도와 관련한 역사적 사실이나 영국과 프랑스가 그 당시에 체결한 조약들로부터 문제되는 제도의 영유권 귀속 문제를 판단하지 않았다. 특히 중세시대에 체결된 많은 조약들은 대부분 문제되는 두 제도의 귀속과 관련한 명시적인 언급이 없었기 때문에 양 제도의 영유권 귀속을 해결하는데 있어서 유용하다고 판단하지 않은 것 같다.

반면에 재판소는 양 제도에서 이루어진 양국의 실질적인 주권행사와 관련된 구체적인 행위들을 검토하고 그러한 행위가 영국과 프랑스 중 누구에 의하여 더 실효적으로 이루어졌는지를 판단함으로써 양 제도의 귀속문제를 결정하였다. 결론적으로 프랑스가 제출한 증거에 비하여 영국이 제출한 증거가 주권 행사의 증거로 보다 강력한 설득력이 있다고 재판소는 판단한 것이다. 즉 영국이 문제되는 제도에서 행한 검시행위, 사법절차의 진행, 세관의 설치 등의 행위가 주권 행사를 입증하는 유력한 증거라는 것이다.

이와 관련하여, 재판소는 에크레호와 관련한 형사절차, 1889년 이래 작은 섬들에 건설된 주거 가능한 집과 헛간들에 대한 과세 조치, 에크레호에 있는 부동산 거래 계약의 Jersey에서의 등록과 같은 Jersey 당국의 관할권 행사, 지방 행정권 및 입법권 행사와 관련한 다양한 행위들에 대하여 증명력 있는 증거가치를 부여하였다. 또한, 망키에와 관련하여서도, 재판소는 1615년, 1616년, 1617년, 1692년에 Jersey에 있는 Noirmont 봉토의 장원법원이 망키에에서 발견된 난파선 사건들에 대하여 행사한 관할권에 대하여 주목하였는데 그 이유는 그러한 관할권 행사는 속지적인 것이었기 때문이다. 뿐만 아니라, 18세기 말, 19세기 및 20세기에 이루어진 망키에에서 발견된 사체를 검시한 사실, 이 작은 섬들로 Jersey에서 온 사람들이 주거 가능한 집과 헛간을 건축하고 그것을 이유로 재산세를 납부한 사실, 망키에에 소재하는 부동산과 관련한 매매계약을 Jersey에서 등록한 사실들을 다른 관련 증거로 살펴보았다. 이러한 다양한 사실들은 Jersey 당국이 다양한 방법으로 오랜 기간 동안 망키에와 관련하여 통상적인 지방 행정권을 행사하였다는 점과 19세기와 20세기의 상당한 기간 동안 영국 당국이 이 제도와 관련하여 국가기능을 행사하였음을 보여준다는 것이다.

Basdevant 판사의 경우도 중세시대의 역사적 과정 중에 영국과 프랑스 중 누가 양 제도를 실력에 의하여 지배하였고 그러한 실력을 행사할 수 있는 위치에 있었는지를 면밀히 검토하면서 영국의 해군력에 의한 문제되는 양 제도를 포함하는 Channel Islands 전역에 대한 실질적 지배가 동 제도에 대한 영유권 귀속 문제를 판단하는데 매우 중요하다는 점을 지적하기도 하였다. 이와 관련한 Basdevant 판사의 개별의견 부분은 다음과 같다.

"섬들을 보유한다는 것 – 이것은 군사적인 의미로 1360년 조약에서 사용된 표현이다; 그것은 영국왕의 군사적인 힘에 의하여 만들어진 상태를 언급한다. 사람이 거주하는 섬이 관련되어 있는 한, 이러한 생각은 이러한 섬들에 영국의 군사적인 권위가 확립되어 있다는 것, 주민들에 대하여 왕의 사자들이 조치를 취하는 것이 가능하다는 것, 같은 의미로 이렇게 점령된 섬들에서 외국이 조치를 취하는 것을 금지하는 것과 관련되어 있다. 그러나 이러한 요소 중의 어느 것도 에크레호와 망키에, 실질적으로 인간이 거주하고 있지 않는 또한 대부분의 경우 인간이 거주할 수 없는 작은 섬들과 암석들의 경우에는 찾아볼 수 없다. 군사적인 견지에서 영국왕이 그것들을 보유하기 위하여서는 영국왕이 수비대를 그곳에 유지할 필요는 없다; 영국왕의 육군 및 해군의 힘을 가지고 영국왕이 프랑스왕의 무력에 의하여 개입되는 것을 방해받음이 없이 그가 적절하다고 판단하는 경우에 그곳에 개입할 수 있는 위치에 있으면 충분하고, 같은 의미로 영국왕은 이러한 프랑스의 무력에 의한 개입을 방지할 수 있는 위치에 있는 것으로 충분하다. 주된 Channel Islands에 자신의 입지를 확고히 하고 그리고 그가 활용할 수 있는 해군력을 통하여 그곳에 상존할 수 있었던 영국왕은 이렇게 에크레호와 망키에와 관련하여 이러한 조치를 취할 수 있는 위치에 있었던 것으로 아마도 보여진다."

오랜 역사적 배경을 가진 영유권 분쟁 사례에서 분쟁 대상이 되는 영역에서 문제되는 기간 중에 누가 보다 강력한 주권 행사를 하였가, 즉 누가 실효적인 점유 행위를 문제되는 영역에 대하여 보다 강력하게 하였는가가 영유권 귀속에 대한 판단을 함에 있어서 중요한 요소임이 인정된 사례라고 할 수 있다.

3. 공동어업수역을 설정하는 협정과 관련한 내용

1839년 공동어업수역을 설정하는 조약의 체결이 영유권의 귀속에 영향을 미치는가 하는 문제와 관련하여 재판소는 직접적으로 판단을 하고 있는 것 같지는 않다. 결정적 기일을 정함에 있어서 1839년 협정은 주권과 관련한 분쟁을 야기한 경우에 해당하지 않는다는 전제하에서 재판소는 동 협정이 체결된 시점을 결정적 기일로 인정하지 않고 있다. 이 시점을 결정적 기일로 인정하지 않고 있는 이유는 동 조약이 주권 분쟁을 발생시킨 것이 아니라는 점도 있지만 동시에 프랑스 정부 행위의 비일관성과도 관련이 있어 보인다. 즉 프랑스 정부는 1839년을 결정적 기일이라고 주장하면서도 그 이후에 발생한 사실을 자신의 영유권을 주장하는 증거로 활용하려고 하였기 때문이다.

이러한 공동어업수역을 정하는 조약의 체결이 해당 육지 부분에 대한 영유권 귀속과 관련한 재판소의 판결은 다음 부분을 주목하여야 할 것으로 여겨진다. 우선 재판소가 "이러한 제도들이 이 공동어업수역내부에 있다고 판단된다고 하더라도, 재판소는 이러한 수역에서 합의된 공동어업수역이 작은 섬들과 암석들의 영토 부분에 대한 공동이용제도를 포함하는 것으로 받아들일 수 없다. 왜냐하면 근거로 이용되는 조항들은 어업만을 언급하지 영토에 대한 어떠한 유형의 이용을 언급하는 것이 아니기 때문이다. 또한 재판소는 이러한 합의된 공동어업수역이 당사자들이 작은 섬들에 대한 주권의 행사를 보여주는 사후적인 행위들이 있었음을 주장하는 것을 배제하는 효과를 반드시 갖는다고 받아들일 수도 없다. 당사자들은, 1839년에는 이러한 제도들이 그들 중 어느 하나의 확실한 배타적 주권에 속하였다 할지라도, 그 제도들의 수역을 포함하여 이러한 공동어업수역을 설정하였을 수도 있다; 그리고 그들은 1839년 이후에 배타적 주권을 똑같이 취득하였거나 주장하였을 수도 있고 또한 그러한 합의된 공동어업수역에도 불구하고, 물론 이러한 수역에 있어서의 공동어업수역이 어떠한 방법으로도 침해되지 않는다는 것을 조건으로 주권의 행사를 표시하는 후속적인 행위에 의존할 수도 있다"고 판단한 부분이다. 이 부분은 공동어업수역을 설정하는 조약이 주권의 취득과 관련하여 영향을 미치지 않는다고 해석될 수 있는 부분이다.

하지만, 재판소는 이 협정이 에크레호와 망키에에 대한 주권 문제를 해결하지 않는다는 점은 양 당사자 간에 공통된 입장이기는 하나 프랑스 정부는 이 문제에 대하여 일정한 정도로는 영향을 미친다는 주장을 제기하였다는 점을 판결문에 적고 있다. 동시에 Basdevant 판사도 그의 개별의견에서 "1839년의 어업협정은 주권의 문제와는 관련이 없다. 그렇다고 그것을 완전히 무시할 수 는 없다"고 쓰고 있다. 물론 이러한 주장이 구체적으로 어떠한 의미를 갖는지 판결에 나타나 있지 않지만, 이 주장에 따르면 공동어업수역을 설정하는 조약 도 주권의 귀속에 영향을 미칠 수 있는 가능성이 있음을 시사하는 것으로 보 인다.

4. 인접성 이론의 적용 가능성(Carneiro 판사)

Carneiro 판사는 자신의 개별의견에서 몇 가지 흥미로운 주장을 하고 있 다. 그 중 하나가 주도를 지배하면 특별한 예외적인 상황이 존재하지 않는 한, 그에 따른 부속도서에 대한 지배도 확보된다는 취지의 주장을 하고 있는 점이 다. 즉 그는 "해안 혹은 섬의 주요 부분을 점령한 국가가 그 섬의 전부를 점령 한 것으로 여겨지는 것과 마찬가지로, 군도의 주요한 섬들의 점령은 타국에 의 하여 실제적으로 점령되지 않은 동일한 군도의 작은 섬들과 암석들에 대한 점 령도 포함하는 것으로 여겨져야만 한다"고 하고 있다. 이는 인접성의 이론과 유사한 주장으로 영국이 문제되는 양 도서의 주된 섬들을 지배하고 있는 상황 에서 그에 부속된 섬들을 지배하지 않는다고 판단하도록 하는 예외적인 상황 이 존재하지 않는 한, 인접 부속도서들에 대한 영유권도 영국이 갖는다는 주장 이다.

엘살바도르/온두라스 경계분쟁 사건

Case Concerning the Land, Island and Maritime Frontier Dispute
(El Salvador v. Honduras: Nicaragua intervening), ICJ(1990)

서철원(숭실대)

Ⅰ. 사실관계

이 사건은 1986년 온두라스와 엘살바도르간의 특별협정에 따라 제기되어 국제사법재판소 소재판부(chamber)에서 심리된 사건이다. 분쟁의 대상은 육지 경계의 설정, (폰세카(Fonseca)만 내부와 외부) 해양공간의 법적 지위 결정, 그리고 폰세카만에 있는 섬들의 영유권의 세 가지였다. 그리고 국제사법재판소(ICJ) 규정 제62조에 근거한 니카라과의 소송참가를 허가한 최초의 사건이다. 이 사건을 이해하는데 있어 필요한 사실관계를 정리하면 다음과 같다.

1. 지형적 특성

폰세카만은 엘살바도르, 온두라스, 니카라과의 3국에 의해 둘러싸인 중미 태평양 연안에 있는 만이다. 만은 남서쪽 방향으로 태평양에 접하고 있다. 엘살바도르는 만의 북서쪽 해안과 만의 외부 태평양에, 니카라과는 만의 남동쪽 해안과 만의 외부 태평양을 접하고 있다. 온두라스의 해안은 만의 내부에 있어 태평양에 직접 접하지는 않는다. 만 입구의 폭은 약 19해리이고, 만의 깊이는 32해리까지 된다. 해양법협약 상 복수연안국에 접하는 만은 내수인 만이 아닌 반폐쇄해이지만, 폰세카만은 스페인 식민지의 해역이었다는 이유로 특수한 지위가 인정되어 왔다.

2. 분쟁의 역사적 배경

3국은 1821년 스페인 식민지에서 독립하여, 중미연방공화국(Federal Republic of Central America)의 일부가 되었다. 그 후 중미연방공화국이 1938년 해체되면서 3국은 각각 별개의 국가가 되었다. 이러한 과정에서 이들 해결되지 않은 영토경계와 섬의 영유권이 갈등의 원인이 되었다. 이 문제를 해결하기 위하여 온두라스와 엘살바도르는 1980년 일반평화협정(General Peace Treaty)을 체결하였다. 이 협정은 6개 구간을 제외한 양국 간의 국경설정에 합의하면서, 해결되지 않은 문제를 해결하기 위한 협상을 할 것과, 5년 이내에 협상으로 해결되지 않으면 6개월 이내에 사건을 국제사법재판소에 제소하는 특별협정을 체결하도록 규정하였다. 이에 따라 특별협정이 체결되어 제소된 것이 이 사건이다. 이러한 역사적 배경이, 엘살바도르와 온두라스의 국경 및 섬의 영유권 문제를 해결하는데 있어, 가장 중요한 기준을 1821년 당시 속주의 경계로 하는 현상유지(uti possidetis) 법리로 한 이유이다.

그리고 폰세카만의 법적 성격과 관련해서 1917년에 있었던 니카라과와 엘살바도르 사이에 있었던 중미사법재판소의 판결을 언급할 필요가 있다. 이 사건은 니카라과가 폰세까만에 미국이 해군기지를 건설하도록 하는 조약을 체결하여 발생한 사건이다. 엘살바도르는 이러한 조약이 만의 수역과 관련된 자신의 권리를 침해한다고 하여 소송을 제기하였다. 이 사건에서 재판소는 폰세카만을 연안국가의 공동영유(condominium)인 해역이라고 하였다.

위에서 본 지형적 특성과 이러한 역사적 배경에서, 온두라스는 만 내부수역은 경계를 설정할 수 있는 이익공동체의 성격을 지니고, 만 외부수역은 자국이 일부를 차지하는 해양경계가 설정되어야 한다고 청구하였다. 반면에 엘살바도르는, 만 내부수역은 연안국의 공동영유이고, 만 외부수역에 대해 온두라스는 아무런 권리가 없다고 청구하였다. 연안국 중 소송 당사국이 아닌 니카라과가 소송참가 신청을 한 이유도 마찬가지이다.

3. 소송과 관련된 문제

이 사건은 국제사법재판소의 소재판부에서 다루어진 사건이다. 소재판부는 각 당사국이 지명한 2명의 임시재판관과 3명의 국제사법재판소 재판관으로 구성되었다. 이와 같이 그 구성에 양 당사국이 많이 관여한 소재판부가, 니카라과의 소송참가 신청을 공정하게 판단할 수 있는가에 관한 여러 가지 쟁점이 제기되었다.

그리고 니카라과의 소송참가 시점과 관련된 문제도 있었다. 이 사건은 1986년 12월 11일 제소되었고, 준비서면은 1988년 6월 1일 전에 제출되었다. 그런데 니카라과는 1989년 11월 17일 소송참가 신청을 하였다. 제소시점부터 약 3년 그리고 준비서면이 제출된 지 1년이 지난 시점에 소송참가 신청을 하였다는 것이, 소송참가와 관련된 여러 가지 쟁점의 근거가 되었다.

II. 쟁   점

이 사건에서의 쟁점은 니카라과의 소송참가와 관련된 쟁점과 본안에서의 쟁점으로 대별할 수 있다. 이 사건의 쟁점은 여러 가지이고, 간단하게 처리된 것도 많다. 간단하게 처리된 쟁점들에 대한 설명은 여기에서 하고, 다음 장에서는 중요한 쟁점에 관한 결정만 설명한다.

1. 소송참가

니카라과의 소송참가와 관련하여 다음과 같은 쟁점이 제기되었다.

첫째, 니카라과의 소송참가 시기와, 소송참가 신청을 하면서 니카라과가 한 (소재판부를 다시 구성하고 서면절차를 다시 진행해야 하고, 소송대상을 육지경계로 한정해야 한다는 등의) 주장에 의해 소송의 진행이 방해된다는 것을 근거로 니카라과는 소송참가 신청을 각하해야 한다고 주장하였다.[1] 이 쟁점은 니카라과가 소송절차 진행을 방해하는 청구를 철회하였기 때문에 간단하게 처리되었다. 소재판부는, 소송절차를 혼란스럽게 하는 주장을 니카라과가 철회한 이상, 소송참가 신청이 늦었다는 것만으로 소송참가 신청을 각하할 수는 없다고 하였다.

둘째, 니카라과의 소송참가 신청을 소재판부에서 결정할 수 있는가, 전원재판정에서 결정해야 하는가의 문제이다. 이 쟁점은, 소송당사국이 그 구성에 상당한 영향력을 행사하는 소재판부가 소송참가의 허가 여부를 결정하도록 하는 것은 공정성에 반한다고 하여, 니카라과가 제기한 것이다. 소재판부는, 소송참가 신청의 허가여부를 결정하는데 본안에 대한 평가가 필요하기 때문에 본안에 대한 관할권을 가진 재판소가 이를 결정해야 한다는 것과 소송참가 신청국은 본안소송의 절차적 상황에 따라야 한다는 것을 근거로 자신이 판단해야 한다고 하였다.

셋째, 국제사법재판소 규칙 제82조 제2항에서 소송참가 신청서에 포함되도록 요구하고 있는 영향을 받을 수 있는 법적 이익, 소송참가의 정확한 목적, 그리고 관할권의 근거라는 요건을 충족하는가의 여부이다. 소송참가의 목적으로 니카라과는 "자신의 권리와 이익에 대한 정보를 제공하고, 이용할 수 있는 모든 합법적인 수단을 이용하여 보호하는 것"이라고 하였는데, 소재판부는 이것이 소송참가의 진정한 목적이라고 하였다.[2] 그리고 관할권의 근거라는 요건은 국제사법재판소 규정 제62조의 요건을 충족하는 것으로 이를 충족한다고 하였다.[3]

또 하나의 요건인 소송참가를 뒷받침하는 법적 이익과 관련하여 니카라과는, Monetary Gold 사건의 법리에 따라 자국이 당사자가 아닌 이 사건의 소송을 계속할 수 없는 법적 이익이 있다는 것과 소송참가를 뒷받침하는 법적 이익이 있다는 것 두 가지 쟁점을 제기하였다. 전자의 쟁점에 대해 소재판부는,

---

1) Land, Island and Maritime Frontier Dispute (El Salvador/Honduras), Application to Intervene, Judgment, *I.C.J. Reports* 1990, p. 92(이하, "Judgement of 1990"), para. 46.

2) *Ibid.*, para. 90.

3) *Ibid.*, para. 99~100.

Monetary Gold 사건에서는 판결을 위해 알바니아와 이탈리아 사이의 국가책임의 문제에 대해 먼저 결정해야 했지만, 이 사건에서의 소송당사국간의 만 내부수역의 법적 성격을 결정하기 위해 니카라과와의 관계에 관한 것을 먼저 결정할 필요가 없다는 것을 근거로, 이를 인정하지 않았다.[4] 소송참가의 요건으로서의 법적 이익의 문제는 아래에서 살펴본다.

2. 본안의 쟁점

1) 육지경계

일반평화협정에서 설정하지 못한 6개 육지구간의 경계를 설정하는데 있어 문제가 된 것은, 경계를 설정하는 기준과 그 적용방법이었다. 적용되는 기준이 현상유지법리라는 것에서는 양당사국의 의견은 일치하였지만,[5] 다른 기준도 적용되는가의 여부에 대해서는 다툼이 있었다.

현상유지법리를 적용하는데 있어 유리한 입장에 있었던 온두라스는 현상유지법리로만 경계를 설정할 것을 주장하였다. 반면에 엘살바도르는 실효적 지배와 사회 경제적 요인 등 다른 기준을 적용할 것도 주장하였다. 속주(혹은 독립 후에는 국가)가 해당 지역에 영역권을 행사한 실효적 지배와 (인구수가 많고, 인구밀도도 높아) 문제가 된 지역에서 주민의 활동이 많았던 엘살바도르는 이것도 경계설정에 고려해야 한다고 주장하였다. 이와 함께, 엘살바도르는 적용되는 기준에 의해 경계나 영유권의 문제를 결정할 수 없으면, 양국 국민의 수나 인구밀도를 고려하여 형평에 맞도록 결정해야 한다는 법에서의 형평(equity infra legem)도 기준이 되어야 한다고 주장하였다.

이들 기준 중 현상유지법리를 적용하는데 있어, 당시의 행정구역 경계를 보여주는 직접적인 증거가 없는 경우, 원주민 마을의 경계나 지형 등의 방법으로 이를 추론할 수 있는가의 여부도 문제가 제기되었다.

---

4) *Ibid.*, paras. 73, 82.

5) Land, Island and Maritime Frontier Dispute (El Salvador/Honduras, Nicargua Intervening) Judgement, *I.C.J. Rep*, (1992) p. 35(이하 "Judgement of 1992"), para. 40.

실효적 지배와 현상유지법리와의 관계도 중요하게 다루어진 문제였다. 실효적 지배의 증거는 1821년 이전의 것도 있지만 그 이후의 것도 있었다. 그 시기에 따라 이것이 독자적 권원으로서 증거인지 아니면 1821년 당시 속주의 경계를 추론하는 증거인지, 혹은 양자 모두에 대한 증거인지의 여부가 문제가 되었다.

2) 섬들의 법적 지위

섬들의 법적 지위와 관련하여, 분쟁대상인 섬을 결정하는 것과 이들 분쟁대상인 섬의 영유권을 결정이라는 두 가지 쟁점이 제기되었다. 분쟁대상인 섬을 결정해야 하는 이유는, 특별협정에서 분쟁대상인 섬을 특정하지는 않았기 때문이다. 온두라스는 메안구에라(Meanguera)와 그 옆에 있는 작은 무인도인 메안구네리따(Meanguerita)만이 분쟁대상이라고 하였다. 엘살바도르는 만 내부에 있는 모든 섬이 분쟁대상이라고 하였지만, 실질적으로는 위의 두 개의 섬 외에 엘 띠그레(El Tigre)에 대해서만 다투었다. 따라서 이 문제를 먼저 결정해야 할 필요가 있었다.

섬의 영유권 결정에서의 쟁점은 육지경계 설정에서의 쟁점과 비슷하다. 즉, 주된 법리인 1821년의 현상유지법리와 실효적 지배의 적용과 관련된 쟁점들이 제기되었다. 다만, 메안구에라 옆에 있는 작은 섬인 메안구네리따가 메안구에라에 부속되어 처리되어야 하는가, 아니면 독자적으로 그 영유권 문제를 처리해야 하는가의 문제는 섬의 영유권에서만 제기된 문제였다.

3) 만 내부수역

만 내부수역과 관련하여 제기된 쟁점은 폰세카만을 해양법협약상의 역사만으로 볼 수 있는가의 여부와 그 구체적인 내용이 무엇인가의 여부이다. 전자의 문제가 제기된 이유는 위에서 본 폰세카만의 지형적, 역사적 특성 때문이다. 이러한 특성을 지닌 폰세카만을 역사만이라고 인정한다면, 그 구체적인 내용이 온두라스가 주장하는 (해양경계를 설정할 수 있는) 이익공동체인가, 엘살바도르가 주장하는 공동영유인가의 여부가 문제되었다.

이외에 부수적으로, 1917년 엘살바도르와 니카라과 사이의 사건에서 중미
사법재판소의 판결로 그 소송의 당사국이 아니었던 온두라스에게도 대항할 수
있는(opposable)가 하는 쟁점과 특별협정에서 요구한 수역의 법적 지위를 결정
한다(determine)는 것이 (온두라스가 요구하는) 해양경계 설정(delimitation)을 포함
하는가 하는 쟁점도 제기되었다.

4) 만 외부수역

엘살바도르는 만 외부수역에 대해 온두라스의 권리는 없다고 주장하였다.
반면에 온두라스는 만 외부수역에도 자국의 권리가 있고, 외부수역에서 영해와
배타적 경제수역 그리고 대륙붕의 경계를 소재판부가 설정해야 한다고 주장하
였다. 따라서 이 해역에서의 쟁점은 양국이 주장하는 법적 지위와 소재판부가
경계설정을 해야 하는가의 두 가지였다.

Ⅲ. 판   결

1. 소송참가의 법적 이익

1) 법적 이익의 의미

국제사법재판소 규칙 제82조 제2항에서 요구하는 소송참가의 요건인 영
향을 받을 수 있는 법적 이익에 대해, 소재판부는 법적 이익이 영향을 받을 가
능성이 있으면(may, not will or must) 이 요건을 충족한다고 하였다.[6] 이 기준에
따라, 소재판부는 분쟁의 대상인 각 부분에서의 당사국의 청구내용을 분석하여
법적 이익이 존재여부를 결정하였다.

2) 법적 이익이 존재하는 공간

소재판부는 법적 이익이 존재하는 공간과 쟁점에 대해 다음과 같이 결정

---

6) Judgement of 1990, para. 61.

하면서, 니카라과의 소송참가가 허용되는 부분을 정하였다.

육지경계에 니카라과가 영향을 받을 수 있는 법적 이익이 없는 것은 명확하다고 하였다. 섬의 영유권 문제에서는 소송당사국들이 니카라과의 섬이라고 인정한 파라요네스 외에 니카라과가 영유권을 주장하는 섬이 없으므로, 섬의 영유권에 대해서도 니카라과의 소송참가를 뒷받침하는 법적 이익이 없다고 하였다.[7]

해양수역과 관련해서는 만 내부수역의 법적 지위에 대해서만 니카라과가 영향을 받을 수 있는 법적 이익을 가지고 있다고 하였다. 그 근거로 엘살바도르가 주장하는 1917년 중미사법법원에서 내린 판결인 공동영유라는 법적 지위를 온두라스에 대항할 수 있는가의 여부에 대해 법적 이익이 있다고 하였다.[8] 그리고 공동영유가 국제관습법으로 온두라스에 적용된다는 것은 3개의 연안국을 포함하는 것이라는 니카라과의 주장도 법적 이익이 있다는 근거로 인정하였다.[9]

반면에 만 내부의 경계설정과 관련해서는 니카라과가 소송참가를 할 수 있는 법적 이익이 없다고 하였다. 니카라과는 해양경계 설정과 관련하여 영향을 받을 수 있는 이익이 있다는 근거로 온두라스와 엘살바도르 사이에 해양경계를 설정하는 기준이 자국에게 적용될 가능성이 있다는 것과 자국의 항해와 안전상 이익이 영향을 받을 수 있다는 것을 제시하였다. 그러나 소재판부는 이러한 일반적인 기준이나 이익이 소송참가를 뒷받침하는 법적 이익은 아니라고 하였다.[10]

만 외부수역에 대해 엘살바도르가 청구한 것은 양국 사이에 온두라스의 권리가 없다는 것이므로, 이 청구와 관련해서는 영향을 받을 수 있는 법적 이익이 없다고 하였다. 그리고 온두라스가 청구한 경계설정에 대해서는, 니카라

---

7) *Ibid.*, paras. 65~66.

8) *Ibid.*, para. 71.

9) *Ibid.*, para. 72.

10) *Ibid.*, paras. 76~78.

과가 이해관계가 있는 해역에서는 경계가 설정되지 않은 것이라고 온두라스가
약속하였기 때문에, 이러한 보장 하에 영향을 받을 수 있는 법적 이익을 니카
라과가 입증하지 못했다고 하였다.[11]

이에 따라 니카라과는 당사국이 아닌 소송참가국이고, 소송참가의 범위는
만 내부수역의 법적 지위 결정과 관련된 의견을 개진하는 것으로 한정되었다.

2. 육지경계 설정의 기준과 적용방법

1) 현상유지 법리

육지경계를 설정하는 가장 중요한 기준은 1821년 시점의 현상유지법리이
지만, 문제는 이 기준을 적용하는데 필요한 당시 행정구역 경계를 보여주는 왕
이나 그 대리인이 작성한 문서가 없다는 것이었다.[12] 이러한 상황에서 속주가
실효적 지배를 한 것을 보여주는 문서, 교회의 관할구역을 보여주는 문서, 사
적인 토지소유 문서 등을 이용하여 1821년 시점의 행정구역 경계를 추론해야
한다.

이 중에서 특히 문제가 된 것은 스페인의 국왕이 원주민의 마을에 소유권
을 부여한 공유지 경계의 성격이었다. 국왕이 부여한 것이지만 그 대상이 속주
가 아닌 원주민 마을이므로, 이 문서가 직접 속주의 경계를 정하는 것은 아니
었다. 따라서 원주민 마을의 소유지 경계를 속주의 경계를 추론하는데 사용할
수 있는가 하는 문제가 제기되었다. 이에 대하여 소재판부는 행정지역의 경계
에 걸쳐 이러한 토지를 수여하는 것을 피하는 것이 보통이었다고 추정할 수 있
다고 하여 이를 인정하였다.[13]

베르나르데스 재판관 개별의견에서, 점유하고 있던 사실을 중시하는 사실
상의 현상유지(uti possidetis de facto)가 중요한 브라질과는 달리, 스페인의 중남
미 식민지에서는 법적인 경계를 중시한다는 것을 지적하면서, 이 점을 다수의

---

11) *Ibid.*, para. 84.

12) Judgement of 1992, para. 44.

13) *Ibid.*, para. 54.

견이 충분히 반영하지 못하였다고 하였다.[14] 그리고 이 사건에서 현상유지법리
를 적용하기 위해서는 각 문서가 스페인 식민지법에서 가지는 의미를 정확하
게 고려해야 하는데, 다수의견은 인디언들을 정착시키기 위하여 행정단위 구성
의 필수요소로서 수여하는 것과 이미 정착된 인디언 공동체에 다른 목적으로
수여하는 것이 행정구역 경계의 추론에서 다른 의미를 지니는 것을 적절하게
반영하지 못하였다고 하였다.[15]

1821년의 행정구역 경계를 추론하는데 사용한 문서에 그 표시도 명확하지
않거나, 현재의 지명과 맞지 않거나, 토지문서 사이에 모순되는 경우, 강이나
높은 산 등 지형의 특성을 경계로 추정하는 방법으로 사용할 수 있는가의 여부
에 대하여 소재판부는 인정하였다. 그러면서 이것은 지형적 특성 그 자체가 경
계가 되는 것이 아니고, 현상유지법리를 그 기준으로 하면서 그 경계를 추정하
는데 이용하는 것이라고 하였다.[16]

2) 실효적 점유(effectivés)

속주나 독립 후 소송당사국이 영유권을 행사한 실효적 지배가 기준이 되
는가의 여부에 대해, 소재판부는 이것을 1821년 당시의 경계를 추론하는 것과
새로운 권원의 두 가지 목적으로 사용할 수 있다고 하였다. 시기적으로 1821년
이전의 소위 식민지적 실효적 지배(colonial effectivés)는, 1821년의 현상유지법
리를 경계의 위치를 결정하는데 고려할 수 있다고 하였다.[17] 그리고 1821년 이
후의 실효적 지배는, (1821년에 가까운 시기의 실효적 지배) 1821년 당시의 경계
에 대한 당사자의 의사를 추론할 수 있는 자료가 되면서, 동시에 (최근의 실효적
지배를 포함한 실효적 지배) 1821년 당시의 현상유지법리와는 별개의 새로운 권
원으로 인정될 수 있다고 하였다. 이와 함께, 실효적 지배에 대한 항의의 부재

---

14) Individual Opinion of Judge Bernandez, para. 11.

15) *Ibid.*, paras. 30~37.

16) Judgement of 1992, para. 46.

17) *Ibid.*, para. 62.

는 새로운 영유권 취득에 대한 묵인(acquiescence)에도 해당된다고 하였다.[18]

베르나르데스 재판관은 개별의견에서 이러한 원칙에 동의하면서, 1821년의 경계를 추론함에 있어 식민지적 실효적 지배가 독립 후의 실효적 지배보다 가치가 있는데, 다수의견은 이 점에서 문제가 있다고 지적하였다.[19]

3) 추가적인 기준

니카라과는 자국의 인구밀도가 더 높다는 것을 근거로, 이 점을 고려하여 경계를 설정하는 것이 형평(equity)에 부합한다고 주장하였다. 이에 대하여 소재판부는 문제의 이러한 측면을 무시하지는 않겠지만, 현상유지법리에 있어 문제는, 그 인구를 부양하기 위하여 얼마나 넓은 지역이 필요했는가의 여부가 아니고, 실제로 경계가 어디였는가의 여부라고 하였다.[20]

3. 섬의 영유권

1) 분쟁대상인 섬

소재판부는 "법적 분쟁이 존재"하는 섬을 결정하는 기준으로 "특정되고 논쟁의 대상인 청구(specific and argued claims)"를 제시하였다.[21] 이 기준에 따라, 분쟁대상에 포함시키는데 이견이 없었던 메안구에라, 메안구네리따 외에, 1985년에 엘살바도르가 온두라스의 점유행위에 대해 항의를 한 엘 띠그레도 분쟁 대상이라고 하였다.[22]

이에 대하여 베르나르데스 재판관은 개별의견에서 엘 띠그레가 분쟁상태라고 한 근거는 1985년에 한 엘살바도르의 항의뿐으로, 분쟁 중에 한 이러한 일방적 주장이 새로운 분쟁을 야기하지는 않으므로, 이 섬은 진정한 분쟁상태

---

18) *Ibid.*

19) Individual Opinion of Judge Bernandez, para. 25.

20) Judgement of 1992, para. 58.

21) *Ibid.*, para. 326.

22) *Ibid.*, paras. 329~330.

에 있지 않다고 하였다.[23]

2) 섬의 영유권

소재판부는 섬의 법적 지위를 결정하는 기준에 대하여 다음과 같이 설명
하였다. 섬의 영유권을 결정하는 가장 중요한 기준은 현상유지법리라고 하였
다. 그런데 양당사국이 제출한 여러 가지 증거는 이들 섬을 양국이 승계한 속
주에 할당하였는지 명확하지 않으면서 상호 모순되어, 1821년 당시의 상황도
추정할 수 없는 상황이라고 하였다.[24] 이러한 상황에서 이용할 수 있는 증거는,
독립 후 이들 섬에서 한 실효적 지배의 증거라고 하면서, 이것은 1821년 독립
당시에 이들 섬이 어느 지역에 속했는지 추론할 수 있는 증거이면서, 또한 실
효적 지배에 대한 묵인이라는 새로운 권원의 증거도 된다고 하였다.[25]

이러한 기준에 따라, 1821년 이후의 엘 띠그레에 대한 온두라스의 행위를
볼 때 이 섬은 온두라스에 속한다고 하였다.[26] 메안구에라는, 1856년부터 시작
하여, 이 사건이 제소된 이후인 1991년의 항의[27]를 제외하고는, 온두라스의 항
의 없이 엘살바도르의 존재가 계속 강화되어 왔다는 것을 근거[28]로, 이 섬이
엘살바도르에 속한다고 하였다. 그리고 메안구네리따는 메안구에라에 부속된
작은 섬으로, 달리 취급해야 하는 증거가 없는 한 메안구에라에 부속되어 영유
권이 결정된다고 하였다.

이에 대하여, 베르나르데스 재판관의 개별의견은 메안구네리따를 메안구
에라에 부속된 것으로 처리하는 것은 잘못되었고, 별개로 처리해야 한다고 하
였다.

---

23) Individual Opinion of Judge Bernandez, paras. 60~71.

24) Judgement of 1992., para. 341.

25) *Ibid.*, para. 347.

26) *Ibid.*, para. 355.

27) *Ibid.*, para. 362.

28) *Ibid.*, para. 359.

4. 만 내부수역

해양수역의 법적 지위 문제는 폰세카만 내부수역의 법적 지위 문제와 폰세까만 외부수역의 법적 지위 문제로 다시 나눌 수 있다. 폰세카만의 내부수역을 역사만으로 인정할 수 있는가의 여부에 대하여 다수의견은 긍정하였다. 즉, 복수연안국이 있는 만도 스페인식민 시절과 독립 후의 역사적 사실을 볼 때, 만으로 인정될 수 있다고 하였다. 그러나 오다 재판관은 복수국 만은 내수인 만으로 인정될 수 없다고 반대하였다.[29]

그리고 그 법적 지위에 있어서는 각국의 연안에 접근해야 하는 필요성과 역사적인 이유로 3개국의 연안에 접한 3해리의 해역대는 각 연안국의 독점적인 내수이고, 만의 나머지 수역은 3개 연안국의 공동영유에 속한다고 하였다. 이러한 내용은 엘살바도르와 니카라과 사이에 있었던 1917년의 중미사법재판소 판결의 그것과 거의 유사하다. 그러나 그 이유는 중미사법재판소의 판결이 그 당사국이 아닌 온두라스에 기판력이 있기 때문이 아니고, 그 판결이 식민시대의 상황과 독립 후 각국이 이용한 상황을 적절히 반영한 것으로 그 판결의 내용이 비당사국과의 사이에서는 사실상 존중되었기 때문이라고 하였다.

이와 함께, 준비서면에서 요청한 해양공간의 법적 지위를 "결정한다(determinar)"는 것이 "경계를 정한다(delimitar)"는 것을 포함하는지의 여부에 대하여 다수의견은 부정적으로 판단하였다. 그 근거로 문언적 해석과, 특별협정 제2조에서 육지경계에 대해서는 "경계를 정한다"라는 용어를 사용한 반면에, 해양공간의 법적 지위에 대해서는 "결정한다"라는 다른 용어를 사용하고 있다는 것을 들었다.[30]

5. 만 외부수역

폰세카만 외부수역에 대해 다수의견은 폰세카만이 역사만이라고 한 것의

---

29) Dissenting Opinion of Judge Oda, para. 50.
30) Judgement of 1992, paras. 373~374.

논리적 귀결로, 폰세카만의 폐쇄선을 기선으로 영해, 배타적 경제수역, 대륙붕
등의 해역이 있고, 온두라스를 포함한 연안국의 공동영유의 대상이라고 하였
다.[31] 그리고 그 경계는 연안국이 국제법에 기초한 합의에 의해 설정해야 한다
고 하였다.[32]

Ⅳ. 평　석

　　이 사건의 판결의 의미는 소송참가와 실체적 문제 두 가지 측면에서 평가
할 수 있다. 이 사건은 소송참가를 승인한 최초의 사례로, 소송참가와 관련한
여러 가지 쟁점에 대한 선례가 되었다. 대표적인 것으로 서면제출의 시한을 정
하고, 소송참가국의 구두변론 허용 등 그 절차와 관련된 선례를 남겼다. 그리고
소송참가의 허용여부와 관련된 쟁점으로, 소송참가에 국제사법재판소 규정 제
62조의 요건 외에 추가적인 관할권적 근거가 필요 없다는 것, 소송참가의 요건
으로 법적 이익이 영향을 받을 가능성이 있으면 된다는 것, 영향을 받을 법적
이익에 대한 의견을 제시하겠다는 것으로서 소송참가의 목적이 충분하는 것,
자국에게도 적용될 수 있는 법원칙이 결정될 가능성이 있다는 것은 영향받을
수 있는 법적 이익이 아니라는 것 등을 들 수 있다.

　　실체적 문제에 있어서의 의미로는 해양법과 관련된 의미와 영토법과 관련
된 의미로 나눌 수 있다. 해양법과 관련된 의미로는 복수 연안국이 있는 역사
만을 인정했다는 것이다. 그런데 이것은 폰세카만의 특수한 사정에 근거한 것
으로, 사례로서 의미가 더 크다고 할 수 있다.

　　영토법과 관련된 의미로는 현상유지법리와 실효적 지배의 관련성에 관하
여 재확인한 의미가 있다. 식민지적 실효적 지배와 독립 후 식민지적 지배가
독립 시점의 경계를 추정하는데 이용할 수 있다고 한 것은 주목할 만하다.

---

31) *Ibid.*, para. 418.

32) *Ibid.*, para. 420.

에리트리아/예멘 영토분쟁 사건

Territorial Sovereignty and Scope of the Dispute(Eritrea and Yemen), RIAA Vol. XXII(1998)

박찬호(부산대)

Ⅰ. 사실관계

1. 양국의 역사적 배경

에리트리아와 예멘은 홍해를 사이에 두고 서로 마주 보고 아프리카와 아시아에 위치하고 있는 국가들이다. 양국은 북위 18°에서 12°80′까지의 수역에서 마주보고 있는데, 폭이 넓은 북쪽에서는 약 150해리 정도 떨어져 있으나 남쪽에서는 24해리 이하인 경우도 있으며, 그 수역에는 수많은 도서가 흩어져 있다. 1800년대 중반부터 1918년까지 에리트리아와 예멘의 영토와 홍해상에 위치하고 있는 도서들은 오토만 제국과 그 승계자인 터키의 영역에 속해 있었다. 오토만 제국의 몰락과 제1차 세계대전에서의 터키의 패배로 1923년 체결된 로잔조약(Treaty Lausanne)으로 터키는 이 협약에서 정한 경계선 밖에 있는 모든 영토와 터키 영유권으로 인정된 것 이외의 도서에 대한 모든 권리와 권원을 포기하였다. 그런데 터키가 포기한 영토의 미래는 관련 당사국에 의해 해결될 것이라고 규정되어 분쟁의 요소를 내포하고 있었다. 한편 오토만의 지배 이후 1, 2차 세계대전 사이 일정 기간 동안 홍해 연안을 포함하여 예멘의 연안 지역은 지역 부족이 지배하고 예멘의 나머지 지역은 예멘의 이맘(Imam)이 지배했는데,

1926년에 연안 지역 역시 이맘의 지배하에 들어왔다. 현재 예멘은 1962년에서 1970년까지 남북 예멘간의 내전기간을 거쳐 1990년 5월 22일 통일되었다. 한편 에리트리아는 제1차 세계대전에서 제2차 세계대전 사이에 이탈리아 영토였는데, 제2차 세계대전에서 패배함으로써 이탈리아는 모든 권리와 권원을 에리트리아에 포기하였다. 에리트리아는 제2차 세계대전 이후 에티오피아의 영토가 되었다가 내전을 거쳐 1993년 독립하였다.

2. 분쟁의 경과

홍해에서 서로 마주보는 에리트리아와 예멘 간에 양국 사이에 있는 섬, 소도, 바위섬 등 도서 영유권과 관련한 분쟁이 발생하여, 1995년에 에리트리아는 Greater Harnish를 점령하고 예멘은 Zuqar Island를 점령하는 등 군사적인 긴장관계가 고조되었다. 분쟁도서 중에는 연안에서 6 내지 12해리 정도 떨어져 있는 것도 있지만, 항구적으로 인간이 거주하지는 않고 양국 어민들이 어로활동을 위해 주변 수역을 이용하여 왔다.

1996년 5월 21일에 양국은 평화적인 관계 회복을 위해 "원칙에 관한 협정"(Agreement on Principles)에 서명하였는데, 상대국에 대한 무력사용을 포기하고 중재재판을 통해 영유권과 해양경계획정 분쟁을 평화적으로 해결하기로 합의하였다. 양국은 1996년 10월 3일 중재합의를 통해 분쟁을 중재재판에 회부하였다. 중재재판소는 분쟁을 두 단계로 나누어서 다루도록 요구되었는데, 첫 번째 단계는 영유권 및 에리트리아와 예멘 간의 분쟁의 범위 확정에 관한 판정을 내리는 것이다. 재판소는 당해 사안에 적용가능한 국제법 원칙, 법규 및 관행에 따라 특히 역사적 권원을 기초로 하여 영유권을 결정해야 한다. 그리고 양 당사국 각각의 입장에 기초하여 분쟁의 범위의 정의에 관해 결정해야 한다. 두 번째 단계에서는 유엔해양법협약과 기타 적절한 요인 등을 고려하여 해양경계획정에 관해 판정하는 것이다.

양국은 각각 2명의 중재재판관을 선임하였는데, 에리트리아는 Stephen M. Schwebel, Rosalyn Higgins를 예멘은 Ahmed Sadek El─Kosheri, Keith

Highet를 선임하였고, 4명의 중재재판관은 양국의 추천을 받은 Robert Y. Jennings를 중재재판소장으로 선임하였다. 중재재판소는 서면제출과 구두변론을 거쳐 1988년 10월 9일 첫 번째 단계와 관련한 판정을 내리고, 두 번째 단계와 관련한 판정은 1999년 12월 17일 내려짐으로써 양국간의 영유권 및 해양경계획정분쟁은 해결되었다.

II. 쟁 점

1. 영유권

에리트리아는 홍해도서에 대한 역사적 권원이 이탈리아로부터 기인한다고 주장한다. 즉, 이탈리아는 제1차 세계대전과 제2차 세계대전 사이에 이 지역에서의 식민지 활동의 결과 홍해도서에 대한 권원을 취득하였는데, 제2차 세계대전에서의 이탈리아 패망에 따라 이탈리아 영토 처분에 일환으로 권원이 이디오피아로 승계되었고, 에리트리아가 이디오피아로부터 독립함에 따라 권원이 에리트리아로 승계되었다는 것이 에리트리아의 주장이다.

반면에 예멘은 홍해도서에 대한 시원적, 역사적 혹은 전통적 권원이 6세기까지 거슬러 올라가고, 그 후 오토만 제국으로 편입되었으나 오토만 제국의 몰락으로 권원이 자동적으로 예멘으로 복귀하였다고 주장한다.

그런데 에리트리아와 예멘은 양국간의 영유권 분쟁을 중재재판에 회부하자는데는 합의하였으나, 분쟁의 범위에 관해서는 합의를 이루지 못하고 중재재판소로 하여금 분쟁의 범위를 결정하여 줄 것을 요청하였다. 분쟁도서로서 에리트리아는 Zuqar-Harnish 그룹의 모든 도서, Haycock 군도, Mohabbakah 군도, Jabal al-Tayr섬과 Zubayr 그룹의 북부도서를 포함한다고 주장하였지만, 예멘은 Haycocks와 Mohabbakahs를 포함하여 Zuqar-Harnish 그룹의 모든 도서를 주장하였지만 북부도서는 분쟁대상이 아니라고 주장하였다. 이에 중재재판소는 에리트리아의 견해를 선호하여 당사국이 상충하는 주장을 제출한 것과 관련한 Haycocks와 Mohabbakahs뿐만 아니라 Jabal al-Tayr섬과 Zuqar-Harnish 그룹을 포함하는 모든 도서와 소도의 영유권에 관한 판정을 내린다.

양국은 자국의 영유권 주장을 위해 역사적 권원이 도서에 대한 국가 혹은 정부 당국의 기능의 발현으로 지지되고 있다고 주장하고, 도서의 법적인 역사를 언급한다. 그리고 양국은 홍해 도서들에 등대를 건설하는데 동의하거나 실제로 등대를 건설하고 유지한 것뿐만 아니라 정부가 도서 주위에 석유양허계약을 동의하였다는 증거를 제시하기도 하였다. 또한 도서들이 물리적으로 단일체를 이루기 때문에 자국에 속한다고 주장되기도 하였다.

2. 경계획정

예멘과 에리트리아는 마주보는 연안 사이에 중간선 방식에 의해 경계획정이 되어야 한다는 데는 의견이 일치한다. 그러나 중간선이 설정되는 연안이 양국의 본토인지 아니면 섬의 연안인지, 이 경우에도 어느 섬의 연안에서 중간선을 설정할 것인지에 대해 양국의 주장이 상이하였다.

예멘은 경계획정수역을 예멘의 도서인 Jabal al-Tays섬과 al-Zubayr군도와 에리트리아의 Dahlak군도 사이의 북부구역, 예멘의 Zuqar-Harnish군도와 Mohabbakahs, Haycocks, South West Rocks를 포함한 에리트리아의 본토 연안 사이의 중앙구역, Zuqar-Harnish군도 남쪽의 예멘과 에리트리아 본토 연안 사이의 남부구역 등 3개의 구역으로 나눈다. 먼저 북부구역에서 예멘은 에리트리아의 Dahlak군도와 자국의 서단에 위치한 Jabal al-Tays섬 및 al-Zubayr군도 사이에 등거리선을 주장한다. 그리고 중앙구역에서는 자국의 Harnish군도와 에리트리아의 본토 연안 사이에 중간선을 설정하고 이 지역에 있는 에리트리아의 영토인 Haycocks와 South West Rocks에 대해서는 경계획정에 있어서 아무런 효과도 부여하지 않고 위요지(enclaves)를 설정하길 주장하였다. 그리고 남부 지역에서는 양국의 본토 사이에 중간선을 설정하길 주장하였다. 예멘의 주장을 요약하면 관련 연안 사이의 중간선이 유일한 형평한 해결책인데, 자국 도서에 대해서는 완전한 효과를 부여하여 등거리선을 설정하고, 에리트리아 도서에 대해서는 아무런 효과를 부여하지 말자는 것이다.

한편 에리트리아는 대륙붕 및 배타적 경제수역의 경계획정 문제가 있는 북부 지역과 영해 경계획정 문제만 있는 중부로 나누어서 다루고 있다. 북부 지역은 형평한 해결을 강조하는 유엔해양법협약 제74조 및 제83조에 따라 경계획정을 하길 주장하며, 예멘이 자국의 소도에 효과를 부여하는 것을 반대하고 있다. 그리고 영해의 경계획정과 관련된 지역에서는 양국 도서간의 거리가 짧기 때문에 에리트리아의 모든 도서에 완전한 효과를 부여하길 주장한다. Haycocks와 South West Rocks에 대해 완전한 효과를 부여하고, 위요지를 설정하자는 예멘의 주장에 반대하였다. 에리트리아는 위요지가 설정되는 경우 주변의 예멘 영해를 통과하여 에리트리아로 접근하는 통로가 존재하지 않게 되어, South West Rocks와 Haycocks는 에리트리아로부터 완전히 고립된다는 것이다. 특히 South West Rocks와 Haycocks 사이의 주요 해운항로가 예멘의 영해에 들어가버리게 된다고 주장하며 반대한다.

한편 에리트리아는 영유권문제를 다룬 첫 번째 단계 판정에서 예멘의 영유권이 인정된 도서에 대해 양국 어민들의 자유로운 접근을 보장하는 전통적인 어업체제를 유지할 것을 결정하였기 때문에 '공동자원구역'을 설정하여 그 경계를 명확하게 할 것을 주장한다. 전통적 어업제도가 경계획정에 미치는 효과와 관련하여 양국의 견해가 상이한데, 먼저 예멘은 전통적인 어업체제가 양국간의 해양경계선의 획정에 영향을 미쳐서는 안된다는 입장을 표명하였다. 예멘은 중재합의 제13조 제3항과 1998년 협정등 일련의 협정에서 해양경계선을 획정함에 있어 더 이상 전통적 어업체제를 고려할 필요가 없음이 나타나고 있다고 주장한다. 이에 대해 에리트리아는 예멘의 주장은 에리트리아의 전통적 권리를 이행하기 위한 약정이 도출된 1998년 이래 논의가 진행되었지만 이 문제를 다룬 적이 없고 에리트리아의 전통적 권리를 보호하고 보전하기 위한 약정이 없다는 것을 나타내는 것이라고 한다.

Ⅲ. 판　결

1. 영 유 권

중재재판소는 에리트리아와 예멘이 제출한 수많은 증거를 검토한 후에 어느 당사국도 홍해의 도서들에 대해 역사적 권원을 갖고 있지 않고, 또한 분쟁도서 전체를 어느 국가의 영유에 속한다고 결정할 수 없다고 판단하였다. 먼저 역사적 권원과 관련하여 재판소는 예멘이 주장한 복귀주의(doctrine of reversion)가 국제법상 확립되었거나 유효한 원칙이라는데 의문이 있고, 예멘도 이를 입증할 자료를 제시하지 못하였다고 판단하였다. 더구나 복귀주의는 어느 정도 권원의 연속성이 요구되는데, 합법적으로 영유권을 취득한 오토만 제국의 통치에 의해 예멘 지배의 연속성은 단절된다는 것이다. 그리고 에리트리아의 역사적 권원 주장에 대해 재판소는 이탈리아가 도서들에 대한 권원을 갖지 않았기 때문에 에티오피아로 권원이 승계될 수 없었고, 그리하여 에리트리아도 에티오피아로부터 권원을 획득할 수 없다고 판단하였다.

재판소는 양국이 제시한 역사적 권원과 관련된 증거들이 설득력이 없다고 판단하고 국가기능의 평화로운 발현, 즉 effectivités와 관련한 증거에 초점을 두고 판단하였다. 중재재판소는 당사국들이 제시한 수많은 증거들을 도서 영유권을 주장하는 의사, 도서에서 행위를 규율하는 입법 행위, 주변 수역에 관한 행위, 도서상에서의 행위, 그 밖의 일반적인 활동으로 분류하여 평가하였다.

재판소는 분쟁도서군들이 별개의 법적인 역사를 갖고 있기 때문에 전체로서가 아니라 몇 개의 단위로 구분하여 영유권 문제를 결정하였다. 또한 재판소는 예멘이 주장한 자연적 혹은 지리적 단일체의 원칙은 영토에 대한 권원을 생성할 수 없고 이미 확립된 권원을 문제가 되는 지역으로 확장시키기 위한 추정의 효과가 있을 뿐이라고 하였다.

재판소는 분쟁도서를 5개 부류로 구분하여 영유권 귀속 문제를 결정하였다. 먼저 Sayal Islet, Harbi Islet, High Islet 등을 포함하는 Mohabbakah군도는 High Islet를 제외하고 에리트리아 연안으로부터 12해리 영해 내에 위치하고 있으며, 예멘의 권원이 발견되지 않고 있기 때문에 에리트리아 영유에 속한다고 판시하였다. High Islet는 12해리 밖에 있지만 Mohabbakah군도는 하나의 그룹으로 간주되었기 때문에 단일이론과 아프리카 영토에의 부종성에 근거하여 에리트리아 영유권이 인정되었다. 재판소는 12해리 영해 내에 존재하는 도서들은 그 반대에 대한 완전하게 확립된 주장이 존재하지 않는다면 연안국에 속한다는 강한 추정이 존재한다고 한다. 그러나 영해 밖에 위치하여 당해 도서들의 영유권이 쟁점이 될 경우에는 그러한 추정이 존재하지 않는다고 하였다. 그러나 12해리 영해 내에 있는 도서들에 대한 연안국의 주권이 추정된다고 하더라도 이는 보다 우월한 권원의 증거에 의해 반박될 수 있는 추정에 불과한 것이다.

North East Haycock, Middle Haycock, South West Haycock 등을 포함하는 Haycock 군도는 예멘이 더 우월한 권원을 제시하지 못하였기 때문에 지리적 인접성으로 인해 에리트리아의 영유권이 인정되었다. 재판소에 따르면 에리트리아의 주권 주장은 Haycock 군도에서 에리트리아의 석유양허계약 체결이라는 정부권한의 현시로 지지된다고 한다. 반면에 예멘은 에리트리아의 이 계약에 항의하지 않았고, 또한 예멘이 체결한 석유양허계역은 Haycocks까지 미치지 않았다고 한다. 한편 인근 도서인 South West Rocks는 등대 설치와 관련한 이탈리아의 관할권 행사 등으로 에리트리아의 영유권이 인정되었다.

Zuqar-Hanish 그룹은 홍해의 중앙에 위치하고 있어 인접성의 원칙은 영유권 결정에 도움이 되지 않았다. 재판소는 당해 도서들이 영유권의 공동 운명을 지니고 있다는 점을 받아들이지 않고 각 도서들을 분리하여 취급하였다. 재판소는 에리트리아와 예멘의 정부나 국가 권한의 발현을 검토하였는데, 특히 등대, 해상순시, 석유양허계약 등과 관련한 양국의 주장을 검토하였다. 재판소는 1992년 이전에 예멘이 4개의 등대를 설치하고 관리하였다는 것을 이들 도서에 예멘이 존재하였다는 적절한 증거로 보았다. 또한 예멘은 Zuqar섬에 대한 다양한 권한 행사를 제시하였으나, 에리트리아는 의미있는 활동을 제시하지 못하였다. 그리고 Hanish섬과 관련하여서도 예멘은 수륙양용의 과학조사를 허가하고, 예멘 정부의 허가를 받은 석유회사가 항공기 착륙시설을 설치하는 등 에리트리아보다 상대적으로 우월한 증거를 제시하였다. 이에 따라 재판소는 Zuqar－Hanish 그룹에 대한 예멘의 영유권을 인정하였다.

Jabal al－Tayr섬과 Zubayr 그룹은 양국 연안에서 상당히 멀리 떨어져 있어서 재판소가 양국의 실제적이거나 항구적인 행위의 증거를 찾기가 어려웠다. 그리하여 재판소는 최근 행위에 초점을 맞추었는데, 특히 등대의 건설과 관리, 석유양허계약체결, 도서의 법적인 역사를 검토하였다. 예멘은 이 지역에 4개의 등대를 건립하고 유지한 것으로 판단된다. 재판소는 또한 예멘이 등대관리에 관한 1989년 런던 회의에 참석하여 행한 일련의 행위가 예멘의 영유권 결정에 중요한 요소로 보았다. 그리고 예멘이 이들 도서의 영해에서 석유양허계약을 체결한 것에 주목하고 Jabal al－Tayr섬과 Zubayr 그룹에 대한 예멘의 영유권을 인정하였다.

한편 재판소는 도서 영유권을 결정하며 이 지역에 존재하였던 전통적인 어업제도가 존재하고 있음을 인정하며, 예멘으로 하여금 자국 영토로 인정된 Zuqar－Hanish 그룹과 Jabal al－Tayr섬과 Zubayr 그룹에 양국 어민들의 자유로운 접근을 보장하는 전통적 어업체제를 유지할 것을 판시하였다.

2. 경계획정

재판소는 양국간 영유권 문제에 관해 형성했던 견해, 유엔해양법협약 및 여하한 다른 적절한 요소를 고려하여 해양경계선을 설정하였다. 에리트리아가 유엔해양법협약의 당사국이 아니었음에도 불구하고, 동 협약을 경계획정에서 고려한 것은 관습법의 많은 요소들이 협약 규정에 수용되어 있었기 때문으로 보인다. 그리고 여하한 다른 적절한 요소는 비례성, 비침해성, 도서의 존재 및 형평에 영향을 미칠 수 있는 기타 요소들과 같이 경계획정 과정에 연관이 있는 것으로 일반적으로 승인된 다양한 요소들을 포함한다고 하겠다.

재판소는 양국의 주장을 검토한 후에 국제경계선은 중간선이 모든 목적의 단일 경계선이어야 하고 가능한 한 마주보는 본토 해안선 사이의 중간선이 되어야 한다고 결정하였다. 재판소는 또한 섬이 경계선에 미치는 영향에 대해 주의깊게 고려할 것이 요구된다고 하였다. 이러한 해결책은 유사한 상황에서의 관행 및 선례와도 일치하고 양 당사국에게도 익숙하다고 판단하였다.

재판소는 29개의 변곡점을 설정하여 양국간 해양경계선으로 확정하였는데, 최북단의 지점 1과 최남단의 지점 29는 타국이 주장할 수 있는 지역을 침범하지 않도록 설정되었다.

해양경계선은 대체로 3부분으로 나누어서 평가해 볼 수 있는데, 먼저 북부구역에서는 에리트리아의 Dahlak 소도, Mojeidi 그리고 Dahret Segala 동쪽에 있는 이름없는 소도의 저조선과 예멘의 Kamaran섬과 소도인 Uqban과 Kutama를 기점으로 중간선을 설정하였다. 재판소는 상당수의 주민이 거주하는 Dahlak군도는 에리트리아의 해안구조의 불가결한 일부를 구성한 것으로 본 반면에, 해양으로 멀리 떨어져 있고 척박하여 인간이 거주하기에 적합하지 않은 예멘의 Jabal al—Tayr섬과 Zubayr 그룹에 대해서는 아무런 효과도 부여하지 않고 일부 연안 도서를 기점으로 활용하였다.

중부구역에서 경계선은 예멘의 Harnish군도와 에리트리아의 소도 들 사이에 설정되는데, 재판소는 양국의 도서들 사이에 중간선을 설정하였다. 마지막으로 남부구역에서는 양국의 본토 연안으로부터 중간선을 경계선으로 확정하였다.

재판소는 설정한 중간선의 형평성을 판단하기 위하여 비례성을 검증하였는데, 에리트리아의 연안이 북쪽으로는 어느 정도까지 포함되어야 하는 문제가 있었다. 에리트리아는 북위 16도선까지 자국 본토 연안 전부가 비례성 계산에 포함되길 희망하였으나, 재판소는 에리트리아의 관련 연안은 예멘의 육지 국경선의 북쪽 종점에서 예멘연안의 일반적 방향과 수직으로 그은 선이 에리트리아연안의 일반적 방향과 만나는 곳에서 끝난다고 간주하였다. 재판소는 동일한 방식으로 예멘연안의 길이를 측정하기 위한 남쪽 종점도 결정하였다. 재판소는 에리트리아와 예멘 간의 해안선 길이의 비율은 1:1.31이고, 수역 면적의 비율은 1:1.09이므로, 경계획정선은 어떠한 불균형도 초래되지 않았다고 판단하였다.

IV. 평   석

1. 일반적 내용

에리트리아와 예멘은 본 중재판정으로 양국간의 평화적인 관계를 재정립하였고 국제적으로 민감한 지역에서 국제평화와 안전을 유지하는데 기여하였다는 평가를 받고 있다. 이 중재사건은 도서영유권 분쟁과 해양경계선 분쟁이 두 단계로 다루어졌다는 특징이 있다. 그리고 분쟁을 중재재판에 회부하기로 한 협정을 체결한 때로부터 3년이란 비교적 단기간 내에 중재판정이 내려진 것도 본 사건의 특이점으로 평가되고 있다. 또한 일반적으로 분쟁당사국들이 분쟁의 범위를 정하여 국제재판소로 하여금 그 분쟁을 해결하도록 요청하는데, 본 사건에서 양국은 분쟁의 범위에 관해서는 합의를 이루지 못하고 중재재판소로 하여금 분쟁의 범위를 결정하여 줄 것을 요청한 것도 특이하다고 하였다.

국제재판에서 영유권 분쟁을 다루는 경우에 결정적 기일(critical date)을 정하고 분쟁당사국 사이에 존재하는 법적인 상태를 결정하는 기준이 되는 기일로 한다. 영유권 분쟁과 같이 시간의 경과로 형성되는 권리와 의무, 법적 상태와 관련된 분쟁에서는 당사자간에 분쟁이 구체화되고 결정적인 것이 된 이후에 취해진 분쟁당사국들의 행위는 기왕의 법적인 상황을 자국에게 유리하게 새롭게 변경시키거나 영향을 주어서는 아니된다. 이러한 시간적인 제한을 두지 않는 경우에는 분쟁당사국이 자신의 법적인 지위를 강화하려는 목적으로 분쟁 대상지역에 공권력을 행사하려고 시도하여 분쟁이 격화될 가능성이 존재한다. 그리하여 국제재판에서는 결정적 기일을 정하고 그 날 이후 자신의 법적 지위를 강화하려는 사실의 법적 효과를 박탈한다. 그러나 본 사건에서 양국은 분쟁의 실질과 관련된 문제에 대해 결정적 기일을 주장하지 않았는데, 중재재판소는 아르헨티나와 칠레 간의 중재판정에서와 같이 증거가 관련이 있는 행위의 일자와 무관하게 당사국이 제출한 모든 증거를 검토함으로써 결정적 기일을 정하지 않았다.

2. 영 유 권

재판소는 도서의 영유권과 관련하여 국가권한의 지속적이며 평화적인 발현인 effectivités를 가장 중요한 근거로 들고 있다. 그리고 제기되는 많은 증거들 중에서 분쟁도서의 상대적으로 최근의 이용 및 점유 역사를 판정의 근거로 삼고 있음에도 주목하여야 한다. 독도와 관련하여 국가권한의 발현을 입증하는 증거를 적극적으로 발굴할 필요가 있다고 하겠다. 그러나 연안에서 상당히 멀리 떨어져 있고 척박하여 인간이 거주하기에 적합하지 않은 도서의 경우에는 실제적이거나 항구적인 행위의 증거를 찾기에 어려움이 있음이 확인되기도 한다.

그리고 영유권 다툼이 있는 도서가 많이 있고 각각의 법적 역사가 다른 경우에는 몇 개 그룹으로 나누어서 영유권 문제를 다루고, 자연적인 혹은 지구물리학적 단일체 원칙은 적용되지 않았다. 다만 다른 우월한 권원이 확립되지 않으면 연안 인근 도서는 연안국에 속한다는 인접성의 주장에 추정적인 효력을 부여한 것은 의미가 있다고 본다.

지도 증거와 관련하여 특히 예멘은 일반적 견해 혹은 평판의 중요한 증거, 정부태도의 증거, 이익에 반하는 묵인 혹은 승인의 증거로서 지도 이용을 정당화하였으나, 재판소는 제출된 지도들은 도서들이 속한 세력범위는 보여주지만 어느 국가로의 귀속은 입증되지 않았고, 또한 일관성이 없다고 판단한다. 그러나 재판소는 예멘이 제출한 지도들이 Zuqar섬과 Hamish 그룹에 대한 예멘의 영유권 주장에 약간 유리한 사례를 제공하고 당해 도서들이 예멘에 속한다는 일정한 광범위한 평판을 제시하는 것으로 보고 있는데, 이는 재판부의 심증형성에 영향을 미친 것으로 평가되고 있다. 이런 면에서 영유권 판단에 결정적인 효과를 갖는 지도가 아니라고 하더라도 정황증거나 국가실행 등과 결합하는 경우에는 시너지효과를 발휘하여 권원의 강화에 도움이 될 수 있기 때문에 어떠한 지도도 가볍게 취급되어서는 아니된다고 하겠다. 독도와 관련한 고지도의 발굴이 지속적으로 이루어져야 하는 이유도 여기에 있다고 하겠다.

3. 경계획정

재판소는 양국간의 해양경계선은 단일한 선으로 양국간 연안으로부터 중간선 혹은 등거리선으로 설정하였는데, 이는 형평한 경계획정을 규정하고 있는 유엔해양법협약 제74 및 제83조에도 부합하는 형평한 경계선일 뿐만 아니라 국가실행에도 부합한다고 판시하고 있다. 다만 중간선을 조정하여 할 사정을 검토하였는데, 섬의 존재가 경계선에 미치는 효과에 대해 심도있게 평가하여 중간선을 수정하였으나 전통적인 어업과 같은 경제적인 요인은 경계선 설정에 반영되지 않았다. 마지막 단계로 획정된 중간선이 비례성의 원칙을 충족하는지 여부를 해안선의 길이와 수역면적의 비율을 통해 검증하였다. 양국간 경계획정에 중간선을 채택한 중재판정은 한국과 중국간의 경계획정에서 원용가능하고, 특히 어업등 경제적인 요인을 경계획정에 반영하기를 주장하는 중국과의 교섭에서 우리나라에 유리하게 작용할 가능성이 있다. 다만 경계선이 비례성을 충족하였는지를 검토하는 단계에서 중국의 관련해안이 과도하게 산정되지 않도록 유의할 필요는 있다. 그리고 본토로부터 멀리 떨어져 있는 소도에 대해 경계획정시 완전한 효과를 인정하지 않고 있는데, 일본과의 경계획정에서 독도의 효과를 인정받지 못할 가능성에도 대비할 필요가 있을 것으로 보인다.

카시킬리/세두두 사건(보츠와나/나미비아)

Case Concerning Kasikili/Sedudu Island(Botswana v. Namibia), ICJ(1999)

이태규(안양대)

Ⅰ. 사실관계

이 사건의 정식 명칭은 "카시킬리/세두두 섬 관련 사건(CASE CONCERNING KASIKILI/SEDUDU ISLAND(Botswana/Namibia)"이고, 판결일은 1999년 12월 13일이다. 1996년 5월 29일에 보츠와나 공화국과 나미비아 공화국 정부는, 1996년 2월 15일에 양국 정부 간 체결되고 3개월 후 발효된 특별협정(Special Agreement) 사실과 그 내용을 공동으로 국제사법재판소 사무국(Registar)에 고지하면서 당해 분쟁해결을 부탁(제소: submission)하였다. 한편, 1966년 9월 30일 구 영연방 베츄아나랜드보호령 지역이 지금의 보츠와나 공화국으로, 1990년 3월 21일 구 카프리비 스트립(협지) 지역이 나미비아 공화국으로 각각 독립했는데, 유엔의 정책과 그에 따른 입장과는 다르게 계속 남아프리카 공화국이 원래 나미비아인 남서아프리카 지역을 사실상 지배하고 있었으며, 따라서 바로 이 시점부터 당해 섬을 둘러싼 경계선(국경선) 관련 두 '국가' 간 이견이 발생하였다.

Ⅱ. 쟁 점

　　19세기 유럽 세력 간 아프리카 지역 내 식민지 전쟁 중에 1890년 7월 1일 영독조약을 체결하여 남서아프리카 지역에서 독일과 영국 간 영향권역을 분할하여 획정하였는데 이것이 본 사건의 핵심적 쟁점이다. 좀 더 구체적으로 다시 말하자면, 보츠와나와 나미비아 양 당사국은, 본 사건의 해결을 재판소에 회부하기로 한 특별협정(Special Agreement)[1] 속에 과거 아프리카 지역 내 1890년 조약당사자들인 영국과 독일이 각각의 영향권역을 획정하여 적시해 놓은 영독조약(Anglo-German Treaty of 1 July 1890)을 직접 언급하면서, 바로 그 조약과 국제법 원칙 및 규정에 따라 재판소가 당해 섬 주변의 양 당사국의 경계선을 획정(delimit)하고 그 결과로 당해 섬의 법적 지위를 확인해 줄 것을 요청하였다.[2]

　　1890년 영독조약 제3조는, 조약 당사국들의 남서아프리카 내 영향권역의 분할선의 위치 즉 "주된 수로"의 중간(centre of the main channel), 즉 독일어로는 탈베그(Talweg)라는 용어와 관련 조항으로, 본 사건에서 쟁점으로 대두된 것은 이러한 "주된 수로"의 위치였는데, 당해조약에는 이것의 정의는 물론 그 판정기준에 대한 언급이 전혀 없었다.[3] 이 용어의 통상적 의미를 정하기 위해 국제법과 국제관습법상 자주 사용되는 기준으로서, 수심, 폭, 수량, 가시성(물리적 형상), 하상(강바닥의 모습), 통항가능성 등이 제시되었고, 결국 재판소는 이들 각각 기준들에 관한 양당사자들의 주장과 제출된 증거를 심리하여 1890년 조약 규정에 비추어 당해 섬을 둘러싸고 흐르는 두 수로 중 북쪽 것이 주된 수

---

1) ICJ General List No. 98 : 정식 명칭은 Special Agreement between the Government of the Republic of Botswana and the Government of the Republic of Namibia to submit to the International Court of Justice the Dispute existing between the Two States concerning the boundary around Kasikili/Sedudu Island and the Status of the Island이다.

2) ICJ Press Release 1999/53 참조.

3) 재판소는 본 사건에서 1890년 조약 당사국인 영국과 독일의 국가의사를 반영한 공식적 지도가 없는 상태이며, 그나마 몇몇 표시된 지도상 경계선의 유효성과 관련하여 당사국들 간 혹은 그 이후 실체들 간 명시적이든 묵시적이든 합의가 전무한 상태임을 확인하였다.

로라고 보아 보츠와나 측 승소 판결을 내렸다.[4] 판결문[5] 내용 가운데 제81문
(paragraph)에서 제87문까지가 특별히 "증거로서의 지도(Maps as Evidence)" 부
분인데, 다음이 제출된 지도 증거에 대한 각 당사국들의 입장이다.

1. 나미비아 측 입장

나미비아는 당해 사건에서 후술하는 보츠와나에 비해 훨씬 더 적극적 내
지는 공세적으로 그리고 능동적으로 지도를 활용하였다. 자신이 증거로 제시
한 여러 가지 지도 가운데 특히 영국의 식민지시기에 작성된 1933년 영국 전쟁
국(War Office) 지도 "베추아나랜드보호령 지도 2 1:500,000 GSGS 3915"의 증
거력을 주로 강조하였는데, 나미비아는 그 지도야말로 후속적 관행(subsequent
conducts or practice)의 특별한 형태라는, 동시에 관할권 행사와 시효취득의 묵
인(acquiescence)이라는 두 모습을 함께 가지고 있다고 했다.[6]

특히 나미비아는, 프레아 비헤어 사원(Temple of Preah Vihear) 사건에서 재
판소가 "조약 당사자들이 경계선을 나타내는 지도를 승인했다는 것은 당해 조
약의 명시적 내용과 다른 해석을 만들어낼 수도 있다"[7]고 한 사실을 특히 강
조하면서 다음과 같이 주장하였다:

"보츠와나와 나미비아 간 경계선 문제와 가장 가깝게 관련된 세 당사자인
독일, 영국, 남아프리카 공화국 등의 (이와 관련한) 굳건한 관행(practice)은, 1890

---

4) 11대 4의 다수결로 재판소는 "보츠와나 공화국과 나미비아 공화국 간 경계선은 카시킬리/
세두두 섬을 둘러싸고 흐르는 초베 강의 북쪽 수로의 가장 깊은 점들을 연결한 선이라고
보아 결과적으로 당해 섬은 보츠와나 공화국 영토의 일부분을 이룬다고 판결했고, 재판소
는 또한 만장일치로 당해 섬 주변 두 수로 내에서 양국 국적인과 그들 국가 국기를 단 선박
은 동등한 국가적 대우를 향유한다고 판결하였다. 판결문, 제104문 참조.
5) 판결문은, 총 104개 문단(paragraph)으로 구성된 본문과 세 판사(Ranjeva, Koroma,
Higgins)와 두 판사(Oda, Koojimans)가 각각 부가한 세 개의 선언문(declarations)과 두
개의 개별의견(separate opinions), 그리고 세 명의 판사(부소장이었던 Weeramantry 판사
와 Fleischhauer, Para-Aranguren 판사)가 덧붙인 3개의 반대의견(dissenting opinions)
등으로 이루어졌다.
6) 판결문, 제82문 참조.
7) *ICJ Report 1962*, p. 6 참조.

년 조약 제3조 (2)에 관한 적절한 해석이라는 측면에서, 나미비아의 주장의 근거가 되고, 동시에 그것은 취득시효와 우티 포시데티스(uti possidetis) 원칙에 따라 당해 섬에 대한 나미비아의 주권적 주장 또한 뒷받침해 준다."[8]

2. 보츠와나 측 입장

이에 대해 보츠와나는 상대적으로 지도에 덜 의지하면서, 이전 지도들 대부분은 그 구체성이 떨어지고 축척도 작아서 당해 사건에서 유의미한 증거력을 제시한다고 보기 힘들다는 점을 지적하였다. 이렇게 지도를 수세적 내지는 피동적으로 활용하는 자세를 견지했던 보츠와나는, 다른 한편으로는 주장하기를, 여기서 유용한 지도와 그림(약식지도)들에 의해 초베 강이 1850년대 이후 유럽 탐험가들이 조사한 이래로 당해 섬을 둘러싸고 흐르는 북쪽 수로(channel)가 그나마 정기적으로 알려졌다는 사실을 보여준다고 했다.[9] 또한, 보츠와나는 구술변론절차에서 나미비아가 제시한 지도의 기술적 문제를 언급하면서, 굳이 따져본다면 북쪽 수로를 경계선으로 취하고 있는 지도의 비율이 다소 높아서 나미비아 측 주장은 반박되어 마땅하다고 항변하였다.[10]

III. 판　결

재판소는 먼저 이러한 양 당사자의 지도증거에 관한 입장에 대하여, 재판소는 먼저 그 이전의 이른바 국경선 분쟁(Frontier Dispute(Burkina Faso/Republic

---

8) *Ibid.*

9) 보츠와나는 1880년 브래드 쇼 지도, 1912년 프랑켄버어그 지도, 그리고 1912년 이이손 경위 지도 등이 현재와 비슷하게 북쪽과 서쪽 수로의 현재 모습을 분명하게 보여준다고 언급하였으나, 이것이 양국 간 경계선은 북쪽 수로라는 사실을 적극적으로 보여준다는 입장은 아니었고, 그 대신, 지도 증거에 따라 경계선이 남쪽 수로에 위치한다고 보기에는 나미비아 주장의 신빙성이 상당히 떨어진다는 것이 보츠와나 측의 주된 입장이었다. 판결문 제83문 참조.

10) 그리하여, 보츠와나는 재판소가 당사자 간에 합의한 지도, 즉 1985년 공동조사에 첨부된 지도를 존중해야 한다는 입장이다. 판결문 제83문 참조.

of Mali)) 사건에서 재판소 특별법정이 지도의 증거가치에 관하여 다음과 같이
언급한 사실을 상기시켰다:

"지도는 사건들마다 각각 서로 다른 정확성을 가진 정보를 단지 제공할 뿐
이고 그 존재만 가지고는 지도 스스로가 영토적 권원(title) 즉 영토적 권리의 창
설을 목적으로 국제법에 따라 부여된 법적 힘을 가진 문서(document)가 될 수
없다. 물론 그러한 법력(legal force)을 가질 수는 있지만 그것은 시시비비로부
터 자유로운 때만 그렇다: 그러한 지도는 해당 국가의 의지가 물리적으로 표현
된 경우이다. 예를 들어 지도가 공식 문서에 첨부되어 있어서 그 문서의 필수
적 일부분을 이루고 있을 때이다. 이렇게 명확하게 정해진 경우를 제외하고, 지
도라는 것은, 실제로 사실을 성립시키거나 재구성하기 위하여 여타 정황증거와
함께 사용되는, 그리고 그 신빙성과 불확실성이 가지각색인, 비본질적 부대증
거일 뿐이다."11)

본 사건에서 제출된 지도증거를 살펴본 후, 재판소는, 이러한 제도적
(cartographic) 증거물들은, 그 불확실성과 비일관성이라는 관점에서는 물론이
고, 1890년 조약 당사자들의 의도를 공식적으로 반영한 지도로 볼 수 없거나
혹은 지도 가운데 묘사된 경계선의 유효성과 관련하여 당해 조약 당사자 내지
는 그 후신들 간에 명시적 암묵적 의사의 합치가 없었다는 견지에서, 그러한
지도증거로부터 어떠한 결론도 도출할 수가 없었음을 분명히 하였다.12) 그럼에
따라 재판소는 그러한 증거지도에 어떠한 형태로든 증거력을 부여하는 것을
거부한 결과를 낳았다.13)

당시 재판소장(Schwebel)과 부소장(Weeramantry)를 제외하고는 최고수석판
사였던 일본 국적판사 오다 시게루 판사는 "지도의 취급(Treatment of maps)"과
관련한 별개의견에서, 당사자들이 제출한 당해 지역 지도의 개수의 중요성은

11) *ICJ Reports 1986*, p. 582, para. 54.

12) 판결문, 제87문.

13) 다시 말해, 당해 증거지도와 결부되지 않은 여타 수단으로 재판소가 이끌어내었던 결론을
승인할 수도, 혹은 1890년 조약의 문리적 해석결과를 뒤집을 수도 없었다는 의미로 해석
된다.

없고, 심지어 몇몇의 경우에는 정치적 경계14)의 의미로 해석될 여지가 있으므로, 기술한 바와 같은 재판소의 "본 사건에서 제출된 지도증거로부터는 아무런 결론을 도출해낼 수 없다"는 의견은 적절하다고 보았다지만, 당해 사건에서 제출된 지도증거에 대한 다음과 같은 개별의견(separate opinion)을 개진하였다:

"어떤 정부의 기관이 작성한 지도는 때때로 당해 특정 지역 혹은 섬의 영토성 내지는 주권과 관련한 당해 정부의 입장을 보여주기 마련이지만, 그러한 사실 하나만으로 다시 말해 다른 보조적 증거 없이 어떤 지도 자체만 가지고는 당해 지역 혹은 섬의 법적 지위를 결정지을 수 있는 것은 아니며, 따라서 그 같은 지도상 그어진 경계선(국경선)은 관련국이 할 수 있는 최대한의 청구(주장)를 하는 것으로 해석될 수 있으나, 그것이 그러한 청구를 반드시 정당화시키지는 않고, 그러므로 제출된 지도증거는 모두 완전히 증거력이 없다."15)

한편, 위어라만트리 부소장은 "제도(製圖)적 증거(Cartographic evidence)"에 관한 언급에서 다음과 같이 반대의견을 개진하였다. 즉, '1890년 조약 집행 이후에 어떻게 당해 조약을 이해하고 받아들였는가?'라는 문제는 실제로 초베 강을 담당하고 있는 기관에서 당해 섬을 나미비아 영토로 두었다고 보는 두 행정청의 지도가 답해준다고 보았다.16) 더군다나, 축적으로도 충분히 커서 상세한 상황을 보여주는 지도가 많이 제시되었으며, 숫적으로도 남쪽 수로가 국제적 경계선으로 표시되어 당해 섬은 남미비아 영토라고 하는 지도가 상대적으로 많다는 의견이다.17) 이렇게 분명한 통계상의 산술적 우위는 지도증거에 관한 한 위어라만트리 부소장의 반대의견을 더욱 두드러지게 하여, "당사자들 사

---

14) 오다 판사는 더 나아가, "정치적 의미를 갖는 경계선 제도 행위는 그 용도가 분명하지 않는 한 지도제작자의 일이 아니고, 따라서 이렇게 지도상 표시된 경계선에 큰 무게를 두어서는 안 되며, 본 사건 당사국들은 구술변론에서 그 경계선을 북쪽 혹은 남쪽에 두는 상당히 많은 숫자의 지도를 제시하였지만 이것은 본인 생각으론 기껏해야 무용지물이고 나쁘게 보면 엉터리다"라고 첨언하였다. 오다 판사 개별의견 제41문 참조.
15) 오다 판사의 별개의견 제40문 참조.
16) 1933년 베츄아나랜드 지도와 1949년 남아프리카공화국 지도가 여기에 해당한다. 위어라만트리 판사의 반대의견 제72문 참조.
17) 지도와 함께하는 식민지청(Colonial Office) 보고서 19개 중 15개가 초베 강 남쪽에 4개가

이 당해조약에 대한 공통된 이해(혹은 합치된 의견)는 이른바 '주된 수로'는 남쪽 것이라는 의견을 낳게 하였다.[18] 결론적으로 위어라만트리 부소장의 당해 사건에 제출된 지도증거에 관해서는, "그러한 지도증거에 따라, 나미비아 측 주장이 당해 조약 당사자들 간 동시대적 이해(공통된 의견의 합치)와 함께 한다"[19]고 보았다.

또 다른 한편으로, 당해 사건에서 재판소에 제출된 여러 증거들[20]을 살펴본 후, 파라－아랑구렌 판사는, 1914년이 이른바 결정적 시점이므로 그 이후에 제작된 지도 일체는 1890년 영독조약 당사자들의 후속적 관행이라는 측면에서 당해조약의 해석과는 무관하므로 증거로 고려할 바가 아니라는 입장을 취하면서도, 그 시점 이전에 작성된 지도들 하나하나 심리한 후 모두 증거력을 부인하였다.[21] 따라서 증거로 제출된 어떠한 관련 지도도 1890년 영독조약 해석을 위하여 당사자들의 후속적 관행을 논증해 주는데 이바지할 수 없었고, 따라서 결론적으로 지도증거와 관련하여 일체의 문제점들, 다시 말해 지도를 작성하는 데 필요한 지도제작법상 원칙 혹은 법적 중요성(유의성)을 낳기 위하여 지도가

북쪽에 경계선을 그었다는 의견이다. 상기 반대의견 제73문.

18) 위어라만트리 부소장은, 나미비아가 내세운 지도증거 중 나미비아 아틀라스 지도 IX 안에 있는 1933년 Map GSGS 3915를 특별히 반대의견 각주에 언급하면서 이러한 입장을 분명히 했는데, 그 지도는 영국이 1933년부터 독립 1년 전까지 사용된 공식지도로써 여기서 그것은 당해 섬을 나미비아 영토로 보여준다고 보았다. 상기 반대의견 제74문 참조; 또한, 이와 같이 영국 측이 식민지 행정상 작성된 지도뿐만 아니라 1890년 조약의 상대방이었던 독일 측이 작성한 여러 가지 지도 중 자이너(Seiner's) 지도와 폰 프랑켄버그 지도도 마찬가지인데, 이 같은 지도에 더 무게를 실어주는 것이 1949년 남아프리카공화국의 공식지도라는 의견을 제시하였다. 상기 반대의견 제75문 참조.

19) 상기 반대의견 제76문 참조.

20) 상기 언급된 지도증거 등 이외에 각종 보고서, 서신, 증인들의 증언 및 마수비아 족에 의한 시효취득 문제 등이 다루어졌다.

21) 영국 전쟁국(War Office)이 작성하였고 1890년 영독조약 체결시 언급되었던 1889년의 ID776 지도, 남부 잠베지 지도(1891), 1904년 제작된 1:8000,000 축척의 전쟁지도(Kriegskarte), 1909년 작성된 1:500,000 축척의 자이너 지도, 1910년 작성된 1:200,000 축척의 슈트라이트볼프 지도(Streitwolf's Map), 폰 프랑켄버그 지도(Von Frankenburg's Map) 1:100,000(1912) 등이 여기에 해당되는데, 모두 증거로 유의성이 없다고 보아 증거력을 부인하였다. 파라－아랑구렌 판사의 반대의견, 제71~76문 참조.

충족해야만 하는 조건 또는 법적 분쟁을 해결하는데 있어서 그것들의 중요성 등을 고찰할 필요가 없다는 의견을 개진하였다.[22] 사족으로, 재판소에 제출된 항공사진과 위성이미지들은, 비록 그것들이 당해 섬이 누구에 의해 점유되는지 또한 어떻게 경작되는지 등의 문제와 관련하여 일정한 의미가 있을지언정, 당해 섬에서 당사자들 간 경계선을 정할 수 있게 해주는 표식을 담고 있지 않으며, 더 나아가 그것들은 1914년 즉 1890년 당해조약을 해석하기 위하여 당사자들의 후속적 관행과 관련된 이른바 결정적 시점 이후에 이루어졌기 때문에 증거로써 무의미하고 따라서 증거로 채택될 수 없다는 의견이다.[23]

Ⅳ. 평 석

지도의 증거로서의 가치 즉 지도의 증명력을 제한하려는 이러한 전통적 자세는 최근 들어 점점 그 설 자리를 잃고 있음이 분명한데, 그 구체적 모습은 재판소에 제출된 지도증거에 대하여 그 증거로서의 효력을 공공연히 긍정하고 있는 실정이라기보다는 과거에 비해 점점 더 이러한 증거력을 긍정하고 있는 과정 중에 있다는 사실이다.[24] 다시 말해, 기술한 바와 같이 전통적 국제법 하에서는 단지 부수적 내지는 2차적 전문(hearsay) 증거로 받아들였던 지도증거들에 대하여 국제재판소들이 그 이전과 비교하여 상당히 전향적 자세를 취하기 시작했다는 점이다.

지도증거 혹은 '증거로서의 지도(Maps as Evidence)'의 증거력에 대하여 의미 있는 변화 자세를 보여 준 중재재판소 및 재판소의 여타 판결들을 열거하면 다음과 같다. 먼저 중재재판의 경우에는 이른바 '쿠취의 란(Rann of Kutch)' 사건(India v. Pakistan)[25]과 에리트리아와 예멘 간 중재재판(Arbitration Between

---

22) 상기 반대의견 제77문 참조.
23) 상기 반대의견 제78문 참조.
24) *Frontier Dispute*, 1986 I.C.J. 554, 582~83, paras. 55~56.
25) 정식 사건명은 CASE CONCERNING THE INDO—PAKISTAN WESTERN BOUNDARY (RANN OF KUTCH) BETWEEN INDIA AND PAKISTAN 이고, 특별(사전)협정 체결일은

Eritrea and Yemen) 건 등이 있으며, 재판소의 경우에는 앞서 기술한 프레아 비헤어 사원 사건(캄보디아 대 타일랜드),[26] Case Concerning the Frontier Dispute(Burkina Faso v. Mali),[27] 그리고 비교적 최근 것으로 Case Concerning Sovereignty Over Pulau Ligitan and Pulau Sipadan(Indonesia v. Malaysia)[28] 등을 손꼽을 수 있지만 여기선 지면관계상 그것들에 관한 상술은 생략한다. 단, 여기서 굳이 두 개만 꼬집어 지적해 본다면, 첫째로 상기 사건들 중 특히 이른바 '쿠취의 란' 사건은 특히 그 판결문의 ―내용 곳곳에서는 물론― 결론에서까지 당해중재재판소가 판단하는 인도와 파키스탄 간 경계를 이루는 특정지점들이 지도상 무수히 열거되었을 정도로 지도의 증거능력에 대하여 부정적 자세를 상당 부분 일소했다는 사실이다.[29]

   본 사건이 독도 영유권 문제와 관련하여, 특히 지도의 증거가치와의 측면에서 본다면, 직접적 유의성은 그리 많지 않다. 그렇지만, '독도가 섬(island)인가?'라는 문제를 일단 옆으로 치워놓는다면, 먼저 통상적 의미로 지도의 증거능력 문제 그 자체와, 둘째로는 그와 관련하여 이른바 "후속적 관행"의 측면에

1965년 6월 30일이었고, 판결은 1968년 2월 19일에 있었다.

26) http://www.icj−cij.org/docket/index.php?p1=3&p2=3&k=46&case=45&code= ct&p3=4 참조.

27) http://www.icj−cij.org/docket/files/69/6447.pdf 참조.

28) 골자만 추리자면, 2002년 12월 17일 본안판결에서 재판소는 당해 분쟁지역에 대한 말레이시아 측의 환경적 입법행위를 당해 국가의 그 지역/수역에 대한 실효적인 주권행사로 인식하였고 따라서 당해 국가에게 그에 따른 '상대적' 권원을 부여했다. 자세한 내용은 http://www.icj−cij.org/docket/files/102/7714.pdf 참조.

29) 당해 중재재판소를 구성하고 있는 세 중재재판관(인도가 지명한 유고슬라비아인 알레스 베블러, 파키스탄이 지명한 이란인 나스롤라 엔테잠, 그리고 당시 유엔사무총장이었던 우탄트가 지명해서 당해중재재판소장이고 스웨덴 판사였던 군나르 라거그렌) 모두가, 각각 작성한 판결문 및 제안 등에서 그 판결이유 속에서는 물론이고 결론(판결주문)에서조차 제출된 지도증거들 중 하나 혹은 복수를 선택하고 또한 그 내용의 상당부분 원용하여 '쿠취의 란' 지역 위에 그어져야 할 인도와 파키스탄 간 경계선을 매우 상세히 열거해 놓고 있다. 참고로 필자는 동북아역사재단 독도연구소에서 발주한 영토해양관련국제판례연구 사업에 참여할 기회가 있어 3차년도인 2011년에 당해 중재사건 판결문을 완역한 바가 있음을 밝힌다.

서 본 국가권능의 표창 혹은 국가관할권 행사로서의 충족성 문제, 그리고 마지
막으로 상대적으로 새롭게 형성 중에 있는 국제환경법 질서 내에서의 시사점
등을 고려해 볼 수 있겠다.

첫째, 지도라는 것은 －이미 기술한 바와 같이－ 그 자체만 가지고는 영
토적 권원(권리)을 창출할 목적으로 국제법상 인정되는 이른바 '본질적 법력
(intrinsic legal force)'을 낳을 수 없는 증거자료이므로, 다른 직접적 혹은 간접적
정황증거 등과 함께 그 증거적 가치가 고려되는 것이 일반적인데, 이것은 그것
이 사건마다 다양한 신빙성과 불확실성을 가진 부대적(extrinsic) 증거이기 때문
이다. 즉 국가의지의 물리적 표현 방식으로 공식 외교문서에 부속하여 존재하
는 경우에만 일정한 법적 효력을 긍정할 여지가 있지만, 이 경우에도 지도 그
자체만으로 일정한 법력을 발휘한다고 보기는 어려운 실정이다. 이것은 한편으
로는 특히 독도에 대한 역사적 권원을 주장하기 위한 증거로써 지도에만 과도
하게 기울이는 자세에 경종을 울리는 것이고, 그런 까닭에 이와 관련하여 최근
과거 일본 정부의 국가적 의사 표시로써 일정한 공식문서에 부속된 지도들이
속속 밝혀지는[30] 것은 또 다른 한편으로 비교적 의미 있는 일이라고 본다.

둘째로, 조약 해석에 있어서 관습법적 요소를 반영한 비엔나조약법 제31
조 3항 (b) "… 후속적 관행"이란 기준에 대하여 언급하자면, 비록 한일정부간
독도 영유권 관련 기본조약이 없으므로 이런 조약해석기준과 지도증거와는 일
견 직접적 연관성이 없어 보인다. 그렇지만, 국가관할권의 표창 증거로서의 '후
속적 관행' 기준과 조약해석에 있어서의 '후속적 관행' 기준이라는 논리적 상응
구조를 살펴보면 상당한 유사성이 있음이 분명하므로, 당사국들이 일정한 사태
혹은 분쟁 후 취한 일정한 행위 혹은 조치는 어떤 식으로든 국제재판상 증거
로써 유의성이 있을 수밖에 없다. 그런 의미에서 김대중 정부가 들어서기 직전

---

30) 2012년 3월 28일자 코리아타임스 인터넷 판 참조. 이 기사에 따르면, 과거 일본 초등학
생 교과서에 실렸던 지도이기도 한 공개된 당해 지도는 1892년에 "A map of the Japan
Empire"라는 명칭으로 작성된 지도로, 일본이 고유영토설에 입각하여 독도영유권을 주장
할 경우 그것을 반박할 때 매우 가치 있는 증거자료가 될 것이다. www.koreatimes.co.kr/
www/news/include/print.asp?newsIdx=107937.

일본 정부가 취한 한일어업협정의 일방적 폐기행위와 그에 따른 우리 정부의 공공어업수역 설정행위 같은 부적절한 대응적 후속조치는 어떤 방식으로 해석 하든지 간에 긍정적 평가를 얻기는 어렵다고 사료된다.

셋째로, 당해 사건 판결에 있어서 위어라만트리 부소장은 "국경(경계)을 이루는 강(boundary rivers)의 공평한(equitable) 항행적 사용"이라는 논리를 당 해 지역에 대한 이른바 "공동관리체제(joint regime)"로 발전시켜 실제로 판결 문에서 이의 설치를 적극적으로 권고했다는 사실을 주목할 필요가 있다. 주지 하는 바와 같이, 독도와 그 주변 수역의 자연생태계의 독특함과 그 보존의 완 전성은 이미 전세계적으로 인정되는 가치인 바, 일본 정부가 문제가 당해 구 역을 일본 영유권 아래에 두는 것이 불가능해졌다고 판단하는 경우, 차선책으 로 이러한 상대적으로 새로운 국제환경적 법체제인 이른바 '지속가능성 법체제 (sustainability oriented jurisprudence)'로 무장하고 강변할 가능성에도 대비할 필요 가 있다.[31]

한편 과거 식민지 통치를 위한 개략적 지도(sketches)에서 인공위성 사진에 근거한 정밀지도로의 변천 중에 있는 작금의 현실[32]은 지도의 국재재판상 증

---

31) 마치 위어라만트리 재판소 부소장이 특히 강조했던 것과 같은 당해 지역에 대한 적극적인 공동관리제도(joint regime)의 설치가 아니더라도, 적어도 당해 사건 재판소 판결(문) 제 3주문에서처럼 양국 간 평등한 접근권의 향유를 보장하는 의무를 조건으로 내걸 가능성 도 배제해서는 안 된다. 한편, 비무장지역은 물론이고 독도의 자연 조건은 그 자체로 이 미 국내적 자원으로서의 가치 차원을 벗어난 국제적 유산(heritage)임에 분명하므로, 따라 서 마땅히 국제적 관심(concern)거리가 되었으므로, 아마 이 부분이 가장 일본 정부가 준 비한 법적 논리가 스며들(긍정적으로 받아들여질) 가능성이 짙은 곳이 될 것이다. 이 문제 는 영유권과는 별도로 충분히 언급될 수 있고 따라서 최근에 제기되고 있는 이러한 상대 적으로 새로운 법체계 속에서 특히 그 중요성이 배가되는 와중이므로 미리 대응책을 만들 어 놓을 필요가 있다고 본다. 지표상이든 해수면상이든 경계선(국경선) 획정에 있어서 형 평성의 고려가 적대적 이해 당사국들 간에 설정된 "공동관리체제"의 설치로 꽃피우고 있는 여러 사정을 고려해 볼 때, 전통적 국가주권론에 바탕을 둔 각 국가의 배타적 관할권 획정 (demarcation) 논리에서 한 발 더 진보한 유연한 태도를 요구한다는 사실은 명백하다.

32) 첨단 정보통신기술의 실용화는 새로운 다매체 융합지도로 진화하여 종이 지도가 수치지 도로 디지털화되었으며, 이른바 GPS(전세계적 차원에서의 위치파악 시스템)가 상용화됨에 따라, 인터넷 포털에서 제공하는 웹 지도가 보편적으로 사용되는 현실에 비추어 본다면, 자 동차 내비게이션 시스템으로 사용되는 전자도록지도 등의 다양한 인터넷 지리정보 서비스

거가치에 대한 새로운 패러다임과 지평을 제시한다.[33] 연혁적으로 국제법의 상
당 부분이 점진적으로 국내법 발전에 따라 변화와 발전을 거듭해 왔고, 또한
몇몇 국내법상 지도의 증거력에 관한 변화의 조짐[34]이 있다는 사실을 직시한다
면, 앞으로 멀지 않은 미래에 국제재판상 증거로 제출된 지도의 경우, 특히 그
것이 첨단 인공위성 기술을 바탕으로 하여 지극히 정밀한 지형지물과 경계선
등의 모습을 그것도 입체적으로 지상 및 해상을 막론하고 비편파적으로 작성
되어 불특정 다수인에게 공개될 때, 그리고 서비스 제공자와 그 이용자 간 끊
임없는 상호 정보 교환을 통하여 보다 정확하고 객관적인 지도의 작성이라는
궁극적 목적을 위하여 관련 지도가 끝없는 자기 수정을 거듭할 때에, 그러한
지도의 직접적 증거로서의 지위를 거부할 이유가 점점 소진될 것이다.

에서 사용자들은 이제 수동적인 정보 이용자에서 점차 지도 제작자들에게 자신들의 정보
욕구를 반영시키는 능동적인 정보 창조자로까지 발전하였다.

33) 국내사건이긴 하지만 특히 형사사건에서 수사업무를 진행할 때 특정 시점에 피의자의 정확
한 위치를 파악하고자 그 압수목록에 디지털 정보 저장장치 – 예를 들어 요즘 상용하여
자동차에 장착된 인공위성 네비게이션 장치(일명 Sat Nav Devices) 등이 최우선으로 고려
되었다는 사실은 최근의 첨단전자지도와 그와 관련된 디지털 정보가 재판상 직접증거로서
의 기능함을 역설적으로 웅변해 준다. www.intaforensics.com 참조.

34) 2006 New York Code(뉴욕주 성문법) – Maps And Records; Public Inspection;
Evidential Value. §11 – 205 b.는 다음과 같은 내용이다: "{a.항과 같이 당해 관청에 보존
되고 공중에 열람된} 책, 지도 및 평가보고서 등과 그 복사본은 {일정한 형식적 승인절차
를 거치면} 해당 지역 판사서기의 진본인가를 유사하게 득한 책, 페이퍼 및 서면자료 등처
럼 동일한 방식으로 그리고 동일한 목적을 위하여 구역 내 모든 재판소 및 장소에서 증거
로 받아들인다." 또한 2011 Virginia Code(버지니아주 성문법) Title 28.2 – 562. Maps to
be filed; evidential value 부분에서도 "굴양식 지역을 보여주는 당해 위원회가 작성한 만,
강, 하천에 관한 지도는 본 위원회에 제출되어야 하고, 그러한 지도는 당해 지역 내 재판소
등에서 지도 작성 당시 굴양식수역임대차 상황 등을 보여주는 증거로 받아들인다." www.
justiauslaw.com 참조.

카타르/바레인 해양경계획정 및 영토문제 사건

Case Concerning Maritime Delimitation and Territorial Questions between Qatar and Bahrain(Qatar v. Bahrain), ICJ(2001)

박병도(건국대)

Ⅰ. 사실관계

걸프지역에 인접하고 있는 카타르와 바레인 양국 사이에는 약 200년 동안 크고 작은 여러 분쟁들이 존재하였으며, 역사적으로 1971년까지 카타르와 바레인의 보호국이었던 영국은 이러한 분쟁들을 해결하기 위해 노력하였으나 뚜렷한 성과를 거두지 못했다. 1971년 카타르와 바레인은 영국의 보호령으로부터 독립하였으며, 양국 모두 동년 9월 21일 유엔에 가입하였다. 이러한 정치적 상황을 배경으로 주권을 회복한 카타르와 바레인은 그 동안 지속되어 오던 양국 간의 분쟁이 더욱 구체화되고 발화되어 국제사법재판소(International Court of Justice, 이하 "재판소"라 함)의 판결에 도달하게 된 것이다. 카타르와 바레인 간의 해양 및 영토분쟁은 양국간 분쟁을 중재에 의하여 해결하려고 했던 카타르의 시도가 좌절되었던 1965년으로 거슬러 올라간다. 그 이후 1976년부터 카타르와 바레인 왕의 동의를 얻어 사우디아라비아 왕에 의한 중재(또는 주선)가 시작되었다. 즉 1976년부터 사우디아라비아 파드(Fahd)왕의 중개가 시도되어, 1983년에는 3국간 회의에서 '분쟁해결에 도달하기 위한 기본골격원칙'(Principle for

Framework for Reaching a Settlement)에 합의하였다.[1] 그러나 사우디아라비아 왕의 중개는 별다른 성과 없이 끝나고 말았다. 사우디아라비아 왕의 중개가 실패한 후, 1991년 7월 8일 카타르는 바레인에 대하여 영토문제 및 해양경계획정 분쟁과 관련하여 국제사법재판소 행정처에 재판소 규정 제36조 제1항을 근거로 재판을 신청하였다. 즉 1991년 7월 8일 카타르는 바레인에 대해서 하와르 제도(Hawar Isalnds) 및 주바라에 대한 주권, 모래톱 디발과 자라다에 대한 주권적 권리, 양국 간의 해양경계획정에 관하여 재판소에 단독으로 신청서(Application, 訴狀)를 제출하였다.

신청서에서, 카타르는 국제사법재판소의 관할권 근거를 1987년 12월과 1990년 12월 바레인과 합의한 바 있는 2개의 문서에서 찾았는데, 하나는 1987년 분쟁해결의 중개자 역할을 하던 사우디아라비아 왕과 카타르 군주(Amir) 사이에서, 그리고 사우디아라비아 왕과 바레인 군주 사이에서 주고받은 서신교환(exchange of letters)이었고, 다른 하나는 1990년 카타르의 수도 도하(Doha)에서 이들 3국 외무장관들 간에 서명된 회의록(Minutes)이라 이름 붙여진 문서이었다.

1987년 서신교환의 주요한 내용은 "모든 분쟁 사안을 국제사법재판소에 부탁하되(All the disputed matters shall be referred to ICJ): 동 재판소로 가기 위해, 그리고 분쟁을 재판소에 부탁하는데 필요한 요건을 충족시키기 위해 3자위원회를 구성한다"라는 것이었다.

그리고 2년 후 1990년 12월에 서명된 도하 회의록(Doha Minute)에는 다음과 같은 내용이 포함되어 있었다. "양 당사국은 이미 합의된 바를 재확인한다. 사우디아라비아 왕의 주선[2]은 1991년 5월까지 계속된다: 이 기간 이후에는, 두 당사국들은 카타르도 이미 수락한 바 있는 바레인 공식[3]에 따라, 그리고 이 공

---

1) 이석용, "카타르 대 바레인 해양경계획정 및 영토문제사건," 국제해양분쟁사례연구 Ⅲ, 2005, 301면.
2) 여기서 주선은 중개를 의미하는 것으로 해석된다.
3) 1988년 사우디아라비아의 제안에 따라 바레인의 법정 추정 상속인은 카타르 방문 중에 카타르의 법정 추정 상속인에게 다음의 문서를 보냈는데, 이 문서는 나중에 '바레인 공

식에 수반하여 생기는 절차에 따라 문제를 국제사법재판소에 부탁한다: 다만 사우디아라비아의 주선은 문제가 중재재판(arbitration)[4]에 회부된 이후에도 계속된다. 그리고 만일 두 당사국들이 상호 수락하는 형제애에 기초한 해결책에 도달하는 경우 사건을 중재재판으로부터 철회한다."

카타르는 이들 두 문서는 해당 분쟁을 재판소로 가져가기로 하는 양국의 명시적 약속을 구성하며, 따라서 재판소는 카타르의 신청에 기초하여 관할권을 행사할 수 있다고 주장하였다. 그러나 바레인은 1990년 12월 25일 도하에서 3개국 외무장관들이 서명한 회의록(Minute)은, 카타르가 주장하듯이 국제적 협정에 해당하는 것이 아니며, 따라서 법적으로 구속력이 있는 것이 아니며, 설사 1987년의 서신교환과 1990년의 도하 회의록을 결합해서 생각하더라도 이들 두 문서는 카타르에게 일방적 제소(unilateral seisin)를 허용하는 것이 아니기 때문에 재판소는 카타르의 신청서를 다룰 관할권이 없다고 주장하면서, 우선 국제사법재판소에 재판관할권 및 소의 허용성(jurisdiction and admissibility) 문제를 제기하였다. 이리하여 본 사건은 본안(Merit) 판결이 있기 전에, 국제사법재판소의 '재판관할권 및 소의 허용성' 문제와 관련하여 두 번, 즉 1994년 7월 1일과 1995년 2월 15일에 관련 판결이 있었다.

Ⅱ. 쟁   점

첫 번째 쟁점은 1990년 12월 25일 도하에서 카타르, 바레인, 사우디아라비아 등 3개국 외무장관들이 서명한 회의록(Minute)이 조약에 해당하는지 여부

식'(Bahrain Formula)으로 불리게 되었다. 바레인 공식이라고 불러진 문서에는 다음과 같은 내용이 있었다. "당사국들은 그들 간의 분쟁 사안이 될 수 있는 영토적 권리, 기타 권원 또는 이익에 관한 모든 문제를 결정하고, 해저, 하층토 및 상부수역에 해당하는 그들 각각의 해양수역 사이에 단일해양경계선을 획정해 주도록 재판소에 요청한다"(The Parties request the Court to decide any matter of territorial right or other title or interest which may be a matter of difference between them: and to draw a single maritime boundary between their respective maritime areas of seabed, subsoil, and superjacent waters).

4) 여기서 중재재판은 국제사법재판소 재판을 지칭한 것으로 해석된다.

이다.

두 번째 쟁점은 영토문제와 관련하여 어떤 국제법원칙이 적용되는지에 관한 것이다. 다시 말해서 영토에 대한 주권과 관련하여 발효되지 않은 조약이 유효한 증거가 될 수 있는지, 외교적 경로를 통한 공식적인 문제제기에 대한 무응답은 묵인으로 간주될 수 있는지 여부, 연대기적으로 일관되지 못한 주장은 주권을 인정할 수 없는 근거로 작용할 수 있는지 여부, 어떤 국가가 동의한 절차가 가져오는 결과에 대해서 법적 구속력을 부여할 수 있는지 여부 등이다.

또 하나의 쟁점은 영해와 대륙붕 및 EEZ의 경계획정에 적용되는 원칙이 무엇인지에 관한 것이다.

Ⅲ. 판   결

1. 1994년 재판관할권 및 소의 허용성(수리가능성)에 관한 판결

재판소는 1994년 7월 1일 판결5)을 통해 1987년 사우디아라비아 왕과 카타르 군주 그리고 사우아라비아 왕과 바레인 군주 사이에 있었던 교환서신 및 1990년 카타르 도하에서 3국 외교 장관들이 서명한 회의록이 국제적 협정에 해당한다고 하면서, 따라서 이 협정에 의하면, 당사국들은 국제사법재판소에 그들 사이의 분쟁 전체(whole of the dispute)를 해결해 줄 것을 요구할 수 있다고 하였다. 한마디로 말하면, 카타르와 바레인은 이미 그들 간의 모든 분쟁을 재판소에 부탁하기로 약속하는 국제적 합의를 한 것으로 보았다. 그리고 현재 재판소에 제출된 것은 카타르의 청구뿐이므로 국제사법재판소는 시한(1994년 11월 30일까지)을 정하여 양국에 그들 사이의 '분쟁 전체'를 제출하도록 기회를 주었다.

좀 더 구체적으로 살펴보면, 1994년 7월 1일 재판관할권 및 소의 허용성

---

5) Maritime Delimitation and Territorial Questions between Qatar and Bahrain(Qatar v. Bahrain), Judgement(Jurisdiction and Admissibility), ICJ Reports 1994, pp. 112 *et seq.*

문제에 관한 판결에서 재판관들은 바레인에 의해 제기된 문제들에 대하여 모두 15대 1의 결정으로 1990년의 도하 회의록도 당사자들에게 권리와 의무를 창설하는 국제적 협정이라고 보았다. 계속하여 양국은 1987년의 서신교환에 의해 모든 분쟁사안(all the disputed matters)을 국제사법재판소에 회부하기로 하였고, 3자위원회에서 사우디아라비아 왕의 도움을 받아 이 약속에 따라 재판소에 제소하는 방식을 결정한다는 합의를 하였다고 판단하였다. 그리고 분쟁사안은 1990년의 도하 회의록에 의해 결정되었는데, 이 회의록에서 카타르는 바레인 공식을 수락하였고, 이로써 양국은 재판소에 일단 사건이 제기되면 재판소는 바레인 공식에 언급된 사안들에 대해 결정할 것이라는 점에 대해 동의한 것이라고 해석하여 재판관할권을 인정하였다.

2. 1995년 재판관할권 및 소의 허용성(수리가능성)에 관한 판결

재판소가 정한 시한인 1994년 11월 30일 카타르는 "당사자들 간에 공동으로 행동하려는 합의가 없음"을 언급하면서, 자국은 "분쟁 전체"를 재판소에 회부할 것이라고 선언하였다. 이에 바레인은 자국의 동의가 없는 분쟁 제출은 유효하지 않으며 따라서 재판소의 관할권은 성립하지 않는다고 주장하였다. 카타르는 자난 섬을 포함하는 하와르(Hawar Islands) 제도, 디발(Pasht al Dibal)과 자라다(Qit'at Jarada), 군도기선, 주바라(Zubarah), 진주조개와 유영어류 조업구역과 해양경계에 관한 기타 문제들이 재판소의 관할권에 속한다고 주장하였다.

바레인의 대리인 역시 11월 30일 "1994년 7월 1일의 국제사법재판소 판결을 이행하기 위한 당사자들의 시도에 관하여 바레인 국이 동 재판소에 보내는 보고서(Report)"라는 제목의 문서를 재판소에 제출하였는데, 이 보고서에서 바레인은 1994년 7월 1일의 판결이 분쟁 전체를 재판소에 부탁하는 것은 성격상 합의에 의하여 성립하는, 즉 당사자들 간의 합의의 문제이어야 함을 확인하는 것으로 이해하였다고 진술하였다. 곧 이어 동년 12월 5일 바레인을 재판소에 1994년 7월 1일의 판결에 비추어 보아도, 바레인의 동의 없이는, 카타르의 조치로 인하여 관할권이 창설될 수 없다는 입장을 제출하였다.

이러한 양 당사국들의 주장에 대해 1995년 2월 15일, 재판소는 자신에게
이미 제출된 카타르와 바레인 간의 분쟁을 판결할 관할권을 가지고 있고, 현재
'분쟁 전체'가 제소되어 있으며, 따라서 1994년 11월 30일 카타르에 의해 제출
된 분쟁은 '소의 허용성'이 있다고 판결하였다.[6] 즉 재판소는 1995년 2월 15일
카타르와 바레인 사건의 재판관할권과 소의 허용성에 관한 두 번째 판결에서
10대 5로 1990년 도하 회의록에 근거하여 재판소에 제기된 양국 간의 사건에
대하여 재판관할권을 갖는다고 결정하였으며, 1994년 11월 30일에 제출된 카
타르의 신청서(소장) 역시 수리가능하다고 판결하였다. 1995년의 본 판결에서
논쟁이 된 가장 큰 쟁점은 1990년의 도하 회의록에 대한 해석이었다. 바레인은
도하 회의록은 "양 당사국 중 어느 당사국이라도"(either parties) 재판소에 제소
할 수 있도록 되어 있었으나 나중에 "두 당사국들은"(two parties)이라고 표현이
변경되었으므로 이는 양국의 공동제소를 의미한다고 주장하였으나 재판소는
이를 받아들이지 않았다.

3. 본안 판결

위와 같이 1994년과 1995년 두 번에 걸친 '재판관할권 및 소의 허용성'에
관한 재판소의 판결에 따라 카타르와 바레인 간의 분쟁은 본격적으로 본안에
대한 심리가 개시되어, 6여년 동안 재판 절차가 진행되어 2001년 3월 16일 판
결이 내려졌다.

본 사건에서 양 당사국간에 이루어진 주요한 내용은 다음과 같다.[7]

첫째, 주바라 섬에 관한 것이었다. 재판소는 양국 모두 오늘날 쿠웨이트 지
역 출신인 Al-Khalifah가 1970년대에 점령하였고 몇 년 후 바레인이 정착하
였다는 데에 대해서는 의견이 일치하였다. 그러나 그 후에 전개된 법적인 상황
에 대해서는 주장이 갈리고 있음에 주목하였다. 재판소는 카타르의 주바라 영

6) Maritime Delimitation and Territorial Questions between Qatar and Bahrain(Qatar v.
Bahrain), Judgement(Jurisdiction and Admissibility), ICJ Reports 1995, pp. 6 *et seq.*
7) 정갑용·주문배, 독도영유권의 역사적 권원에 관한 연구, 한국해양수산연구원, 2005,
45~46면.

토에 대한 권한은 1868년 이후 점차 견고해져 왔으며, 서명은 되었지만 발효되지 않은 1913년 영국-오토만 협약에 의해 인정되었고, 1937년에는 주바라 지역에 과세를 시도하는 등 카타르에 의한 권한이 확립되었다고 하였다. 따라서 1937년 카타르 통치자가 주바라에 대하여 취한 조치는 바레인의 주장처럼 무력행사를 통한 불법적인 점령이 아니라, 자기의 영토에 대한 자기 권한의 행사라고 보았다. 이러한 이유에서 주바라에 대한 영유권은 카타르에 있다고 판결하였다.

둘째, 하와르 제도(Hawar Islands)에 관한 것이다.

1920년-1930년대에 카타르와 바레인이 각각 석유회사들과 체결한 석유채굴권(석유 양허계약)을 통해 하와르 제도가 어느 국가의 영토인지가 논란이 되었다. 즉 하와르 제도에 대한 분쟁은 1930년대 걸프지역에서의 석유개발과 관련하여 카타르가 계속하여 여러 차례 이의 제기를 하면서 본격화되었다. 1936년 영국 정치상주대표가 인도담당 국무장관에게 보낸 서신에서 "하와르 제도는 바레인의 영토이며, 이를 부인할 증거를 제시할 책임은 카타르 통치자에게 있다"라고 하였고, 영국 정부도 이러한 내용에 동의한다고 바레인에게 통보하였다. 그런데 이러한 영국 정부의 의사가 카타르에는 통보되지 않았다. 1937년에 카타르는 바레인이 불법적으로 하와르 제도를 점령하고 있다고 주장하였고, 1938년부터 카타르 통치자는 영국 정부에 카타르 문제에 대하여 항의하기 시작하였다. 1939년 7월 11일 영국은 하와르 제도가 바레인에 속한다는 내용의 결정을 카타르와 바레인 양국에 통보하였다. 이에 카타르는 1939년 영국 결정이 유효성이 없다고 주장하면서 하와르 제도에 대한 분쟁이 시작되었다. 이러한 하와르 제도에 대한 분쟁은 1978년 카타르 당국이 하와르 제도 부근에서 조업을 하고 있던 바레인 어부들을 체포하는 사건이 발생하면서 재연되었으며, 바레인은 하와르 근처에서 해상군사 훈련을 시작하였다. 재판소는 카타르와 바레인 양국이 영국정부가 하와르 제도 분쟁을 해결하는데 동의하였음을 보여주었으므로, 1939년 결정은 처음부터 양국에게 구속력이 있었으며, 양국이 영국의 보호령에서 벗어난 이후에도 구속력을 가지고 있었던 것으로 보아야 한다고 하였다. 결국 재판소는 여러 가지 추론을 바탕으로 하와르 제도에 대한 영유권은 바레인에게 있다고 판결하였다.

셋째, 자난 섬에 관한 것이다. 재판소는 바레인의 영국 주재관(Political Agent)이 카타르와 바레인 통치자에게 보낸 1941년 12월 23일자 서신들을 검토하였다. 영국정부는 기점을 정하고 서신에 첨부된 지도를 그리는데 있어서 자난 섬을 카타르에 속하는 것으로 간주하였다. 재판소는 1939년 영국정부가 하와르 제도의 일부로서 자난 섬에 대한 바레인의 주권을 인정하였다는 바레인의 주장을 받아들일 수 없다고 판결하였다. 재판소는, 영국정부의 1939년 결정과 1947년 이에 대한 해석을 기초로, 카타르가 하드 자난을 포함하는 자난 섬에 대한 주권을 갖는다고 판결하였다.

넷째, 카타르와 바레인이 바레인 공식, 서면 및 구두절차를 통해 재판소에 대해 부탁한 단일(single) 해양경계획정에 관한 것이다. 재판소는 영해, 대륙붕 및 EEZ의 경계획정에 적용되는 원칙이 다르다는 전제 아래 각각에 적용되는 원칙을 검토하였고, 결론적으로는 영해와 대륙붕 및 EEZ의 경계획정에 적용되는 원칙은 모두 '등거리선/특별한 사정(equidistance/special circumstances)'이라고 판결하였다.

IV. 평   석

최근 해양 관련 국제분쟁 중에는 영토주권(도서영유권) 문제와 해양경계획정 문제를 동시에 다루는 경우가 증가하고 있다. 본 판결도 영토에 대한 주권 및 해양경계획정이라는 두 가지 문제를 동시에 다루고 있는 사례이다. 본 사건은 국가들 간에 영토문제와 해양경계획정 문제와 관련하여 분쟁이 발생하여 재판소에서 다루게 되는 경우 어떤 국제법 원칙들이 근거하여 판결이 이루어지는가를 알 수 있는 사례에 해당한다. 즉 재판소는 본 사건을 다루면서 기존의 국제 판례들에서 인용되었던 국제법 원칙들, 예를 들면, 실효성의 원칙, 현상유지의 원칙, 등거리/특별한 사정 원칙 등을 검토하였을 뿐만 아니라 관련

있는 국제 판례들도 참조하고 있다. 따라서 국제법 영역에서 해당 이론을 검토하고 확인하는 과정에 유용할 것으로 보이며, 본 판례는 이후의 판결들에도 영향을 줄 것으로 생각된다.

이 사건에 대한 판결이 국제법적 맥락에서 갖는 의미로 다음과 같은 점을 생각해 볼 수 있을 것이다.

첫째, 카타르와 바레인의 영토분쟁과 관련하여 재판소는 발효하지 않은 조약에 의미를 부여하였다. 서명은 되었으나 비준되지 아니한 조약도 서명 당시에 양 당사자들의 이해에 대한 정확한 표현을 구성할 수 있다고 하였다. 요컨대 비준을 요하는 조약의 경우 비준까지는 이르지 못했다고 해서 법적 중요성이 전혀 없다고 할 수는 없다는 해석을 내놓았다. 다시 말해서, 재판소는 1913년 영국－오토만 조약은 서명은 되었지만 비준되지 않은 조약에 대해 주바라에 대한 주권을 결정함에 있어 의미를 부여하였다. 즉 발효하지 않은 조약도 영토분쟁을 종결하는데 효과적인 증거가 될 수 있다는 것이다.[8]

둘째, 영국이 1939년 결정을 내리기까지의 과정과 같이 양국이 동의한 절차가 가져온 결과에 대해 법적 구속력을 인정하였다. 좀 더 구체적으로 살펴보면, 재판소는 1939년 결정이 있기까지의 일련의 과정을 자세히 언급하면서, 1939년 결정은 바레인이 주장하는 것과 같은 중재판정이 아니지만, 그 결정 과정에 카타르와 바레인이 동의가 있었음을 근거로 양 당사국들에게 구속력 있는 결정이라고 판결하였다. 재판소는 1939년 결정이 있기까지 카타르에게 자신의 주장을 펼칠 수 있는 공정한 기회를 충분히 보장하였고 당시 카타르 통치자는 이 결정이 무효라고 주장하지도 않았다고 하면서, 1939년 결정은 양국에게 구속력 있는 것이라고 판결하였다. 요컨대, 1939년 결정의 '과정'(procedure)에 대한 카타르의 동의는 이 결정의 법적 성질, 즉 유효성 및 구속력에 영향을 미쳤다는 것이다. 이와 같이 재판소는 당사국들이 동의한 과정이 가져온 결론에 법적 의미를 부여하였다. 이러한 과정에 대한 동의는 결론에 대한 동의로

8) 이기범, "국제사법재판소(ICJ)의 '카타르와 바레인 간의 해양경계 및 영토문제에 관한 사건'의 판결 분석 및 시사점 고찰," 국제법평론 2007－Ⅱ (통권 제26호), 200면.

간주될 수 있다는 것을 의미한다. 따라서 과정 자체에 이의 제기를 하는 등의 반대를 하지 않은 상태에서 도출된 결과에 대해서 법적 구속력을 부여할 수 있다는 점을 보여준 사례이다.

셋째, 재판소는 한 당사국이 연대기적으로 일관되지 못한 주장을 펼치는 것에 대해서는 부정적인 견해를 나타내었다. 즉 1939년 영국 결정이 있기까지 과정에서 바레인은 영국 정부에 하와르 제도의 목록을 3차례 제출하였는데, 그 목록의 내용이 동일하지 않았다. 이와 같이 일관성이 없는 목록에 대해 재판소는 동 목록에 의해 하와르 제도를 구성하는 섬들을 확정할 수 없다는 부정적인 결론을 내렸다.

넷째, 본 판결은 재판 과정에서 당사국들이 제출한, 특히 카타르가 제출한 81개 문서의 진정성 여부와 관련하여 상당히 논쟁이 되었는데, 상대방 국가인 바레인의 이의 제기에 카타르가 충분히 소명하지 못하고 스스로 무시하기로 했던 점은 어떤 분쟁 사안을 재판소에서 제기하고자 하는 국가는 그에 수반하는 입증책임을 져야 함을 다시 한 번 상기시켜 준 판결이다.

다섯째, 본 판결은 해양경계획정과 관련하여 다음과 같은 몇 가지 중요한 법적 의미를 갖는다.

1) 본 판결은 재판소 스스로 섬으로 인정한 해양 지형이 형평한 해양경계획정을 위해서는 무(無)로 간주될 수 있다는 점을 보여주었다. 재판소는 자라다를 섬으로 인정하고서도 해양경계획정의 목적상 형평한 결과를 얻어내기 위하여 자라다에 별다른 법적 효과를 인정하지 않았다. 이와 같이 재판소는 주권이 입증되었음에도 경계획정을 위해서는 의미 있는 역할을 할 수 없는 섬이 존재한다는 점을 제시하였다.

어떠한 해양 지형들의 존재가 형평한 결과를 왜곡시키는 경우 재판소는 형평한 결과를 이끌어내는 것을 주요한 임무로 생각하며, 이러한 해양 지형들의 성격 및 그 주권을 규명하는 데에는 큰 비중을 두지 않았다. 이와 같은 국제사법재판소의 판결내용은 어떤 해양 지형에 대한 주권의 입증과 해양경계획정의 문제가 서로 다른 차원에서 다루어질 수 있음을 시사하고 있다. 이 사건과 같이 영토에 대한 주권문제와 해양경계획정문제가 복합적으로 연계되어 있는 경우에 국제사법재판소 판결의 무게중심이 해양경계획정 쪽으로 옮겨지고 있다는 것을 확인할 수 있다.[9]

2) 재판소는 섬이란 "만조시에도 수면 위에 존재하는 물로 둘러싸인 육지 지역"이라는 정의를 재차 확인하였으며, 이러한 섬을 고려하여 등거리선을 획정할 수 있다고 하였다. 특히 관련 해상 지형(자라다 섬)의 크기가 아주 작은 경우(만조시에 길이 12미터, 너비 4미터) 항해지원시설을 건설하는 것만으로도 해당 국가의 권한 행사를 인정하기에 충분하다고 하였다. 따라서 본 판결은 이러한 권한 행사는 해당 국가의 주권을 지지하는데 중요한 증거가 될 수 있다는 점을 확인 해준 사례이다.

3) 그리고 재판소는 간조노출지(low-tide elevation)에 대해서는 영토 취득에 관한 국제법을 적용할 수 없다고 판시하였다. 재판소가 이렇게 간조노출지를 영토 취득에 관한 관점에서 섬이나 기타 육지 영토와 동일시 할 수 없다고 판단한 이유는 간조노출지를 취득의 대상이 되는 영토로 보기보다는 해양경계 획정과 관련하여 기점(base point)이 될 수 있느냐의 관점에서 바라보았기 때문이다.[10] 결론적으로 재판소는 영토 취득과 관련하여 섬과 간조노출지를 다르게 취급하였으며, 주권 주장이 중복되는 수역에 위치한 간조노출지는 해양경계선을 설정할 때 아무런 역할을 할 수 없다고 판결할 점을 주목할 필요가 있다.

4) 이 사건에서 재판소는 직선기선은 통상적인 규칙에 대한 예외로서 허용되는 점이라는 것을 명확히 하였다. 1982년 해양법협약에서 규정하고 있는 바와 같이 직선기선의 설정은 해안의 만곡이 심하거나 주변에 섬들이 산재하는 경우에 가능하다고 하였다.

5) 이 사건은 영해의 경계획정에 관한 내용을 담고 있는데, 인접국가 간의 대륙붕 및 배타적 경제수역의 경계를 획정에 이용되는 등거리선/특별한 사정 원칙을 재판소가 최초로 영해의 경계획정에 적용한 판결이다. 다시 말해서, 등

9) 위의 논문, 223면 참조.
10) 위의 논문, 216~217면 참조.

거리선/특별한 사정 원칙이 영해뿐만 아니라 대륙붕 및 배타적 경제수역의 경계획정에도 공통으로 적용된다는 점을 확인한 판결이다. 재판소는 이와 같이 판결을 통해 등거리선/특별한 사정원칙은 해양경계획정에 있어서 국제관습법으로 간주되었다. 결론적으로 본 판결은 등거리선/특별한 사정 원칙의 규범성을 강화시킨 사건이다. 해양경계획정에서 비례성의 원칙 등 다른 기준보다 등거리선/특별한 사정 원칙이 더욱 비중이 강화될 것으로 보인다. 덧붙여, 등거리선/특별한 사정 원칙과 관련하여 특별한 사정으로 재판소에서 인정될 수 있는 '사정들'(circumstances)이 매우 제한적이라는 사실을 확인할 수 있는 판례이다. 사회·경제적인 사정들(예를 들면, 이 사건에서 언급된 진주조개 잡이, 관련 영국정부의 1947년 결정 등)은 특별한 사정으로 고려될 가능성이 매우 희박하며 지리적 요소만이 특별한 사정으로 고려될 가능성이 매우 높다는 것을 확인해준 판례이다.

리기탄과 시파단 섬 사건(인도네시아/말레이시아)

Case Concerning Sovereignty over Pulau Ligitan and Pulau Sipadan

(Indonesia v. Malaysia), ICJ(2002)

김동욱(한국해양전략연구소)

I. 사실관계

리기탄(Ligitan) 및 시파단(Sipadan) 섬은 보르네오섬 북동해안, 말레이시아 사바(Sabah) 주 남동쪽 해안인 셀레베스(Celebes) 해에 위치하고 있는 사람이 거주하지 않는 작은 무인도이다. 리기탄(북위 4° 09′ 동경 118° 53′)과 시파단(북위 4° 06′ 동경 118° 37′)은 지리적으로 말레이시아에 근접하여 위치하지만 모두 북위 4° 10′ 남쪽에 위치하고 있다.

리기탄과 시파단의 영유권 분쟁은 1969년 말레이시아와 인도네시아 정부 간 대륙붕 개발을 위한 해양경계획정 협상 논의과정에서 발생되었으며 1980년대 말레이시아가 시파단 섬을 관광지로 개발하면서 본격화되었다. 양 당사국은 리기탄 및 시파단 도서 문제를 연구하기 위한 공동실무그룹을 결성하였으나 합의에 이르지 못하고, 결국 1997년 5월 31일 국제사법재판소(ICJ)에 부탁한다는 내용의 특별협정을 체결하고, 1998년 11월 2일 사건을 국제사법재판소에 부탁하게 되었다.

재판소는 말레이시아의 식민지 종주국인 영국과 인도네시아의 식민지 종주국인 네덜란드 간 체결된 1891년 조약[1]의 해석, 지도의 증명력, 국가 승계문제와 후속 실행을 검토하였으나 영유권 결정에 미흡하다고 판단하여 결국 어느 국가가 실효적 지배를 행사하였는지에 대한 검토를 하게 되었다. 재판소는 말레이시아의 식민지 종주국이었던 영국의 등대건설 및 유지·관리, 바다거북 알의 채취에 대한 규제와 관리, 조류보호구역의 설치 등을 근거로 주권의 행사가 존재하였고, 이에 대한 이의 제기가 없었음을 근거로 말레이시아의 실효적 지배를 인정하게 되었다.

　　결국 2002년 12월 17일 국제사법재판소(ICJ)는 재판관 16대 1의 투표로 리기탄과 시파단의 영유권은 말레이시아에 있다고 판시하였다.

Ⅱ. 쟁　점

　　양국은 1891년 조약 제4조에 관하여 각각 상이한 주장을 하고 있다. 인도네시아의 리기탄 및 시파단 영유권 주장은 주로 말레이시아의 식민지 종주국인 영국과 인도네시아의 선행국인 네덜란드 간 체결된 1891년 조약에 근거하며, 또한 인도네시아는 일련의 실효성 즉 네덜란드와 인도네시아가 이에 대한 전통적 권원을 가지고 있다고 한다. 인도네시아는 1891년 협약을 기초로 리기탄 및 시파단 도서에 대한 영유권을 주장하는바, 즉 "협약의 용어, 내용 및 목적으로 보아 동 협약은 북위 4° 10′선을 기준으로 오늘날 문제가 되고 있는 지역에서의 각 당사국 점유지를 구분하고 있다. 인도네시아는 이와 관련하여 언급하기를, 인도네시아의 입장은 "1891년 협약에서의 경계선은 세바틱 도서 동쪽의 해양 경계를 설정하려고 했던 최초의 의도가 아닌 분할선으로 간주되어야 한다: 즉 이 선은 북위 4° 10′ 북쪽에 위치한 도서를 포함한 육지 지역은 영국 영토로, 그 남쪽 지역은 네덜란드 영토로 고려되어야 한다." 분쟁도서가 이 평행선 남쪽에 위치하게 됨으로 "이들 도서에 대한 협약상의 권원이 네덜란드

---

1) 「보르네오의 경계획정에 관한 영국과 네덜란드간의 협정」(Convention between Great Britain and the Netherlands defining Boundaries in Borneo), 1891년 6월 20일.

에 귀속되며, 따라서 결국 오늘날은 인도네시아에 귀속된다"고 주장하였다. 즉, 리기탄과 시파단 섬의 위치가 북위 4° 10′ 남쪽에 위치하고 있기 때문에 동 조약의 해석에 따라 인도네시아의 영유권을 주장하는 것이다.

한편, 말레이시아는 인도네시아가 주장하고 있는 1891년 조약에 대해서 동 협약은 보르네오 섬과 세바틱 섬에 대한 경계를 정한 것에 불과하며 인도네시아가 주장하는 바와 같이 동쪽으로 계속 연장되는 것은 아니라고 반박하였다. 아울러 말레이시아는 과거 지배자인 Sulu의 술탄이 최초로 주장한 권원이 이전됨에 따라 리기탄 및 시파단 도서에 대한 영유권을 획득하였다고 주장하였다. 말레이시아는 동 도서의 권원이 스페인에서 미국으로 그리고 북부 보르네오 국가를 대신하여 영국으로 그 후 영국에서 북 아일랜드로 이전되었으며 최종적으로 말레이시아로 이전되었다고 주장하였고 이러한 일련의 법적 제도에 근거한 권원이 이 도서들에 대한 영국과 말레이시아의 실효적 지배에 의해 확인된다고 주장하였다. 예컨대, 바다거북 알 채취에 대한 규제, 자연보호구역의 설치, 등대의 설치와 관리 등이다.

위에서 언급된 양측 주장을 정리해보면 쟁점은 다음과 같다.

첫째, 1891년 대영제국과 네덜란드 간 체결된 조약 제4조의 해석문제이다. 동 협약 제4조는 "동쪽 해안 북위 4° 10′으로부터 경계선이 이와 평행하게 동쪽으로 세바틱 도서를 가로질러 계속되어야 한다: 이 평행선 북쪽에 위치한 도서지역은 영국의 북부 보르네오회사에 그리고 이 평행선 남쪽 지역은 네덜란드에 속해야 한다"고 규정하고 있다.

"From 4° 10′ north latitude on the east coast the boundary−line shall be continued eastward along that parallel, across the Island of Sebitik: that portion of the island situated to the north of that parallel shall belong unreservedly to the British North Borneo Company, and the portion south of that parallel to the Netherlands."

둘째, 역사적 권원의 할양과 승계문제이다. 부족장 − 식민지 종주국(선행국) − 신생독립국으로의 권원과 할양, 승계문제이다. 즉, 인도네시아는 Bulugan

의 술탄－네덜란드－인도네시아로 이어지는 권원의 승계를, 말레이시아는 Sulu의 술탄－스페인－미국－대영제국－말레이시아로 이어지는 권원의 승계를 주장한다.

셋째, 실효적 지배 문제이다. 인도네시아는 네덜란드－인도네시아 해군의 활동, 인도네시아 어부들의 활동을 증거로 제출하여 실효적 지배를 주장하였고, 말레이시아는 선행국이었던 대영제국의 거북과 거북알 채취의 통제 사실, 1933년 시파단섬 조류보호 구역 지정, 리기탄과 시파단 섬에 등대 건축 및 유지·관리를 증거로 실효적 지배를 주장하였다.

Ⅲ. 판　결

국제사법재판소는 리기탄 섬과 시파단 섬의 영유권을 판단하기 위하여 인도네시아와 말레이시아의 식민종주국이었던 네덜란드와 대영제국 간 체결된 1891년 조약, 지도의 증명력, 역사적 권원의 승계, 결정적 기일, 실효적 지배 등을 살펴보았고, 주권의 실효적 행사를 하였다는 증거를 인정하여 말레이시아의 영유권을 인정하는 판결을 하였다.

첫째, 1891년 대영제국과 네덜란드 간 체결된 조약 제4조의 해석에 관하여 재판소는 조약법 협약 제31조와 제32조에 따라 조약 문구의 통상적 해석, 조약의 준비문서, 조약 체결 당시의 상황, 추후 관행 등을 고려하였다.

재판소는 1891년 조약의 대상과 목적은 보르네오섬(Borneo)과 세바틱 섬(Sebatic)에서 양측의 경계를 정하는 것으로 보고, 경계선이 세바틱 섬을 지나 동쪽으로 계속 연장되어 도서 영유를 결정하는 할당선(allocation line)의 기능을 갖는다고 볼 수는 없다고 보았다. 만약 식민종주국들이 세바틱섬의 동쪽 이원으로 해양경계선을 획정할 의도가 있었다면 이를 명확히 규정할 수도 있었겠지만 그러하지 못하였다는 것은 조약 체결 당시 그에 대한 양국의 합의가 없었음을 의미한다고 보았다.

1891년 협약 비준을 목적으로 네덜란드 국무장관에게 제출된 법률초안에

부속된 해석메모(Explanatory Memorandum)에 첨부된 지도에 관하여 재판부는
해석메모가 동 협약이 체결되는 기간 중 출판된 협약관련 유일한 문서로서 여
러 가지 측면에서 유용한 정보를 제공하고는 있지만, 동 해석메모에는 동쪽에
서 벗어나 있는 기타 도서의 분포에 관하여는 아무런 언급도 없으며, 특히 리
기탄이나 시파단에 대한 언급이 없고, 이 지도가 북위 4° 10′과 평행하여 북쪽
에 있는 소수의 도서들만을 나타내는 것이지 일부 산호초를 표시하지는 않았
으며 이선의 남쪽에 어떠한 도서도 나타나지는 않았다고 보았다. 따라서 재판
소는 네덜란드 의회 의원들이 두개의 작은 도서가 이 평행선 남쪽에 있었다는
사실과 적색선이 이외의 구분선으로 될 수 있다는 것을 거의 알지 못하였을 것
이었기 때문에 리기탄 및 시파단 또는 Mabul과 같은 기타 도서들이 협약체결
당시 영국과 네덜란드간의 분쟁 영토였음을 제시하는 어떠한 사례도 없다고
판단하였다.

　　또한 재판소는 1891년 협약 비준을 위해 네덜란드가 제출한 법률 초안에
첨부된 네덜란드 정부의 해석메모에 부속된 지도의 법적 구속력을 고려하였다.
이와 같은 이유로 재판부는 이 지도가 비엔나협약 제31조 3항 (a)와 (b)의 목
적상 추후의 합의나 추후의 관행으로 볼 수 없고, 1891년 협약에서 설정된 선
의 방향에 관하여 영국과 네덜란드 간에 추후에 어떠한 합의도 체결되지 않았
음을 파악하였다. 그리고 재판소는 석유양여 인정 시의 당사국 관행으로부터
1891년 협약 제4조 해석의 목적상 어떠한 결론도 도출할 수 없다고 한다.

　　결과적으로 재판소는 1891년 협약 당사국의 추후의 관행을 검토하여 1891
년 협약의 내용과 목적 및 대상 측면에서 볼 때 동 협약 제4조가 세바틱섬
(Sebatic) 동쪽 해양으로 있는 도서에 대한 영유권을 결정하는 구분선을 설정하
는 것으로 해석될 수 없다고 판단하였다.

　　둘째, 역사적 권원의 할양과 승계문제에 관하여, 재판소는 인도네시아와
말레이시아가 주장했던 권원의 승계에 대하여 이를 인정하지 않았다. 리기탄
섬과 시파단 섬에 대한 네덜란드의 영유의사를 확인할 수 없기 때문에 인도네
시아의 영유권 주장을 인정하지 않았고, 스페인-미국-대영제국으로 권원이

이전되었다는 증거가 없다는 이유로 말레이시아의 영유권 주장도 재판소는 배척하였다. 인도네시아의 주장에 대하여 재판소는 Bulungan 술탄이 이 두 섬에 대하여 통치권을 행사하였는지 여부가 입증되지 않았고, Bulungan 술탄이 네덜란드와 체결한 1878년과 1893년의 계약에 세바틱 섬과 그 주변 도서만이 언급되어 있고 이 두 섬에 대해서는 언급조차 되어 있지 않은 점을 고려할 때 네덜란드부터 두 섬의 영유권이 승계되었다는 인도네시아의 주장을 받아들이지 않았다.

아울러 재판소는 1878년 Sulu 술탄이 스페인과 체결한 '평화와 항복에 관한 의정서'를 통해 군도와 그 부속도서를 스페인에 양도했지만, Sulu 술탄이 두 섬을 통치했다는 증거가 없고, 이후 미국, 대영제국, 말레이시아로의 권원 승계 주장에 대하여 증거 불충분을 이유로 말레이시아의 영유권 승계 주장을 배척하였다.

셋째, 결정적 기일의 문제이다. 양국 간 분쟁이 결정화된 1969년이 결정적 기일이라는 점에 대해서는 이견이 없었지만, 1969년 이후의 말레이시아의 행위, 즉, 1980년대 시파단 섬에서의 개발행위에 대해서는 견해를 달리했다. 인도네시아는 말레이시아가 1979년부터 취한 조치는 증거로써 원용할 수 없다는 입장이었고, 말레이시아는 시파단 섬 개발 사업이 결정적 기일 이전부터 시행되어 왔고 이후 계속된 행위라는 점을 이유로 유효한 증거라고 주장하였다. 재판소는 당사국간 분쟁이 구체화된 시점 이후에 발생한 행위를 고려할 수는 없다는 것이며, 다만 그러한 행위가 정상적인 이전 행위의 계속이며 당사국들이 의존하는 법적 입장을 개선할 목적으로 시도되지 않는 경우는 예외라고 판단하였다. 재판소는 당사국들이 리기탄 및 시파단에 관한 주장이 충돌했다고 주장한 해인 1969년 이전의 행위에 대해서만 판단하였다.

넷째, 실효적 지배 문제이다. 재판소는 양국의 권원승계 주장을 배척하고, 이와는 별도로 양국의 주권활동에 관한 증거들을 비교형량하여 어느 국가가 영유권을 갖는지 판단하였다. 재판소는 먼저 동부 그린란드 법적 지위 사건의 상설국제사법재판소 판결문에서, "할양조약과 같은 권원이나 특별한 행위에 근거하지 않고 권한의 계속적 전개에만 근거하는 영유권 주장 시에는 제시하여야 하는 두 가지 요소가 있다: 주권 행위로서의 '의도'와 '의지' 그리고 이러한 권한의 실질적 행사나 전개, 특정 영토에 대한 영유권 주장 판결을 해야 하는 재판소가 고려해야 하는 또 다른 상황은 '그러한 영유권 주장을 타국이 어느 정도까지 주장하였는가'이다. 타국이 보다 우월한 주장을 내놓을 수 없다면, 여러 경우에 재판소가 주권의 실질적 행사 과정에 거의 만족하지 않았음을 알지 못한 채 영유권에 관한 결정적 기록을 읽기는 불가능하다. 특히 인구가 적거나 정착민이 없는 국가에 있는 지역의 영유권 주장의 경우에는 사실이다"[2] 라는 구절을 원용하면서, 특히 인간이 거주하지 않거나 상주하지 않는 리기탄과 시파단과 같은 소규모 도서이며 경제적 중요성도 거의 없을 경우(적어도 최근까지는) 그 실효성은 일반적으로 기대하기 어렵다고 보고 그러한 실효적 지배는 희박할 수밖에 없다고 보았다.

한편, 실효적 지배를 위한 주권행사 주장을 위하여 인도네시아는 1960년 군도기선 획정을 위한 법령(decree) 제정 시 그 법령과 첨부된 지도에 리기탄 섬과 시파단 섬을 기점으로 사용하지 않았다. 또한 리기탄 및 시파단 주변수역에서의 네덜란드와 인도네시아 해군의 계속적 존재를 인용하며, 특히 1921년 11월 네덜란드 구축함 Lynx의 항해를 원용하였는데 동 항해는 보르네오 수역에서의 해적 퇴치를 위한 영국과 네덜란드의 합동작전의 일부였는바, Lynx 함장에 의하면, 무장 소형선박이 해적활동 정보수집을 목적으로 시파단에 파견되었고 수상항공기가 동 도서 상공 정찰비행을 하였고 이어서 리기탄 상공으로도 비행하였다는 것이다. 인도네시아는 이러한 작전을 통하여 네덜란드가 동 도서 상공을 자국 영공으로 간주하였으므로 동 도서는 따라서 네덜란드 영토가 된다고 주장하였다. 이러한 인도네시아의 주장에 대하여 재판소는 Lynx 함장의 보고서나 네덜란드가 인도네시아 해군의 정찰 및 초계활동과 관련하여 인도네시아가 제출한 기타 문서 어느 것으로부터도 해군 당국이 리기탄 및 시파단 그리고 주변 수역이 네덜란드나 인도네시아 주권에 속한다고 추론할 수

2) PCIJ Series A/B No. 53. pp. 45~46.

없다고 판단하였다.

　　한편 인도네시아는 리기탄 및 시파단 주변수역이 전통적으로 인도네시아 어민들에 의해 사용되어 왔다는 주장에 대하여, 사인(私人)에 의한 활동은 동 활동이 정부 권한으로 또는 공식적 규정을 근거로 이루어지지 않는다면 실효성이 있는 것으로 볼 수 없다고 판단하였다. 결론적으로 인도네시아가 주장했던 활동들은 영유권 취득 의도에 영향을 미치는 주권적 권원이 되지 못한다고 보았다.

　　재판소는 말레이시아가 자신의 이름으로 그리고 대영제국의 승계국 이름으로 수행하여 왔던 활동들이 수적으로 많지는 않았으나 그 성격이 다양하며 입법적, 행정적 및 준사법적 활동까지도 포함하고 있다고 한다. 이들 활동이 상당한 기간에 걸쳐 이루어지고 다양한 행정행위를 한 것으로서 이들 행위가 양 도서에 관하여 국가기능을 행사하려는 의도를 나타낸 것이라고 볼 수 있다고 보았다.

　　동 도서들에 대한 효과적 행정의 증거로서, 말레이시아는 당시 이 지역에서의 경제적으로 중요한 활동이었던 리기탄 및 사파단에서의 '거북이 알' 수집에 대해 북부 보르네오 국가가 취한 통제 및 규제들을 인용하였다. 특히 말레이시아는 1917년의 거북이 보존법령을 언급하는데, 동 법령의 목적은 거북이 생포와 거북이 알 수집을 "북부 보르네오 국가 또는 그 영수 내"에서 제한하는 것이었다. 재판소는 동 법령이 이에 관하여 허가제를 규정하고 거북이 알 수집을 위하여 유보지(留保地)를 만들었고 이들 유보지 중 하나에 포함된 도서에 시파단을 등록하였다.

　　말레이시아는 1917년 거북이 보존법령이 적어도 1950년까지 적용되었다는 문서를 인용하면서, 이 점에 관해서 예로서, 칙령 제2장에 따라 거북이 생포를 허가하는 Tuwau 지방관리가 발행한 1951년 4월 28일의 허가증을 인용하였다. 재판소는 이 허가증에 시파단, 리기탄, Kapalat, Mabul, Dinawan 및 Si-Amil 도서를 포함한 지역에 적용되었다고 하였다. 또한 말레이시아는 1930년 이전과 이후 특별한 경우에 행정 당국이 시파단에서의 거북이 알 분쟁을 해결했다는 것을 언급하였다. 말레이시아는 1930년 토지법 제28조에 따라 1933년 시파단이 "조류보호목적 유보지"로 되었다는 사실을 언급하였다.

말레이시아 주장에 대하여 재판소는 거북이 알 수집을 규제하고 통제하기 위해 취한 조치 및 조류보호구역 설정 시에 시파단 명칭이 명기되었으므로 이를 이 지역에 대한 행정당국의 규제 및 행정조치로 볼 수 있다고 보았다. 인도네시아도 시파단 섬에서 인도네시아인이 거북알 채취를 하였다고 주장하였지만 구체적인 증거를 제시하지는 못하였다.

또한 말레이시아는 북부 보르네오 식민지가 1962년 시파단에 등대를, 그리고 1963년에 리기탄에 또 다른 등대를 건설하였고 말레이시아가 영국으로부터 독립 이래 말레이시아 당국에 의해 계속 관리되어 왔다고 하였다. 말레이시아는 이러한 등대의 건설과 관리가 관련 지역에 대한 국가 권한행사의 적절한 형태라고 주장하였다. 재판부는 등대 및 항해 보조기구의 건설과 운용이 명백한 국가 권한행사의 정상적인 표시로 고려되지는 않는다고 보았지만, 재판부는 카타르-바레인 간 해양경계 및 영토문제 사건의 판결을 인용하면서 예외적으로 작은 섬의 경우 항해보조시설의 설치는 영유권 행사의 근거가 될 수 있다고 보았다.

"지하수 시추와 같은 바레인이 제기한 일정한 형태의 활동이 주권적 권원을 행사한 행위로 본다는 것은 논쟁의 여지가 될 수 있다. 한편, 항해 보조기구의 건설은 소규모 도서의 경우 법률적 관련성이 있을 수 있다. 본 사건에서 Qit'at Jaradah의 규모를 고려해 볼 때, 동 도서에서의 바레인 활동은 이에 대한 주권을 향유한다는 바레인 주장을 지지하기에 충분한 것으로 고려되어야 한다"(Judgment, Merits, ICJ, Repots 2001, para, 197).

또한 재판부는 당시 이러한 등대건설 활동이 수행되었을 때 인도네시아나 그 승계국인 네덜란드도 이러한 활동에 대한 이의 제기 또는 항의를 표명하지 않았던 사실을 파악하면서, 1962년과 1963년 인도네시아 당국이 북부 보르네오 식민지 당국 또는 독립 이후 말레이시아를 상기시키지도 않았으며, 그 당시 인도네시아의 영토라고 고려되었던 장소에서 말레이시아의 등대 건설에 대해

인도네시아는 아무런 언급도 없었는데 북부 보르네오 밖 수역에서의 안전항해에 특히 중요한 지역에 설치된 것이 이들 등대라고 하더라도 이러한 행위는 통상적이지 않다고 보았다.

결과적으로 재판소는 인도네시아가 군도기선을 획정한 1960년 2월 8일의 법률 제4호와 그 부속지도가 기점 또는 변환점으로서 리기탄 및 시파단을 언급 또는 지칭하지 않은 점과 등대 건설 및 관리에 있어서 항의하지 않은 사실에 비추어 말레이시아의 영유권에 대한 묵인을 하였다고 보았다.

이러한 다수의견에 대하여 프랑크 임시재판관은 반대의견에서(Judge Ad Hoc Franck) 비교형량에 따른 주권행사 논리를 반박하였다. "인도네시아와 말레이시아가 저마다 소유권 주장을 하여 인용한 실효성에 대해 재판소가 무게를 둔 것에 대해 찬성하지도 반대하지도 않는다. 한쪽에선 거북이 알의 부화와 새들의 영역에 대해 임시적인 행정구역에 무게를 두고(영국, 말레이시아), 반대쪽에선 바다와 공중에 대한 경비영역과 사적 지배(인도네시아)에 대해 무게를 두는 것은 내가 보기에는 소량의 잔디에 반대하여 소량의 깃털에 무게를 두려고 하는 것으로밖에 안 보인다. 그것은 그렇게 되어질 수는 있지만, 설득력이 있지는 않다. 재판소는 실효적 지배를 비교하고 평가하는 수단과 주안점에 대해 납득할 만한 것은 내놓지 않았고, 1회성 있게라도 그렇게 예측될만한 것도 아니었다. 그럼에도 불구하고, 어느 쪽이 상대적으로 실효적 지배를 더 하고 있는지 비교될 만한 중립적인 원칙을 개발하려는 노력도 없이 다른 상대방의 활동은 무시한 채, 일방 당사국에 의한 미미한 활동에 손을 들어준 것은 설득력이 있지 않다."

Ⅳ. 평 석

리기탄—시파단 사건은 크기가 작은 무인도에 대한 영유권 다툼이라는 점에서 우리에게 많은 시사점을 제공하고 있다. 이하에서는 동 판결에서 드러난 여러 시사점을 참고하여 독도에 어떠한 함의를 주며 어떠한 고려를 해야만 하는지에 대한 고민과 검토를 해보기로 한다.

리기탄-시파단 섬 사건에서 본 바와 같이 인도네시아와 말레이시아 간 도서영유권 결정을 위해 재판소는 ① 1891년 조약의 해석 ② 식민종주국과 신생독립국 간 권원의 승계 ③ 실효적 지배 여부에 관하여 순차적으로 판단하였다. 1891년 조약의 해석을 통해 리기탄과 시파단 두 섬까지 할당된 것은 아니라고 보았다. 특히 조약 체결 당시 여러 증거를 토대로 체결 국가들이 두 섬을 인식하지 못하였다고 보았다. 아울러 조약의 체결 국가들이 이를 인식하지 못하였다면 이는 승계의 대상이 될 수 없음을 확인하였다. 영유권 판단을 위해 재판소는 어느 국가가 이 두 섬에 대하여 주권행사를 하였는지 실효적 지배의 정도를 비교 형량하여 결과적으로 말레이시아와 그 식민지 종주국이었던 영국의 주권행사가 있었음을 이유로 말레이시아의 영유권을 인정하게 되었다. 즉, 실효적 점유의 판단에 있어서 양국의 주장은 양적으로나 질적으로 영유권을 인정받을 정도로 충분한 것은 아니었지만, 사람이 살지 않는 외딴 무인도라는 점을 감안하여 실효적 지배의 정도를 비교형량하여 영유권을 판단한 것이다.

이 사건을 독도에 관하여 대입해 보면 첫째로 샌프란시스코 강화조약의 해석 문제, 둘째로 역사적 권원과 무주지 판단, 셋째로 실효적인 주권 행사 여부로 귀결될 것이다. 영토에 관한 조약이 분쟁이 대상이 되는 경우 통상적으로 조약의 해석을 거치게 된다. 예컨대, 조약의 목적과 대상, 추후 관행, 조약의 준비문서와 체결 당시의 상황에 기초하여 영토에 관한 해석을 하게 된다. 그러나 샌프란시스코 강화조약과 같이 분쟁의 대상이 되는 영토에 관한 내용에 침묵하고 있는 경우 조약의 체결과정이나 추후 관행에 비추어 판단하게 될 것이다. 이러한 견지에서 독도의 경우에도 리기탄·시파단 사건의 경우에서와 같이 샌프란시스코 조약의 적용을 배제하도록 논리를 강화하고 결정적 기일 이전에 대한민국이 독도에 대한 실효적 강화의 증거를 확보할 필요가 있다. 예컨대, 독도의 행정구역 개편에 관한 대한제국 칙령 제41호의 관련 자료 발굴도 매우 중요하다. 아울러 말레이시아가 인도네시아의 1891년 조약 주장을 반박하기 위해 식민종주국이었던 네덜란드의 자료를 원용하여 인도네시아의 주장을 반박한 바와 같이 우리나라도 독도와 관련하여 일본의 주장을 배척하기 위해 일본 측의 자료를 적극 활용할 필요가 있다. 예컨대, 조선국교제시말내탐서(1869년), 태정관지령(1877년)이 대표적인 예에 해당할 것이다.

　독도에 대한 실효적 지배 내지 권원을 강화한다는 명분으로 지나치게 과도한 시설물의 설치는 경계할 필요가 있다. 우리나라 정부는 한 때 독도에 대한 주권을 강화하기 위한 조치로 독도해양과학기지, 독도 입도지원센터를 건립하려다 여러 의견에 부딪혀 이를 취소한 바 있다. 독도해양과학기지 설치 문제는 필리핀－중국 간 남중국해 사건에서 보는 바와 같이 유엔해양법협약의 해석과 적용문제로 전환되어 유엔해양법협약 제Ⅶ부속서에 따른 중재재판소가 관할권을 가질 수 있으며, 해양환경에 피해를 줄 가능성에 따라 상대국은 잠정조치(공사 중단 및 원상복구)를 신청할 가능성이 존재한다. 유엔해양법협약 제290조에 따르면 "국제해양법재판소는 최종판결이 날 때까지 각 분쟁당사자의 이익을 보전하기 위해 또는 해양환경에 대한 중대한 손상을 방지하기 위해 잠정조치를 위할 수 있다." 이 경우 재판소는 '일응(prima facie)의 관할권'이 있다고 판단되면 그러한 잠정조치를 내릴 수 있다는 점을 유의하여 주권을 행사할 필요가 있다.

　그러나 국민의 안전증진에 필요한 최소한의 시설, 기존의 시설의 보완 등 꼭 필요한 시설물의 설치는 국가적인 차원에서 단호히 실시할 필요가 있다. 따라서 국민의 생명과 안전을 담보하기 위한 시설의 설치가 필수적이라고 판단되면 유엔해양법협약 제Ⅶ부속서에 따른 중재재판도 감수한다는 각오가 필요하며, 그러한 각오를 바탕으로 정책을 신중하게 펴 나가야 할 것이다.

페드라 브랑카 도서 분쟁 사건(말레이시아/싱가포르)

Case Concerning Sovereignty over Pedra Branca/Pulau Batu Puteh, Middle Rocks and South Ledge(Malaysia v. Singapore), ICJ(2008)

이창위(서울시립대)

I. 사실관계

페드라 브랑카는 싱가포르해협의 우측에 위치한 작은 섬이다. 페드라 브랑카라는 도명은 영국과 싱가포르가 사용해온 영어 명칭이며, 말레이시아는 이 섬을 풀라우 바투 푸테(Pulau Batu Puteh)라고 부른다. 섬의 길이는 137미터이고 평균 폭은 60미터이며, 그 면적은 대략 8,500평방미터에 이른다. 싱가포르의 동쪽 약 24해리의 거리에 위치한 이 무인도는 말레이시아의 조호르 지방으로부터 약 7.7해리, 인도네시아의 빈탄 섬으로부터 약 7.6해리의 거리에 있다. 페드라 브랑카의 남쪽 0.6해리의 거리에 위치한 미들 락스는 두 개의 암초로 구성되어 있다. 사우스 레지는 페드라 브랑카의 남서쪽 2.2해리의 거리에 위치한 간조노출지 내지 저조고지(low-tide elevation)이다.

싱가포르해협은 오랫동안 인도양과 남중국해를 연결하는 중요한 항해의 요지였으며, 이 섬들은 항해의 표지 내지 위험한 장애물로 그 해협의 입구에 존재해왔다. 즉, 좁은 싱가포르해협에서 많은 선박들이 이 섬들로 인해 난파하거나 좌초해왔다. 따라서 페드라 브랑카에는 일찍부터 항해보조시설이나 등대의 설치가 필요했다.

이에 싱가포르의 영국 식민지 당국은 항행의 안전을 확보하기 위하여 1847년에 페드라 브랑카에 등대를 건설하기 시작했다. 1850년에 완공된 이 등대는 영국의 유명한 수로학자인 제임스 호스버그(James Horsburgh)를 기념하여 호스버그(Horsburgh)라고 명명되었다. 이렇게 영국이 동남아시아에서 최초로 건설한 호스버그 등대는 1851년 10월부터 영국 식민지 당국에 의해 운영되었으며, 이는 싱가포르의 독립 후 싱가포르에 의해 계승되어 실질적으로 운영되었다. 호스버그 등대의 시설은 밀물 시에 페드라 브랑카의 대부분 지역을 차지한다. 이 등대의 건설 후, 그 운영을 둘러싼 국가 권한의 행사 및 그와 관련된 국가의 작위와 부작위는 국제사법재판소의 영유권 판단에 결정적인 역할을 한다.

페드라 브랑카의 영유권을 둘러싼 양국의 분쟁은 유엔해양법협약 규정에 의해 말레이시아가 싱가포르해협의 해도와 지리적 좌표를 공표하는 과정에서 불거졌다. 즉, 말레이시아가 1979년 12월 21일에 이 섬을 자국의 영해 내에 위치한 도서로 표시한 「말레이시아의 영해 및 대륙붕 경계」라는 지도를 출간하고, 싱가포르가 1980년 2월 14일 말레이시아에게 이 지도의 출간에 대해 항의하고 그 수정을 요구하면서 분쟁이 구체화되었다.

양국은 처음에 외교적으로 이 문제를 해결하기 위하여 양자 간 교섭을 계속했다. 그러나 교섭 과정에서 페드라 브랑카 외에 미들 락스와 사우스 레지에 대한 분쟁도 구체화되는 등 그러한 노력이 결실을 맺지 못하자, 결국 양국은 이 문제를 국제사법재판소에 회부하기로 합의했다. 즉, 2003년 2월 6일에 이 분쟁을 국제사법재판소에 회부하여 해결한다는 특별협정이 체결되고, 그에 따라 동년 7월 14일에 국제사법재판소에 이 분쟁이 회부되었다. 말레이시아가 싱가포르의 제안을 받아들여서 국제사법재판소에 이 문제를 회부하게 된 것은 인도네시아와의 리기탄 및 시파탄 도서 분쟁에서 승소한 것이 크게 작용한 것으로 간주된다.

국제사법재판소는 양측의 주장을 검토한 후, 페드라 브랑카에 대한 주권이 싱가포르에 있다는 판결을 내렸다. 이 섬의 시원적 권원은 말레이시아의 선행국인 조호르 술탄국에 있었지만, 1852년 이후 호스버그 등대의 운영에 관련된 영국의 행위 및 기타 다양한 영국과 싱가포르의 주권자로서의 행위, 그리고 조호르와 말레이시아의 부작위 내지 침묵을 고려하여, 이 섬의 주권이 싱가포르로 이전되었다고 판단했다. 다만, 미들 락스와 사우스 레지에 대한 싱가포르의 주권은 인정하지 않았다.

Ⅱ. 쟁 점

1. 페드라 브랑카의 영유권

양국은 페드라 브랑카의 영유권 문제에 대하여 상이한 입장을 보였다. 말레이시아는 이 섬이 무주지가 아니라 애초에 자국이 이에 대한 시원적 권원을 가지며, 그 후 계속적으로 영국과 싱가포르가 이를 확인했다고 주장했다. 싱가포르는 선행국이었던 영국의 페드라 브랑카에 대한 계속적인 권한의 행사와 말레이시아의 묵인으로 싱가포르가 영유권을 갖는다고 주장했다.

2. 주권자로서의 행위

싱가포르는 이 섬에 대한 영국의 등대 건설 및 싱가포르의 해난사고의 조사, 도항에 대한 관리와 통제, 군기의 게양, 군사통신시설의 설치, 간척 내지 매립 사업의 제안과 같은 행위는 주권자로서의 자격으로(à titre de souverain) 행해진 행동이기 때문에 결국 싱가포르가 주권을 갖는다고 주장했다. 말레이시아는 등대의 건설이나 기타 행위는 주권자로서의 행위와 무관하다고 주장했다.

3. 주권의 이전

싱가포르는 말레이시아가 수동적으로나 소극적으로 그러나 반복적으로 싱가포르의 주권자로서의 행위를 묵인했기 때문에 싱가포르가 페드라 브랑카에 대한 영유권을 갖는다고 주장했다. 특히 싱가포르는 1953년 당시의 조호르 국무장관 대리가 싱가포르에 보낸 서한을 통하여 이 섬에 대한 소유권을 주장하지 않는다고 밝혔다고 주장했다. 국제사법재판소는 양국의 행위를 포함한 관련 사실이 양국 입장의 수렴적 전개를 나타내기 때문에, 싱가포르와 선행국의 주권자로서의 행위와 말레이시아의 묵인을 강조하여 이 섬에 대한 주권이 싱가포르로 이전됐다고 판시했다.

Ⅲ. 판　결

국제사법재판소는 우선 말레이시아가 페드라 브랑카에 대한 시원적인 권원을 가졌는지에 대한 문제, 즉 이 섬이 무주지였는지 여부를 검토했다. 이와 관련하여, 동 재판소는 싱가포르 주재 영국 판무관의 1824년 세 서한과 1843년 싱가포르 자유신문의 기사를 검토한 뒤, 1512년에 조호르 술탄국이 성립한 이후 17세기부터 19세기 초에 걸쳐서 조호르 술탄국의 영역은 말레이반도의 많은 부분과 싱가포르해협에 걸쳐 있으며 그 범위에 페드라 브랑카 주변도 포함된다고 했다. 국제사법재판소는 네덜란드 동인도회사의 선박 포획에 대한 술탄의 항의나 영국의 고위관리인 크로퍼드의 서한도 이를 입증한다고 언급했다.

동 재판소는 팔마스 섬 사건을 언급하면서, 조호르 술탄국이 이 섬에 대한 타국과의 주권 경합 없이 계속적이고 평온하게 주권을 행사한 것으로 간주되는 점유를 했다고 했다. 그 이유로서, 첫째, 페드라 브랑카는 선박이 항해에 조심해야 하는 곳이며, 또한 미지의 해역도 아니기 때문에 조호르 술탄국의 일반적인 영역 범위 내에 포함되는 것으로 추정된다는 것, 둘째, 구 조호르 술탄국의 전 역사를 통하여 이 섬에 대한 타국의 주권 주장이 없었다는 것을 들었다. 특히, 후자와 관련하여, 국제사법재판소는 "타국의 주권 주장이 없었다는 것과 지리적 특징을 감안하여, 지극히 희박한 주권의 행사라도 주권의 표시로 충분하다"는 1933년 동부 그린란드 사건에서의 판시도 인용했다. 또한 싱가포르해협에 거주하면서 다양한 활동을 전개한 해양족인 오랑 라우트(Orang Laut)족에 대한 조호르 술탄의 권한 행사도 실례로 들었는데, 술탄이 행사한 권한의 성격과 정도를 고려하면, 이는 해협 내 도서에 대한 조호르 술탄의 고래의 원시적인 권원을 입증하는 것이라고 했다.

국제사법재판소는 조호르 술탄국의 분리를 정한 영국과 네덜란드 사이의 1824년 조약이 이 섬의 권원을 판단하는 데에 중요하다고 했다. 당시 조호르 술탄국으로부터 리아우 링가(Riau-Lingga) 술탄국이 분리되어 두 개의 술탄국이 그 지역에 존재하게 되었는데, 그로 인해 1824년부터 1840년 사이에 새로운 조호르 술탄국이 기존의 조호르 술탄국을 승계하는지와 또한 그 영역에 페드라 브랑카도 포함되는지가 문제가 되었다. 동 재판소는 말레이시아가 제출한 문서를 검토하여, 1512년부터 1824년까지 조호르 술탄국은 동일한 주권적 체제(sovereign entity)로 존재했으며, 1824년 조약에 의해서도 그러한 사정은 변경되지 않았다고 했다. 즉, 1824년 조약 제12조에 의해 싱가포르해협 전체가 영국의 영역 범위에 계속 남았으므로, 조호르 술탄국의 영역권이 이 해협에서 소멸되어 페드라 브랑카에 대한 무주지 선점이 가능했다는 싱가포르의 주장은 받아들여지지 않는다고 했다. 따라서 1844년에 영국이 등대의 건설을 준비하기 시작했을 때, 페드라 브랑카는 조호르 술탄국의 주권 하에 있었다고 판단했다.

또한, 국제사법재판소는 주권의 확실성과 안정성을 담보하기 위하여 어떠한 주권의 이전에도 관계국의 합의가 필요하다고 했다. 다만, 그러한 합의의 형식으로서 조약과 같은 명시적인 방식 외에 당사자의 행위와 같은 묵시적인 방식도 특정한 상황 하에 있을 수 있다고 했다. 예컨대, 팔마스 섬 케이스에서와 같이, 타국의 명확한 영역 주권의 표시에 대하여 대응해야 할 주권국이 그러한 대응을 못하는 경우가 그에 해당된다. 즉, 타국의 영역 주권의 표시나 명확한 표명과 같은 주권자로서의 행위에 대응하지 못하는 경우는 묵인을 구성하여 주권의 이전을 초래할 수 있다는 것이다. 동 재판소는 영역과 영역 주권의 안정성 및 확실성이 중요하다는 것을 강조하여, 그러한 경우, 영역 주권의 이전은 당사국의 행위와 관련 사실에 의해 명확하고 의문의 여지가 없는 형식으로 이루어져야 한다고 했다. 특히 당사국이 실질적으로 자국 영역의 일부를 포기한 경우에는 더욱 그런 점이 강조된다고 했다.

　결국, 국제사법재판소는 페드라 브랑카에 대한 주권 이전을 확인하기 위하여 관련되는 명확한 형식의 양국의 행위를 고찰했다. 특히 동 재판소는 호스버그 등대의 건설과 운용 및 1953년의 서한 교환을 중시하여 검토했는데, 구체적으로, 등대의 건설과 운용이 영국의 주도로 이루어졌고, 그 준공식에 조호르의 당국자가 참석하지 않았다는 점을 확인했다. 그리고 영국이 주권의 선언과 같은 의식을 하지 않았다는 것도 확인했다. 이에, 국제사법재판소는 1847년부터 1851년 사이에 등대의 건설에 관련된 영국의 행위가 주권의 취득과 직접 관련이 되었는지 여부를 명시적으로 언급하지 않았다. 따라서 등대의 건설 이후 국가 실행이 이 문제에 대하여 결정적인 역할을 했다. 특히 1953년에 싱가포르의 식민지 장관이 조호르의 영국인 고문관에게 식민지 영해의 경계획정과 관련하여 페드라 브랑카의 법적 지위를 문의한 데에 대하여 조호르의 국무장관 대리는 중요한 답변을 했다. 그는 "… 조호르 정부는 페드라 브랑카의 소유권을 주장하지 않는다"라고 회답하여, 국제사법재판소의 영유권 판단에 중요한 계기를 제공했다. 조호르 국무장관의 회신에 대한 법적인 문제도 일부 제기되었지만, 어쨌든 이 서한이 영유권 판단에 중요한 역할을 한 것은 부인할 수 없다.

　이와 같이 국제사법재판소가 양국 내지 양측의 국가행위로부터 주권의 이전을 확인하는 과정은 매우 신중했다. 특히, 등대의 운용이나 서한의 왕래로부터 섬의 주권이나 권원에 대한 직접적인 판단의 근거를 도출하지 않고, 다만, 섬의 주권에 대한 조호르와 싱가포르 당국의 견해의 전개(evolving views) 내지 발전적 이해(developing understanding)를 판단하는 데에 중요한 의의가 있다고 한 점이 주목된다. 물론 신중하게 접근하여 점차적인 주권의 이전을 판단하든, 구체적인 계기를 통해 직접적인 이전을 확인하든, 그 효과는 마찬가지일 것이다.

　국제사법재판소는 1953년 이후 영국과 싱가포르가 이와 관련하여 주권자로서의 행위를 다음과 같이 수행했다고 밝혔다. 즉, 그들의 행위는 등대 운영자로서의 행위라는 부분이 많았지만, 섬 주위에서의 해난사고의 조사, 도항 통제, 군사통신시설의 설치, 간척 내지 매립 사업의 제안 등은 주권자의 자격으로(à titre de souverain) 수행된 것이라고 했다. 또한 이 섬에서의 군기 게양, 말레이시아의 영해 경계획정, 기타 관련 공식 지도나 보고서 등은 싱가포르에 유리하게 작용한다고 했다. 이러한 행위는 군사통신시설의 설치를 제외하고 모두 조호르 및 말레이시아에 통보되었지만, 그에 대한 반론이나 항의는 이루어지지 않았다.

  이상과 같은 점을 고려하여, 국제사법재판소는 양국의 행위를 포함한 관련사실이 페드라 브랑카의 권원에 대한 양국 입장의 수렴적 전개(a convergent evolution of the positions of the Parties)를 나타낸다고 했다. 그리고 싱가포르와 그 선행국의 주권자로서의(à titre de souverain) 행위 및 그에 대한 무대응을 포함한 말레이시아와 조호르의 행위를 함께 고려하여, 1980년까지 페드라 브랑카의 주권은 싱가포르로 이전되었다고 판단했다. 다만, 미들 락스는 조호르가 시원적 권원을 갖고 있었으며, 권원을 이전할만한 효과를 갖는 상황이 없었으므로 그 권원은 말레이시아에게 존치한다고 했다. 사우스 레지는 저조고지이므로 그곳이 존재하는 영해 해당 국가에 귀속된다고 판단했다. 즉, 해양경계획정은 동 재판소의 임무가 아니라고 판단하여 영유권의 귀속 결정을 회피한 것이다.

Ⅳ. 평 석

  페드라 브랑카 사건 판결의 요지는, 이 섬에 대한 싱가포르의 주권자로서의 행위와 그에 대한 말레이시아의 묵인으로 인해, 말레이시아의 시원적 권리가 싱가포르로 이전되었다는 것이다. 구체적으로, 영국이 1844년에 등대의 건설을 준비하기 시작한 시점에 이 섬은 조호르 술탄국, 즉 현재의 말레이시아의 주권 하에 있었지만, 조호르가 그에 대한 소유권을 주장하지 않는다고 한 1953년의 서한과 싱가포르의 주권자로서의 행위를 고려할 때, 분쟁이 구체화한 1980년 2월 14일 이전에 섬의 주권이 싱가포르에 이전되었다는 것이 국제사법재판소의 판단이다. 이는 권리의 창설과 권리의 유지는 다르다고 한 팔마스 섬 사건의 판정 내용을 더 발전시킨 것이다. 즉, 영유권을 갖는 국가가 타국의 주권자로서의 행위에 대하여 반응하지 않으면, 그 행위를 묵인한 것으로 간주되어 영유권이 이전될 수 있다는 점이 판결의 핵심인 셈이다.

무인도와 같은 작은 섬이나 인간의 거주가 희박한 지역에 대한 영유권 분쟁의 경우, 그에 대한 시원적 권원이 인정되지 않으면, 일반적으로 발견이나 선점과 같은 무주지에 대한 권원이나 대립되는 에펙티비테(effectivités)의 경중을 평가하여 영유권을 결정하게 된다. 그러나 페드라 브랑카에 대한 분쟁은 무주지가 아니므로, 국가 간 합의가 아닌 어떤 방식으로 영유권이 정해졌는지, 즉 영유권의 이전이 이루어졌는지가 문제였다. 이와 관련하여, 국제사법재판소는 당사국의 행위에 의한 묵시적 합의로 또는 상대국의 주권자로서의 행위에 대한 항의의 결여로 영유권의 이전이 이루어진다고 판단했다. 양자는 묵시적 동의의 존재 여부에 따라 구분되지만, 그 차이는 미미하다. 국제사법재판소는 견해의 전개(evolving views), 발전적 이해(developing understanding), 당사국들이 공유한 이해의 전개(evolving understanding shared by Parties) 및 양국 입장의 수렴적 전개(a convergent evolution of the positions of the Parties)와 같은 표현을 사용함으로써 권원의 이전이 점진적으로 이루어졌다는 점을 밝혔다. 그런 의미에서 이를 파생적 권원(derivative title)이라 평가하기도 한다.

국제사법재판소의 판결이 내려진 후, 싱가포르는 판결에 대하여 만족한다는 뜻을 표명했다. 그에 비해 말레이시아는 판결에 승복하지만 불만이라는 입장을 밝혔다. 특히, 페드라 브랑카에 대한 영유권은 싱가포르가 가졌지만, 미들락스의 영유권은 말레이시아에 존치되어, 어느 정도 균형이 이루어졌다고 평가하기도 했다. 그러나 말레이시아 정부의 소송전략이 잘못되었다고 비난한 야당과 조호르주 정부의 반대가 심했다. 그리고 사우스 레지는 영유권 판단이 유보되었기 때문에 양국의 추가적 해양경계획정 협상에 의해 분쟁의 최종적 해결을 기대할 수 있을 것이다.

우리는 독도 문제와 관련하여 다음과 같은 점들을 생각해야 한다. 우선, 한국의 고유 영토인 독도의 역사적인 근거를 더욱 확고하게 정비할 필요가 있다. 국제사법재판소가 페드라 브랑카에 대한 조호르 술탄국의 시원적 권원을 인정한 판결 내용을 참고하여, 구체적인 사료를 발굴하고 정리해야 할 것이다. 사실, 독도에 대한 사료들의 내용은 애매한 부분이 있어서 해석상 논란의 여지가 있다. 따라서 세종실록지리지를 비롯한 여러 사료에 나타난 우산도, 삼봉도, 석도 등 독도에 대한 옛 명칭들이 현재의 독도를 가리킨다는 추가적인 증거를 확보하는 것이 중요하다.

다음, 무인도에 대한 주권이나 관할권의 행사는 매우 희박한 것이라도 그 국가의 영유권을 입증하기에 충분하다는 내용도 주목해야 할 부분이다. 과거의 여러 판례에서 확인되었듯이, 주민이 상주하지 않는 지역에 대한 국가 관할권의 계속적인 행사를 입증하기는 쉽지 않기 때문이다. 따라서 국제사법재판소가 동부 그린란드 사건의 판시를 인용하여 강조한 부분, 즉 지리적 특징을 감안한 주권의 행사 부분을 주목하여 독도에 대한 대책을 마련해야 할 것이다. 예컨대, 세종 때에 추진된 울릉도에 대한 쇄환정책 내지 공도정책이 독도에 대한 영유권 포기가 아니라는 점을 분명히 해야 한다. 3년마다 울릉도에 파견된 수토관이 울릉도의 영유권을 확인했을 뿐 아니라, 독도에 대해서도 실효적 관리를 했다는 것을 입증하는 것이 중요하다. 이 판결 내용의 취지대로, 울릉도에 대한 점유나 지배의 정도보다 무인도인 독도에 대한 관리의 정도는 낮을 수밖에 없다는 것을 감안하여, 관련 자료를 발굴하고 정리할 필요가 있다. 쇄환정책의 기간뿐 아니라, 예컨대, 1948년 8월 15일 정부 수립 이후 1952년 1월 18일 평화선 선언 시까지의 기간에 있어서도 이런 부분을 분명히 해야 한다.

싱가포르의 주권자로서의 행위에 대한 말레이시아의 묵인도 눈여겨봐야 한다. 예컨대, 해난사고의 조사, 도항에 대한 관리와 통제, 군기의 게양, 군사통신시설의 설치, 간척 내지 매립 사업의 제안과 같은 행위가 도서의 영유권 판단에 중요한 역할을 했다는 부분을 주목해야 한다. 즉, 일방 당사국의 국가관할권 행사에 대하여 묵인한 상대국은 영유권에 대한 대항력이 없다는 점을 고려하여, 독도에 대한 지금까지의 일본의 묵인을 확인하고 앞으로도 그러한 부분을 주의하여 관련 정책을 펴야 할 것이다. 역으로, 우리의 무대응이 묵인이 되지 않도록 일본의 도발에 대해서는 단호하게 대처할 필요가 있다. 다만, 지나친

대응으로 독도의 분쟁적 성격이 국제적으로 부각되는 것은 피해야 한다. 어쨌든 단호하되 의연한 대응으로 독도에 대한 주권을 수호하는 전략적 태도를 확립해야 한다.

구체적으로, 우리에게 가장 중요한 자료 중의 하나인 울릉도 행정구역 개편에 대한 대한제국 칙령 제41호는 관련 자료를 더 발굴하여 철저하게 연구할 필요가 있다. 일본은 이 칙령에 규정된 석도는 독도가 아니라 울릉도 근처의 관음도라고도 주장하는 만큼, 그런 부분을 반박할 수 있는 확고한 논리를 개발해야 한다. 위치나 면적으로 볼 때, 관음도는 칙령에 규정될 정도의 섬이 아니라는 것을 논리적으로 입증해야 한다. 만약, 석도가 독도라는 점이 구체적인 자료나 설득력 있는 해석으로 입증된다면, 이는 우리에게 결정적으로 유리한 자료가 될 것이다.

또한, 일본의 시마네현 고시도 좀 더 치밀하게 분석할 필요가 있다. 시마네현 고시는 독도가 무주지라는 것을 전제로 하고 있지만, 이를 반박할 수 있는 일본 측 자료는 적지 않다. 예컨대 대마도종가문서, 막부와 돗토리현의 질의응답서, 조선국교제시말내탐서 및 태정관지령 등은 우리의 입장을 뒷받침하는 근거 자료가 될 수 있다. 본 사건에서 싱가포르가 말레이시아의 자료를 이용하여 자국의 입장을 강화한 점은 독도 문제에 대한 중요한 포인트가 될 것이다. 특히, 태정관지령이나 돗토리현의 질의응답서와 같은 일본 측 자료는 본 사건에 있어서 조호르 국무장관 대리의 1953년 서한보다 더 결정적인 자료가 될 것이다. 동 서한에서 페드라 브랑카의 소유를 포기하겠다고 한 말레이시아의 입장은 독도가 일본과 무관하다는 일본 측 자료의 취지와 동일한 것이라 할 수 있다.

한편, 1999년의 한일어업협정이 독도에 대한 한국의 입장을 약화시켰다거나 금반언의 원칙에 어긋난다는 지적이 일부 있는데, 이는 협정의 규정과 실제 운용을 고려할 때 설득력 있는 해석이 아니다. 예컨대, 협정에 의해 중간수역에 독도를 위치시킴으로써 독도에 대한 분쟁이 없다는 기존의 정부 입장이 번복되었다는 주장, 그리고 1999년 어업협정을 체결할 당시, 한국은 독도에 대한 기점 주장을 포기하고 울릉도를 기점으로 주장하다가, 2006년 해양과학조사

분쟁을 계기로 독도를 기점으로 주장함으로써 금반언의 원칙에 위배된다는 주장 등 다양한 주장이 제기되었다. 그러나 독도에 분쟁 자체가 존재하지 않는다는 우리 정부의 입장은 분쟁적 성격의 확산을 막기 위한 명분에 의한 것으로, 실제로 독도가 분쟁지역으로 국제사회에서 인식된다는 것은 부인하기 힘들다. 국제 관례도 이러한 점을 분명히 하고 있다. 따라서 한일어업협정과는 무관하게 독도에 대한 분쟁은 국제사회에서 객관적으로 인식되어 왔으며, 한일어업협정으로 그러한 성격이 외부적으로 좀 더 부각되었을 뿐이라고 평가할 수 있다. 즉, 동 협정 자체는 독도의 영유권과는 무관하게 중립적 성격을 갖는다는 것이 타당한 해석이라 할 수 있다.

　울릉도 기점 문제도 해양경계획정의 실현 가능성을 제고하기 위해 우리 정부가 취했던 최소한의 기본적인 정책으로서, 독도 영유권 문제와는 무관한 것이다. 독도를 현실적으로 영유하고 있는 우리는 밑져야 본전이라는 식으로 독도 기점을 주장한 일본과는 입장이 같을 수가 없다. 어쨌든 양국이 모두 독도를 기점으로 주장한 이상, 이제 한일어업협정을 당분간 유지하면서 일본의 입장 변경을 설득할 수밖에 없다. 다만, 본 사건의 판결과 관련하여, 조호르 국무장관 대리의 1953년 서한이 말레이시아 입장의 금반언 원칙 위배를 초래했다는 점은 특히 잘 이해해야 한다. 한일어업협정의 운용이나 해석으로 독도에 대한 우리의 입장이 훼손된 것은 아니며, 더구나 조호르 국무장관 대리가 페드라 브랑카의 포기를 밝힌 것처럼, 우리가 독도의 영유권을 포기한 것은 전혀 아니기 때문이다.

　이 사건에서 등대의 설치와 유지 문제도 독도와 관련하여 주목해야 할 부분이다. 원래 등대나 항해보조시설의 설치 자체는 영유권 행사와 크게 관련이 없었지만, 다른 권원이 없고 작은 섬의 경우 고려될 수 있다는 것이 재판소의 입장이었다. 특히 등대의 운영에 주권자로서의 행위가 수반된다면, 그 의미는 다를 수밖에 없을 것이다. 다만, 이 경우 등대의 설치와 운영에 대한 상대국의 묵인이 중요한데, 일본의 묵인을 유도하기가 쉽지는 않다. 이승만 대통령은 1952년 1월 18일 평화선을 선포한 후, 방미 기간 중인 1954년 8월 10일 독도에 등대를 점화했다. 그 이후 우리 정부가 이를 계속 운영하고 있지만, 일본의 항의는 끊이지 않고 있다. 따라서 일본의 항의를 억제하면서 등대와 같은 시설물을 설치하고 운영해야 할 필요가 있다. 예컨대, 최근에 설치 문제를 둘러싸고 논란이 되고 있는 독도해양과학기지 건도 그런 연장선에서 바라볼 필요가 있다. 대규모 해양과학기지는 등대나 항해보조시설보다 법적 의미가 크기 때문에 일본의 묵인을 유도하기가 쉽지 않을 것이다.

　　이상 살펴본 바와 같이, 페드라 브랑카의 영유권을 둘러싼 말레이시아와 싱가포르의 분쟁은 독도 문제의 인식과 접근에 중요한 의미를 갖는다. 한일 양국의 지금까지의 국가실행이 구체적으로 어떻게 독도의 영유권에 유리하게 또는 불리하게 작용할지 예단할 수는 없다. 다만, 우리의 입장에서 이 도서 분쟁 케이스가 갖는 함의를 냉정하게 분석하여, 일본에 대한 대응논리를 개발하는 것이 중요하다.

　　말레이시아와 싱가포르는, 싱가포르해협 우측 입구에 위치한 페드라 브랑카, 미들 락스 및 사우스 레지에 대한 영유권 분쟁과 관련하여, 2003년 2월 6일에 이를 국제사법재판소에 회부한다는 특별협정을 체결하고, 그 협정에 따라 동년 7월 14일에 분쟁을 국제사법재판소에 부탁했다.

　　국제사법재판소는 양국의 주장을 검토한 후, 페드라 브랑카는 무주지가 아니라 말레이시아의 선행국인 조호르 술탄국의 시원적 권리가 인정되는 영역이라고 했다. 그러나 이 섬에서 호스버그 등대가 건설된 후, 그 운영과 관련하여 말레이시아가 영국과 싱가포르의 다양한 주권자로서의 행위에 대하여 항의하지 않음으로써 그 주권이 이전되었다고 했다. 특히 해난사고의 조사, 도항 통제, 군기 게양, 군사통신시설의 설치, 간척 내지 매립 사업의 제안 등은 영유권의 이전을 확인해주는 중요한 주권자로서의 행위라고 했다. 그리고 1953년 조호르 국무장관 대리의 서한을 이 섬에 대한 말레이시아의 주권 포기를 확인하는 결정적인 자료로 판단했다. 즉, 비록 고래의 시원적인 영역 권원이 일방 당사국에게 있더라도, 그 국가가 상대국의 주권자로서의 행위를 묵인하고 또한 권한 있는 당국자가 이를 확인하면 해당 영역의 주권이 이전된다고 판단한 것이다. 미들 락스는 페드라 브랑카와 별도의 존재로 간주하여 주권이 말레이시아에 존치된다고 했으며, 사우스 레지에 대한 판단은 유보했다.

국제사법재판소가 국가의 주권자로서의 행위와 상대국의 묵인을 중시하여 주권의 이전을 확인하는 판결을 내린 것은 독도 문제의 연구와 관련하여 우리가 주목해야 할 부분이다. 즉, 페드라 브랑카 사건 판결의 주요 내용을 참고하여, 독도가 우리의 고유 영토라는 것을 좀 더 분명하게 입증하고, 우리의 국가 권한의 행사에 대한 일본의 묵인을 확인해야 할 필요가 있다. 일본의 집요한 주장에 대한 대응책 확립에 그런 점들이 중요한 역할을 할 수 있기 때문이다. 또한 이 사건은, 리기탄과 시파단 양 도서에 대한 말레이시아와 인도네시아 사이의 사건에 이어서, 동아시아에서 두 번째로 국제사법재판소에 회부된 도서 분쟁으로서도 의미가 있다. 일반적인 영토 분쟁으로는 동아시아에서 세 번째로 국제재판에 회부된 사건이다.

필리핀/중국 남중국해 중재 판정

The South China Sea Arbitration(Philippine v. China), PCA(2016)

박영길(한국해양수산개발원)

I. 사실관계

필리핀과 중국 간 남중국해 분쟁에 대한 중재사건은 중국이 주장하는 9단선의 국제법 합치여부, 해양지형의 법적 지위, 어업권, 해양환경보호 문제, 법집행 활동의 합법성 등 다양한 분쟁을 포함하고 있다. 이 중에서 특히 필리핀이 중국을 상대로 소송을 제기하게 된 직접적 계기는 스카보러 숄 주변 수역에서의 어업으로 인한 갈등이라 할 수 있다. 2012년 이후 스카보러 숄(Scaborough Shoal, 중국명 황옌다오)의 영유권과 주변 해역에서의 어업 문제로 인해 중국과 필리핀 간의 분쟁이 격화되었다. 스카보러 숄은 필리핀 연안에서 200해리 이내에 위치하여 필리핀 인근 수역에서 필리핀 어민들이 어업활동을 많이 하던 곳이었다. 중국은 이곳에서 자국 어민의 어업활동이 많아지자 적극 보호에 나섰고 이로 인해 양국 간 갈등이 격화되었다. 또한 중국은 남중국해 남사군도의 7곳에서 대규모 매립작업과 인공섬 건설을 추진함으로써 필리핀뿐만 아니라 아세안 국가들의 반발과 우려를 불러왔다. 사실 그 동안 베트남과 같이 남사군도의 해양지형을 점유하고 있는 다른 국가들에 의해서도 간척 및 인공섬 건설이 있었지만 중국의 것과는 비교할 수 없을 만큼 소규모였다. 이러한 해양지형들에 대한 인공섬 건설이 해양환경파괴를 불러온다는 문제도 있었지만 이보다는

남사군도 전체를 완전히 자신의 지배하에 두고자 하는 중국의 중장기 계획의
일환으로 추진된다는 점을 아세안 국가들은 더욱 우려하였다.

　이런 가운데 필리핀이 2013년 1월 22일 유엔해양법협약의 강제적 분쟁해
결조항에 따라 중국을 상대로 중재재판 소송을 제기하였다. 하지만 중국은 본
사건은 본질적으로 영토주권에 관한 것으로 유엔해양법협약의 적용을 받지 않
기 때문에 재판소가 관할권이 없다고 주장하면서 소송 불참 의사를 밝혔다. 그
래서 필리핀의 유엔해양법협약과 중재재판을 다루는 협약의 제7부속서의 규정
을 근거로 필리핀이 선임한 볼프럼(독일) 국제해양법재판소(ITLOS) 재판관을 제
외한 나머지 재판관에 대해 ITLOS 소장에게 선임을 부탁하였고, 그 결과 다음
4명의 재판관이 선임되었다: 멘사(가나) 전 ITLOS 재판관, 폴락(폴란드) ITLOS
재판관, 코(프랑스) ITLOS 재판관, 순스(네덜란드) 유트레흐트대 교수. 멘사는 핀
토(스리랑카) 전 중재재판관이 일신상의 이유로 사임하자 선임되었다. 2013년 7
월 중재재판소는 사무국을 네덜란드 헤이그에 있는 상설중재재판소(PCA)에 두
기로 하고 재판일정을 확정하였다. 한편 필리핀은 폴 라이클러, 로렌스 마틴,
앤드류 로우엔스타인(이상 미국의 Foley Hoag 로펌), 버나드 옥스만(미국 마이애미
대 법대 교수), 필립 샌즈(영국 Matrix Chambers 변호사), 알랜 보일(영국 에딘버러대
교수) 등의 국제소송 전문가들로 변호인단을 구성하였다.

　2014년 3월 30일 필리핀이 준비서면을 제출하였지만 중국은 공식적으로
소송에 참여를 하지 않고 있다가 2014년 12월 7일 외교부에서 중재재판소의 관
할권 없음을 주장하는 성명서(Position Paper)를 발표한 후 재판소에 전달하였다.
중재재판소는 이를 중국이 중재재판소의 관할권에 공식 이의제기한 것으로 보
고 관할권과 소의 허용성 문제를 별도로 판단하기로 결정하였다. 그래서 중재재
판소는 2015년 7월 이를 위한 구두심리를 개최한 후 2015년 10월 29일 판정을
내렸다. 중재재판소는 필리핀이 청구한 15개 사항 중 7개에 대해서는 관할권을
인정하고, 7개는 본안 단계에서 함께 다루기로 하고, 그리고 나머지 1개는 필
리핀이 청구취지를 명확히 해 줄 것을 요구하였다. 중재재판소는 2015년 11월
24일부터 본안에 대한 구두심리를 개최한 후 2016년 7월 12일 판정을 내렸다.

Ⅱ. 쟁 점

　　본 사건은 유엔해양법협약을 근거로 필리핀이 중국을 상대로 소송을 제기한 것이기 때문에 사건의 쟁점도 유엔해양법협약의 틀 내로 한정된다. 따라서 본 사건에서는 도서 영유권 문제와 같이 영토주권 문제는 다룰 수 없으며, 중국이 유엔해양법협약 제298조를 근거로 해양경계획정에 대한 강제관할권 배제를 2006년 선언하였기 때문에 해양경계획정 문제도 다룰 수 없다. 이 점이 고려되어 본 사건의 본안에서는 다음 4가지가 주요 쟁점으로 다루어졌다.

　　첫째는 남중국해 해역에 대해 중국이 주장하는 이른바 '9단선'과 역사적 권리 주장의 합법성 문제이다. 그 동안 남사군도 전체를 포함한 남중국해 전체의 약 80%를 9단선과 역사적 권리를 근거로 중국이 관할권을 주장한 것으로 이해되고 있었지만 사실 중국이 한번도 명시적으로 9단선의 법적 지위나 보다 명확한 관할권 근거를 밝힌 적은 없었다. 따라서 중재 판정을 통해 중국의 9단선과 역사적 권리 주장이 유엔해양법협약에 부합하지 않는 것으로 판명된다면, 중국은 사실상 남중국해에 대한 관할권 근거를 잃게 되는 것이었다. 중국은 자신이 주장하는 9단선과 역사적 권리는 유엔해양법협약의 범위를 넘어서는 것으로 본질적으로 영토문제이기 때문에 유엔해양법협약을 근거로 설립된 중재재판소가 관할권을 행사할 수 없다는 입장이었다.

　　둘째는 남중국해 해양지형들의 법적 지위 문제이다. 남중국해에 있는 많은 해양지형들, 특히 중국이 점유하고 있는 지형들이 200해리 EEZ와 대륙붕을 가질 수 있는 '도서'인지 아니면 영해와 접속수역만 갖는 '암석'인지, 또는 자체로서 매우 제한적인 권한을 생성하거나 전혀 없는 간조노출지이거나 수중암초에 불과한지 여부를 판단하는 것이었다. 이는 남중국해서 국가 간 경계획정을 포함한 관할권의 내용과 범위를 정하는데 있어서 선결적인 사항이었다.

　　셋째는 남중국해서의 중국의 일련의 활동이 유엔해양법협약을 위반하는지 문제이다. 필리핀은 대규모 간척과 인공섬 건설이 다른 국가의 정당한 권리를 침해하고 해양환경을 파괴했으며, 중국 정부가 다른 국가 어민의 정당한 어업활동을 부당하게 단속하고, 자국 어민의 어업활동이 해양환경을 파괴하는 방식으로 이루어지도록 방치했다고 주장하였다. 또한 필리핀은 중국이 미스치프 암초를 점유해서 간척과 인공섬 건설을 했는데, 이 암초는 영해도 가질 수 없는 간조노출지이므로 전적으로 필리핀의 EEZ에 속하므로 중국의 그러한 활동이 유엔해양법협약에 반한다는 것이 필리핀의 주장이었다.

넷째는 중국의 활동이 분쟁을 더욱 악화시켰는지 여부이다. 중국의 계속된 인공섬 건설과 세컨드 토마스 숄에서의 법집행 활동 등이 분쟁을 악화시키고 있다는 것이 필리핀이 주장이었다.

Ⅲ. 판   결

1. 관할권 문제

필리핀이 청구한 15개 사항에 대한 중재재판소의 관할권 인정 여부는 2015년 10월 관할권과 소의 허용성에 관한 판정과 2016년 7월 본안에서의 판정으로 나누어 볼 수 있는데, 이를 표로 정리하면 아래와 같다.

〈필리핀의 청구취지와 그에 대한 중재재판소의 관할권 인정 여부〉

	필리핀 청구취지	관할권 인정 여부	
		'15. 10. 관할권	'16. 7. 본안
1	중국의 남중국해에서의 해양 권원들은 해양법협약에 의해 명시적으로 허용되는 것을 넘어서 확대될 수 없음	유보	인정
2	소위 "9단선"에 의해 포함되는 남중국해 해역에 대한 중국의 주권적 권리, 관할권 및 "역사적 권리"에 대한 중국의 주장은 해양법협약에 반하며 해양법협약에 의해 명시적으로 허용되는 중국의 해양 권원들의 지리적 및 실체적 한계를 초과하는 한 법적 효과가 없음	유보	인정
3	스카보러 숄은 EEZ나 대륙붕에 대한 어떠한 권원도 발생시키지 않음	인정	

4	미스치프 암초, 세컨드 토마스 숄 및 수비 암초는 영해, EEZ 또는 대륙붕을 발생시키지 않는 간조노출지이며, 선점 및 기타 유형에 의해 영유할 수 있는 지형이 아님	인정	
5	미스치프 암초와 세컨드 토마스 숄은 필리핀의 EEZ 및 대륙붕의 일부임	유보	인정
6	가벤 암초와 맥케난 암초 (휴스 암초 포함)는 영해, EEZ 또는 대륙붕에 관한 권원을 발생시키지 않는 간조노출지이지만, 그 저조선은 Namyit와 Sin Cowe 각각의 영해 기선을 결정하기 위해 사용될 수 있음	인정	
7	존슨 암초, 콰테른 암초 및 피어리 크로스 암초는 EEZ 또는 대륙붕에 관한 어떠한 권원도 발생시키지 않음	인정	
8	중국이 EEZ와 대륙붕의 생물 및 무생물 자원에 관한 필리핀의 주권적 권리의 향유와 행사를 방해한 것은 위법임	유보	인정
9	중국이 자신의 국민 및 선박으로 하여금 필리핀의 EEZ 내 생물자원 이용을 방지하지 못한 것은 위법임	유보	인정
10	중국이 스카보러 숄에서 전통적 어업활동을 방해함으로써 필리핀 어부들의 생계유지를 못하게 한 것은 위법임	인정	
11	중국은 스카보러 숄, 세컨드 토마스 숄, 콰테론 암초, 피어리 크로스 암초, 가벤 암초, 존슨 암초, 휴스 암초 및 수비 암초에서의 해양환경을 보호하고 보전할 협약상의 의무를 위반하였음	인정	
12	미스치프 암초에 대한 중국의 선점과 건설 활동은, (a) 인공섬, 시설물 및 구조물에 관한 협약 규정들을 위반하였음 (b) 협약상 해양환경을 보호하고 보전할 중국의 의무를 위반하였음 (c) 협약을 위반하여 시도된 영유는 위법행위를 구성함	유보	인정
13	중국은 스카보러 숄 부근에 항행하는 필리핀 선박과 심각한 충돌 위험을 야기하는 위험한 방식으로 자신의 법집행 선박을 운영함으로써 협약상의 의무들을 위반하였음	인정	
14	2013. 1. 중재재판 개시 이후, 중국은 다음과 같이 위법하게 분쟁을 악화시키고 확대시켜 왔음 (a) 세컨드 토마스 숄의 수역 및 인근에서 필리핀의 항행의 권리를 방해 (b) 세컨드 토마스 숄에 배치된 필리핀 인력의 순환 및 재보충을 방해 (c) 세컨드 토마스 숄에 배치된 필리핀 인력의 건강 및 복지를 위협 (d) 미스치프 암초, 콰테론 암초, 피어리 크로스 암초, 가벤 암초, 조슨 암초, 휴스 암초 및 수비 암초에서의 준설, 인공섬 건설 및 건축 활동을 수행 (2015.11.30. 최종 청구취지에서 추가)	유보	(a)~(c): 군사활동 이유로 부정 (d): 인정

| 15 | 중국은 협약 상 필리핀의 권리와 자유를 존중하고, 남중국해에서의 해양환경 보호 및 보전에 관한 것을 포함해서 협약 상 의무를 이행하고, 그리고 협약 상 필리핀의 권리와 자유에 대해 상당한 주의(due regard)를 하면서 남중국해에서 자신의 자유와 권리를 행사해야 함 (2015.10.29. 관할권 판정 후 수정) | 내용 명확화 요구 | 판정 불필요 결정 |

2. 필리핀의 청구취지에 대한 본안 판정 주요 내용

1) 남중국해에서의 9단선과 역사적 권리에 대한 중국의 주장(청구취지 1, 2)

남사군도의 영토주권과 남중국해에 대한 관할권을 두고서 본 사건 당사자인 필리핀뿐만 아니라 베트남, 말레이시아 등 다른 아세안 국가들도 초미의 관심을 가진 것이 바로 중국의 관할권 근거로 이해되는 이른바 9단선의 법적 지위와 이를 근거로 한 역사적 권리의 주장의 적법성 문제였다. 이에 대해 중재재판소는 중국은 자신이 주장하는 9단선과 역사적 권리의 의미에 대해 입장을 명확히 밝힌 적이 없었다고 하면서, 결국 여러 문서들을 통해 중국의 주장을 추정해서 판단하였다. 결론적으로 중재재판소는 중국이 주장하는 9단선 내의 생물 및 무생물 자원에 대한 역사적 권리는 유엔해양법협약이 규정한 해양수역의 한계로 대체(supersede)되었다고 보았다. 즉, 중재재판소는 9단선 내에 속하는 남중국해 수역에 대한 중국의 역사적 권리와 기타 주권적 권리 혹은 관할권 주장은 유엔해양법협약과 부합하지 않는 것으로, 유엔해양법협약 상 중국의 권리를 넘어서는 범위에서는 법적 효력이 없다고 판정함으로써, 9단선의 법적 효력을 부정하였다.

2) 남중국해 해양 지형의 법적 지위(청구취지 3~7)

필리핀은 남중국해의 여러 해양지형들이 유엔해양법협약 상의 '섬', '암석', 간조노출지 혹은 수중암초에 불과한지에 대한 판단을 중재재판소에 구하였다. 각 해양지형의 법적 지위에 따라 그 지형을 근거로 향유하는 관할권의 범위와 내용이 크게 달라지기 때문에 이는 중요한 사안이었다.

　이와 관련해서 중재재판소는 먼저 간척과 같이 인위적인 방법으로 해저지형을 간조노출지로, 간조노출지를 암석이나 섬으로 만들더라도 본래의 법적 지위는 바뀌지 않는다고 결정하였다. 그리고 현장 확인, 위성사진, 항해 측량 지도와 항행 지침서 등 다양한 방법으로 종합적인 검토를 통해 법적 지위를 결정하였다. 그리고 국제법원으로선 최초로 유엔해양법협약 제121조 제3항의 "도서"와 "암석"의 구분기준을 상세히 제시하였다. 즉, "인간이 거주할 수 없거나 독자적인 경제활동을 유지할 수 없는 암석은 배타적 경제수역이나 대륙붕을 가지지 아니한다"고 규정한 동 항을 잘게 쪼개어 분석하였다. 구체적으로 살펴보면, "인간이 거주할 수 없거나"는 인간의 거주나 독자적 경제생활 유지가 해당 지형의 '객관적 능력'에 관한 것으로, 특정 시점에서 실제 거주하거나 경제활동을 했는지 여부로 결정하는 것이 아니라고 하였다. 독자적인 경제활동의 "유지"는 적절한 기준에 따라 인간 생활에 필요한 필수요소의 제공과 일정 기간의 지속을 의미한다고 보았다. "인간의 거주"에 대해서는 해당 지형이 일정기간 이상 최소한의 음식, 음료, 거처를 지원, 유지, 제공할 수 있어야 하며, 자연적으로 형성된 인구이어야 하며, 규모는 작더라도 사람들의 안정적인 공동체가 형성되어야 하지만 외딴 지역에서는 소수의 사람이나 가족이 있어도 된다고 보았다. "혹은"(or)은 해당 지형이 인간의 거주와 독자적 경제생활 중 하나만이라도 유지할 수 있으면 '섬'으로서의 지위가 인정되어 EEZ와 대륙붕을 가질 수 있다고 보았다. 그리고 "독자적 경제생활"은 외부에 크게 의존하지 않고 그 지형을 근거로 독립적 경제생활이 가능해야 하며, 그러한 경제생활은 지형 자체(육지)와 관련된 것이어야 하며, 주변 수역(영해, EEZ)에 관련된 것이어선 안된다고 보았다.

　중재재판소는 위 기준을 가지고 남중국해 지형들의 법적 지위를 판단하였다. 특이할 점은 필리핀의 청구취지에는 들어있지 않았지만 남사군도에서 가장 크고 현재 대만이 실효적 지배를 하고 있는 지형인 이투 아바(태평도)의 법적 지위를 판단했다는 점이다. 중재재판소는 이투 아바가 섬으로서의 위 기준들을 충족하지 않기 때문에 암석에 불과하며, 따라서 이를 근거로 EEZ나 대륙붕을 가질 수 없다고 보았다. 해양 지형들의 법적 지위에 관한 중재재판소의 판단은 아래 표와 같다.

〈남중국해 개별 지형들의 법적 지위 판단〉

해양지형	위치	필리핀 주장	판단	비고
이투 아바/ 태평도	남사군도	암석	암석	대만 점유, 남사군도 에서 가장 큰 섬
스카보러 숄/ 황옌다오	필리핀 연안에서 116.2해리	암석	암석	남사군도에 포함 X
콰테론 암초	남사군도	암석	암석	인공섬 건설
피어리 크로스	남사군도	암석	암석	인공섬 건설
존슨 암초	남사군도 Union Bank	암석	암석	인공섬 건설
맥케난 암초	남사군도 Union Bank	간조노출지	암석	
휴스 암초	남사군도 Union Bank	간조노출지	간조노출지	인공섬 건설
가벤 암초	남사군도(북)	간조노출지	암석	인공섬 건설
	남사군도(남)	간조노출지	간조노출지	
수비 암초	남사군도	간조노출지	간조노출지	인공섬 건설
미스치프 암초	남사군도, 필리핀 연안 125.4해리	간조노출지	간조노출지	인공섬 건설
세컨드 토마스 숄	남사군도, 필리핀 연안에서 104해리	간조노출지	간조노출지	

* 이투 아바(대만이 점유)를 제외한 지형들은 중국이 점유

3) 남중국해에서의 중국의 활동(청구취지 8~13)

필리핀은 아래와 같이 남중국해에서 행한 중국의 여러 활동들이 해양법협약을 위반했다는 판단을 중재재판소에 구하였으며, 중재재판소는 대부분 인용하였다.

(1) 중국이 필리핀의 EEZ와 대륙붕에서 생물, 무생물 자원에 대한 필리핀의 주권적 권리를 방해했다는 주장(청구취지 8)

중재재판소는 먼저 남사군도 내의 모든 지형들을 암석이나 간조노출지 또는 수중암초로 판단함으로써 중국이 영유권 또는 관할권을 주장하는 이들 지형들이 스스로 EEZ에 대한 권원을 발생시키지 않기 때문에 필리핀의 EEZ와 권원의 중첩 문제, 즉 경계획정 문제가 생기지 않는다고 보고 관할권을 행사하였다. 중재재판소는 중국이 정부 선박의 활동을 통해 필리핀의 EEZ/대륙붕에 속하는 Reed Bank에서 대륙붕의 무생물 자원에 대한 필리핀의 주권적 권리를 침해했으며, 중국이 남중국해 어업에 대한 모라토리엄을 선언하면서 필리핀의 EEZ를 제외시키지 않음으로써 필리핀의 EEZ 내 생물자원에 대한 권리를 침해했다고 판정하였다.

(2) 중국이 자신의 국민과 선박으로 하여금 필리핀의 EEZ 내 생물자원을 이용하지 못하도록 방지하지 않았다는 주장(청구취지 9)

중재재판소가 필리핀의 연안에서 200해리 내에 위치한 미스치프 암초와 세컨드 토마스 숄을 간조노출지로 봄으로써 두 지형이 속한 해역은 전적으로 필리핀의 EEZ가 되었다. 그런데 2013년 5월 이 지형들 주변 수역에서 중국 정부 선박의 보호 하에 중국 어선들이 불법 조업을 한 사건에 대해, 중재재판소는 '각국은 연안국의 권리와 의무를 적절히 고려(due regard)'해야 한다는 유엔해양법협약 제58조 제3항을 중국이 위반했다고 판정하였다.

(3) 스카보러 숄에서의 전통적 어업에 대한 중국의 조치(청구취지 10)

중재재판소가 스카보러 숄을 '암석'으로 판단했기 때문에 이를 근거로 EEZ는 아니지만 12해리 영해는 생성이 되었다. 필리핀과 영유권 다툼이 있지만 실효적 지배를 하고 있는 중국은 이 지형의 영해에서 필리핀 어민의 어업활동을 금지하고 있었다. 이에 대해 중재재판소는 필리핀, 베트남, 대만 등의 어민들이 아주 오래 전부터 이곳에서 조업을 해왔기 때문에 이들은 전통적 어업권을 향유하며, 중국의 어업금지 조치는 이를 위반한 것이라고 판정하였다. 또

한 중재재판소는 이러한 전통적 어업권은 국가가 아닌 '개인'의 권리이며, 영해
에서만 인정되고 EEZ에서는 인정되지 않는다고 보았다.

(4) 중국이 해양환경을 보호하고 보전할 의무를 위반했다는 주장(청구취지 11, 12(b))

필리핀은 중국 어민의 어로활동이 해양환경을 훼손하는 방법으로 이루어
지고 또한 중국 정부의 7개 암초에서의 인공섬 건설활동이 해양환경보호 의무
를 위반했다는 주장을 하였다. 이에 대해 중재재판소는 먼저 중국이 강제관할
권을 배제선언한 유엔해양법협약 제298조 1항(b)의 '법집행 활동' 배제 사유는
EEZ에서의 연안국의 권리에 관한 것으로 영해에서의 활동에는 적용이 안되기
때문에 재판소가 관할권을 가진다고 보았다. 또한 동조 1항(b)의 '군사활동' 배
제와 관련해서 중재재판소는 중국 정부가 지속적이고 공식적으로 인공섬 건설
이 군사화를 의도하지 않는 순수 민간활동이라고 거듭 공언한 점을 들어 본 사
안에 대해서 관할권을 인정하였다.

본안에 대해 중재재판소는 바다거북, 산호초, 대조개 등을 대규모로 채취
하고 청산가리와 다이너마이트를 사용하는 등 중국 어민의 어업활동으로 인
해 중국이 유엔해양법협약 제192조와 제194조 제5항 상의 해양환경보호 의무
를 위반했다고 판정하였다. 또한 중재재판소는 중국이 7개 암초에서의 대규모
건설활동을 벌인 결과 산호초로 둘러싸인 주변 해양환경에 부정적 영향을 미
침으로써 중국이 유엔해양법협약 제192, 194(1), 194(5), 197, 123, 206조 상의
의무를 위반했다고 판정하였다.

(5) 미스치프 암초에 대한 중국의 선점과 건설 활동(청구취지 12(a),(c))

필리핀의 200해리 EEZ 내에 위치해 있는 미스치프 암초를 중재재판소가
간조노출지로 판단하였기 때문에, 이 암초는 전적으로 필리핀의 EEZ 관할권에
속하게 된다. 중국은 1990년대부터 이 암초를 점유하고 인공섬 건설이 추진되
었는데, 중단되었던 건설 활동이 2014년－2015년 사이 대규모로 재개되었다.
이에 대해 중재재판소는 미스치프 암초는 필리핀의 EEZ에 있는 간조노출지로

이곳에서의 중국의 활동은 필리핀의 EEZ 내 주권적 권리에 관해 규정한 유엔
해양법협약 제60조 내지 제80조 규정을 침해한 것이며, 간조노출지인 동 암초
는 선점 등의 행위에 의해 영유될 수 없다고 판정하였다.

(6) 위험한 방식으로 법집행 선박 운영(청구취지 13)

필리핀은 중국 정부 선박이 스카보러 숄 인근 수역을 항행하는 필리핀
선박에 근접해서 운항함으로써 선박 간 충돌 위험성을 야기시키는 등 위험
한 방법으로 항해하였는데, 이는 1972년 국제해상충돌방지규칙에 관한 협약
(International Regulations for Preventing Collisions at Sea)과 유엔해양법협약 제94
조를 침해했다고 주장하였다. 중재재판소는 필리핀의 이러한 주장을 받아들
였다.

4) 당사자 간 분쟁을 악화 또는 확대시켰는지 여부(청구취지 14)

필리핀은 청구취지 14에서 세컨드 토마스 숄의 수역 및 그 인근에서 중국
이 필리핀의 항행의 권리를 방해하고, 필리핀의 인력 순환 및 재보충을 방해하
고, 필리핀 인력의 건강과 복지를 위협하고, 미스치프 암초 등 7개 암초에서 준
설, 인공섬 건설 및 건축활동을 수행함으로써 중국이 위법하게 분쟁을 악화시
키고 확대시켜 왔다고 주장하였다.

세컨드 토마스 숄 인근에서 중국의 해군, 해경 및 기타 정부 요원들이 탄
선박들과 필리핀 해군이 대치하는 상황이 있었다. 이 가운데 중국 정부 선박
이 필리핀 해군의 재보충과 순환을 방해하려는 시도가 적어도 두 차례 있었다.
중재재판소는 필리핀 군함의 활동을 직접 방해한 중국의 선박이 군함이 아니
고 군함은 당시 그 부근에 있었다고 하지만, 이는 한쪽의 군대와 다른 쪽의 군
대 및 준군대가 서로 대치하는 '전형적인 군사상황'을 나타내는 것으로, 중국의
해양법협약 제298조의 강제관할권 배제선언에 따라 재판소의 관할권이 없다고
판단하였다.

하지만 중국 정부가 준설, 인공섬 건설, 건축 등의 활동이 군사활동이 아닌

전적으로 민간활동이라고 공언하였다는 점을 들어 중재재판소는 이러한 활동
에 대해서는 관할권을 인정하였다. 본안에서 중재재판소는 필리핀의 EEZ에 있
는 간조노출지 미스치프 암초에 중국이 대규모 인공섬을 건설함으로써 권리와
권원에 관한 분쟁을 악화시켰으며, 미스치프 암초의 산호초 서식지에 대해 영
구적이고 회복 불가능한 피해를 입힘으로써 미스치프 암초에서의 해양환경의
보호와 보전에 관한 분쟁을 악화시켰으며, 중국이 콰테론 암초 등 6개 지형에
서 대규모 인공섬 건설과 건축 활동을 전개함으로써 해양환경의 보호와 보전
에 관한 분쟁을 확대시켰으며, 중국이 미스치프 암초 등 7개 암초의 자연적 상
태에 대한 증거를 영구적으로 파괴함으로써 남사군도에서의 해양 지형의 지위
와 해양수역에 대한 권원을 발생시키는 능력에 관한 분쟁을 악화시켰다고 판
단하였다.

5) 당사자의 장래 행위(청구취지 15)

마지막 청구취지에서 필리핀은 중국이 유엔해양법협약 상의 필리핀의 권
리와 자유를 존중하고, 남중국해에서의 해양환경의 보호 및 보전에 관한 것을
포함해서 동 협약 상 의무를 이행하고, 동 협약 상 필리핀의 권리와 자유에 대
해 적절히 고려하면서 남중국해에서 자신의 자유와 권리를 행사해야 한다는
주장을 하였다. 하지만 중재재판소는 당사자가 장래 이행해야 할 의무에 대해
서는 분쟁이 존재하지 않으며 당사자가 이행해야 할 의무에 대한 다툼이 없다
는 이유로 필리핀의 청구를 받아들이지 않았다.

Ⅳ. 평   석

필리핀과 중국 간의 남중국해 사건에 대한 중재재판소의 판정은 여러 측
면에서 판정문이 앞으로 오랫동안 인용될 세기의 판정이라 할 수 있다. 무엇보
다 중국이 남중국해 대부분의 수역에 대한 관할권 주장의 근거로 삼았던 이른
바 9단선과 역사적 권리에 기초한 주장이 유엔해양법협약과 부합하지 않는다

고 판단하고, 중국의 대규모 간척과 인공섬 건설 활동이 해양환경을 파괴하는 등 해양법협약에 반하며, 도서와 암석의 구분 기준을 상세히 제시함과 동시에 남중국해에서 가장 큰 해양지형인 이투 아바가 EEZ와 대륙붕을 갖는 '섬'이 아니라 '암석'이라고 함으로써 다른 모든 지형들도 암석 또는 간조노출지로 정리했다는 점에서 그러하다. 또한 중재재판소는 중국이 소송에 참여하지 않는 가운데 다양한 방법들로 중국 정부의 의사를 확인하고, 특히 재판소의 관할권에 대해 아주 적극적으로 판단했다는 점에서도 그러하다.

　　물론 이번 중재판정에 대해 중국뿐만 아니라 그 외 지역의 학자들도 비판이 많음을 유의할 필요가 있다. 특히 중재재판소가 9단선 문제에 대해 적극적으로 관할권을 행사함으로써 실질적으로는 유엔해양법협약의 적용대상이 아닌 영토문제에 중재판정이 영향을 미쳤으며, 필리핀의 청구취지에 없던 이투 아바와 그 밖의 개별 해양지형들의 법적 지위를 판단함으로써 실질적으로는 중국이 강제관할권 배제선언을 한 해양경계획정 문제에 영향을 미쳤으며, 섬과 암석의 구분 기준으로 제시한 내용들이 오늘날 국가들의 실행과 부합하는지에 대한 비판이 있다. 중재재판소의 본 사건 판정이 앞으로 국가 실행과 유사 사건의 국제법원의 판결을 통해서 얼마나 지지를 받들 것인지 지켜보아야 한다.

　　중국은 중재판정이 무효이므로 판정 결과도 이행하지 않을 것이라는 입장을 고수하는 가운데, 필리핀의 두테르테 정부는 판정의 엄격한 이행보다는 중국과의 협상을 통해 더 많은 이익을 취하고자 하는 유연한 태도를 보이고 있다. 남중국해에서 중국과 심한 갈등을 겪고 있는 베트남은 여전히 중국에 대한 소송 제기를 할지 여부를 두고서 저울질을 하고 있다. 또한 미국, 일본, 호주 등 일부 국가들은 중국의 성실한 중재판정 이행을 주장하고 있지만 대부분의 국가들은 중국을 자극하지 않기 위해 아주 신중한 입장을 취하고 있다.

　　본 사건은 2013년 1월 필리핀의 소 제기부터 근래 국제분쟁 사례 중에서 가장 많은 주목을 받았다. 한국과 관련해서도 적어도 다음의 함의를 찾을 수 있다. 첫째, 재판소는 자신이 관할권을 가지는지 여부에 대해 매우 적극적인 해석을 하였다. 특히 해양환경오염 문제와 강제관할권 배제선언을 기술한 유엔해양법협약 제298조에 대해서 그러하다. 예컨대 그 동안 국내에서는 영해 내에서의 법집행 활동이 강제관할권 배제선언의 적용을 받는지를 두고서 전문가들 사이에서도 논란이 있었지만, 이번 중재재판소는 이 경우 EEZ에서의 활동만 강제관할권이 배제되고 영해에서의 활동은 배제되지 않는다고 판단하였다. 우리로서는 독도 관련 불필요한 소송에 휘말리지 않기 위해서 독도 영해 내에서의 시설물 공사에 더욱 신중해야 함을 시사한다. 둘째, 중재재판소가 유엔해양법협약 제121조 상의 '도서'와 '암석'의 구별에 대해 상당히 구체적인 기준들을 제시함과 동시에 '도서'가 되기 위한 기준을 아주 높여 놓았다는 점이다. 이 기준에 따를 때 오키노도리시마는 물론이고, 독도, 남녀군도, 조어도 등도 모두 '도서'가 되기 어렵다. 그래서 중국에 대해 본 중재판정의 준수를 주장하는 일본이 오키노도리시마를 섬으로 보고 EEZ와 대륙붕, 200해리 이원으로의 대륙붕 확장을 주장하는 것이 모순이라는 지적이 나온다.

제 2 장

해양경계

그리스바다르나 해양경계 사건(스웨덴/노르웨이)

The Grisbadarna Case(Norway v. Sweden), PCA(1909)

김동욱(한국해양전략연구소)

I. 사실관계

노르웨이와 스웨덴은 1661년 국경조약을 체결하여 양국 수역의 중간선(中間線)으로 양국의 해양경계선을 정하였다. 1815년 나폴레옹 전쟁 종료 이후 노르웨이는 스웨덴에 할양되었다가 1905년 분리된 양국은 제18지점에서 이원(以遠) 수역의 획정을 위해 상호협의를 하였으나 성과 없이 종료되었다. 이에 양국은 1908년 3월 14일 양국 간 해양경계획정 문제를 상설중재재판소(PCA)에 회부하기로 결정하였다.

1909년 10월 23일 중재재판소는 해안의 일반적인 방향에 수직선을 설정하여 약간 수정 후 이를 스웨덴과 노르웨이의 해양경계선으로 결정하는 판결을 내렸다. 재판소는 1661년 해양경계획정에 관한 조약 체결 당시 '중간선'과 '탈베그(Talweg) 원칙'이 국제법상 확립된 원칙이 아니라고 판단하여 해양경계선을 설정하였다. 재판소는 해안의 일반적 방향에 그은 수직선을 약간 수정하여 그리스바다르나(Grisbadarna) 뱅크는 스웨덴에, 스코테그룬데(Skjöttegrunde)는 노르웨이에 속하도록 하였다. 이러한 판결의 태도는 스웨덴과 노르웨이가 각각 그리스바다르나(Grisbadarna) 뱅크와 스코테그룬데(Skjöttegrunde)에서 어업활동을 활발히 진행하였다는 점을 고려하였다는 점에서 장기간 존재하였던 사실상태를 존중해야 한다는 국제법 원칙에 부합한다는 평가를 받고 있다.

Ⅱ. 쟁　점

　　재판 진행 중 양국은 제19지점까지의 경계선에 대하여 합의하였다. 그러나 제20지점까지 영해 한계 기준점 확정에 대하여 양국은 상이한 주장을 하였다. 특히 양국은 바다가재(랍스터)가 풍부한 그리스바다르나(Grisbadarna) 뱅크를 자국(自國)의 영해에 포함시키기 위한 노력을 경주하였다.

　　노르웨이는 제20지점부터 영해의 한계까지 '중간선 원칙'에 따라 경계선을 설정하여야 한다는 입장이고, 반면 스웨덴은 경계선이 그리스바다르나(Grisbadarna)와 스코테그룬데(Skjöttegrunde)가 속하도록 획정하여야 한다는 입장이었다.

Ⅲ. 판　결

　　1904년 3월 15일 왕실결정에 의해 확정되지 않은 노르웨이와 스웨덴 간의 해양경계선은 다음과 같이 결정된다:

　　1897년 8월18일 노르웨이와 스웨덴 행정관의 계획에 첨부된 지도에 나타나 있는 제18지점으로부터 Röskären의 북단암초에서 항로표지를 잇는 Svartskjär의 넘던 암초를 잇는 직선의 중간지점인 제19점까지 직선을 긋는다. 제19점으로부터 스토라 드라멘(Stora Drammen) 암초군의 최북단 암초에서 헤자섬(Heja Island)의 남동쪽에 위치한 헤제크눕(Hejeknub)까지 이은 직선의 중간지점인 제20지점까지 직선을 긋는다. 그리고 제20지점으로부터 남쪽으로 19도 기울여서 서쪽 방향으로 직선을 긋는데, 이선은 그리스바다르나(Grisbadarna)와 스코테그룬데(Skjöttegrunde) 사이 중간을 지나고 공해(公海)로 이를 때까지 동일한 방향으로 확장된다.

　　재판소는 동 수역의 경계선이 1661년 조약에서와 같은 '중간선 원칙'으로

설정해야 한다는데 동의하지 않았다. 당시 관습법에 따르면 중간선 원칙이나
탈베그(Talweg) 원칙은 전혀 확립되지 않았다고 보았다. 오히려 재판소는 경계
획정 시 현상을 존중하여야 한다는 것이 확립된 국제법 원칙으로 보아 스웨덴
어부들의 독점적 어업이 시행되던 그리스바다르나(Grisbadarna)는 스웨덴의 것
으로 하고 노르웨이 어업이 활발히 진행되던 스코테그룬데(Skjöttegrunde)를 노
르웨이 것으로 하는 분할선이 되도록 연안의 일반적 방향에서 1도 남쪽으로 기
울여서 해양경계를 획정하였다.

특히 바다가재(랍스터)가 풍부한 그리스바다르나(Grisbadarna) 뱅크를 스웨
덴의 영유로 인정하게 된 배경으로 스웨덴 사람들에 의해 장기간 광범위한 어
로활동을 해왔음을 인정하였다. 스웨덴은 그 권한 행사와 아울러 의무수행에
도 적극적이었음을 여러 증거를 통해 재판소는 이를 인정하였다. 즉, 스웨덴은
그리스바다르나(Grisbadarna) 뱅크 지역이 자국의 영역이라는 확신과 함께 항해
표지(navigation beacon)와 등대선(light ship)을 설치 및 유지 관리하며 해양을 측
량하는 등 상당한 비용이 소요되는 활동에도 적극적인 반면 노르웨이는 타종
부표(bell-bouy) 설치를 제외하고는 별다른 조치를 하지 않고 스웨덴의 이러한
행위에 대하여 묵인해 온 사실을 주목하였다. 이는 실제로 장기간 존재해 온
사실상태는 가급적 적게 변화되어야 한다는 확립된 국제법 원칙에 부응하는
것이었다.

판결문 전문의 내용은 아래와 같다.

"협약 조항에 의해, 재판소의 임무는 1897년 8월 18일 노르웨이와 스웨덴
행정관들의 프로젝트에 첨부된 지도에서 XVIII로 표시된 지점에서 시작해서 영
해의 한계까지 수역의 경계선을 결정하는 것이다.

"경계선은, 전체적이든 혹은 부분적이든, 1661년 경계조약과 그에 첨부된
지도에서 정해진 것으로 고려되어야 한다"고 하는 문제와 관련해서, 이 문제에
대한 대답은 적어도 앞서 언급한 지도상의 A 지점을 넘어선 경계선에 관한 한
부정적이다.

이 지도 상의 A 지점의 정확한 위치는 아주 정확히 결정될 수는 없으며,

어쨌든 XIX와 XX 지점들 사이에 위치한 지점이며, 이들 두 지점은 이후 결정될 것이다. 분쟁 당사국들은 1897년 8월 18일자 지도상의 XVIII 지점에서 XIX 지점까지의 경계선이 스웨덴의 결론에서 표시한 바와 같음을 동의하였다.

언급한 XIX 지점에서 준비서면들에 첨부된 지도들 상에 XX로 표시된 지점까지의 경계선과 관련해서, 당사국들은 동일하게 동의하는데, XX 지점을 결정할 때 하이에플루에(Heiefluer) 혹은 헤제크눕(Hejeknub)이 노르웨이 연안에서의 시작점이 되어야 하는지와 관련해서는 견해가 다르다.

문제와 관련해서 당국들은, 적어도 관행상으로, 두 연안에 있는 섬, 작은 섬 및 암초들과 항상 수면 아래 있지는 않은 것들 사이에 그어진 중간선을 따라서 구분하는 원칙을 채택하였으며, 그들의 견해로는 1661년 조약에 의해 A 지점의 이쪽에 적용된 원칙이었다. 그러한 근거로 채택한 원칙은 - 그 원칙이 언급한 조약에서 실제 적용되었는지 여부의 문제와 관계없이 - 논리적 귀결로써 그것을 오늘날 적용함에 있어서 조약 당시 존재했던 상황들을 동시에 고려해야 한다.

하이에플루에(Heiefluer)는 충분히 확실히 주장할 수 있는 바 1661년 경계조약 당시의 수역에서는 나타나지 않은 암초들이었으며, 따라서 그것들은 그 당시 경계 획정을 위한 시작 지점으로 사용될 수 없었다. 그러므로 위의 관점에서 볼 때, 헤제크눕(Hejeknub)이 하이에플루에(Heiefluer)보다 우선되어야 한다. XX 지점이 정해졌으므로, 이 XX 지점에서 시작해서 영해(領海)의 한계까지의 경계선을 결정하는 일이 남는다. XX 지점은 의심의 여지없이 1661년 경계조약에 첨부된 지도상에 표시된 바와 같이 A 지점을 넘어서 있다. 노르웨이는 1658년 로스킬데 평화조약(Peace of Roskilde)을 유일한 근거로 문제의 해양영토는 노르웨이와 스웨덴 사이에 자동적으로 나눠졌다는 견해를 주장했는데, 스웨덴은 이 문제에 대해 항변하지 않았다.

재판소는 전적으로 이러한 견해에 동의한다.

이러한 견해는 고대와 현대의 국제법 기본 원칙들을 따르는 것이며, 그러한 원칙에 의하면 해양 영토는 육지 영토의 본질적인 종물(부속물)이며, 1658년 보후스란(Bohuslän)이라는 육지 영토가 스웨덴으로 할양될 당시 이 육지 영토의 분리할 수 없는 부속물을 형성하는 해양 영토의 반경은 자동적으로 해당 할양의 일부를 형성한다. 이러한 주장에 의할 때, 어떤 것이 자동적으로 1658년 분리선이었는지를 확인하기 위해서는 그 당시 사용되었던 법원칙들에 따르는 것이 필요하다.

노르웨이는 코스터(Koster)―티슬러(Tisler)선에서 1661년 경계문서들의 원칙은 경계는 두 연안의 섬, 작은 섬 및 암초들 사이의 중간선을 따라야한다는 내용을 가지며 동일한 원칙이 이 선을 넘어선 경계에 대해서도 적용되어야 한다고 주장한다.

그 조약에 의해 결정되고 경계획정 지도에 그어진 경계가 이러한 원칙에 기초했다는 것은 확립되지 않았지만 이 점에서 심각한 의심을 야기하는 선에 일부 세부적인 것과 특징들이 있으며 그 조약에 의해 결정된 경계선과 연결하는 원칙의 존재를 인정하더라도, 동일한 원칙이 외부 영토의 경계 결정에 적용되었다는 결과에 이르는 것은 아니다.

이러한 결론으로,

1661년 경계조약과 그에 첨부된 지도는 코스터(Koster) 섬과 티슬러(Tisler) 섬 사이에서 시작하는 경계선을 보여주며, 경계선을 결정함에 있어, 그어지는 방향은 해안 쪽 바다에서 시작하고 바다 쪽 해안에서가 아니며, 경계선이 바다 쪽 방향으로 경계선이 얼마나 뻗어나가는지를 말하는 것은 불가능하며 따라서 동일한 원칙이 이쪽에 있는 영토와 그 쪽에 위치한 영토에 동시에 적용되었다고, 결정적인 증거 없이, 추정케 하는 연결 점은 없다.

더구나 경계조약과 그에 첨부된 지도 중 어느 것도 코스터(Koster)―티슬러(Tisler) 선을 넘어서 있는 섬, 작은 섬 혹은 암초를 언급하지 않으며 그러므로 이들 문서들의 개연성 있는 의도들을 벗어나지 않기 위해서는 그러한 섬, 작은 섬 및 암초들을 무시할 필요가 있다.

나아가, 일정한 넓이를 가진 구역에 부합하는 해양 영토는 육지 영토와 어느 정도는 이들 영토들에 의해 완전히 둘러싸인 수역(bodies of water)과 구별되는 많은 특징들을 가진다.

나아가 만찬가지로, 해양 영토에 관한 규칙들은 두 이웃 국가 사이의 경계
선을 결정하는 지침으로 사용될 수 없는데, 이는 특히 본 사건에서 1658년에
자동적으로 그어졌다고 하는 경계를 결정해야 하는 경우에 그러하며, 한편 원
용하는 규칙들은 그 후 시기에 생겨났으며, 사유 재산 간 혹은 행정구역 간의
경계를 긋는 것과 관련한 노르웨이 국내법 규칙도 이와 동일하다.

이러한 모든 이유들로 인해, XX 지점에서 영해 한계까지의 경계를 결정
하기 위해 노르웨이가 제안한 방법을 채택할 수가 없다. 거주지 사이의 중간을
따르는 중간선을 긋는 원칙은 17세기에 효력을 발하고 있던 국제법에서 충분
히 지지되지 않았다.

탈베그(Talweg) 혹은 가장 중요한 가항수로(可航水路) 원칙과 관련해서도
마찬가지인데, 본 사건의 적용이 그러한 목적을 위해 인용한 문서들에 의해 전
혀 확립되지 않은 원칙이다. 만약 문제의 영토의 자동적 분리가 해양 영토가
부속물을 구성하는 육지 영토의 일반적 방향에 따라서 이루어져야 한다는 것
을 우리가 인정하고, 그 결과 정당하고 합법적인 경계 획정에 도달하기 위해서
오늘날 이와 동일한 규칙을 적용한다면, 17세기의 관념들과 그 당시 우세했던
법 개념과 보다 더 일치한다.

결과적으로, 분명하고 명확한 방법으로 표시해야 할 필요성과 이해 당사
국들을 위해서 가능한 쉽게 관찰하는 것을 고려해서, 1658년의 자동적인 분리
선은 결정되어지고 혹은 (정확이 같은 다른 말로는) 경계획정은 이루어져야 한다.
이러한 재량행위를 확인하기 위해서, 우리는 경계의 양쪽에 위치한 해안의 방
향을 동일하게 고려해야 한다. 전문가와 재판소의 신중한 조사에 의하면, 해안
의 일반적 방향은 정북에서 서쪽으로 20도 정도 벗어나며 그러므로 수직선은
서쪽에서 약 20도 정도 남쪽으로 뻗어야 한다. 당사국들은 중요한 모래톱들을
가로질러 경계선을 긋는 것이 아주 불편하다고 인식한다는데 대해 의견을 같
이하면서, 서쪽 방향에 있는 XX 지점에서 19도 남쪽으로 그어진 경계선은 그
것이 한쪽으로는 그리스바다르나(Grisbadarna)의 북쪽과 다른 한쪽으로는 스코

테그룬데(Skjöttegrunde)의 남쪽으로 바로 지날 수 있기 때문에 그러한 불편을
전적으로 피할 수 있으며, 또한 다른 어떠한 중요한 모래톱도 가로지를 수는
없을 것이며 결과적으로, 경계선은 한쪽으로는 그리스바다르나(Grisbadarna)의
모래톱과 다른 쪽으로는 스코테그룬데(Skjöttegrunde) 모래톱 사이의 중간을 통
과하는 방법으로 서쪽 방향의 XX 지점에서부터 19도 남쪽으로 그어져야 한다.

　당사국들이 그어진 경계선에 대해 어떠한 정렬표시도 하지 않았지만, 그러
한 표시를 찾는 것이 불가능하지는 않을 것이다. 반면, 만약 그러한 일이 일어
난다면, 경계 표시하는 알려진 다른 방법들을 의존할 수 있었을 것이다.

　그리스바다르나(Grisbadarna)를 스웨덴에 포함시키는 경계표시는 변론 과
정에서 드러나고 다음이 주요한 몇 가지 사실 상황들 모두에 의해 지지된다.

　a. 그리스바다르나(Grisbadarna)의 여울에서 하는 랍스터 어업은 노르웨이
쪽보다는 스웨덴 쪽 영토에서 훨씬 더 오랜 동안, 훨씬 더 광범위하게, 그리고
훨씬 더 많은 어부들에 의해 이루어졌다는 사실

　b. 스웨덴이 그리스바다르나(Grisbadarna) 지역에서, 특히 최근에, 예를 들
어 상당한 비용이 들고 스웨덴이 권리를 행사한다는 것뿐만 아니라 심지어 의
무를 이행한다고 생각한, 부표 설치, 해양 조사, 그리고 등대선(light ship)의 설
치와 같은 많은 활동들을 이들 지역이 스웨덴에 속한다는 확신을 기초로 이행
하였지만, 노르웨이는 스스로 밝히듯이 이러한 여러 가지 일들에 대해 이들 지
역에 대해 관심을 갖지 않았다는 사실

　a항에서 언급한 사실 상황과 관련해서, 실제로 존재하고 그리고 오랜 동
안 존재했던 사물의 상태는 가능한 변경되지 않아야 한다는 것이 충분히 확립
된 국제법 원칙이며 이 원칙은, 한때 무시되기도 했던 것으로, 이해 당사국들이
주체인 정부에 대한 어떠한 희생에 의해서 유효하게 보존될 수 없는 사적 이해
관계의 경우에 특히 적용 가능하며 랍스터 어업은 그리스바다르나(Grisbadarna)
모래톱에서 가장 중요한 어업이며, 이 어업이 바로 해당 모래톱을 어업지역으로
서의 가치를 부여하는 것이며 의심의 여지없이, 스웨덴 사람들은 문제의 모래톱
이 위치한 바다에서 가능한 멀리까지 어업하기 위해 필요한 도구와 기술을 가

지고서 랍스터 어업을 한 최초의 사람들이었으며 어업은 일반적으로 흐발레
(Hvaler) 주민들보다는 코스터(Koster) 주민들에게 더 중요하며, 흐발레(Hvaler)
주민들은 적어도 근래까지 어업보다는 항행에 종사하였으며 이러한 다양한 상
황들을 통해, 스웨덴 사람들이 노르웨이 사람들보다 훨씬 더 일찍 그리고 훨씬
더 효과적으로 문제의 모래톱을 이용하였다는 것이 거의 확실해 보이며 증인
들의 성향과 선언들도 일반적으로 이러한 결론과 완전히 일치하며 마찬가지로,
중재 협약은 이 같은 결론과 완전히 일치하며 그 협약에 의하면, 그리스바다르
나(Grisbadarna)의 어업 지역을 이용하는 것과 등대선의 유지 사이에 어떤 연계
가 있으며, 그리고 스웨덴은 현재의 일이 계속되는 한 등대선(light ship)을 유지
해야 할 것이기 때문에, 본 조항의 추론에 따라 현재 주된 이용은 스웨덴이 하
고 있음을 이것이 보여준다.

b항에서 언급한 사실 상황과 관련해서,

항해표지(navigation beacon)와 등대선의 설치와 관련해서, 그리스바다르나
(Grisbadarna) 지역의 항행 안전에 필요한 등대선(light ship)의 정박은 노르웨이
의 어떠한 항의나 주도 없이 스웨덴에 의해 수행되었으며, 등대선(light ship)과
항해표지(navigation beacon)는 항상 스웨덴의 비용으로 유지되었으며, 노르웨
이는 항해표지(navigation beacon)가 설치된 후 짧은 기간 동안 타종부표(bell-
buoy) 하나를 설치한 것을 제외하고는 그와 같은 조치를 취하지 않았으며, 타
종부표의 설치와 유지비용을 항해표지(navigation beacon)와 등대선(light ship)
관련 비용과 비교하는 것은 불가능하다.

스웨덴은 의심의 여지없이 그리스바다르나(Grisbadarna)에 대한 권리를 가
졌으며, 그리고 아주 많은 금액에 대해서도 이들 모래톱의 소유자 혹은 점유자
에 대해 비용을 부과하기를 주저하지 않았다는 것이 앞서 말한 것들을 통해 드
러난다.

해양 조사와 관련해서,

스웨덴은 분쟁이 시작되기 약 30년 전에 그리스바다르나(Grisbadarna) 지역
에 대해 정확하고, 노력과 비용이 많이 드는 조사를 하기 위한 첫 조치를 취한

반면, 몇 년 후 노르웨이가 행한 조사는 심지어 스웨덴의 조사 범위에 다다르지도 않았다. 그러므로 의심의 여지없이 그리스바다르나(Grisbadarna)나 모래톱을 스웨덴에 귀속시키는 것은 가장 중요한 사실 상황들과 전적으로 일치한다.

(분쟁 영토 중 가장 작게 중요한 부분) 스코테그룬데(Skjöttegrunde)를 노르웨이로 귀속시키는 경계표시는, 한편으론 위에서 언급한 바와 같이 스웨덴 어부들이 오랜 동안, 폭넓게, 많은 수로 분쟁 지역에서 어업에 종사했다는 것에 대한 많은 문서들과 증언을 통해 결론이 나오지만, 다른 한편으론 노르웨이 어부들이 그곳에서 어업하는 것이 한 번도 배제되지 않았다는 중요한 사실 상황에 의해 충분히 보증이 되며, 더구나 노르웨이 어부들은 거의 항상 그리스바다르나(Grisbadarna)에서보다는 상대적으로 더 유효하게 스코테그룬데(Skjöttegrunde)에서의 랍스터 어업에 참여하였다.

이러한 이유들로 인해 재판소는 다음과 같이 결정하고 선언한다. 노르웨이와 스웨덴 사이의 해양경계는, 1904년 3월 15일 왕정 결의(Royal Resolution)에 의해 해결되지 않았다고 하는 한, 다음과 같이 결정된다.

1897년 8월 18일 노르웨이와 스웨덴 행정관들의 프로젝트에 첨부된 지도에 표시된 위치의 XVIII 지점에서부터, 로스카렌(Röskären)의 북단 암초에서 스바르크자르(Svartskjär)의 남단 암초로 그은 직선의 중간점을 형성하고 항해표지를 갖추고 있는 XIX 지점까지 직선으로 그으며, 이렇게 정해진 XIX 지점에서부터, 스토라 드라멘(Stora Drammen)이라 불리는 암초군의 북단 암초에서 헤자섬의 남동쪽에 있는 헤제크눕(Hejeknub) 암초로 그은 직선의 중간점을 형성하는 XX 지점까지 직선으로 그으며, XX 지점에서부터, 서쪽 방향에서 19도 남쪽으로 직선을 긋는데, 이것은 그리스바다르나(Grisbadarna)와 남 스코테그룬데(Skjöttegrunde) 사이의 중간을 지나가며 공해(公海)에 도달할 때까지 같은 방향으로 계속 나아간다.

IV. 평 석

동 사건은 1899년 국제분쟁의 평화적 해결을 위한 헤이그협약에 의거하여
설립된 상설중재재판소(PCA)가 해결한 최초의 영해획정에 대한 사건으로, 재판
소는 해안선의 일반적인 방향에 수직선을 설정하여 분쟁지역의 경계선을 결정
하였다. 이러한 결정과정에 있어 재판소는 다음과 같은 점에 주목했다. 즉, 해
양 영토는 육지 영토의 본질적인 부속물이며, 1658년 보후스란(Bohuslän)이라
는 육지 영토가 스웨덴으로 할양될 당시 이 육지 영토의 분리할 수 없는 부속
물을 형성하는 해양 영토의 반경은 자동적으로 해당 할양의 일부를 형성한다;
이러한 주장에 의할 때, 어떤 것이 자동적으로 1658년 분리선이었는지를 확인
하기 위해서는 그 당시 사용되었던 법원칙들에 따르는 것이 필요하다; 경계조
약과 그에 첨부된 지도 중 어느 것도 코스터(Koster) - 티슬러(Tisler) 선을 넘어
서 있는 섬, 작은 섬 혹은 암초를 언급하지 않으며; 이들 문서들의 개연성 있는
의도들을 벗어나지 않기 위해서는 그러한 섬, 작은 섬 및 암초들을 무시할 필
요가 있다.

또한 재판소는 어업활동이나 일정한 관리행위 등에 대해서도 주목했다.
즉, 그리스바다르나의 여울에서 하는 바다가재(랍스터) 어업은 노르웨이 쪽
보다는 스웨덴 쪽 영토에서 훨씬 더 오랜 동안, 훨씬 더 광범위하게, 그리고
훨씬 더 많은 어부들에 의해 이루어졌다는 사실; 스웨덴이 그리스바다르나
(Grisbadarna) 지역에서, 특히 최근에, 예를 들어 상당한 비용이 들고 스웨덴이
권리를 행사한다는 것뿐만 아니라 심지어 의무를 이행한다고 생각한, 부표 설
치, 해양 조사, 그리고 등대선의 설치와 같은 많은 활동들을 이들 지역이 스웨
덴에 속한다는 확신을 기초로 이행하였지만, 노르웨이는 스스로 밝히듯이 이러
한 여러 가지 일들에 대해 이들 지역에 대해 관심을 갖지 않았다는 사실 등이
그것이다.

그리고 재판소는 이와 관련, 실제로 존재하고 그리고 오랜 동안 존재했던
사물의 상태는 가능한 변경되지 않아야 한다는 것이 충분히 확립된 국제법 원

칙이며; 이 원칙은, 한때 무시되기도 했던 것으로, 이해 당사국들이 주체인 정부에 대한 어떠한 희생에 의해서 유효하게 보존될 수 없는 사적 이해관계의 경우에 특히 적용 가능하며; 랍스터 어업은 그리스바다르나(Grisbadarna) 모래톱에서 가장 중요한 어업이며, 이 어업이 바로 해당 모래톱을 어업지역으로서의 가치를 부여하는 것이며; 결과적으로 추론에 따라 현재 주된 이용은 스웨덴이 하고 있음을 보여준다고 판단하였다.

또한, 재판소는 항해표지(beacon)와 등대선(light ship)의 설치와 관련해서, 그리스바다르나(Grisbadarna) 지역의 항행 안전에 필요한 등대선(light ship)의 정박은 노르웨이의 어떠한 항의나 주도 없이 스웨덴에 의해 수행되었으며; 등대선(light ship)과 항해표지(navigation becon)는 항상 스웨덴의 비용으로 유지되었으며; 노르웨이는 항해표지가 설치된 후 짧은 기간 동안 타종부표(bell-buoy) 하나를 설치한 것을 제외하고는 그와 같은 조치를 취하지 않았으며, 타종부표의 설치와 유지 비용을 항해표지와 등대선 관련 비용과 비교하는 것은 불가능하고; 스웨덴은 의심의 여지없이 그리스바다르나(Grisbadarna)에 대한 권리를 가졌으며, 그리고 아주 많은 금액에 대해서도 이들 모래톱의 소유자 혹은 점유자에 대해 비용을 부과하기를 주저하지 않았다는 것이 입증된다고 판단하였다.

해안선의 일반적인 방향에 수직선을 설정한 후, 앞서 언급한 사실상황 등을 고려하여 수직선의 각도를 조정함으로써 분쟁지역의 경계선을 획정한 동 사건은 오늘날 영해 경계획정에 있어서 별다른 함의를 제공한다고 보기는 어렵다.

향후 남북 간 서해5도 인근 해역의 영해 경계획정 문제가 대두된다면 우리 어민이 동 인근해역에서 장기간 어로활동을 해왔다는 점을 주장하여 우리나라에 유리한 해양경계를 모색해볼 수 있다는 점에서 동 판결은 약간의 시사점을 제공한다는 의견도 있지만, 유엔해양법협약 제15조(대향국간 또는 인접국간의 영해의 경계획정)는 "두 국가의 해안이 서로 마주보고 있거나 인접하고 있는 경우, 양국 긴 달리 합의하지 않는 한 양국의 각각의 영해 기선상의 가장 가까운 점으로부터 같은 거리에 있는 모든 점을 연결한 중간선 밖으로 영해를 확장할 수 없다. 다만, 위의 규정은 역사적 권원이나 그 밖의 특별한 사정에 의하여 이와 다른 방법으로 양국의 영해의 경계를 획정할 필요가 있는 경우에는 적용하지 아니한다"고 규정함으로써 중간선 원칙에 따라 영해의 경계를 획정하며 예외적으로 역사적 권원 또는 특별한 사정이 존재해야 이를 적용하지 않을 수 있는데 그와 같은 사정이 서해5도에 존재한다고 보기는 어렵기 때문이다.

나이지리아/카메룬 육지 및 해양경계 사건

Case Concerning the Land and Maritime Boundary between Cameroon and Nigeria(Cameroon v. Nigeria: Equatorial Guinea intervening), ICJ(2002)

최철영(대구대)

Ⅰ. 사실관계

1994년 3월 29일 카메룬은 나이지리아를 상대로 '바카시 반도(Bakassi Peninsula)'를 둘러싼 영토주권 분쟁의 해결을 ICJ에 부탁하였으며, ICJ는 2002년 10월 10일에 이 사건에 대한 판결을 내렸다. 이 사건에서 카메룬은 바카시 반도의 영토주권 문제 이외에도 나이지리아는 식민지화에서 유래한 국경에 관한 근본원칙(uti possidetis juris)을 위반했으며; 카메룬에 대해 무력을 사용하고 바카시 반도를 군사점령함으로써 국제 조약법과 관습법상의 의무를 위반했고; 이러한 법적 의무 위반을 고려할 때 나이지리아 연방공화국은 카메룬 영토에서의 군대 주둔을 종결하고 카메룬의 바카시 반도에서 즉각적이고 조건 없는 군대 철수를 해야 할 명시적 의무가 있다고 주장하였다. 또한 두 국가 간에 야기되는 모든 분쟁을 방지하기 위해서 카메룬은 ICJ에 나이지리아와 해양경계선을 획정해 줄 것을 부탁하였다.

ICJ는 양국 간의 경계가 분쟁 당사국에 의해 제공된 다수의 조약, 협약, 외교문서, 행정조치, 그리고 당시의 지도 등에 반영되어 있는 19세기와 20세기 초 유럽 강대국들의 아프리카 분할의 과정, 국제연맹의 위임통치, 국제연합의

신탁통치 체제, 그리고 양국의 독립 등의 과정을 통해 기본적인 구도가 형성되
었음을 인정하였다. ICJ는 분쟁 당사국간 육지 및 해양경계를 획정하는 과정에
서 당해 분쟁의 역사적·지리적 배경을 감안하여 차드 호(Lake Chad)의 경계선
을 획정하는 문제를 시작으로 차드 호로부터 바카시 반도까지의 경계 획정 문
제, 그리고 바카시 반도의 주권 문제를 심사하고, 이후 양국 간의 해양경계 획
정의 문제에 대해 판결을 내렸다.

II. 쟁   점

1. 차드호 주변의 경계 획정 문제

1) 양 당사국을 기속하는 경계선의 존재 여부

카메룬은 차드 호에 있어서 나이지리아와의 경계는 일반적으로 분쟁 당사
국들의 이전 식민통치 국가들인 프랑스와 영국간의 경계획정에 관한 협약, 그
리고 '차드 호 분지 위원회'의 경계획정에 의해 결정된 사항이라고 주장했다.
관련 근거로 카메룬은 '1919년 밀너―사이먼 선언(Milner―Simon Declaration)'의
제1조, '1929―1930년의 톰슨―마르샹 선언(Thomson―Marchand Declaration)',
그리고, '1931년 헨더슨―플뢰리오 교환각서(Henderson―Fleuriau Exchange of
Notes)' 등을 제시했다. 일련의 연속성을 가진 이들 협약들에 의해 차드 호 주
변의 경계선은 획정되었다고 카메룬은 주장했다.

카메룬은 위의 경계선이 1946년 12월 13일 국제연합 총회에 의해 프랑스
통치 카메룬의 영토에 대한 신탁통치 협정이 체결되었을 때 이에 명백하게 포
함되었으며, 이후 카메룬과 나이지리아가 독립하였을 때 현상유지(uti possidetis)
원칙에 따라 양국의 국경선으로 확정되었다고 주장했다. 카메룬은 이들 협약
들에 의해 획정된 경계선을 확인할 수 있는 다수의 지도들을 증거로서 제시하
였다.

이에 대해 나이지리아는 차드 호 지역이 과거 경계 획정의 대상이 된 적이

없으며, '톰슨─마르샹 선언'은 차드 호와 관련 영국과 프랑스 간 경계 획정의 최종 결정이 아니라고 주장했다. '헨더슨─플뢰리오 교환각서'도 절차적인 성격을 가진 것으로 해당 지역의 경계를 획정한 것은 아니라고 주장했다. 나이지리아는 차드 호 지역에는 완전하게 획정된 경계선이 존재하지 않으며 도리어 권원의 '역사적 응고(historical consolidation)'와 카메룬의 묵인을 기초로 자국의 권원을 주장하였다.

ICJ는 상호 연속성을 가지고 있는 '밀너─사이먼 선언', '톰슨─마르샹 선언', 그리고 '헨더슨─플뢰리오 교환각서'의 관련 조문들과 증거로 제출된 지도 등을 검증한 이후에 이들 문서들, 특히 톰슨─마르샹 선언은 국제협약으로서의 지위를 가진다고 판단했다. 또한 ICJ는 위에 언급한 선언들이 기술적인 측면에서 부정확한 측면이 있고 보다 더 규명되어야 할 사항도 있지만 경계선 획정에 요구되는 조건을 충족시킨다고 판정했다. 따라서 ICJ는 '밀너─사이먼 선언', '톰슨─마르샹 선언', 그리고 '헨더슨─플뢰리오 교환각서'가 차드 호 주변에 있어 카메룬과 나이지리아와의 경계를 획정했다고 판단했다.

2) '역사적 응고이론'과 '묵인'에 대한 판단

차드 호 지역의 주권 주장과 관련하여 나이지리아는 첫째, 해당 지역에 대한 나이지리아와 나이지리아 사람에 의한 오랜 점유는 '권원의 역사적 응고(historical consolidation of title)'에 해당한다. 둘째, 나이지리아에 의한 실효적 행정은 주권의 행사이며 이에 대한 어떠한 항의도 존재하지 않았다. 셋째, 다락(Darak) 지역과 인근 차드 호 주변 지역에 대한 나이지리아의 주권 행사에 대한 카메룬의 묵인과 함께 해당 지역에 대해 나이지리아는 주권 행사를 명백히 하였다는 주장을 하였다.

나이지리아는 또한 분쟁 지역에 대한 나이지리아 정부의 평화적인 주권 행사에 대해 카메룬이 묵인했으며 이 묵인은 권원의 역사적 응고라는 과정에 중요한 요소를 구성한다고 주장했다. 나이지리아는 자국의 주권 행사에 대한 카메룬의 묵인을 입증하기 위한 증거로서 분쟁 지역에서의 나이지리아 국민들에 의한 거주가 평화적으로 이루어져 왔으며 이 지역에 대한 나이지리아 당국의 행정 조치 역시 평화적으로 이루어져 왔음을 강조했다. 더 나아가 나이지리아는 1994년 4월 이전에 카메룬으로부터 어떠한 종류의 항의도 제기되지 않았으며 1987년 카메룬의 무력 침공이 해당 지역 나이지리아 거주민과 보안 요원들에 의해 격퇴되었다는 등의 사실을 열거하면서 분쟁 지역에 대하여 카메룬에 의한 어떠한 권리 주장도 없었음을 강조했다.

카메룬은 분쟁 지역에 대해 협약에 의한 전통적인 영토 권원(conventional territorial title)의 보유자로서 이러한 유효한 협약에 의한 권원은 이에 반하는 어떠한 효율적인 권한 행사보다 우월하기 때문에 상기 분쟁 지역에 대한 실효적인 주권 행사를 입증할 필요가 없다고 주장하였다. 카메룬은 특정 영토의 할양에 대한 권원의 소유자의 명백한 동의가 결여된 상황에서는 어떠한 형태의 권원의 역사적 응고도 협약에 의한 영토 권원보다 우월할 수 없다고 주장했다.

또한 카메룬은 '주권의 행사로서의 실효적인 지배(effectivités)'와 '권원'과의 법적 관계에 대해서 언급하면서 주권 행사로서의 실효적인 지배를 자국의 유효한 협약에 의한 권원을 보충하는 보조적인 근거로서 주장하였다. 이외에도 카메룬은 차드 호 주변 지역에 대해 존재하고 있는 양국 간의 경계선을 나이지리아 정부가 이미 인정한 사실을 근거로 금반언의 원칙(estoppel)도 제기했다.

ICJ는 나이지리아의 주장에 대해 '역사적 응고이론'은 법과 사실관계에 있어 다른 모든 중요한 변수들을 고려해야만 하는 논란의 여지가 많은 이론이며 따라서 국제법상 이론적으로 확립된 권원의 취득에 관한 '유형(mode)'들을 대체할 수는 없다고 지적했다. 더욱이 나이지리아에 의해 제공된 사실관계와 상황들은 약 20여년의 기간에만 한정된 것으로서 나이지리아가 제시한 이론에 의하더라도 자신의 주장을 입증하기에는 너무 짧은 기간이라고 판단했다. 따라서 ICJ는 해당 지역에 대한 나이지리아와 나이지리아인에 의한 오랜 점유는 '권원의 역사적 응고'에 해당한다는 주장을 인정할 수 없다고 판시했다.

또한 ICJ는 이미 다수의 판례들에서 '주권의 행사로서의 실효적인 지배(effectivités)'와 '권원(title)'과의 법적 관계에 대해서 언급한 사실을 지적하였다.

부키나 파소와 말리간의 국경선 분쟁 사건에서 ICJ는 "특정 행위가 법에 상응하지 않고 분쟁의 대상인 영토가 법적 권원을 소유하고 있지 않은 국가에 의해 효율적으로 유지되고 있는 상황에서 우선권은 권원의 소유자에게 부여되어야만 한다. 주권의 행사로서의 실효적인 지배가 법적 권원과 양립하지 않고 있는 상황에서 이러한 점은 동일하게 고려되어야만 한다"고 판시했다. ICJ는 이러한 법리가 차드 호의 경계선 획정과 관련하여 카메룬과 나이지리아간에 있어서도 그대로 적용된다고 지적하고 1931년 '헨더슨－플뢰리오 교환각서'에 의해 확정된 국경선 동쪽에 위치하고 있는 거주 지역의 주권은 카메룬에게 있다고 판단하였다.

2. 바카시 반도의 주권 귀속 여부

1) 1884년 보호조약과 1913년 영독협정의 지위

바카시 반도에 대한 자국의 주권을 입증하기 위해 카메룬은 1913년 3월 11일에 체결된 '영독협정(Anglo－German Agreement)'이 바카시 반도 주변에 있어서 양국의 경계선을 획정하였으며 동 협정에 의해서 바카시 반도가 독일 측 영역에 귀속되었다고 주장했다.

카메룬은 1913년 영독협정과 관련하여 논의된 1884년 9월 10일에 체결된 '영국과 올드 카라바의 왕 및 족장들 간의 보호조약'의 법적 지위에 대해서 동 보호조약이 '식민 보호국(colonial protectorate)'을 세우는 것이 목적이었으며 당시의 실제 관행을 보면 영토 취득의 경우 식민지와 식민 보호국 사이에는 국제법적 차원에서 근본적인 차이가 존재하지 않았다고 주장하였다. 카메룬은 식민지와 식민 보호국의 지위 사이에 존재하는 실질적인 차이점은 국제법상의 문제라기보다는 제국주의 국가 내의 국내법상의 문제라고 주장하였다. 그리고 식민 보호국의 중요한 요소는 "보호국가에 의한 대외적 주권의 인수(assumption)"이며 이러한 요소는 해당 지역 내의 주민이나 단체의 간섭 없이 보호되는 영토의 특정 부분을 국제조약에 의해 할양할 수 있는 권한의 취득과 행사라는 방식을 통해 표출된다고 하였다.

　　나이지리아는 바카시 반도에 대한 자국의 주권을 입증하기 위해 1913년 3월 11일에 체결된 영독협정에도 불구하고 당시 바카시 반도가 올드 카라바의 왕 및 족장들의 주권 하에 있었다고 주장했다. 따라서 나이지리아는 1913년 당시 영국은 분쟁 영토인 바카시 반도에 대한 주권을 가지고 있지 않았기 때문에 영국은 상기 영토를 다른 제3자에게 할양할 수 없다고 주장했다. 결과적으로 나이지리아는 카메룬이 적시한 1913년 영독협정의 관련 규정은 유효하지 않은 것으로 간주되어야 한다고 주장했다.

　　나이지리아는 '영국과 올드 카라바의 왕 및 족장들 간의 보호조약' 자체의 명칭과 제1조에서의 '보호'의 이행에 대한 언급은 영국이 조약상에 언급된 보호 이상의 그 어떠한 권리도 향유하고 있지 않았다는 사실을 입증한다고 주장했다. 특히 문제의 영토를 제3국에 할양할 수 있는 그 어떠한 권리도 영국은 가지고 있지 않다고 주장했다.

　　1913년 영독협정에 근거한 영국의 바카시 반도에 대한 권원 이전의 문제는 결과적으로 1884년 9월 10일 체결된 '영국과 올드 카라바의 왕 및 족장들 간의 보호조약'의 법적 성격의 규명의 문제로 귀결되었다. ICJ는 1913년 영독협정에 근거하여 당시 영국이 분쟁 영토인 바카시 반도의 권원을 이전시킬 수 있는 지위에 있었는지에 대해 심사했다.

　　ICJ는 베를린회의(Congress of Berlin) 시대에 유럽의 제국주의 국가들이 아프리카의 지역 족장들과 무수한 조약들을 체결한 사실을 명시했다. 영국의 경우 니제르 삼각지역(Niger delta)에 있는 족장들과 350여개의 조약을 체결한 바 있다. 이러한 조약들 가운데 1884년 7월 오포보의 왕 및 족장들(Kings and Chiefs of Opobo)과 체결한 조약과 1884년 9월 올드 카라바의 왕 및 족장들과 체결한 조약이 있다. 후자의 조약은 영국의 보호지역으로 지정된 영토를 명확히 규정하지 않았으며 동 조약의 체약자인 각각의 왕 및 족장들이 그들의 권한을 행사할 영토 또한 규정하지 않았다. 그러나 ICJ는 영국은 각각의 시대에 올드 카라바의 왕 및 족장들이 의해 통치된 지역과 그들의 지위에 대한 분명한 인식이 있었다는 입장을 견지했다.

ICJ는 동 보호조약의 법적 지위 및 동 조약에서 규정한 영국의 법적 지위에 대한 나이지리아의 주장에 대해서 당시의 유효한 법 체제 내에서 발효한 '보호조약(Treaty of Protection)'의 국제법적 지위는 몇몇 보호조약들이 국제법상 이미 확립된 주권을 향유한 상태에 있는 실체와 체결되었듯이 조약 자체의 명칭만으로 추론될 수 있는 것은 아니라는 사실을 강조했다. ICJ는 또한 사하라 사막 이남 지역의 아프리카에서 보호조약이란 명칭을 가진 조약들은 국가들과 체결된 것이 아니며 해당 지역에 대해 통치력을 행사할 수 있는 중요한 원주민 지배자들과 체결되었다고 언급했다. 이러한 형식의 조약을 통한 당시의 영토 취득 유형이 현대 국제법을 제대로 반영하고 있는 것은 아니라고 할지라도 시제법(inter-temporal law)의 원칙을 적용하면 당시 니제르 삼각지역에서 체결된 조약들의 법적 결과들은 현재의 분쟁과 관련하여 계속해서 유효하다고 판시했다.

ICJ는 국제법상 보호령의 특성은 제국주의 국가와 보호령의 지배자 사이에 있었던 지속적인 회의와 토론에 있다고 언급하고 나이지리아가 그러한 회의의 존재 여부에 대해서 입증할 수 없었으며 따라서 제기된 문제에 대해 답할 수 있는 기록은 존재하지 않았다고 분석했다. ICJ는 또한 보호령 또는 보호국가의 명칭을 불문하고 영국 추밀원(British Orders in Council)의 어떠한 기록에도 올드 카라바에 대한 언급이 없다는 것에도 주목했다. ICJ는 올드 카라바의 왕 및 족장들이 행한 것으로 주장되는 1913년에 있었던 항의를 입증하는 증거와 1960년 나이지리아가 독립을 성취하는 과정에서 올드 카라바의 왕 및 족장들이 문제의 영토를 나이지리아에 이전하는 어떠한 조치를 취했다는 증거가 제출되지 않았다고 밝혔다.

따라서 ICJ는 당시의 법에 의하면 영국은 1913년 분쟁 지역인 남쪽 지방을 포함하여, 나이지리아와 관련하여 독일과의 경계선을 결정할 수 있는 지위에 있었다고 판단했다.

2) 1913~1960년의 기간 동안 경계선 남쪽 지역의 법적 지위

1913년 3월 11일에 체결된 영독협정의 체결에서부터 분쟁 당사국인 카메룬과 나이지리아가 독립을 성취한 1960년까지의 기간 동안 동 협정에 의해 규정된 경계선의 남쪽 지역의 지위에 대해서도 양국의 입장은 대립되었다.

카메룬은 위임과 신탁통치의 기간 그리고 그 이후의 독립 기간 동안 카메룬과 바카시 반도와의 관계에 대해 국제사회의 승인(recognition)이 있었음을 강조했다.

이에 대해서 나이지리아는 비록 1884년 조약이 유효했지만 영국은 어떠한 시점에서도 바카시 반도에 대한 처분 권한을 가지고 있지 않았다고 반박했다. 따라서 나이지리아는 바카시 반도와 관련하여 영국이 위임통치 또는 신탁통치 기간 동안 나이지리아로부터 바카시 반도를 분리할 수 없음을 강조했다.

ICJ는 이 문제에 대해 심사하면서 ICJ는 제1차 세계대전 이후 베르사이유 조약(Versailles Treaty)에 의해 카메룬의 독일령은 영국과 프랑스에 의해 양분되었으며 1922년 영국은 1919년 7월 10일에 체결된 '밀너-사이먼 선언'에 규정된 경계선의 서쪽에 위치하는 카메룬의 이전 독일 식민지에 해당하는 지역에 대한 국제연맹(the League of Nations)의 위임을 받아들였음을 지적하였다. 바카시 반도는 당연히 이 위임통치의 범주에 포함되었다. 제2차 세계대전 종료 후 국제연합이 창설되어 위임통치가 신탁통치로 전환되었을 때 해당 영토의 상황은 그대로 유지되었다. 따라서 1922년부터 신탁통치가 종료된 1961년까지의 전 기간 동안 바카시 반도는 영국령 카메룬 내에 포함되었으며 바카시 반도와 나이지리아간의 경계선은 행정적인 처분임에도 불구하고 국경선으로 유지되었다.

ICJ는 1913년 3월 11일에 체결된 영독협정에도 불구하고 1960년 나이지리아의 독립 이후 바카시 반도가 올드 카라바의 왕 및 족장들의 주권 하에 있었다는 나이지리아의 주장을 받아들이지 않았다. 또한 ICJ는 나이지리아가 독립할 당시 올드 카라바의 왕 및 족장들로부터 바카시 반도를 취득했다고 인정할 만한 어떠한 증거도 발견하지 못했다고 밝혔다. 나이지리아는 독립할 당시 이 지역의 영토의 범위에 대해서 어떠한 의문도 제기하지 않았다. ICJ는 특히 국제연합의 감독 하에 국민투표(plebiscite)가 1960년 서부 카메룬에서 시행되었을 때 바카시 반도가 그에 포함되지 않았다고 나이지리아가 믿을 만한 어떠한 사항도 존재하지 않는다고 하였다.

　이와 반대로 신탁통치의 종료 및 국민투표의 결과를 승인한 국제연합 총회 결의 1608(XV)에 대해 나이지리아가 찬성하였을 때 나이지리아가 문제의 경계선에 대해서도 인정했었다는 사실에 ICJ는 주목했다. 그 이후 카메룬에게 보낸 1962년 3월 27일자의 외교문서(Note Verbale No. 570)에서 나이지리아는 특정 석유채굴 면허 지역에 대해서 언급했고 동 문서에 첨부된 지도상의 'N' 지구가 바카시 반도의 남부 지역을 지칭하고 있는 것이 분명하였음에도 주목했다. 동 지구는 카메룬 근해라고 서술되어 있었다.

　ICJ는 1961년에서 1962년의 기간 동안 나이지리아가 바카시 반도에 대한 카메룬의 권원을 분명히 공개적으로 인정했다고 밝혔으며 이러한 나이지리아의 견해는 적어도 나이지리아가 마로아 선언(Maroua Declaration)에 서명한 1975년까지 지속되었다고 명시했다. 따라서 그 이전에 바카시 반도에 대해 행해진 나이지리아에 의한 주권의 행사로서의 실효적인 행정이 나이지리아의 권원을 증명할 정도의 법적인 의미를 가지고 있다고 말할 수 없다고 보았다. 또한 이것은 부분적으로 나이지리아의 보건, 교육, 그리고 조세와 관련한 국가 행위에 대해 카메룬이 저항을 하지 않은 이유를 부분적으로 설명하고 있다고 보았다. 따라서 ICJ는 1913년 3월 11일에 체결된 영독협정의 제18조부터 제22조에 의해 나이지리아의 경계가 획정되었다는 것과 나이지리아가 바카시 반도에 대한 카메룬의 주권을 당시 인정한 것으로 간주했다.

　이러한 이유에 근거하여 ICJ는 1913년 3월 11일에 체결된 영독협정은 유효하며 동 사건에 있어서 전적으로 적용된다고 판시했다.

Ⅲ. 판　결

　ICJ는 첫째, 차드호 지역에서 카메룬과 나이지리아 간의 경계는 1931년 헨드슨-플뢰리오 교환각서에 포함된 바에 따라 1929~1930년의 톰슨-마르샹 선언에 의해 획정된다고 판단하고 차드호 지역에서 카메룬과 나이지리아 간의 경계선을 획정하였다. 둘째, 차드 호에서 바카시 반도까지 카메룬과 나이지리아 간의 육지경계는 1931년의 헨드슨-플뢰리오 교환각서, 1929-1930년의 톰슨-마르샹 선언 제2조에서 제60조, 1913년 4월 12일의 영독협정 제12조, 1946년 8월 2일 영국 칙령, 1913년 3월 11일과 4월 12일의 영독협정에 근거하여 결정하였다. 셋째, 바카시에서 카메룬과 나이지리아 간의 경계는 1913년 3월 11일의 영독협정 제18조에서부터 제20조에 의해 획정되어진다고 결정하였다. 넷째, 바카시 반도의 주권은 카메룬 공화국에 있다고 결정하였다. 다섯째, 바카시에서 카메룬과 나이지리아 간의 경계는 지도 TSGS 2240에 따른다고 결정하였다.

또한 ICJ는 카메룬과 나이지리아 각자에 속하는 해양지역들의 경계를 획정하고 나이지리아는 카메룬의 주권에 속하는 영토에서 나이지리아의 행정과 군대 및 경찰을 신속하고 조건 없이 철수해야 할 의무가 있다고 결정하였다.

이와 더불어 ICJ는 "호의와 관용이라는 전통적인 정책에 충실하면서" 카메룬이 "바카시 반도와 차드호 지역에서 살고 있는 나이지리아 사람들을 계속해서 보호할 것"이라는 약속을 이행하도록 주문하고 나이지리아의 반소를 기각하였다.

Ⅳ. 평 석

카메룬과 나이지리아 간의 육지 및 해양 경계선 사건에서 일부 판사들이 제기한 반대의견과 별도의견에도 주목할 필요가 있다.

랑제바 판사는 시제법의 원칙과 관련하여 영국이 카메룬과 나이지리아 간의 경계선을 획정할 수 있는 권한을 가지고 있다고 판시한 ICJ의 결론에 의문을 제기하면서 동 사건에 있어서 유럽 제국주의 국가들 간의 관계에 적용되는 국제법과 제국주의 국가 본국과 식민지 영토 간의 관계에 적용되는 식민지법 사이에 구분하는 것이 바람직하다는 의견을 제시했다. 알-카소네 판사 또한 시제법에 대해서 언급하면서 시제법은 자동적으로 적용할 수 있도록 정립된 원칙이 아니기 때문에 바카시 반도를 독일에 할양한 근거를 시제법에서 구하고자 한 것은 ICJ의 오류라고 분석했다.

조약 준수의 원칙(pacta sunt servanda)에 대하여 코로마 판사는 반대의견을 통하여 영국에 의한 올드 카라바 부족의 보호를 명시적으로 규정한 '1884년 9월 10일 영국과 올드 카라바의 왕 및 족장들간에 체결된 보호조약'의 유효성을 인정하지 않고 올드 카라바 부족의 영토를 그들의 동의 없이 영국으로 할양한 '1913년 3월 11일에 체결된 영독협정'의 유효성을 인정함으로써 ICJ가 법적 유효성의 판단 대신 정치적인 현실을 선택했다고 비판했다.

역사적 응고이론과 주권의 행사로서의 실효적인 행정과 관련해서 코로마 판사는 1884년 보호조약은 영국에게 올드 카라바 부족의 영토를 그들의 동의 없이 할양할 수 있는 권한을 부여한 것이 아니기 때문에 1913년 영독협정이 그러한 효력을 가지는 것에 대해서 ICJ는 그 해당 부분이 무효임을 선언해야 한다고 주장했다. 그는 1913년 영독협정에 근거하여 카메룬의 주권을 인정했다는 점에서 ICJ가 판결이 잘못되었음을 지적했다. 또한 그는 ICJ가 1913년 영독협정에 근거하여 카메룬의 주권을 인정하기보다는 원시적 권원과 역사적 응고이론에 근거한 나이지리아의 주권 주장에 보다 비중을 두었어야 한다고 주장했다.

아지볼라 판사도 ICJ가 역사적 응고이론과 주권의 행사로서의 실효적인 행정에 근거한 나이지리아의 주장에 대해서 정당한 고려를 하지 못했다고 비판했다. 그는 1884년 체결된 '영국과 올드 카라바의 왕 및 족장들 간의 보호조약'의 증거 가치는 분명히 나이지리아에게 유리하다고 평가했다. 나이지리아가 독립하기 이전의 모든 관련 기간 동안 바카시 반도에 대한 영토 주권은 올드 카라바의 왕 및 족장들에게 귀속되어 있었고, 1884년 보호조약은 '보호'에 관한 조약이므로 영토 주권에 관한 어떠한 부분도 영국에 이전되지 않은 것만은 분명하다고 보았다. 따라서 영국은 어떠한 영토 주권도 독일이나 또는 카메룬의 독립 이후 카메룬에게 이전시킬 수 없다고 보았다.

카메룬과 나이지리아 간의 영토 및 경계획정 분쟁 사건은 국제사법기관이 최근의 영토 분쟁에 관한 판례에서 보여준 법리로서 '가장 확실시되는 증거에 전적으로 의존하는 법리'를 재확인하고 있다. 2001년의 '카타르와 바레인 간의 해양경계 및 영토분쟁에 관한 사건'에서 ICJ는 바레인의 하와르 섬에 대한 주권을 인정하는데 있어서 판결의 거의 유일한 근거로서 1939년 영국 정부의 관련 결정문만을 참고로 하였다. 이번 사건에서도 식민지에서 독립한 신생 국가들 간의 영토 분쟁에 있어서는 당시 지역을 식민 지배했던 제국주의 서구 열강들의 해당 분쟁 영토에 대한 처분 및 입장에 절대적인 증거 능력을 부여하였다.

니카라과/온두라스 카리브해 영토 및 해양분쟁 사건

Case Concerning Territorial and Maritime Dispute between Nicaragua and Honduras in the Caribbean Sea(Nicaragua v. Honduras), ICJ(2007)

이용희(해양대)

I. 사실관계

이 사건은 니카라과와 온두라스를 분쟁당사자로 하여, 카리브해 지역에서 인접국에 해당하는 양국가간 해양경계를 획정하고, 관할권 중복주장해역에 존재하는 도서의 영유권에 관한 판단을 부탁한 사건이다.

니카라과와 온두라스는 모두 스페인 식민지배하에 있었으며, 1821년 각각 독립하고 1894년 가메즈 보닐라조약을 체결하여 일반적인 경계획정을 결정하였다. uti possidetis juris 원칙을 적용하고 합동경계위원회를 설치하여 구체적인 경계를 획정하도록 하였다. 동 위원회는 태평양 폰세카만에서 시작된 육상경계를 설정하였으나 전체 육상경계의 1/3만을 획정하는데 그치었다. 이에 양국은 위 조약에 의거 스페인 왕에게 중재를 요청한 바, 스페인 왕은 1906년 12월 23일 판정을 통하여 나머지 육지경계를 설정하였으며, 대서양쪽 경계의 시작을 양국간에 존재하는 코코강 입구의 탈베그(thalweg)를 기준으로 하였다. 니카라과는 위의 판정의 유효성에 대하여 문제를 제기하고 1958년 1월 동 분쟁을 ICJ에 부탁하였다. 이에 ICJ는 니카라과의 주장이 이유 없다고 결정하고, 1906년 판정이 유효하기 때문에 니카라과는 동 판정을 이행할 의무가 있음을 판결하였다.

위의 판결에도 불구하고 양국이 1906년 판정의 이행방법에 합의하지 못함으로써, 니카라과의 요청으로 미주국간 평화위원회가 개입하여 합동위원회를 설치하고 경계선을 획정하도록 하였다. 동 위원회는 북위 14도 59.8분 서경 83도 8.9분을 코코강의 하구 경계점으로 설정하였다. 1977년부터 양국은 해양경계획정에 관한 협의 개시를 합의하였으나 니카라과 내전으로 인하여 진전을 보지 못하였을 뿐만 아니라 1990년까지 양국간 관계가 악화되었다. 동 과정에서 1979년 9월 21일 북위 15도선 북쪽에서 조업하는 온두라스 어선이 니카라과에 의해 공격당하는 사건이 발생하여, 온두라스가 북위 15도선이 양국간 해상경계로 기능하고 있다는 항의문서를 니카라과에 발송하였으나 니카라과는 북위 15도선의 법적 성질에 대한 언급없이 신속한 사실조사만을 약속하였다. 니카라과는 1979년 12월 19일 대륙붕 및 인접해역법을 입법하고 니카라과가 주변 200해리에 이르는 해역에 대한 주권 및 관할권을 규정하였으며, 1980년과 1982년 발행된 공식지도상 로잘린드와 서라닐라 북위 17도 이르는 구역에 대한 관할권을 표시하였다. 이에 온두라스는 1982년 1월 11일 신헌법을 제정하고 200해리 배타적 경제수역을 선포하였으며, 대서양쪽에 존재하는 로잘린드와 서라닐라 등을 포함한 모든 암석과 모래톱에 대한 영토주권을 규정하였다. 1982년 3월 21일 온두라스 어선 4척이 북위 15도선 북쪽에서 조업중 니카라과 연안경비선 2척에 의해 나포된 사건과 관련하여, 온두라스가 북위 15도선이 양국간 전통적으로 인정된 해양경계선이라는 점을 외교서한을 통하여 주장하였으나, 니카라과는 어떠한 해양경계선에 대해서도 인정한 바가 없음을 주장하였다. 이후 온두라스 어선에 대한 북위 15도선 북쪽에서의 니카라과측 공격이 계속되었으며, 온두라스가 제안한 잠정경계선의 획선 및 1980년 1982년 지도의 오류시정 요구도 니카라과측에 의해 거절되었다. 1990년 9월 5일 양국은 공동성명을 통하여 해양문제에 관한 합동위원회를 구성하고 해양경계문제, 어업문제를 최우선적으로 다루도록 결정하였으나 카리브해 해양경계획정에 대한 문제를 해결하지 못하였다. 1996년 1월 22일 계속되는 어선 나포건을 해결하기 위하여 잠정공동어업수역 설치를 위한 임시위원회가 양국 대통령의 회담 결과로 설치되었으나 성과를 내지는 못하였다.

1997년 9월 24일 양국은 양해각서를 체결하고 새로운 합동위원회를 구성하여 해양경계문제에 대한 해결책을 찾는 최후의 노력을 하였으나, 1999년 12월 1일 온두라스가 1986년 콜롬비아와 채택한 해양경계조약을 비준함으로써 니카라과가 협상 종결을 선언하고, 1999년 12월 8일 국제사법재판소(ICJ)에 니카라과와 온두라스 간 카리브해에서의 영해, 대륙붕, 배타적 경제수역에 관한 단일해양경계선을 형평의 원칙과 일반국제법상 인정되는 관련 환경에 따라 결정하여 줄 것을 요구하였다.

이에 재판소는 2001년부터 2007년까지 서면절차와 구두절차를 완료하고 2007년 10월 8일 판결을 내렸으며, 본 판결 이외에도 2개의 개별의견과 1개의 반대의견 및 2개의 선언이 제기되었다.

II. 쟁 점

1. 도서영유권

니카라과는 북위 15도선 북쪽에 위치한 보벨 케이(cay),[1] 사반나 케이, 포트로얄케이 및 사우스 케이를 비롯한 분쟁지역 내 도서 및 암석에 대하여 주권을 주장하였다. 도서에 대한 니카라과의 영유권 주장근거는, 첫째 독립시점인 1821년 당시 위의 도서들이 무주물이 아니었으나 독립시 양국 중 어느 국가에 소속되는지 확정되지 아니하였기 때문에 uti possidetis juris 원칙을 위 도서영유권 판단에 적용하는 것은 불가능하므로 다른 권원에 의존할 수밖에 없으며, 니카라과 연안으로부터 위 도서들이 가까우므로 인접성의 원칙(principle of adjacency)에 따라 니카라과가 분쟁도서에 대한 고유한 권원(original title)을 보유

---

1) 케이(cay)는 산호나 모래로 구성된 소규모의 암초섬으로서, 작고 낮으며 모래성분으로 구성된 것이다.

한다는 것이었다. 둘째, 법적인 측면에서 온두라스가 주장하는 실효적 주권 행사(effectivités)는 고유한 권원을 대체할 수 없으며, 온두라스의 실효적 지배행위는 니카라과가 주장하는 결정적 기일인 1977년 이후 행사된 것이고, 니카라과도 위의 도서주변에서의 거북이어업과 관련하여 영국과 협상하여 협정을 체결하는 등의 행위를 19세기부터 시작하여 1960년대까지 지속한 바 있음을 주장하였다. 셋째, 동 지역에 대한 주권 및 관할권 행사를 제3국이 인정한 사실이 있으며, 지도증거가 자국의 주권을 입증한다고 주장하였다.

한편, 온두라스도 북위 15도선 북쪽에 위치한 보벨 케이, 사반나 케이, 포트로얄케이 및 사우스 케이를 비롯한 분쟁지역내 도서 및 암석에 대하여 주권을 주장하였다. 온두라스는 가장 기본적으로 uti possidetis juris 원칙에 따라 분쟁도서에 대한 고유한 권리가 있다고 주장하는 바, 그 이유로서 독립당시 북위 15도선에 위치한 가르시아스 아디오스 갑이 양국간 육지 및 해상경계이었으므로 북위 15도선 북쪽에 위치한 도서들은 위 원칙에 의거 온두라스의 영토가 된다는 것이다. 또한 온두라스는 고유한 권리가 다수의 실효적 주권행사에 의해 확인되었음을 주장하는 바, 그 예로서 공공행정입법 및 민·형사법의 적용, 어업활동 및 출입국의 규율, 석유·가스의 탐사 및 개발행위 규율, 군사적 순찰 및 선박 수색 및 구조 활동의 시행, 과학조사 및 공공토목공사에의 참여 등을 제시하였다. 이 밖에도 온두라스는 ICJ가 uti possidetis juris 원칙에 입각한 주장을 할 수 없다고 판단한다고 하여도, 실효적 주권행사측면에서 니카라과에 비교하여 우월한 위치에 있으며, 니카라과가 주장하는 1977년을 결정적 기일로 하는 것은 부적절하며 니카라과가 도서영유권문제를 최초로 제기한 2001년 3월 21일을 결정적 기일로 할 것을 주장하였다. 마지막으로 온두라스는 다수의 국가가 분쟁도서에 대한 온두라스의 주권을 인정하고 있으며, 비록 제시하지는 않았지만 지도적 증거가 자국의 영유권 주장을 뒷받침한다고 주장하였다.

2. 해양경계획정

1) 해양경계 시작점

니카라과는 1962년 설정한 코코강 하구의 육지경계 시작점이 퇴적활동으로 인하여 1마일 정도 북동쪽으로 이동하였으며, 향후에도 동 시작점이 이동할 가능성이 있으므로, 해양경계의 시작점을 코코강 실제 하구로부터 3해리 바다 쪽으로 나간 곳에서 시작하여야 한다고 주장하였다. 온두라스도 니카라과의 주장에 기본적으로 동의하였으나 시작점은 1962년 지점에서 정동방향으로 북위 15도선을 따라 3해리 이동하여야 하며, 경계선이 획선되지 않는 부분에 대해서는 양국이 합의를 위해 협상하여야 한다고 주장하였다.

2) 영해 경계획정

니카라과는 유엔해양법협약 제15조에 따라 등거리선에 의거하여야 하지만, 시작점이 매우 불안정한 강하구의 지점으로부터 출발하여야 하는 관계로 등거리선 대신 이등분선(bisector line)에 의할 것을 주장하였다. 또한, 경계 미확정상태로 남겨지는 영해부분은 영해외측경계선과 육지경계의 시작점 간에 조화롭고 유연하며 조정 가능한 연결이 되어야 한다고 주장하였다. 한편, 온두라스는 니카라과의 주장과 같이 등거리선을 채택할 수 없는 특별한 사정이 있다는 점에 대해서는 동의하였다. 그러나, 육지형태보다는 확립된 국가관행이 더욱 중요한 요소에 해당하며, 양국간에는 북위 15도선에 따른 국가관행이 있는 바 영해의 경계획정은 시작점으로부터 북위 15도선에 따라 획선되어야 한다고 주장하였다.

3) 영해 이원의 해양경계

니카라과는 니카라과 연안의 일반적 방향과 온두라스 연안의 일반적 방향에 의한 선간에 형성되는 각을 이등분(52도 45분 21초)하여 영해 외측의 경계선으로 하고, 외측경계의 한계는 로잘린드 뱅크(Bank)[2]에 근접해 있는 제3국과

---

2) 뱅크(Bank)는 봉우리 부분의 수심이 200m를 넘지 않고 항해를 위협할 만큼 높지 않은, 모래나 암석으로 이루어진 해양저의 침수된 고지대를 말한다.

의 경계선과 만나는 곳까지로 하자고 제안하였다. 이와 같은 제안의 이유로 육지부분이 바다쪽으로 돌출된 점과 등거리선을 적용함에 있어서 직면하게 되는 기술적 어려움을 제시하였다.

반면에, 온두라스는 니카라과가 제시한 연안의 일반적 방향의 설정이 연안에 대한 잘못된 판단에 근거하는 것으로 평가하고, 영해 외측의 해양경계선은 전통적 경계(traditional boundary)에 따라 북위 15도선에 따라 획선되어야 하고, 그 외측한계는 제3국의 관할권이 미치는 점까지로 하여야 한다고 주장하였다. 온두라스 주장은 1821년 독립시점에 가르시아스 아디오스 갑(Cape)[3]으로부터 적어도 6해리 떨어진 북위 15도선을 따라 해양경계가 있었으며, 전통적 경계의 존재를 인정하는 외교적 문서, 입법 및 지도가 있고 제3국 및 국제기구도 북위 15도선을 경계선으로 인정하고 있음을 주장하였다. 또한, 1979년부터 동 경계선에 대한 니카라과의 입장이 급격히 변화하였으므로 이 부분에 대한 결정적 기일은 1979년이 되어야 하며, uti possidetis juris 원칙에 따라 동선이 해양경계가 되어야 한다는 것이었다. 이 밖에도 온두라스는 동 경계선이 등거리선을 채택할 경우보다 니카라과에 유리함으로 특성상 형평하고, 니카라과의 연안 전면의 연장선을 가로지르지 않기 때문에 침해금지의 원칙(principle of non-encroachment)도 존중한다는 점을 강조하였다. 마지막으로, 온두라스는 ICJ가 온두라스의 위 주장을 받아들이지 않을 경우 잠정등거리선을 설정하고 이를 조정하는 방법을 택할 것을 요구하였다.

Ⅲ. 판 결

1. 결정적 기일(critical date)

ICJ는 서로 관계가 있는 두 가지 분쟁이 하나의 사건으로 다루어지는 경우

---

3) 갑(Cape)은 육지가 바다로 돌출해 나간 끝 부분을 이르는 말로서, 곶(串)·단(端)·갑각(岬角)·각·기(崎)·말·끝이라고도 한다.

각각의 결정적 기일을 설정하는 것이 필요하다고 판단하고, 도서영유권분쟁과 해양경계획정분쟁 각각에 적용되는 결정적 기일을 결정하였다. 먼저, 도서영유권분쟁과 관련하여서는, 니카라과가 2001년 3월 21일 마지막으로 제출된 서면에서 도서영유권분쟁에 대하여 재판소에 판결을 요청하였으므로, 동 분쟁에 대한 결정적 기일을 2001년으로 결정하였다. 한편, 해양경계획정분쟁의 결정적 기일은 양국간 전통적 경계선의 존재 유무에 대한 명시적인 주장과 부인이 발생하였던 1982년을 결정적 기일로 판단하였다.

2. 분쟁지역 내 도서영유권에 관한 새로운 주장의 허용성 여부

재판소는 니카라과가 최초의 소 제기 시 비록 청구의 내용을 보완하거나 수정할 수 있는 권리를 유보하였지만, 형평의 원칙에 따른 단일의 해양경계선 획정만을 청구하였으며, 분쟁지역 내 도서영유권에 대한 분쟁부탁은 구두절차 마지막 부분에 하였음을 주목하였다. 재판소는 재판소 규정과 선례를 살펴볼 때, 원고의 청구는 소 청구시 제출된 문서에 포함되어 있어야 하며, 그 이후에 새로이 청구된 경우에는 새로이 청구된 내용이 최초 청구에 함축되었던 것이거나 청구의 주된 목적으로부터 발생될 수 있는 것이어야 한다고 판단하였다. 동 기준에 의거하여 살펴볼 때, 해양경계획정시 분쟁지역에 존재하는 도서의 영유권 판단은 해양경계획선시 우선적으로 결정되어야 하는 문제로서 청구의 주된 목적에 직접적으로 연관된 것으로 볼 수 있다고 판단하였다. 또한, 니카라과의 새로운 청구에 대하여 온두라스가 이의를 제기하지 않았을 뿐만 아니라 같은 취지의 청구를 하였으므로, 비록 뒤늦게 청구된 사안이라도 이를 원래의 청구와 같이 다룰 수 있다는 취지의 결정을 하였다.

3. 도서영유권

재판소는 uti possidetis juris 원칙에 따른 도서영유권의 판단 가능성에 대해서는 인정하였으나, 분쟁도서가 스페인 식민지 지배시 니카라과나 온두라스 중 일방에 귀속되었다는 명확한 근거를 발견할 수 없으므로 동 원칙에 따라 분쟁도서의 영유권을 결정할 수 없다고 결정하였다. 이에 따라 재판소는 두 번째로, 분쟁도서에 대한 식민지 독립 이후 실효적 주권행사에 대하여 심리하였는바, 동부 그린란드사건과 리지탄 및 시파단 섬사건의 판결에서 실효적 주권행사는 영유의 의사와 그 의사가 실질적으로 행사되거나 표현되어야 하고, 경제적 가치가 적은 암초의 경우에는 그 횟수는 적을 수 있지만 적절한 주권의 행사가 있어야 한다고 판단하였음을 상기하였다.

위와 같은 기준에 근거하여, 입법활동, 민사 및 형사법의 적용과 집행, 출입국 규제, 어업활동 규제, 해군의 순찰활동, 석유 채굴권 허가, 공공토목공사 등으로 나누어 실효적 주권행사 여부를 판단하였다. 먼저, 재판소는 입법활동과 해군의 순찰활동, 석유 채굴권 허가 등에 대해서 온두라스가 제출한 증거를 채택하지는 않았지만 나머지 요소에 대한 온두라스의 실효적 주권행사를 인정하였으며, 반면에 니카라과의 실효적 주권행사에 대해서는 증거 불충분으로 인정하지 않았다.

지도의 증거력과 관련하여, 재판소는 양당사자가 제출한 지도가 유효한 법률문서의 일부분에 해당하거나 양국간 체결된 경계조약의 일부분에 해당하지 않음을 근거로 양당사자가 제출한 지도가 양국의 도서 영유권 주장을 뒷받침할 수 없다고 결정하였다.

마지막으로, 제3국의 인정 여부에 대한 판단을 통하여, 양당사국이 제시한 증거는 지속적이거나 연속적이지 못하고 단순한 에피소드에 해당하는 것으로서, 어떠한 증거도 양당사국의 분쟁도서에 대한 영유권을 제3국이 인정하고 있다고 볼 수 없다고 결정하였다.

이상과 같은 판단결과를 바탕으로 재판소는 분쟁지역의 도서영유권과 관련하여, 보벨 케이, 사반나 케이, 포트로얄 케이 및 사우스 케이에 대한 영유권은 식민지 이후 시기의 실효적 주권행사를 기준으로 하여 온두라스에게 있음을 판결하였다.

4. 해양경계획정

1) 온두라스가 주장하는 전통적 해양경계선의 인정여부

재판소는 온두라스가 uti possidetis juris 원칙에 따라 북위 15도선을 따라 연장되는 전통적 해양경계선이 있으며, 이에 따라 해양경계획정이 되어야 한다는 주장에 대하여, 동 원칙은 역사적 만이나 영해에 관련된 특정 환경에서 해양경계획정을 하는데 역할을 할 수 있지만 온두라스가 주장하는 스페인 식민지배시대의 증거는 북위 15도선을 해양경계로 하였다는 것을 증명하지 못하고 있다고 판단하였다.

2) 영해 경계획정

재판소는 온두라스의 전통적 해양경계선의 부존재를 확인한 후 해양경계획정에 관한 새로운 방법을 모색하였는 바, 유엔해양법협약을 준거법으로 하여 유엔해양법협약 제15조의 규정에 따른 영해 경계획정방식을 검토하였다.

검토 결과, 영해 경계획선에 관한 제15조에 따라 등거리선에 의거하여야 하지만, 경계의 시작점이 매우 불안정한 강하구의 점으로부터 출발하여야 하는 관계로 등거리선 방식 대신에 특별한 사정을 고려하여 양국 해안선의 일반적 방향에 근거한 연장선이 만나는 부분의 각을 이등분하는 방법을 채택하고, 동 이등분각을 70도 14분 41.25초로 결정하였다.

3) 도서주변의 해양경계

위에서 정한 이등분선을 택하여 그 선을 연장하면, 온두라스의 영유권이 인정된 4개 도서가 니카라과측 해역에 놓이게 되었다. 이에 재판소는 유엔해양법협약 제121조 제2항에 따라 모든 도서가 12해리 영해를 가질 수 있다는 점을 고려하고, 4개의 도서간 거리가 24해리를 넘지 않는다는 점을 고려하였다. 이에 이등분선과 보벨 케이의 12해리 영해선이 만나는 점까지 이등분선을 연장하고, 4개의 온두라스 소유의 도서와 니카라과 소유의 에딘버그 케이 간의 중간선 획선방식에 따라 경계선을 획정하는 방법을 채택하였다. 또한, 사우스 케이의 12해리 영해선과 이등분선의 연장부분이 접촉되는 점부터 다시 이등분 선을 이등분각에 따라 연장하고, 최외측은 제3국과 해양경계가 접촉되는 부분 까지로 획정하였다.

4) 해양경계의 시작점과 끝점

해양경계의 시작점과 관련하여, 재판소는 코코강 하구의 지형이 매우 불 안정하며 변화되고 있음을 주목하고, 1962년 합동위원회가 결정한 육상경계 의 시작점으로부터 이등분각의 연장선을 따라 3해리 외측으로 해역 측으로 이동한 점(북위 15도 52초, 서경 83도 5분 58초)을 해양경계의 시작점으로 설정하 였다.

한편, 해양경계의 끝점에 대해서 재판소는 양당사국이 분명한 끝점을 제 시하지 않았으며, 끝점을 정하기 위해서 재판에 참여하지 않는 제3자의 권리 를 우선적으로 결정하여야만 하는 경우에는 동 문제를 다루지 않는다는 점을 고려하여 끝점에 대한 판단을 하지 않았다. 그 결과 양국간 해양경계선이 서경 82도 이원으로 연장하되 동 연장이 제3국의 합법적인 이익을 침해하지 않는다 는 단서를 규정하는 방식으로 해양경계의 끝점에 대해 결정하였다.

Ⅳ. 평 석

이 사건은 니카라과와 온두라스간에 카리브해에서의 영해, 배타적 경제수 역, 대륙붕 등 해양관할권 경계획정과 카리브해에 존재하는 도서에 대한 영유 권분쟁을 해결하기 위하여 ICJ에 부탁된 것이다. ICJ는 동 사건을 다루면서 동 재판소가 이전에 내린 판결의 취지를 존중하며 각 쟁점별 당사국의 주장을 심 리하였으며 또한 양당사국이 제시한 증거의 효력을 판단하였다. 따라서, ICJ가 이전에 처리하였던 도서 영유권 분쟁사건이나 해양경계획정사건의 판결과 비 교할 때 새롭게 진전된 법이론의 채택이나 증거 인정 태도는 크게 발견하기가

어렵다. 도서의 영유권 판단시 언급하고 있는 원격지의 작고 경제적 가치가 적
은 도서에 대한 실효적 주권 행사의 정도, 지도의 증거력 인정 여부 등에 대
한 판결의 태도가 그러하며, Uti possidetus juris 원칙의 적용가능성 여부, 최초
부탁이후 사건심리중 부탁된 사안의 수용 여부에 대한 판단도 또한 그러하였
다. 다만, 인접국인 니카라과와 온두라스간 영해 해양경계를 획정함에 있어서
1980년대 중반이후 사용되지 않았던 이등분각 방식을 채택하였다는 점은 특이
하다고 할 수 있다. 유엔해양법협약은 제15조에서 인접국 간 영해의 해양경계
획정은 "양국간 달리 합의하지 않는 한 양국의 영해 기선상의 가장 가까운 점
으로부터 같은 거리에 있는 모든 점을 연결한 중간선 밖으로 연장할 수 없다.
다만, 위의 규정은 역사적 권원이나 특별한 사정에 의하여 이와 다른 방법으로
양국의 영해의 경계를 획정할 필요가 있는 경우에는 적용하지 아니한다"고 규
정하고 있다. 즉, 인접하는 국가간 배타적 경제수역 및 대륙붕 경계획정의 경우
와는 달리 인접국간 영해 경계획정의 경우에는 원칙적으로 등거리선방식을 적
용하도록 하고 있으며, 예외적 상황으로 다른 방법을 택할 수 있는 길을 열어
놓고 있다. 재판소는 이 사건에서 원칙에 해당하는 등거리선방식을 채택하지
않고, 양국 연안을 대표하는 선을 결정하고 그 선이 만나는 부분의 각을 이등
분하여 그 선에 따라 경계를 획정하는 방법을 채택하였다. 이 방식은 영해뿐만
아니라 배타적 경제수역과 대륙붕의 경계획정에도 동일한 방식이 적용되었는
바, 이는 당사국들이 단일해양관할경계선을 획정하여 줄 것을 요구하였기 때문
이다. 이 부분에서 재판소가 등거리선 방식을 적용할 수 없는 특별한 사정으로
고려한 것이 해양경계획정의 시작점에 해당하는 연안의 형상이 코코강 하구
에 위치하고 있으며, 동 하구가 코코강으로부터 침적되는 막대한 양의 퇴적물
로 인하여 지속적으로 변하고 있고 그 결과 연안선이 바다쪽으로 계속 연장되
고 있다는 점을 고려하고 있다. 이러한 재판소의 판결에 대하여 란제브 재판관
과 코로마 재판관은 각각 개별의견을 통하여 이의를 제기하고 있다. 즉, 재판소
가 양국간 영해 경계획정을 고려함에 있어 지나치게 연안의 자연적 형상에 의
존하였으며, 연안의 변화가 과연 등거리선방식의 적용을 배제하고 적용사례가

많지 않은 이등분각 방식을 채택할 만큼 의미있는 특별한 사정에 해당하지 않는다는 점을 지적하고 있다. 결과적으로, 재판소는 이등분각 방식을 채택함으로서 지속적으로 변화하는 연안으로부터 영향을 받지 않는 해양경계획선을 할 수 있었으며, 획선의 결과도 양국 모두에게 형평한 결과를 가져왔다는 점에 있어서는 수긍이 간다. 그러나, 영해 경계획정의 원칙으로 오랫동안 확립되어 온 등거리선 방식을 채택하지 않은 것은 이후 영해 경계획정에 좋은 예로 작용할 가능성이 있다. 동시에 영해의 경우에도 경계획정방식 여하를 불문하고 그 결과만 형평하면 된다는 주장이 제기될 가능성도 배제할 수 없을 것으로 생각한다.

한편, 이 사건에 대한 재판소의 판결에서 또 다시 주목되는 부분은 재판소가 북위 14도 59.08분 남쪽의 해역에 대해서도 온두라스에게 영해를 인정하여준 점이다. 온두라스는 재판소에 제출한 부탁과 소답을 통하여 자국의 영해를 포함한 해양관할권의 남쪽 한계가 북위 14도 59.08분을 넘지 않는다고 명시적으로 언급한 바 있다. 유엔해양법협약 제3조도 "모든 국가는 이 협약에 따라 결정된 기선으로부터 12해리를 넘지 아니하는 범위에서 영해의 폭을 설정할 권리를 가진다"고 규정하여 12해리 범위 내에서는 연안국이 영해의 폭을 자유롭게 결정할 수 있다고 명시하고 있다. 동 규정에 따르면 비록 온두라스가 4개 케이에 대한 영유권을 확인받았지만 일관되게 자국의 해양관할권은 북위 14도 59.08분 남쪽으로 연장되지 않는다고 하였으므로, 그 길이가 비록 영유권을 인정받은 케이로부터 북위 14도 59.08분선까지의 길이가 12해리에 미치지 못한다고 하여도 온두라스의 영해는 그 선까지만 인정되어야 하는 것이 협약 규정에 충실한 것으로 이해된다. 그러나 재판소는 판결에서, 이러한 사정을 고려하지 않고 온두라스 소유의 4개 케이와 니카라과 소유의 케이간 중복되는 영해를 단순한 중간선방식을 적용하여 획선하였으며, 그 결과로 온두라스의 영해가 자국이 지속적으로 주장해 온 북위 14도 59.08분 남쪽부분까지 확장되는 결과를 가져왔다. 이러한 재판소의 판단은 유엔해양법협약에 따른 연안국의 권리행사를 무시하고 새롭게 연안국의 권리를 설정하는 모습을 보이고 있다. 그러한 결과는 온두라스에게는 수혜적 조치가 될 수 있으나 니카라과에는 바람직스럽지 않은 효과를 주고 있다. 이러한 재판소의 판결과 같이 재판소가 판결로서 기존의 연안국의 자발적 권리 주장을 넘는 이익을 부여할 수 있는 지는 좀 더 세심한 검토가 필요한 부분으로 생각된다.

루마니아/우크라이나 흑해 해양경계 사건

Case Concerning Maritime Delimitation in the Black Sea
(Romania v. Ukraine), ICJ(2009)

이창위(서울시립대)

I. 사실관계

 흑해의 연안국인 루마니아와 우크라이나는 이차대전이 종결된 후 오랫동안 양국 간의 해양경계획정 문제를 해결하지 못했는데, 특히 양국 사이에 위치한 세르팡 섬(Serpents' Island)의 처리를 둘러싸고 이견을 보였다. 다뉴브강 하구 동쪽으로 약 20해리의 거리에 위치한 세르팡 섬은 약 0.17km²의 면적과 2,000m 길이의 해안선으로 구성된 작은 섬으로, 현재 우크라이나의 연구원 100명 정도가 연구를 위해 상주하고 있다. 이 섬을 해양경계획정에 있어서 어떻게 처리할 것인지에 따라 방대한 해역의 귀속이 달려 있어서 양국의 합의가 쉽게 이루어지지 않았다.

 세르팡 섬은 이차대전 후 1947년 연합국과 루마니아 간의 파리평화조약과 1948년 소련과 루마니아 사이의 국경의정서에 의해 소련에 귀속됐다. 파리평화조약이 직접 세르팡 섬의 귀속을 규정하지는 않았지만, 국경선을 명시한 의정서의 부속서에 그 내용이 규정된 것이다. 그리고 1991년 소련의 해체와 우크라이나의 독립에 따라 섬의 영유권은 우크라이나로 이전됐으며, 그러한 사정은 2003년 국경체제조약에서 확인됐다.

루마니아와 우크라이나는 1997년에 체결한 선린 및 협력조약의 부속협정에서 흑해의 대륙붕과 배타적 경제수역의 경계획정을 위해 교섭한다는 데에 동의했다(부속협정 제4항). 그와 같은 교섭은 선린 및 협력조약의 발효일로부터 3개월 내에 가능한 한 조속히 개시하기로 했다. 그에 의해 양국은 1998년 1월부터 대륙붕과 배타적 경제수역의 경계획정에 대한 교섭을 시작했다. 그러나 전문가 차원의 10여 차례 협상을 포함하여 24차에 걸친 협상에도 불구하고 2004년 9월에 열린 마지막 협상에서도 경계획정에 대한 어떠한 합의도 이루어지지 못했다. 결국 이러한 상황 하에 루마니아가 2004년 9월 16일 소장을 국제사법재판소 사무국에 제출함으로써 재판이 시작됐다.

국제사법재판소는 양국의 주장을 검토한 후, 만장일치로 다음의 5개 지점을 연결하는 해양경계선을 확정했다. 즉, 양국의 해양경계선은, 2003 국경체제조약 제1조에서 당사국들이 동의한 바에 따라 제1지점에서 시작하여, 양국의 12해리 호가 인접 해안으로부터 등거리에 있는 선과 교차하는 제2지점(북위 45도03분18.5초와 동경 30도09분24.6초의 좌표)을 지나고, 제3지점(북위 44도46분38.7초와 동경 30도58분37.3초의 좌표)과 제4지점(북위 44도44분13.4초와 동경 31도10분27.7초의 좌표)을 통과하는 등거리선을 따라 제5지점(북위 44도02분53.0초와 동경 31도24분35.0초의 좌표)에 이르고, 제5지점으로부터 해양경계선은 대략 남쪽 방향으로 등거리에 있는 선을 따라 계속 진행하여, 그 해양경계선이 제3국의 권리가 영향을 받을 수 있는 해역에 이른다고 결정했다. 이에 의해 계쟁구역의 70% 이상이 루마니아의 해역으로 배분됐다.

II. 쟁 점

1. 세르팡 섬의 법적 지위

양국은 1997년의 선린 및 협력조약의 부속협정 제4항에 의해 양국 간의 해양경계획정에 유엔해양법협약 제121조를 적용하기로 했다. 즉, 도서의 법적 지위를 명시한 동 규정의 해석을 통해 양국 간 해양경계에 있어서 세르팡 섬의 법적 지위와 관련 효과를 다루기로 한 것이다.

　루마니아는 제121조 제3항 및 관련 사례에 의해 세르팡 섬은 암석으로서 12해리 영해 이외의 수역을 가질 수 없다고 주장했다. 그에 대해 우크라이나는 세르팡 섬은 무인 암석이 아니므로 완전한 섬으로서 법적 지위를 갖는다고 주장했다. 구체적으로, 루마니아는 섬의 지질 구조, 담수의 부존재, 인간의 거주나 독자적 경제생활의 불가능 등을 이유로 들었으며, 우크라이나는 섬의 면적, 빗물의 이용, 경작이 가능한 토양의 존재 등을 이유로 들었다.

2. 세르팡 섬의 효과와 경계획정

　루마니아는 세르팡 섬은 배타적 경제수역이나 대륙붕을 가질 수 없고, 12해리의 영해만 갖는다고 주장했다. 따라서 세르팡 섬을 우크라이나의 기점에서 제외하고 양국의 중간선을 해양경계로 해야 한다고 주장했다. 특히 루마니아는 섬 주변의 원호 형태인 12해리 영해선은 2003년 국경체제조약에서 확인됐다고 주장했다. 또한 세르팡 섬은 크림반도의 우크라이나 해안으로부터 멀리 떨어져 있어서 대향하는 해안 쪽 해역의 경계획정에 있어서 아무런 역할도 할 수 없다고 했다. 요컨대, 루마니아는 세르팡 섬이 비록 "특별한 사정"을 구성할 수 있지만 12해리를 넘는 어떤 효과도 부여되어서는 안 된다고 판단했다.

　반면, 우크라이나는 세르팡 섬에 대한 완전한 효과를 인정하여, 양국의 해양경계는 동 섬을 우크라이나의 기점으로 한 중간선이 되어야 한다고 주장했다. 특히 그 섬의 해안은 경계획정을 위한 우크라이나의 관련 해안 부분을 구성하므로, 잠정적 등거리선이 설정된 후 두 번째 경계획정 단계에서 고려되는 하나의 관련 사정으로 격하될 수 없다고 했다. 따라서 우크라이나의 긴 해안선을 고려하여 우크라이나에 더 많은 해역이 배분되어야 한다고 했다. 특히 세르팡 섬 주위의 12해리 호는 극히 일부만 합의된 것으로 해양경계가 아니라고 주장했다.

Ⅲ. 판 결

1. 경계획정 절차

국제사법재판소는 이 판결에서 해양경계획정의 일반적인 절차가 다음과 같이 확립됐다고 판시했다. 즉, 중복청구구역이나 대상수역이 정해지면, 우선, 잠정적 중간선 내지 등거리선을 긋고, 다음, 형평한 결과의 달성을 위해 관련 사정을 고려하여 이를 조정하며, 최종적으로, 비례성을 적용하여 현저한 불균형이 없는지 확인하여 이를 마무리한다는 것이다. 국제사법재판소는 이렇게 이른바 3단 경계획정 방식을 정리하여 해양경계에 대한 국제적인 경향을 확인했다.

이러한 인식 하에, 국제사법재판소는 양국 간 해양경계획정의 출발점으로서 중간선을 채택하고, 그러한 중간선이 여러 관련 사정(relevant circumstance)에 비추어 형평한지 여부를 판단하여 최종적인 해양경계선을 획정했다. 구체적으로, 우크라이나의 세르팡 섬과 루마니아의 수리나 제방은 기점으로 인정하지 않았는데, 특히 세르팡 섬과 같은 작은 섬이 갖는 해역은 배후의 육지 영역이 발원하는 배타적 경제수역이나 대륙붕과 크게 다르지 않으므로 이를 무시한다고 한 점이 주목된다.

국제사법재판소는 관련 해안의 결정에 있어서 전반적인 형태 내지 모양을 주목하여, 각 해안의 바다로의 투영 내지 돌출(projection)이 상대국 해역 쪽으로 미치지 않으면 이를 관련 해안에서 제외했다. 이에 따라 우크라이나의 일부 해안이 해안선 길이의 비교에서 제외됐다. 이렇게 관련 해안을 결정하고 해안선의 길이를 비교한 결과, 루마니아와 우크라이나 해안선의 비율은 대략 1:2.8이 된다고 했는데, 이러한 차이는 얀마이엔 사건(1:9) 및 리비아·몰타 사건(1:8)에서와 같은 현저한 길이의 차이가 아니라고 했다.

또한 국제사법재판소는 잠정적인 중간선의 설정에 의해 루마니아와 우크라이나에 배분되는 해역의 면적은 대략 1:2.15가 되며, 이는 형평한 배분으로 간주되어 이를 조정할 불균형이 존재하지 않는다고 판단했다. 얀마이엔 사건에서는 약 1:3의 해역 면적이 배분됐다. 다만, 해안선 길이의 비교와 배분되는 해역 면적의 비교 사이의 균형이 어느 정도 되어야 합리적인지에 대한 기준이 제시되지 않은 점은 문제라고 할 수 있다.

2. 세르팡 섬의 처리

국제사법재판소는, 세르팡 섬이 해안선의 일반적 형상 부분을 구성하지 않기 때문에, 그것은 당사국 해안 사이의 잠정적 등거리선의 설정을 위한 기점이 될 수 없다고 결정했다.

또한 국제사법재판소는 세르팡 섬의 존재가 잠정적 등거리선의 조정이 필요한 관련 사정을 구성하는지를 확인했다. 우선 북해 북서쪽 부분의 지리와 관련하여, 우크라이나의 해안이 북해의 서쪽, 북쪽 및 동쪽으로 놓여 있다는 사실을 적절하게 고려했다. 국제사법재판소는 이 사건에서 경계획정을 해야 할 모든 해역이 당사국들의 본토 연안으로부터 생성되는 배타적 경제수역과 대륙붕 내에 위치하고, 더구나 우크라이나 본토 연안에서 200해리 내에 있다는 것을 주목하여, 세르팡 섬이 다뉴브 삼각주 구역에서 우크라이나 본토 연안 동쪽으로 대략 20해리의 거리에 위치해 있다고 판단했다. 따라서 국제사법재판소에 의해 확인된 경계획정 구역의 남쪽 한계 때문에 세르팡 섬으로부터 생성될 수 있는 대륙붕과 배타적 경제수역에 대한 어떠한 권원도 우크라이나 본토 연안으로부터 생성되는 권원보다 더 돌출될 수 없다고 했다. 국제사법재판소는 또한, 설령 국제사법재판소가 세르팡 섬이 유엔해양법협약 제121조 제2항의 규정에 해당된다고 고려하더라도, 우크라이나 자신이 경계획정 구역에서 세르팡 섬의 존재의 결과로서 자국 본토 연안에 의해 생성되는 한계를 넘어서 관련 해역을 확장하지 않았다는 것을 주목했다.

국제사법재판소는 이러한 요소들에 비추어 세르팡 섬의 존재가 잠정적 등거리선의 조정을 필요로 하지 않는다고 판단했다. 국제사법재판소는 세르팡 섬이 유엔해양법협약 제121조 제2항이나 제3항의 규정에 해당되는지를 고려할 필요가 없었으며, 또한 당사국들의 합의에 의해 세르팡 섬에 12해리의 영해가

부여됐다는 것을 상기했다. 국제사법재판소는 세르팡 섬이 그 영해인 12해리
호의 역할로부터 나오는 효과가 아닌 어떠한 경계획정 효과도 가져서는 안 된
다고 결론을 내렸다.

3. 해안선 길이의 불균형

우크라이나는, 경계선을 루마니아의 해안 가까이로 이동시킴으로써 잠정
적 등거리선이 조정되어야 한다는 주장을 정당화하기 위해, 경계해역에 접한
당사국들 해안선의 길이 사이의 불균형을 관련 사정으로 원용했다.

한편 루마니아는 해안의 일반적 형상이 특별한 지리적 상황에서 등거리선
의 조정을 위해 고려될 수 있는 관련 사정을 구성할 것이라는 것을 인정했다.
그러나 루마니아는 해양경계획정에서 당사국들의 해안 사이의 불균형이 특징
적으로 관련 사정이 되는 경우가 드물다고 주장했다. 더구나 현재의 사건에서
루마니아와 우크라이나 각각의 해안의 길이에 명백한 불균형은 없다고 했다.

국제사법재판소는 해안선의 각각의 길이는 잠정적으로 설정된 등거리선을
확인하는 데에 어떠한 역할도 할 수 없다고 했다. 경계획정은 자원이나 해역의
배분과는 다른 기능이기 때문에, 잠정적 등거리선의 초기 설정과 관련되는 것
으로서의 비례성의 원칙이라는 것은 없다고 했다. 다만, 해안선 길이에 있어서
불균형이 특별히 현저한 경우, 국제사법재판소는 그러한 지리적 사실을, 어느
정도 조정이 필요한, 설정될 잠정적 등거리선에 대한 관련 사정으로 다루도록
선택할 수 있다고 했다.

국제사법재판소는 카메룬과 나이지리아 사이의 육지·해양경계사건에서
"당사국들 각각의 해안선 길이의 실질적 차이가 잠정적 등거리선을 조정하거
나 변경하기 위해 고려되어야 할 요소가 될 수 있다"고 인정했다. 그러나 국제
사법재판소는 동 사건에서 등거리선을 변경할 어떠한 이유도 없다고 했다.

국제사법재판소는 그린란드와 얀마이엔(덴마크 대 노르웨이) 사이의 해역에
서의 해양경계획정에 대한 사건에서 얀마이엔과 그린란드의 해안선의 길이 사
이의 불균형(대략 1:9)은 잠정적 중간선의 수정이 필요한 "특별 사정"을 구성한

다고 했다. 이는 대륙붕과 어업수역에 있어서 불형평한 결과를 피하기 위해 그 선을 얀마이엔의 해안에 더 가까이 하는 것이었다. 그러나 국제사법재판소는 해안 길이의 불균형에 대한 고려가 동부 그린란드 해안 앞부분의 길이와 얀마이엔의 그것 사이의 관계의 직접적이고 수학적인 적용을 의미하는 것은 아니라고 판단했다.

그리고 국제사법재판소는 1985년 리비아·몰타대륙붕사건의 판결 내용을 상기했다. 이 사건은 대향국 간의 대륙붕의 경계획정에 대한 사건인데, 국제사법재판소는 대륙붕 제도에 한정된 관련사정을 고려하여 형평의 원칙을 적용했다. 따라서 시실리의 존재를 고려하여 몰타 쪽으로 이동된 경계선을 결정했다.

한편, 국제사법재판소는 1984년 메인만 해역의 해양경계획정에 대한 사건(캐나다 대 미국)에서 소재판부가 "경우에 따라서 양국 해안 범위의 어떠한 불균형도 동일한 경계획정 구역이 되는 적절한 결과가 도출될 수 있다"고 판단했다는 것을 주목했다. 그러나 당시 소재판부는, 무엇이 "국제적 해양경계에서 고려될 적절한 기준"이 될 것인지에 대한 논의의 문맥에서, 그렇게 고려했다는 것을 잊지 말아야 한다는 것을 강조했다.

국제사법재판소는 이러한 사정을 고려하여 우크라이나와 루마니아의 관련 해안 사이에서 잠정적 등거리선의 조정이 필요한 특별히 현저한 불균형을 찾을 수 없다고 했다. 즉, 비록 당사국들의 관련 해안의 길이에 엄연한 차이가 있다 하더라도, 국제사법재판소는 앞에서 카르키니츠카만의 해안(대략 278km)을 추가적인 고려로부터 제외했다는 점을 상기했다. 또한 국제사법재판소는, 우크라이나 해안의 상당한 부분이 우크라이나 해안의 다른 구역과 마찬가지로 동일 해역을 향하는 관련 돌출로 간주되고, 따라서 그것이 우크라이나의 권원을 강화하지만, 우크라이나 해역을 확장시키지는 않는다는 사실을 간과할 수 없다고 판단했다.

4. 흑해의 폐쇄적 성격과 기존 경계선

루마니아는 흑해의 폐쇄적 성격도 역시 경계획정될 구역의 지리적 문맥을 고려해야 할 광범위한 필요성의 일부로서 관련 사정이라고 주장했다. 루마니아는 흑해 내의 모든 경계협정들이 대륙붕과 배타적 경제수역의 경계획정을 위한 방법으로서 등거리선을 사용했다고 주장했다. 따라서 루마니아는 흑해의 폐쇄해적 성격과 다소 좁은 흑해의 규모는 경계획정 과정에 반드시 고려되어야 할 관련 사정을 구성한다고 했다.

반면, 우크라이나는 폐쇄해로서 흑해의 특징과, 흑해에 인접한 다른 국가들 사이에 과거에 체결된 해양경계협정들은 중요하지 않다고 주장했다. 즉, 우크라이나는 흑해의 폐쇄해적 성격이 그 자체로서 경계획정 목적에 관련되는 것으로 간주되어야 하는 사정은 아니기 때문에 이번 경계획정 방법과 아무런 관련도 없다고 주장했다. 또한 우크라이나는 일반적으로 양자간 협정은 제3국들의 권리에 영향을 미칠 수 없으며, 그러한 이유로, 흑해에 현존하는 해양경계협정들은 현재의 분쟁에 영향을 미칠 수 없다고 주장했다.

흑해와 관련된 두 경계협정이 국제사법재판소의 주의를 환기시켰다. 첫 번째 협정은 1978년 6월 23일 터키와 소련 사이에 체결된 흑해에서의 대륙붕 경계획정에 관한 협정이다. 1978년 협정과 각서교환에 의해 이루어진 협정은, 1991년 말 소련의 해체 후, 소련의 국제적 법인격을 승계한 국가로서 러시아연방에게뿐만 아니라 흑해에 인접한 소련의 승계국들에게도 효력이 유지되었는데, 우크라이나는 그런 국가 중 하나였다. 두 번째 협정은 레조프스카/무트루데(Rezovska/Mutludere)강 하구에서의 경계획정과 흑해 내 양국 사이 해역의 경계획정에 대한 1997년 12월 4일 터키와 불가리아 사이의 협정이다.

국제사법재판소는, 이번 단일 해양경계선의 종점을 고려할 때, 터키와 우크라이나 사이뿐 아니라 터키와 불가리아 사이의 합의된 해양경계획정도 유념할 것이라고 했다. 그럼에도 불구하고 국제사법재판소는, 기존 경계협정들과 흑해의 폐쇄해적 성격에 비추어, 임시로 그어진 등거리선에 대한 어떠한 조정도 요구되지 않는다고 판단했다.

5. 당사국들의 행위

우크라이나는 이 사건에서 우크라이나가 주장하고 있는 대륙붕이나 배타적 경제수역에 있어서 석유와 가스 광상에 대한 탐사와 관련된 활동을 1993년, 2001년 그리고 2003년에 허가했다고 주장했다. 즉, 우크라이나는 이러한 허가들을 통해 루마니아가 주장하는 대륙붕 구역 내의 탐사활동에 대해 1997년 부속협정을 전후하여 권한을 부여했다는 것을 보여준다고 주장했다.

우크라이나는 또한 우크라이나가 주장하는 배타적 경제수역과 대륙붕의 경계가, 루마니아와 우크라이나 양국이 흑해의 북서쪽 구역에서 그들의 어획관리에 있어서 존중한 것처럼, 당사국들의 배타적 어업수역의 한계와 더 일반적으로 일치한다고 주장한다. 즉, 어로활동을 관련사정으로 주장한 것이다.

또한 우크라이나는, 루마니아가 제출한 결정적 기일과 관련하여, "설사 결정적 기일이 있었고, 그 결정적 기일이 해양경계획정에 있어서 어떤 역할을 했다고 가정하더라도, 그것은 루마니아의 신청 날짜, 즉 2004년 9월 16일이 된다"고 주장했다.

한편, 루마니아는, 관련 해역에서의 국가 활동, 즉 석유와 가스의 탐사 및 개발과 어업 실행에 대한 허가들은 관련 사정을 구성한다고 판단하지 않았다. 법적 원칙의 문제로서, "권한의 행사" 또는 "국가 활동"은 해양경계획정에 고려되는 요소를 구성할 수 없다고 했다.

참고로, 국제사법재판소는 1982년의 튀니지와 리비아 간 해양경계획정 사건에서 형평의 원칙에 따라 모든 관련 사정을 고려하여 구체적인 경계선을 획정했는데, 지리적 조건, 해안선의 형상, 섬의 존재와 함께 석유 양허의 부여를 관련 사정의 일부로 고려했다.

또한 루마니아는 1997년 부속협정에 의해 양 당사국이 해양경계획정과 관련된 분쟁의 존재를 서면으로 명확하게 인식했고, 경계획정협정의 체결을 위한 추후 협상의 틀을 세웠다는 점을 상기했다. 따라서 루마니아는 1997년 부속협정의 체결 이후 발생한 어떠한 석유 관련 실행도 분쟁이 그 날짜까지 이미 구체화되었기 때문에 현재의 소송절차와는 무관하다고 했다.

어로 활동과 관련하여, 루마니아는 어느 당사국도 원양어종이 한정된 해역에서 어로활동에 경제적으로 의존하지 않고 있기 때문에 어로활동은 해양경계획정에 있어서 고려 사항이 아니라고 주장했다.

국제사법재판소는, 현재 사건의 경우, 이러한 해양경계획정과 관련하여 위에서 원용된 국가 활동에 어떤 특별한 역할도 발견할 수 없다고 했다. 바베이도스와 트리니다드토바고 간 사건에 있어서 중재재판소가 밝혔듯이, 국제재판소와 법원은 판결에서 자원과 관련된 기준을 보다 신중하게 다루어왔는데, 일반적으로 그러한 요소를 관련 사정으로 적용하지 않았다는 것이다. 국제사법재판소는, 어업과 관련하여, 우크라이나가 자신이 주장했던 것 외의 다른 경계획정선이 "주민의 생활과 경제적 행복에 파멸적인 영향을 줄 수 있다"는 어떠한 증거도 국제사법재판소에 제출하지 않았다는 점을 추가했다.

국제사법재판소는, 전술한 국가 활동들이 현재 사건에 있어서 관련 사정을 구성한다고 생각하지 않기 때문에, 당사국들에 의해 논의된 결정적 기일 문제에 대해 국제사법재판소가 답변할 필요가 없다고 판단했다.

6. 안보에 대한 고려

안보 문제와 관련하여, 국제사법재판소는 당사국들의 적법한 안보에 대한 고려는 최종 경계획정선의 결정에 있어서 어떤 역할을 할 수 있다고 했다. 그러나 이 사건에서 국제사법재판소가 그은 잠정적 등거리선은 루마니아나 우크라이나에 의해 그어진 선들과 근본적으로 다르며, 국제사법재판소에 의해 결정된 잠정적 등거리선은 각 당사국의 적법한 안보 이익을 충분히 반영하고 있으므로, 따라서 이러한 고려에 근거하여 그 선을 조정할 필요는 없다고 했다.

Ⅳ. 평 석

이 사건은 흑해라는 폐쇄해에서 루마니아와 우크라이나 양국이 해양경계획정 문제를 국제사법재판소의 판결에 의해 해결한 것으로, 여러 가지로 우리 나라의 해양경계획정에 참고가 될 수 있다. 특히 비교적 좁은 해역에서 도서의 처리를 둘러싸고 대립하고 있는 한중일 삼국은 도서의 영유권 문제를 차치하면 어떤 형태로든 이를 참고로 하여 해양경계를 완성해야 할 입장에 처해 있다.

예컨대, 해양경계획정 절차에 대한 일반적 경향의 확인, 잠정적 등거리선 의 설정, 관련 해역의 설정 및 다양한 관련 사정의 취급은 현실적으로 한반도 주변의 해양경계획정에 대하여 시사하는 바가 적지 않다. 또한 세르팡 섬에 대 한 기점 효과의 부인은 독도에 대한 처리와 관련하여 우리가 주목해야 할 부분 이다. 다만, 유엔해양법협약 제121조 제3항과 관련하여, 양국이 이를 구체적으 로 적용하여 세르팡 섬을 처리하기로 합의했음에도 불구하고 국제사법재판소 가 명시적인 언급을 회피한 것은 아쉬운 부분으로 남는다. 물론, 세르팡 섬에 대한 영유권 문제가 제기되지 않고, 섬 주변 해역에 대한 처리 및 기점 효과만 을 다룬 점이 독도와 다르지만, 어쨌든 폐쇄해 내지 반폐쇄해로서 동북아지역 의 해역을 주목하면 이 사건은 많은 참고가 될 것이다.

또한 해안 길이의 불균형에 대한 문제는 우리나라와 중국 간의 서해에 있 어서 해양경계획정과 관련하여 특히 중요하다. 한반도의 서해안은 비교적 굴곡 이 심하고 도서가 산재해 있어서 중국의 동중국해 쪽 해안과 여러 가지로 비교 되기 때문이다. 물론, 일국의 복잡한 해안이 상대국의 단순한 해안보다 길이나 범위에 있어서 상대적으로 우위에 있다고 일률적으로 말할 수는 없겠지만, 그 것은 경계획정의 대상구역, 즉, 관련 해안과 해역의 설정 시에 고려해야 할 요 소는 된다. 우리나라는 본 사건에서 루마니아와 우크라이나 양국이 주장한 구 체적인 내용과 그에 대한 국제사법재판소의 판단을 고려하여 관련 해안과 해 역의 결정에 참고로 할 필요가 있다. 특히 현저한 불균형이 존재하지 않으면 중간선의 조정을 위한 고려 요소는 없다고 한 판결 내용은 우리가 주목해야 할 부분이다.

다만, 비례성을 고려하여 불균형을 수정하더라도, 실제로는 잠정적인 중간 선 내지 등거리선을 조정할 때 이미 관련 사정의 적용에 의해 비례성도 적용된

다는 점을 고려하면, 그러한 경계선의 형평성을 검증하기 위한 기준으로서 비
례성은 형식적인 것이 되기 쉽다는 것을 유의해야 할 것이다. 따라서 중간선을
조정할 때 관련 사정의 적용에 의한 비례성의 실현을 염두에 두고 경계획정 협
상에 임하는 것이 중요하다.

흑해의 폐쇄적 성격 및 기존의 경계선에 대한 부분은 비교적 한반도 주변
해역의 경계획정과 관련하여 직접 참고가 될 수 있는 점은 적을 것으로 판단된
다. 다만, 한일간의 해양경계와 관련하여, 기존 대륙붕경계협정 및 공동개발협
정은 어떤 형태로든 한일양국이 처리해야 할 문제가 된다. 따라서 대륙붕과 배
타적 경제수역의 관계 내지 양자간 경계획정의 관계를 정립하여 경계획정 교
섭을 진행해야 할 것이다.

그 외에 국제사법재판소는 기타 잠정적인 중간선을 조정할 만한 사정으로
안보적 요소나 단절 효과 등을 검토하였으나, 잠정적인 중간선을 조정할 이유
가 되지 않는다고 결정했다. 어로 활동이나 석유·가스 채굴에 대한 국가 활동
도 고려 대상에서 제외했다. 특히 어로활동을 고려하지 않기로 한 것은 대 중
국 해양경계 교섭에 있어서 우리가 주목할 부분이다.

즉, 당사국들의 관련 행위 및 안보적 요소, 그리고 유효한 기점이나 폐쇄효
과 등을 주의 깊게 분석하여 중국이나 일본과의 경계획정 교섭에 참고가 될 수
있도록 해야 할 것이다. 특히, 안보적 요소는 중국과의 해양경계에 있어서 이어
도나 가거초에 설치된 해양과학기지의 성격에 대한 중국 측의 의문을 해소하
면서 신경을 써야 할 부분이다. 어쨌든, 이어도는 영유권 문제의 대상이 될 수
없는 수중 암초라는 점을 분명히 해야 할 필요가 있다.

국제사법재판소는 루마니아와 우크라이나 사이의 흑해 해양경계획정에 대
한 사건에서 대략 세 단계에 의한 해양경계선의 획정절차를 분명히 확인했다
고 평가된다. 즉, 첫째, 양측 해안의 적절한 기점 사이의 잠정적 중간선을 긋고,
둘째 형평한 결과의 달성을 위해 관련 사정을 고려하여 이를 조정하며, 셋째,
비례성을 적용하여 현저한 불균형이 없는지 확인하여 이를 마무리한다는 것이
그러한 것이라고 했다. 이 판결은 국제사법재판소의 유엔해양법협약의 관련 규

정, 특히 배타적경제수역과 대륙붕의 경계획정에 대한 제74조와 제83조에 대한 중요한 해석에 대한 입장을 포함하는 의미 있는 판결이라 할 수 있다.

관련국 사이의 해양관할권이 충돌하거나 중복될 경우, 그러한 중첩수역에서의 해양관할권 행사는 원활하게 행사되지 못한다. 따라서 해양경계획정에 대한 국제법의 역할이 중요하며, 특히 해양경계 문제에 대한 국제재판소의 역할이 주목받는 것이다. 흑해 해양경계획정에 대한 이번 사건은 그러한 점을 고려하여 분석할 필요가 있다.

루마니아와 우크라이나 사이의 해양경계획정 사건은 여러 가지로 우리나라의 해양경계획정에 참고가 될 수 있다. 예컨대, 해양경계획정 절차에 대한 일반적 경향의 확인, 잠정적 등거리선의 설정, 관련 해역의 설정 및 다양한 관련 사정의 취급은 현실적으로 한반도 주변의 해양경계획정에 대하여 시사하는 바가 적지 않다. 또한 세르팡 섬에 대한 기점 효과의 부인은 독도에 대한 처리와 관련하여 우리가 주목해야 할 부분이다. 다만, 국제사법재판소가 유엔해양법협약 제121조 제3항의 해석에 대한 명시적인 언급을 회피한 것은 아쉬운 부분으로 남는다. 물론, 세르팡 섬에 대한 영유권 문제가 제기되지 않고, 섬 주변 해역에 대한 처리 및 기점 효과만을 다룬 점이 독도와 다르지만, 어쨌든 폐쇄해 내지 반폐쇄해로서 동북아지역의 해역을 주목하면 이 사건은 많은 참고가 될 것이다.

제 3 장

국경분쟁

온두라스/니카라과 국경분쟁 사건

Border Dispute between Honduras and Nicaragua,
RIAA Vol. XI(1906)

이재민(서울대)

I. 사실관계

1894년 10월 7일 온두라스 공화국과 니카라과 공화국은 양국 간 공동 경계선에 관한 양국의 입장 차이를 정리하기 위하여 협약을 체결하였다. 이 협약 제1조에 따라 설치된 합동 경계획정 위원회(Mixed Boundary Commission)는 그간의 양국간 입장차이와 불명확성을 우호적으로 해결하고 양국간 경계선을 최종적으로 획정하는 의무를 부담하였다. 이 합동 위원회는 1900년 2월 24일자로 회의를 시작하여 태평양 연안으로부터 Portillo de Teotecacinte 지점까지이르는 경계선획정에는 성공하였으나, Portillo de Teotecacinte 지점으로부터 대서양 연안까지의 경계선 합의는 도출하지 못하였다. 결국 1901년 7월 4일의 회의에서 이 부분은 미결 사항으로 기록되기에 이르렀다.

이 미해결 지역의 경계선에 관한 합의는 1894년 10월 7일 협약의 관련 조항들을 근거로 스페인국왕의 중재를 위하여 제출되었으며, 동 국왕은 1906년 12월 23일 자신의 판정을 부여하였다.

그 이후 니카라과 정부는 동 판정의 타당성과 법적 구속력에 관하여 이의를 제기하였으며 이에 따라 두 당사국은 직접적인 협상, 여타 국가의 주선 또는 중개를 통하여 합의를 모색하였으나 아무런 성과를 거두지 못하였다. 1957년에 일어난 두 당사자간 일련의 사건을 계기로 미주기구(OAS)는 1957년 7월 21일 워싱턴 회담을 통해 1906년 12월 23일에 확정된 스페인 국왕의 중재판정에 대하여 발생한 양국간 의견차이와 관련하여 발생한 이 사건을 국제사법재판소에 회부하기로 하는 양국간 합의를 도출하였다. 1960년 11월 18일 국제사법재판소는 상기 중재판정이 유효하고 구속력이 있으며 니카라과는 이를 이행할 의무를 부담함을 결정하였다.

II. 쟁　점

　　기본적으로 이 중재재판을 규율하고 있는 1894년 Tegucigalpa 또는 Gamez–Bonilla 조약의 제2조 제3항에서 양국이 합의한 바와 같이, 온두라스 공화국과 니카라과 공화국은 온두라스 지방과 니카라과 지방으로 과거 스페인 영토에 속하여 있었던 지역을 소유한다는 점에서 시작한다. 과테말라에 적용되었고 1821년 온두라스와 니카라과가 스페인으로부터 독립할 때까지 적용되었던 1786년 뉴스페인 지방정부에 관련 왕실칙령에 의거하여 과테말라의 총독의 지배 하에 온두라스와 니카라과의 스페인 영역은 역사적 진보와 함께 점차적으로 발전하였다. 마침내 두 개의 독자적인 행정구역으로 형성되어 비교적 지역의 경계가 분명한 채로 발전하여 왔다.

　　이후 두 국가가 독립한 이후에도 끊이지 않는 국경 획정 갈등으로 1902년과 1904년 Amapala 기록을 통해 대서양 연안으로부터 Portillo de Teotecacinte까지의 국경선을 획정하기 위한 온두라스와 니카라과 합동위원회의 노력이 도입되었다. 그러나 합의를 도출하지 못함에 따라 본 조사위원회는 국경획정에 대한 사안을 검토하였다.

　　기본적으로 니카라과와 온두라스가 대서양 연안의 경계선 지점으로 거론하는 Cape Camaron과 Sandy Bay가 각각 타당한가에 대하여 판결을 내리고자 하였다. 본 판정은 역사적 당위성, 지리적 조건, 형평성의 근거를 면밀히 살퍼본 뒤 결론을 내렸다.

우선 역사적 당위성과 관련하여, 조사위원회는 각 지점이 스페인 통치 하의 역사적 발전과정에서 니카라과와 온두라스 지역 중 어느 곳에 속하여 왔는지를 살펴보았다. 조사위원회는 Tegucigalpa 시 지역이 온두라스와 인접하며 교권적 목적과 세금징수를 위한 목적으로 온두라스와 합병된 사실이 있음을 확인하였다. 1745년 8월 24일에 제정된 두 개의 칙령에서 정한 경계설정은 Tegucigalpa 시 지역과 Cape Gracias a Dios에 이르는 지역이 온두라스 지역과 동일한 총독과 총사령관의 지배하에 있었음을 확인해 주었다. 1786년 니카라과의 마지막 행정관이었던 Don Miguel Gonzale Saravia의 출판물에서 그의 감독권 행사 지역의 범위에 대한 설명에 따르면 Cape Gracias a Dios 지역은 니카라과 지역이 아닌 온두라스의 영역에 해당했음이 확인되었다.

뿐만 아니라, Tegucigalpa 지역 및 Comayagua 영역 모두가 1791년 온두라스의 영역으로 편입된 바 있었다. 1818년 칙령에도 불구하고 국왕이 일정 수준의 자치권을 보장해 주어 Comayagua 또는 온두라스의 경계는 사실상 여전히 유지될 수 있었는데, 이 때에도 여전히 이 지역의 행정관리는 1820년 온두라스의 지방의회 선거에 참여한 사실이 있었다.

인도 제도 법규의 Title II의 7번 규정과 Book II에 명시된 바와 같이 세속적 영토의 분할은 교회의 영토적 분할과 일치해야 하기에, 조사위원회는 새로이 발견된 영역의 분할이 이 규정에 상응하는지 또한 검토하였다. Comayagua 또는 온두라스의 주교 관할 지역은 1791년 이전에 현 분쟁이 일어난 지역에서 관할권을 행사하였으며, 그러한 관할권의 행사는 의심할 여지 없이 그 지역의 행정관과 지역책임자의 권한 내에서 행하여진 것이었다. 그 관할권은 Trujillo, Rio Tinto와 Cape Gracias a Dios에서의 재산 소유권, 혼인문서, 성직자 임명, 권리의 처분 등을 포함한다는 사실이 있었다. 1825년 니카라과와 통합되고 여타 국가와 함께 중미연방공화국을 구성하던 시점에 채택된 온두라스 헌법은 온두라스 교구와 일치하거나 또는 일치하였던 영역 전체가 온두라스 영토임을 밝히고 있었다.

　　결과적으로 조사위원회는 니카라과 교구 관할지역이 Cape Gracias a Dios 의 Cape까지 이어진다는 내용의 기록을 전혀 찾을 수 없었다. 다시 말해, 일단 니카라과의 영역이 Cape Camaron까지 이른다는 사실에 대한 충분한 근거가 없으므로 대서양 연안의 온두라스와의 경계선으로 Cape Camaron이 거론될 만한 이유가 없다는 것이었다. 또한 온두라스는 Cape Gracias a Dios의 행정구역과 항구에 대한 영향력을 단기적으로 행사하였음을 확인하였다. 반면에 니카라과는 실질적이고 영구적인 영향력을 행사한 것으로 조사되었기에 대서양 연안의 경계선이 Sandy Bay여야 한다는 온두라스의 주장 또한 타당하지 않다고 결론 내렸다. 더불어, Cape Camaron 또는 Sandy Bay를 경계지점으로 정하기 위해서는 인공적인 경계선 획정이 필요한데, 이는 Gamez-Bonilla 조약이 제시하는 명확한 자연적인 경계선과 부합하지 않는다는 사실이 있음을 명시하였다.

　　따라서 앞서 확인한 행정구역의 역사적 발전 과정 외에도 여러 지도와 독립 후 두 국가의 외교 문서에 따른 국경 정보에 비추어 보았을 때, 조사위원회는 Cape Gracias a Dios를 국경으로 정할 수 있음을 결론지었다.

　　그러나 본 Cape의 명확한 국경 획정을 위해서는 두 번째 고려 요소인 지리적 조건을 잘 이해해야 함을 시사하였다. 자연적인 경계선의 중요성을 인지한 것이다. 그러나 대서양 연안의 Cape Gracias a Dios 근처에는 국경선으로 할 만한 산과 같은 지형요소가 부재하였다. 반면 Coco강, Segovia강, 또는 Wanks강과 같이 수량이 많고 매우 명확한 경계선이 될 수 있는 강이 존재하는 사실을 확인하였다. 앞서 언급한 강의 수로 상당 부분은 그것이 흐르는 방향과 강바닥의 조건들 때문에 보다 정확하고 자연적인 국경선을 제공하는 사실이 있기에 이는 자연적 국경의 역할을 하기에 충분했다.

　　Gamez-Bonilla 조약이 제시하는 자연적인 경계선으로 Cape Gracias a Dios에 흐르는 Wanks강, Coco강, 또는 Segovia강의 수로가 좋은 기준이 될 것으로 보이나, 다만, Cape Camaron 또는 Sandy Bay를 경계 지점으로 정하는 경우에도 어느 부분만큼은 인공적인 경계선 획정이 필요한 것으로 나타났다. 이 과정에서 확실하게 한 국가의 영역으로 인정되는 영역이 침해되지 않아야 하는 형평성의 고려가 필요했다.

경계선으로 Coco강 또는 Segovia강의 왼쪽 제방과 Poteca강 또는 Bodega 강의 지류가 만나는 곳으로 하는 것이 가장 적합한 것으로 보였다. 그러나 Poteca강 상류의 강바닥이 Guineo강 또는 Namasli강이 도달하는 부분까지 이어지는 Teotecacinte의 남부 지역은 니카라과가 1720년 8월 26일에 제출한 문서에 따라 니카라과 시의 관할권에 속한다는 사실이 확인되었다. 다시 말해, Guineo강이 시작되는 지점부터 Poteca강까지의 국경선을 앞서 언급한 Teotecacinte 지역과 Teotecacinte의 Portillo를 연결한 경계선으로 하게 된다면 해당 지역의 관할권이 니카라과에 속하지 못하게 된다는 문제가 있었다.

반면에, Poteca강과 Coco강 또는 Segovia강의 합류지점을 Coco 또는 Segovia강의 바닥이 경계선으로 포함되지 않도록 결정한다면, Portillo de Teotecacinte을 찾아 나아가는 방법으로 경계선을 획정하는 것은 Segovia강의 북쪽계곡의 협소한 영역을 온두라스에 포함되게 하여 이 지역에서 온두라스가 우대를 받게 되어 형평성에 문제가 될 것이었다.

본 문제를 규율하는 Gamez-Bonilla 또는 Tegucigalpa 조약의 제2조 제4항에 따르면, 두 공화국간의 국경을 획정하는 것은 해당 국가의 지배하에 있는 영역이라는 것이 분명하게 판단됐을 경우, 어느 한 당사국만이 영유권을 주장하는 사실에는 법적 효력을 부여하지 않을 것으로 규정되어 있다. 그러나 동시에 동조 제6항에서는 편의성을 고려하여 보상금이 지급될 수 있고 또한 가능하다면 보상금 지급을 통하여 명확한 자연적 경계선을 정할 수 있다고 규정하고 있다.

따라서, Segovia의 입구를 영유하는 대가로 온두라스가 니카라과에게 보상금을 지급한다면 Cape Gracias a Dios의 만과 도시는 니카라과의 영역으로 유지될 수 있다는 결론이 되었다. 재판부는 본 경계선을 최종 획정할 경우, 여전히 타당한 사실관계와 권리관계에 따라 그 협소한 영역이 온두라스에 편입될 수 있음을 결론지었다.

Ⅲ. 판   결

본 판정문은 Portillo de Teotecacinte 지점으로부터 대서양 연안까지의 경계선을 획정하고자 결론을 내렸다. 먼저 중재판정부는 다음 사항을 고려하였다.

- 본 중재재판을 촉발한 이슈는 대서양 연안과 앞서 언급한 Portillo de Teotecacinte 사이의 지점으로 구성되는 두 공화국간 경계선을 획정하는 것이며; 이 중재재판을 규율하고 있는 1894년 Tegucigalpa 또는 Gamez - Bonilla 조약의 제2조 제3항에서 양국이 합의한 바와 같이, 온두라스 공화국과 니카라과 공화국은 온두라스 지방과 니카라과 지방으로 과거 스페인 영토에 속하여 있었던 지역을 소유한다는 점을 인식하며;

- 과테말라에 적용되었고 1821년 온두라스와 니카라과가 스페인으로부터 독립할 때까지 적용되었던 1786년 뉴스페인 지방정부에 관련 왕실칙령에 의거하여 과테말라의 총독의 지배 하에 온두라스와 니카라과의 스페인 영역은 역사적 진보와 함께 점차적으로 발전하였으며 마침내 두 개의 독자적인 행정구역으로 형성된 사실이 있으므로;

- 1742년 11월 23일 과테말라의 총사령관 Don Pedro de Rivera가 국왕에게 보낸 급보에는 Mosquito 인디언들과 관련하여 Cape Gracias a Dios는 Comayagua(온두라스) 지역의 연안에 위치해 있다고 언급한 부분이 있음에 유념하며;

- Comayagua 또는 온두라스의 주교 관할 지역은 1791년 이전에 현 분쟁이 일어난 지역에서 관할권을 행사하였으며 그러한 관할권의 행사는 의심할 여지 없이 그 지역의 행정관과 지역책임자의 권한 내에서 행하여진 것이며 그 관할권은 Trujillo, Rio Tinto와 Cape Gracias a Dios에서의 재산 소유권, 혼인 문서, 성직자 임명, 권리의 처분 등을 포함한다는 사실이 있으므로;

- 1825년 니카라과와 통합되고 여타 국가와 함께 중미연방공화국을 구성하던 시점에 채택된 온두라스 헌법은 온두라스 교구와 일치하거나 또는 일치하였던 영역 전체가 온두라스 영토임을 밝히고 있으며;

• 1786년 왕실 행정법에 의거하여 니카라과 정부는 Leon, Matagalpa, El Realejo, Subtiaga, Nicoya 등 다섯 개 지역을 포함하는 조직으로 구성되었으며 여 다섯 개 지역과 1788년 당시 행정관이었던 Don Juan de Ayssa가 제안한 지역에는 Cape Gracias a Dios의 북쪽과 서쪽 영역은 포함되지 않았다. 현재 니카라과 공화국이 주장하고 있는 내용, 즉 니카라과 교구 관할지역이 Cape Gracias a Dios의 Cape까지 이어진다는 내용의 기록은 여기에서 찾을 수 없으며, 니카라과의 마지막 행정관이었던 Don Miguel Gonzale Saravia가 1824년에 출판했었던 "Bosguejo politico-estadistico de Nicaragua"의 내용 중 그의 관할 지방에 대한 설명 부분은 앞서 말한 북쪽 지역의 경계선을 태평양의 Fonseca 만에서부터 북쪽바다(대서양)의 Perlas강까지로 설명하고 있는 부분은 주목할만하며;

• 조사 위원회는 니카라과의 영향력이 Cape Gracias a Dios의 북쪽까지 이른다는 사실을 확인할 수 없었고 따라서 그 영향력이 Cape Camaron까지도 영향력이 미치지 않았다는 것을 알 수 있다. 또한 조사 위원회가 검토한 그 어떠한 지도, 지리적 설명서, 기타 다른 문서에서도 니카라과의 영역이 Cape Camaron까지 이른다는 사실에 대한 내용은 없었으며 따라서 니카라과가 요구하는 바와 같이 대서양 연안의 온두라스와의 경계선으로 Cape Camaron이 거론될 만한 이유가 없다는 사실이 있으므로;

• 1905년 4월 칙령으로 임명된 조사 위원회에 의해 검토된 온두라스와 니카라과의 독립 이전 영토와 관련한 스페인과 외국의 모든 지도에서 Cape Gracias a Dios 또는 이 곳의 남쪽에서 영토가 분리되고 있음을 확인할 수 있었으며, Squier(New York, 1854), Baily(London, 1856), Dussieux(Stieler, Kiepert, Petermann and Berghaus의 참석 하에 정리됨, Paris, 1868), Dunn(New Orleans, 1884), Colton Ohman & Co.(New York, 1890), Andrews(Leipzig, 1901), Armour's(Chicago, 1901) 등과 같은 독립 이후 작성된 지도에서도 Cape Gracias a Dios 에서 경계가 나뉘어 지고 있다는 점을 확인할 수 있으므로;

• 본 문제와 관련하여 검토된 오직 다섯 개의 지도가 대서양 부근의 온두

라스와 니카라과의 경계를 Cape Gracias a Dios의 북쪽으로 정하고 있다는 것
이 발견 됐는데 이 다섯 개의 지도는 독립 이후부터 두 나라 간 분쟁이 발생할
때까지 제작된 지도였으며, 다섯 개 중 세 개는 니카라과에서 그리고 나머지
두 개는 각각 독일과 미국에서 제작되었고, 이들 지도에서는 경계선이 Cape
Gracias a Dios의 북쪽, 즉 Segovia강 삼각주의 북쪽 끝 단에 위치하고 있는 사
실이 있으므로;

• Lôpez de Velasco(1571 – 1574), Tomâs Lopez(1758), Gonzalez
Saravia(니카라과 총독, 1823), Squier(1856), Reclus(1870), Sonnenstern(1874),
Bancroff(1890) 등과 같은 지리학 전문가들은 대서양 부근의 온두라스와 니카
라과의 국경을 Segovia강 입구 또는 Cape Gracias a Dios 또는 Cape의 남쪽
지점으로 정한 사실이 있으므로;

• 니카라과와 온두라스의 전권대사 Don Francisco Castellan(1844), 니
카라과 외무장관 Don Sebastian(1848), 니카라과 정부의 최고이사 Don José
Guerrero(1848)들이 작성한 외교공한과 같은 공문서와 1850년에 니카라과 정
부가 해당 공화국의 독립인정을 위한 목적으로 스페인 주재 특별대사 Don
José de Marcoleta에게 보낸 전보에서 Cape Gracias a Dios가 온두라스와 니
카라과 간의 국경으로 인정되고 있었다는 사실이 있으므로;

• 앞서 언급한 모든 사항으로부터 역사적 당위성, 형평성, 그리고 지리적
조건 등을 근거로 하여 판단했을 때 대서양 연안 부근에서의 두 당사국 간 국
경 분쟁에 대한 해답은 Cape Gracias a Dios를 국경으로 정하는 것이라고 할
수 있으며, 나아가 본 Cape의 경계선이 어디에 확정 되느냐에 따라 니카라과
는 북쪽 방향으로, 온두라스는 남쪽 방향으로 그 영역이 확장될 수도 또는 침
해될 수도 있다는 사실이 있으므로;

• Cape Gracias a Dios가 두 당사국간의 국경으로 고정되면 이 지점
에서부터 온두라스 – 니카라과 합동 경계획정위원회가 결정한 Portillo de
Teotecacinte까지의 국경선 획정이 필요하다는 사실이 있으므로; 대서양 연안
의 Cape Gracias a Dios 근처에는 국경선으로 할 만한 산과 같은 지형요소가

부재하고 반면 Coco강, Segovia강, 또는 Wanks강과 같이 수량이 많고 매우 명확한 경계선이 될 수 있는 강이 존재하는 사실이 있으므로;

• 앞서 언급한 강의 수로 상당 부분은 그것이 흐르는 방향과 강바닥의 조건들 때문에 보다 정확하고 자연적인 국경선을 제공하는 사실이 있으므로; Coco강, Segovia강, 또는 Wanks강의 대부분의 수로는 다수의 지도, 공개된 문서 및 지리적 설명서에서 온두라스와 니카라과간의 국경으로 표시된 사실이 있으므로;

• 1856년과 1860년에 영국정부가 의회에 제출한 청서(Blue Book)에서 확인되는 니카라과가 작성한 서류 중에 포함된 1852년 Mosquito 영역 문제를 해결하기 위한 협상에 참여한 대영제국의 대표의 기록에 따르면 온두라스와 니카라과는 상호간 Wanks강 또는 Segovia강을 국경으로 인정하고 있었으며, 또한 1895년 8월 27일 대영제국과 온두라스 간의 조약 제2조에서 영국정부는 Cape Gracias a Dios에 흐르는 Wanks강 또는 Segovia강을 온두라스 공화국과 Mosquito인디언 영역의 경계로 인정하고 있고, 1856년 10월 17일 대영제국과 미국의 조약의 제4조는 Mosquito인디언의 영역에 포함되지 않는 Wanks강 또는 Segovia강의 남쪽에 이르는 영역 모두는 온두라스의 권리에 대한 판단 없이 니카라과공화국의 지배하에 있거나 또는 니카라과 공화국의 경계 내에 위치하는 것으로 고려되어야 한다고 나타내고 있으므로;

가. 대서양 연안의 일반적인 경계선 지점은 Cape Gracias a Dios의 연안으로 흐르는 Coco강, Segovia강, 또는 Wanks강의 입구로 하며, Cape가 위치하고 있는 Hara와 San Pio 섬의 사이의 강 입구를 주요 줄기로 삼아 harbor bar에 이르기까지의 작은 섬들과 모래톱은 온두라스의 영유권에, 앞서 언급한 주요 강 입구의 남부 해안가와 San Pio섬 그리고 Cape Gracias a Dios의 만과 도시, 육지와 섬 사이에 위치한 Gracias a Dios 만으로 흐르는 Gracias라고 불리는 강 어귀는 니카라과의 영유권에 속한다고 판결하였다.

나. Segovia강 또는 Coco강 입구에서 시작되는 국경선은 본 강 상류의 수로 또는 항행 수로의 중앙선을 따라 Potega강 또는 Bodega강과의 합류지점까

지 이어지며, 그 다음 국경선은 이 지점으로부터 Segovia강을 이탈하여 Potega
강 또는 Bodega강 상류의 수로를 따라 Guineo강 또는 Namasli강과 합류되는
지점까지 이어진다고 판정하였다.

　다. 또한, 이 합류지점에서부터 국경선은 1720년에 지정한 Portillo de
Teotecacinte에서 종료되는 경계선을 따라 Teotecacinte 지역의 경계선과 상응
하는 방향으로 이어지며 이 과정에서 앞서 언급한 Teotecacinte 지역은 전적으
로 니카라과의 관할에 속하여야 함을 확실히 명시하였다.

Ⅳ. 평　석

　본 건 온두라스와 니카라과 간 국경 경계획정 사건은 여러 면에서 우리에
게 시사점을 제공하여 주고 있다. 역사적 배경과 언어, 문화 등을 공유하는 인
접국가인 양국이 이러한 국경 분쟁에 휘말린 것은 어떤 측면에서는 특이하기
도 하다. 이 중재판정에서는 특히 다음과 같은 측면에 주목할 만하다.

　첫째, 양국 간 이견이 발생한 영역이 어느 국가에 속하는지를 결정하는 과
정에서 중재 재판관은 과거 양국의 실제 통치 영역을 면밀하게 살펴보았다는
점이다. 특히 온두라스와 니카라과는 양국 모두 스페인 식민지였던 관계로 이
지역에 파견된 스페인 행정관 내지 총독이 어떻게 행정구역을 구분하여 각각
통치하였는지를 중재재판관은 역사적 자료와 지도를 중심으로 면밀히 살펴보
았다. 역시 국경경계획정 분쟁에서 역사적 배경과 권원의 실제 행사 기록이 결
정적 변수로 작용하게 됨을 이 판결은 잘 보여주고 있다.

　두 번째, 양측이 제출하는 상충하는 자료와 지도가 존재하는 경우 재판부
는 이들 자료의 작성배경과 내용을 검토하여 그 중 보다 합리적이고 공정한 것
을 채택하여 이를 기준으로 결정을 내린다는 점이다. 이는 자료의 양보다도 질
적인 면의 객관성과 당사국 주장과의 합치성에 따라 자료의 증거력이 다르게
책정된다는 것이다. 이러한 점은 향후 국경분쟁에 대비함에 있어 우리나라도
우리 스스로가 보유하고 있는 지도와 자료의 객관성과 신뢰성을 대외적으로

설득할 수 있는 논거와 이유를 지속적으로 발전시켜 나가야 함을 상기시킨다. 동시에 상대방 국가가 보유하고 있거나 또는 소송과정에서 제출할 것으로 예상되는 지도와 자료의 객관성과 신뢰성을 문제 제기할 수 있는 논거 및 이유역시 지속적으로 확인하여 나아가야 할 필요성을 보여준다고 할 수 있을 것이다.

세 번째로 들 수 있는 이 분쟁의 시사점은 본 국정획정 사건의 경우 두 번의 중재재판이 별도로 이루어졌다는 점에서 도출해볼 수 있다. 최초로 1894년 조약에 따라 중재재판이 진행되었고 그 결과 태평양 연안 지역에 이르는 영역에 대해서는 경계획정이 이루어졌던 바 있다. 그러나 반대쪽인 대서양 영역에서는 경계획정이 이루어지지 않아 추후 별도의 중재재판이 개시되어 1906년 스페인 국왕을 재판관으로 진행되었다. 몇 개의 영역을 분할하여 별도의 중재재판을 진행하는 것은 반드시 바람직한 것은 아니나 현실적으로 가능한 대안이기도 하다는 점을 이 판결은 보여주고 있다.

네 번째, 1894년 개시된 최초 중재재판부에서 결정적 역할을 수행하는 제3국 출신 중재재판관으로 과테말라에 주재하는 제3국 (남미출신) 외교관 중 1인을 임명하였다는 점이다. 니카라과와 온두라스가 각각 자국 출신 재판관을 한명씩 선임하는 것에 비추어보면 이러한 제3국 출신 재판관은 최종판결 도출에 상당한 영향을 초래할 수 있을 것으로 추정된다. 이러한 중요한 임무를 수행하는 자리에 법률 전문가가 아닌 외교관을 임명하도록 규정한 것은 오늘날 기준으로는 다소 의아한 느낌을 주는 것도 사실이다. 그러나 한편으로 19세기 후반의 시대상황으로는 국경문제는 법률적 문제라기보다는 외교적 문제로 파악되었을 가능성이 크고, 또한 양국 공히 스페인 지배하에 있던 식민지들이라 동일한 배경과 문화를 공유하는 남미지역 외교관을 제3의 재판관으로 임명하여 의견을 구하는 것도 충분히 이해할 수 있는 부분이라고 할 수 있을 것이다. 과거에 스페인 식민지 시대에 원래 존재하였던 행정구역을 파악하고 관련 자료의 의미를 정확하게 이해하기 위해서는 이러한 외교관들이 보다 더 중요한 도움을 제공할 수도 있을 것이다.

　　전체적으로 온두라스와 니카라과간 국경 경계획정 분쟁은 문제가 된 영역에 대하여 과거 양국 중 누가 또한 어떠한 방식으로 지배권을 행사하였는지를 확인하고 고려하는 것이 국경 경계획정의 중요한 부분임을 다시한번 보여주고 있다. 우리나라도 이러한 측면을 십분 고려하여 향후 유사 분쟁 발생에 대비하여야 할 것이다.

코스타리카/파나마 국경분쟁 사건

The Boundary Case between Costa Rica and Panama, RIAA Vol. XI(1914)

김기순(산하온연구소)

Ⅰ. 사실관계

19세기 초 스페인의 지배로부터 벗어난 중남미와 남미국가들 사이에서는 파나마 지협(Isthmus of Panama)을 둘러싼 국제경계선의 위치를 두고 분쟁이 계속되었다. 콜롬비아와 코스타리카는 국경분쟁을 해결하기 위해 1896년 11월 4일자 조약에 따라 프랑스 공화국의 루베(Loubet) 대통령에게 중재를 요청하였다. 1900년 9월 11일 루베대통령은 중재인의 자격으로 2개 국가 사이의 국경을 정하는 판정을 선고하였다. 이에 따르면 양국 국경은 "대서양 연안의 모나 곶(Cape Mona)에서 시작하여 타리레(Tariare) 강 혹은 식사올라(Sixaola) 강의 북쪽 계곡에서 끝나는 코르딜레라(Cordillera) 지맥과 일련의 분수령들에 의하여 형성되며 … 치리키 비에호(Chiriquí Viejo)와 둘체 만(Gulf Dulce)의 지류들 사이의 분수령 선을 따라 태평양 연안의 푼타 부리카(Punta Burica)에서 끝난다"고 되어 있다.

두 나라는 대서양과 태평양의 긴 해안선을 가지고 있으며, 대양들 사이에 있는 영토는 주요 산맥인 코르딜레라에 의하여 나뉜다. 루베 판정에 따르면, 양국의 국경은 코르딜레라 산맥에서 대서양 연안으로 향하는 방향과 태평양 연

안으로 향하는 방향으로 각각 나누어진다. 그러나 양국은 이 중재 판정을 수락
하지 않았다.

　　1902년 파나마는 콜롬비아로부터 분리 독립을 하고, 1900년 루베 판정과
관련한 코스타리카와의 분쟁에서 일방 당사국으로서 콜롬비아를 승계하였다.
파나마와 코스타리카는 루베 판정에 따라 중부 코르딜레라와 태평양 사이의
구역에서는 국경이 유효하고 정당하게 확립되었다고 간주하였다. 그러나 코르
딜레라로부터 대서양으로 나아가는 국경선의 나머지 부분에 대하여는 수락하
기를 거절하였다.

　　미국은 루베 판정으로 인해 제기된 양국의 분쟁을 중재하도록 요청을 받
았고, 미국 E. 더글러스 화이트(White) 연방대법원장이 이 사건의 중재재판을
맡게 되었다. 양 당사국은 1910년 3월 17일 협약(Convention between Costa Rica
and Panama for the Settlement of the Boundary)을 체결하고, 화이트 연방대법원장
에게 "루베 판정의 올바른 해석과 진정한 의도에 따른, 그리고 그에 가장 부합
하는, 코스타리카와 파나마 사이의 국경"에 대한 판정을 의뢰하기로 합의하였
다. 루베 판정의 해석과 의도를 고려하여, 코르딜레라 산맥에서 대서양으로 이
어지는 부분의 국경을 결정하도록 의뢰한다는 것이다.

　　미국 화이트 연방대법원장의 판정은 1914년 9월 14일 선고되었다. 이에
따라 두 나라 사이의 대서양 쪽 국경은 대서양의 식사올라 강 하구에서 시작하
여 그 강의 탈베그(thalweg: 최심하상선)를 따라 상류 쪽으로 요르킨(Yorquin) 혹
은 조르킨(Zhorquin) 강에 도달할 때까지 이어지는 선으로 결정되었다.

Ⅱ. 쟁 　 점

1. 1910년 협약

　　이 분쟁사건에서 문제가 된 것은 코르딜레라 산맥의 대서양 쪽에 위치한
양국 영토 사이의 국경선을 획정하는 것이다. 1910년 3월 17일 양 당사국은 협

약을 체결하고, 미국 연방대법원장, E. 더글러스 화이트에게 "1900년 9월 11일 자로 선고된 루베 판정의 올바른 해석과 진정한 의도에 따르고 그에 가장 부합하는, 코스타리카와 파나마 사이의 국경"에 대한 판정을 내려주도록 의뢰하였다.

이 협약 제1조에서 코스타리카 공화국과 파나마 공화국은 루베 판정에 의해 지정된 그들 각각의 영토 사이의 국경은 "태평양 지역에서는 푼타 부리카에서 북위 9도 근처의 중앙 코르딜레라의 세로 판도(Cerro Pando) 이원의 한 지점"까지는 분명하고 또 다툴 수 없다고 본다. 따라서 이 부분까지는 중재판정에서 아무 문제도 제기되지 않는다. 다만 국경의 나머지에 관하여 중재판정에 부여되어야 할 해석에 관한 합의에 이르지 못하였고, 이러한 의견의 불일치를 해결할 목적으로 미국 연방대법원장의 결정에 회부하기로 합의한 것이다. 이를 결정하기 위하여 중재인은 1886년 1월 20일자 파리 협약에 의하여 결정된, 다툼이 있는 영토의 한계 내에서 국경선이 그어져야만 한다는 제한과 아울러 본 사건과 관련이 있을지도 모르는 모든 사실, 사정 및 고려사항을 참작하기로 하였다.

협약 제2조는 4인의 기술자로 구성된 위원단을 구성하여 측량을 하도록 규정하고 있다. 이것은 두 나라의 지리적 상태를 파악하기 위한 것으로, 위원단 구성에 있어서도 중립적인 입장을 취하고 있다. 위원단 중 1인은 코스타리카 대통령이 지명하고 다른 1인은 파나마 대통령이 지명하며, 다른 2인은 중재인이 지명한다. 중재인이 선정한 자들은 사적 실무에 종사하는 토목기술자로서 모든 면에서 독립적이고 공평하도록 되어 있다. 또한 코스타리카나 파나마에 관하여 어떤 종류의 개인적 이해관계가 없어야 하며, 상기 어느 국가의 시민 또는 거주자도 아니어야 한다.

2. 사실관계

이 분쟁에서 코스타리카는 대서양 쪽 국경이 치리키라는 이름의 강 하구 맞은편에 있는 에스쿠도 드 베라구아(Escudo de Veragua)로 명명된 대서양 상의 한 섬을 포함한다고 주장하였고, 파나마는 국경선이 코르딜레라에서 발원하여 알미란테 만보다 훨씬 위쪽의 한 지점에서 대서양으로 흘러드는 식사올라 강에 의하여 이루어진다고 주장하였다. 따라서 양국의 국경분쟁은 직, 간접적으로 발원하는 산맥에서부터 대양까지 흐르는 경로로 주장되는 두 하천 사이에 놓여있는 영토와 관련되며, 분쟁지역 및 범위는 양국이 원용한 국경하천이 흐르는 방향에 달려 있다.

화이트 대법원장은 결정해야 할 모든 쟁점이 파나마가 주장하는 하천의 경계 주장에 관한 사실평가와 관련된다고 보고, 파나마의 주장에 관한 사실관계를 파악하기 위해 다음과 같이 검토하였다.

(a) 파나마의 국경 주장의 연원 및 동 연원 또는 기타에 관한 코스타리카와의 교섭 또는 교섭 시도를 위한 파나마의 공식적 권리 주장

기록상 파나마 또는 그 선행국들에 의한 상기 하천의 경계에 관한 주장이 시원적 권원(original muniment of title)을 나타낸다고 할 수 있는 공식문서는 없었으나, 권원의 연원에 관계없이 이전부터 국경분쟁이 분명히 존재한 것으로 인정되었다. 양국은 1825년, 1856년, 1865년, 1873년 조약을 통해 국경을 확정하려는 시도를 하였으나 비준에 실패하였다.

(b) 주장에 적용될 수 있는 지도 및 해도를 검토한 본 주제에 대한 조명

초기 지도들에 원용된 강의 명칭은 매우 불확실하고 각기 다르게 명명되었지만, 이 모든 지도상에서 명명된 강들은 주요 코르딜레라 산맥 또는 그 근처에서 발원하여 대서양으로 흘러가는, 대체적인 북동 방향을 나타내고 있다. 그 강들은 파나마가 원용한 푼타 모나 아래 첫 번째라는 국경 하천이고 산맥 발원지에서 대양으로 흘러드는 대략적인 북동 방향이라는 점에서 큰 의심을 불러일으키지는 않으며, 콜롬비아(파나마)가 처음으로 주장했던 국경선에 해당한다는 점에서도 주목할 만하다.

(c) 분쟁 기간 동안 국경선 이내 영토의 점유 또는 거주 주장의 정확한 성질에 관한 입증

산맥에서 발원하여 대양까지 북동 경로로 흐르는 강의 서쪽 제방은 코스타리카의 관할권 하에 점유되어 정착되었고, 동쪽 제방은 콜롬비아(파나마)의

정착에 따라 그 국가의 관할권 선으로 취급되었다. 콜롬비아의 정착지는 푼타
모나 아래 첫 번째인 국경 하천의 하구에 위치해 있었고, 이는 식사올라로 알
려지게 되었다. 콜롬비아(파나마)는 코스타리카가 "그 강의 동쪽에 위치해 있는
콜롬비아 마을인 '식사올라(Sixaula)'"를 침범했다고 이의를 제기하였다.

(d) 이 사항을 이전 중재에 회부하는 데 관한 파나마의 조치의 주도적 효
과, 이전에 이루어진 심문(hearing) 및 청구취지(submission)와 관련한 그 행위의
지배적 영향

1880년 산맥의 대서양과 태평양 쪽에서 영토 점유의 권리와 권한에 관한
분쟁이 발생하자, 1896년 양국은 이를 프랑스 공화국 대통령의 중재에 회부하
기로 합의하는 협약을 체결하였다. 이에 따른 중재인의 판정은 1900년 9월 11
일에 있었다. "콜롬비아 공화국과 코스타리카 공화국 사이의 국경은 대서양 연
안의 모나 곶에서 시작하여 북쪽으로는 타리아레 강 혹은 식사올라 강에서 끝
나는 코르딜레라 산맥의 지맥으로 이루어지며; 거기에서 대서양과 태평양 사이
의 일련의 분수령에 의하여 약 북위 9도까지; 다음으로 치리키 비에호와 둘체
만의 지류들 사이의 분수령 선을 따라 태평양의 푼타 부리카에서 끝난다."

코스타리카 공사는 프랑스 외무장관 데클라세(Monsieur Declassé)에게 판정
을 해석하고 중재인이 특정 선을 국경으로 제시하도록 요청하는 서한을 코스
타리카 명의로 발송하였다. 이에 대해 데클라세 장관은 정확한 지리적 자료의
결여로 인하여 일반적 제시에 의하는 외에는 국경을 확정할 수 없었음을 알려
왔다.

코스타리카는 판정이 해석되지 않는 한 이를 수락하기를 거부하였으며, 콜
롬비아는 판정이 해석을 요하지 않으며 그 문언에 따라 집행되어야 한다고 주
장하였다. 이 주제에 관한 다양한 교섭이 이루어졌으나 이견을 조정하기 위한
조약안은 비준에 실패하였고, 이러한 상태에서 미국 연방대법원장에 의한 중재
임무의 이행을 규정한 조약이 체결되었다.

1910년 조약 규정에 따라 영토측량을 위해 임명된 위원단 위원들은 모두
최고의 성취와 지명도가 있는 토목기사들로, 이들은 장기간의 고된 작업 이후

현장 측량을 수행·완료하였고 그 결과를 보고서와 많은 지도, 해도로 제출하였다. 위원단은 실질적으로 의견이 일치되어 있었다.

3. 분쟁의 본안

루베 판정과 관련하여, 코스타리카는 중재인이 최초의 국경 지점으로 푼타 모나를 선택한 것과 거기서부터 코르딜레라까지 이어지는 산맥에 의하여 국경선을 그은 것은 중재가 포괄하는 권한의 범위를 넘었기 때문에 무효라고 주장한다. 반면 파나마는 중재인의 권한은 중재가 입각한 조약에 의하여 부여된 것이므로, 산맥 국경선은 국경선을 확정할 중재인의 권한 내에 있었다고 주장한다.

이에 대해 화이트 대법원장은 이전의 중재조약을 체결하고 동 조약에 따라 취하여진 조치가 동 조약이 부여한 권한 안에 있는 경우 무효라고 할 수는 없다고 보았다. 따라서 결정되어야 할 근본 문제는 이전 중재에 의하여 확정된 국경선이 이전 조약 혹은 조약들의 범위 내에 있는지에 관한 것이라고 판단하였다.

1886년 조약의 관련 조문은 다음과 같다:

제2조: 대서양 쪽에서 코스타리카 공화국이 주장하는 영토적 한계는 치리키(칼로베보라Calobebora) 강을 포함하여 에스쿠도 데 베라구아 섬까지 미치며; 태평양 쪽으로는 치리키 강을 포함하여 포인트 부리카의 동쪽(the East of Point Burica)까지 미친다. 대서양 쪽에서 콜롬비아 합중국의 영토적 한계는 그라시아스 아 디오스 곶을 포함하여 그 곶까지 미치며; 태평양 쪽으로는 골피토 강(River Golfito) 하구 및 둘체 만에까지 미친다.

제3조: 중재판정은 이미 기술된 극단 한계 이내에 있는 다툼이 있는 영토로 한정되며 여하한 방식으로도 중재에 참가하지 않은 제3자가 수립할지도 모르는 제시된 한계 내에 있는 영토의 소유에 대한 여하한 권리에도 영향을 미칠 수 없다.

파나마는 산맥 국경이 이 조약 규정 안에 있고 따라서 유효하며 이 조약

에 따라 재검토될 주제가 아님을 주장하였다. 그 근거로는 제2조는 다툼이 있
는 광범위한 영토의 외측 지점들을 특정하여 기술하고 있으며, 따라서 그 외측
국경 내에 있는 모든 것을 중재인의 관할권 안으로 가져왔고, 국경선을 확정할
권한을 그의 재량으로 부여하였다는 것이다. 또한 제3조는 "중재판정은 이미
기술된 외측 한계 안에 있는 다툼이 있는 영토로 한정되어야"할 것을 규정하
고 있으며, 이는 해석상 외측 한계에 대한 분쟁에 대해서뿐만 아니라 외측 한
계 안에 있는 선도 확정할 권한을 부여한다는 것이다.

　　화이트 대법원장은 1886년 조약 문언에 따르면 이전에 창설된 권한, 의무
및 제한이 손상 및 변경되지 않도록 보존하고 따라서 이를 조화롭게 집행할 임
무를 부과하여 이를 이행하도록 하는 것이 동 조약의 분명한 의도라고 판단하
였다.

　　이를 고려하여 다음과 같은 일반적 결론이 내려졌다: (1) 오랫동안 존재해
온 당사국 사이의 국경에 관한 분쟁은 일방 당사국에 의하여 주장된 국경선과
타방 당사자에 의하여 주장된 국경선으로 제한되며, 따라서 그들 사이에 다툼
이 있는 영토는 그들이 각각 주장한 국경선 사이에 포함된 것이다. (2) 국경 분
쟁이 기술된 이전의 1880년 및 1886년 조약은 중재에 회부되었으며, 그 문언에
의하여 다툼이 있는 사항 및 다툼이 있는 영토로 판정을 한정하였다. (3) 푼타
모나에서 코르딜레라까지 확정된 국경선이 다툼이 있는 사항 혹은 다툼이 있
는 영토 안에 있지 않은 결과, 그러한 판정은 청구취지를 벗어났으며 중재인은
그 판정을 내릴 권한이 없었다.

　　다음으로 화이트 대법원장에게 부여된 권한은 폐기된 선을 이전 판정의
"올바른 해석과 의도에 가장 잘 부합하는"이전 조약에 따라 부여된 권한 범위
안에 있는 선으로 대체하는 것이었다.

　　배제된 국경 시작점을 대체할 국경의 시작점은 푼타 모나, 식사올라 아래
의 첫 번째 강 하구이어야만 했다. 물리적으로 기술된 사정 하에서 제기된 주
장에 대응할 다른 강 하구가 없기 때문이다. 이러한 국경의 시작점으로 다양한
명칭을 지닌 강들이 원용되었지만, 그것들은 모두 사실상 대략 하나의 장소에

서 대서양으로 흘러들고, 산맥 근처의 발원지에서 대서양에 있는 하구까지 하나의 동일한 경로 혹은 유로를 가지는 하나의 동일한 강을 가리키기 위해 사용된 것으로 판단되었다. 코스타리카가 식사올라라고 부르는 강을 콜럼비아는 도라세스(Doraces), 쿨레브라스(Culebras)라는 이름으로 불렀고, 이러한 사실은 콜롬비아 국제법학자인 마드리드(Señor Madrid)에 의해 인정되었다.

그렇다면 남아 있는 문제는 국경선이 "세로 판도를 지나서"끝나는 선과 만날 때까지 식사올라 강의 하구에서 코르딜레라까지 어떻게 진행되는가 하는 것이다.

한편에서는 국경선이 식사올라 강의 탈베그를 따라 요르킨 강과 만나는 지점으로 이어지고, 남동쪽으로 산맥 혹은 그 근처의 발원지까지, 그리고 나서 "세로 판도를 지나서 있는"지점까지 그 유로를 따라 이어져야 한다고 주장하였다. 다른 한편에서는 국경선이 식사올라를 지나고 요르킨 강의 입구를 지나 타리레 강에 이르는 지점까지 진행하고 나서 코르딜레라에 있는 그 발원지까지 따라가며, 그 다음으로 "세로 판도 너머의"지점까지의 선에 의하여 진행한다는 것이다.

식사올라 – 타리레가 선택되었다면 국경 하천의 방향은 처음부터 고려된 하천 국경의 유로와 전적으로 어긋났을 것이다. 반대로 만약 식사올라 – 요르킨 선을 따랐다면 그 선은 실질적으로 그 경로와 방향에서 처음부터 국경선의 방향으로 인정되었던 것과 부합하였을 것이다. 따라서 화이트 대법원장은 식사올라 – 요르킨이 푼타 모나에서 코르딜레라 지맥을 따라 "세로 판도를 지나서" 있는 지점까지의 선을 대체할 선임이 명백하다고 판단하였다.

Ⅲ. 판 결

화이트 대법원장은 앞에서 기술한 의견과 그로부터 연역된 결론에 따라 다음과 같은 판정을 내렸다:

1. 이전 판정에 의하여 푼타 모나에서 코르딜레라 산맥까지 확립될 취지였

던, 그리고 상기 판정에서 기술된 산맥의 지맥 혹은 돌출부(spur)인 것으로 선언된 국경선은 존재하지 않는 것으로 판정된다.

2. 이전 판정의 "올바른 해석과 진정한 의도에 가장 잘 부합하는" 두 나라 사이의 국경은 대서양의 식사올라 강 하구에서 시작하여 그 강의 탈베그를 따라 상류 쪽으로 요르킨 혹은 조르킨강에 도달할 때까지 이어지는 선이며; 거기서 창기올라 혹은 틸로리오(Tilorio) 강의 배수로 지역의 북쪽 한계에 있는 분할선에 가장 가까이에 있는 그 원류의 하나까지 요르킨 강의 탈베그를 따라; 거기에서 상기 분할선까지 상기 원류를 포함하는 탈베그를 따라 위로; 거기에서 태평양으로 진행하는 수로와 대서양으로 진행하는 수로를 분리하는 분할점까지 상기 분할선을 따라; 거기에서 1910년 3월 17일자 조약 제1조에 언급된, "세로 판도를 지나서" 있는 북위 9도 근처의 지점까지 상기 대서양-태평양 분할선을 따른다; 그리고 그 선은 이에 적절한 국경으로 선포되고 확립된다.

3. 이 판정은 상기한 것에 더하여 다음의 유보에 따를 것을 조건으로 한다:

(a) 이 판정의 어떤 것도 여하한 방식으로도 직접적으로든 필연적 추론에 의하여든 그라시아스 아 디오스까지의 영토 경계에 대한 파나마의 주장 또는 치리키 강의 경계에 대한 코스타리카의 주장을 배척한 이전 중재의 판정을 재개하거나 변경하는 것으로 간주되지 않는다.

(b) 더구나 어느 당사자도 이 심리절차에서 해안에서 떨어진 섬들에 관한 여하한 문제의 어떤 측면에서도 여기서 고려하도록 제안한 바 없으므로, 이 판정의 어떤 것도 그러한 섬들에 관하여 판단한 이전 판정에 영향을 미치는 것으로 간주되지 아니한다.

(c) 본 판정의 어떤 것도 동 주제에 관한 침묵에 의하여 바람직한 경우 확정된 국경의 획정을 규정한 조약 제7조에 따라 행동할 각 당사자의 권리에 영향을 미치는 것으로 해석되지 아니한다.

위의 판정으로, 이전 판정이 푼타 모나에서부터 코르딜레라까지 이어지는 산맥에 의하여 그은 국경선은 인정되지 않았다. 화이트 대법원장은 이전 중재에 의해 확정된 국경선이 이전 조약의 범위 내에 속하지 않는 것으로 판단하

고, 이에 대한 루베 대통령의 판정 권한과 그가 결정한 국경선의 효력을 부인
하였다.

　　루베 판정에 의한 국경선을 대체하는 새로운 국경선은 대서양의 식사올라
강 하구에서 시작하여 그 강의 탈베그를 따라 상류 쪽으로 요르킨 혹은 조르킨
강에 도달할 때까지 이어지고, 요르킨 강의 탈베그를 지나 세로 판도를 지나서
있는 북위 9도 근처의 지점까지의 선으로 결정되었다. 화이트 대법원장은 식사
올라－요르킨 선이 실질적으로 그 경로와 방향에서 국경선의 방향으로 인정된
다고 보고, 푼타 모나에서 코르딜레라 지맥으로 이어지는 선을 대체할 선임이
확실하다고 판단한 것이다. 따라서 이 국경선이 이전 판정의 "올바른 해석과
진정한 의도에 가장 잘 부합하는" 대서양 쪽 국경선으로 확립되었다.

Ⅳ. 평　　석

　　이 사례는 중남미 국가들 사이에 발생한 다수의 국경분쟁 중 하나로, 이전
중재판정의 효력을 다투는 새로운 중재판정에 의해 국경선이 결정되었다는 점
에서 유의할만하다.

　　콜롬비아(파나마)와 코스타리카는 1896년 조약에 따라 프랑스 루베 대통령
에게 국경분쟁을 해결하도록 중재를 요청하였고, 이에 따라 판정이 내려졌지
만 양국은 태평양 연안으로 향하는 방향에 대해서만 수락을 하였다. 파나마가
콜롬비아로부터 독립을 한 후, 파나마와 코스타리카는 1910년에 조약을 체결
하고, 미국의 화이트 연방대법원장에게 대서양 연안으로 향하는 쪽의 국경선에
대해 판정을 내려줄 것을 의뢰하였다.

　　화이트 대법원장은 먼저 파나마가 주장하는 사실관계를 파악하기 위해,
(a) 파나마의 국경 주장의 연원 및 코스타리카와의 교섭 또는 교섭 시도를 위
한 파나마의 공식적 권리 주장, (b) 주장에 적용될 수 있는 지도 및 해도를 검
토한 본 주제에 대한 조명, (c) 분쟁 기간 동안 국경선 이내 영토의 점유 또는
거주 주장의 정확한 성질에 관한 입증, (d) 이 사항을 이전 중재에 회부하는 데

관한 파나마의 조치의 주도적 효과, 이전에 이루어진 심문 및 청구취지와 관련한 그 행위의 지배적 영향으로 나누어 각각 검토하였다. 이것은 국경분쟁에 있어서 국경 주장의 연원과 교섭, 관련 지도 및 해도, 점유 내지 거주 주장 등을 포함한 사실관계의 중요성을 인정한 것이라고 볼 수 있다.

다음에 화이트 대법원장은 루베판정의 효력에 대해 검토하였다. 코스타리카는 루베판정이 푼타 모나에서부터 코르딜레라까지 이어지는 산맥에 의하여 국경선을 그은 것은 중재인에게 부여된 권한의 범위를 넘었기 때문에 무효라고 주장한다. 반면 파나마는 국경선을 확정할 중재인의 권한은 조약에 의하여 부여된 것이라고 주장한다. 이에 대해 화이트 대법원장은 이전 중재에 의하여 확정된 국경선이 이전 조약 혹은 조약들의 범위 내에 있는지가 중요한 것이라고 판단하였다. 화이트 대법원장은 루베 판정의 근거인 1886년 조약의 제2조와 제3조를 검토하고, 이 조항들과 당사자들의 변론을 검토하였다. 그 결과 (1) 당사국 사이의 국경에 관한 분쟁의 범위는 일방 당사국이 주장하는 국경선과 타방 당사국이 주장하는 국경선으로 제한되며, (2) 루베 판정에 의하여 푼타 모나에서 코르딜레라까지 결정된 국경선은 다툼이 있는 사항 혹은 다툼이 있는 영토 안에 있지 않으므로 동 판정은 청구의 범위를 벗어났고 중재인 루베 대통령은 동 판정을 내릴 권한이 없었다고 판단하였다. 이는 조약의 범위를 벗어난 중재인의 판정 권한을 인정하지 않는다는 것이다.

끝으로 화이트 대법원장은 양 당사국의 대서양 쪽 국경선을 결정하는 문제를 검토하였다. 그는 국경의 시작점을 푼타 모나, 식사올라 아래의 첫 번째 강 하구로 보고, 국경선이 "세로 판도를 지나서" 끝나는 선과 만날 때까지 식사올라 강의 하구에서 코르딜레라까지 어떻게 진행되는가를 검토하였다.

이에 대해 국경선은 식사올라 강의 탈베그를 따라 요르킨 강과 만나는 지점으로 이어진다는 주장과 국경선이 식사올라를 지나고 요르킨 강의 입구를 지나 타리레 강에 이르는 지점까지 진행한다는 주장이 맞서 있었다. 화이트 대법원장은 식사올라–요르킨 선을 따르는 경우 그 선은 실질적으로 그 경로와 방향에서 처음부터 국경선의 방향으로 인정되었던 것과 부합하였을 것으로 보고, 식사올라 – 요르킨이 푼타 모나에서 코르딜레라 지맥을 따라 "세로 판도를 지나는" 지점까지의 선을 대체할 선임이 명백하다고 판단하였다. 이렇게 해서 화이트 대법원장은 지리적 정보가 부정확한 상황에서 최선의 합리적인 결과로서 대서양 쪽 국경선을 제시하였다.

이 분쟁사건은 육지의 영유권 분쟁과 관련되어 있고 영유권 다툼이 아닌 국경선 결정 문제이기 때문에, 독도문제와 관련된 함의는 많지 않다고 볼 수 있다. 다만 이 사건에서 지리적 사실과 부합하지 않는 이전 중재판정의 효력이 부인되었고, 당사국의 영유권 주장과 교섭, 영토의 점유와 거주 등 사실관계와 공권력 행사의 중요성이 확인되었다는 점에서 독도문제에 대한 관련성을 유추해 볼 수 있을 것이다.

이 사건의 중재인은 당시 영유권 주장에 관한 시원적 권원을 나타내는 공식문서도 없고, 지리적 지식이 불완전하고, 원용된 지명이 각기 다르게 명명되고, 산맥 국경과 하천 국경을 선택해야 하는 상황에서 본 사건과 관련있는 모든 사실과 사정 및 고려사항을 참작하고, 일방당사자의 장기간 다툼없는 점유를 인정하여, 지리적 사실과 부합하는 국경선을 이끌어내었다. 따라서 독도의 경우에도 지리적 상황을 기술한 과거의 자료를 수집하고, 독도에 대한 점유나 거주, 공식적 권리주장, 공인된 지도 및 해도 등 실효적 지배사실과 공권력의 행사 사실을 입증할 수 있는 역사적 기록이나 문서 등을 가능한 한 확보하는 것이 유리할 것으로 사료된다.

과테말라/온두라스 국경분쟁 사건

Honduras Borders(Guatemala v. Honduras),

RIAA Vol. II(1933)

박덕영(연세대)

I. 사실관계

과테말라 공화국 정부와 온두라스 정부는 불행하게도 현재 두 국가 사이에 존재하는 국경선 문제가 존재하는 바, 이것이 해결되기를 바라면서 1930년 7월 16일 워싱턴에서 과테말라와 온두라스 간 중재에 관한 조약을 체결하였다. 이 조약에 근거하여 양 당사국들은 국경 문제를 중재재판에 부탁하는 것에 동의하였으며 그러한 목적을 위하여 과테말라-온두라스 국경에 대한 중재재판이 이루어졌다.

과테말라와 온두라스 정부는 당사자 간의 국경 분쟁에 관하여 국제중앙아메리카재판소(International Central American Tribunal: ICAT) 설립 협약이 적용되는 문제에 대한 이견이 있었고, 양 당사국은 우선적으로 1930년 특별조약에 의해 특별 중재재판소를 설치하기로 합의하고 다음과 같은 쟁점에 대해 알아보기로 하였다.

1933년 과테말라-온두라스 국경분쟁에 관한 중재판정은 국경이 불분명하였던 몇몇 지역에 대한 영토주권을 가리기 위한 것으로서, 당시 중남미 아메리카에서의 영토 분쟁시 uti possidetis 원칙이 어떻게 적용되었는지를 보여주

는 사례이다. 비록 uti possidetis 원칙은 1986년 부르키나파소와 말리 간의 국
경분쟁에 관한 ICJ 판결에서 공식적으로 국제법상 확립된 원칙으로 인정되었지
만, 본 중재판정에서는 ICJ 판결 이전에도 동 원칙이 중남미 아메리카의 영토
경계에 관한 분쟁에 있어 적용되었다는 점을 알 수 있다는 점에서, 그리고 적
용 시 어떠한 요소가 판단 기준이 될 수 있는지에 대하여 알 수 있다는 점에서
그 의의가 있다고 할 수 있다.

Ⅱ. 쟁　점

　　본 중재판정은 크게 다음의 두 가지 쟁점을 다룬다. "1923년 2월 7일 ICAT
설립 협약에 의하여 설치된 ICAT는 과테말라와 온두라스 간 국경 문제를 판정
할 권한이 있는가?"가 동 중재판정의 최초 쟁점이었다. 그 다음으로 상기 쟁점
에 의해 관할권이 있다고 결정된 특별중재재판소가 분쟁 지역에 대해 어떠한
국가가 실효적으로 지배하고 있었는가를 각종 지도 및 출판물, 판결 사례 등을
통해 검증한다. 또한 이를 통해서 어떠한 요소가 uti possidetis 원칙을 판단하
는 데 있어 기준이 될 수 있는지가 명시된다.

1. 관 할 권

　　과테말라 공화국 정부와 온두라스 정부는 불행하게도 현재 두 국가 사이
에 존재하는 국경선 문제가 존재하는 바, 이것이 해결되기를 바라면서 1930년
7월 16일 워싱턴에서 과테말라와 온두라스 간 중재에 관한 조약을 체결하였다.
이 조약에 근거하여 양 당사국들은 국경 문제를 중재재판에 부탁하는 것에 동
의하였으며 그러한 목적을 위하여 과테말라–온두라스 국경에 대한 중재재판
이 이루어졌다.

　　그러나 양 당사국들은 본 재판소가 국경 문제를 결정하는 데 있어 어떠
한 권능을 가지고 있는지에 대하여 다른 의견을 가지고 있다. 즉 본 재판소가
1923년 2월 7일 발효되어 양 당사국에 효력을 발휘하고 있는 ICAT 설립 협약

에 의하여 창설된 재판소인지 아니면 본 재판소가 특별 국경 분쟁 재판소인지 여부이다.

따라서 1930년 7월 16일 조약은 중재인들을 구성하여 이들을 선결적 항변을 결정하는 특별 재판소로서 지정하였는데, 이 중재인들은 자신들이 ICAT처럼 행동해야 하는지 아니면 국경 문제를 결정하는 특별 국경 분쟁 재판소로 기능해야 하는지에 대한 문제를 다루게 되었다.

2. uti possidetis 원칙의 적용

동 중재판정에서 가장 핵심적인 문제는 uti possidetis 원칙이었다. 과테말라와 온두라스는 그들의 국경분쟁에 대하여 아래와 같은 1930년 7월 16일 조약 제V조에서 uti possidetis 원칙이 지켜져야 한다고 명시하였다.

"체약 당사국들은 그들의 각자 영토 경계는 오로지 1821년 uti possidetis 원칙에 의하여 설치된 사법적 경계선이라는 것을 인정한다. 따라서 재판소는 이러한 경계선을 결정하여야 한다. 만약 재판소가 어느 한 국가 또는 양 국가가 추후 경과를 통하여 본 경계선을 넘어 확고한 경계선을 설정하여야 할 이익이 있다는 점을 파악한 경우, 재판소는 그것에 맞게 1821년 uti possidetis 원칙을 수정하여야 하고 영토 경계를 수정하거나 혹은 그로 인해 상대방에게 지급해야 할 정당한 보상을 정하여야 한다."

따라서 특별 재판소의 최초 의무는 uti possidetis 원칙에 의하여 경계선을 결정하는 것이었다. 물론 재판소는 uti possidetis 원칙 적용의 어려움을 인식하고 있었다. 즉, uti possidetis 원칙을 적용하기로 합의하더라도, 경계선이 실제로 어디에 있었는지를 결정하는 것 또한 굉장히 기술적인 문제이기 때문이다. 당시 식민지 시대의 지도는 매우 부실하기 짝이 없어 정확한 경계선을 발견해 내기가 상당히 어려웠던 것이 사실이다. 또한 이러한 기술적인 문제와 경계선을 획정하는 문제는 사실상 별개의 문제이며, 이를 결정하기 위해서는 식민지 당국이 실제로 어떻게 해석하고 적용하였는지도 파악해야 하기 때문에, 재판소의 uti possidetis 원칙 적용은 간단한 문제는 아니었다.

1) 적용 장소의 문제

아프리카단결기구(OAU)가 1964년 "모든 회원국은 국가독립을 달성할 당시의 경계선을 존중할 것을 약속한다"는 결의를 채택한 바 있고, ICJ의 판례에서도 상기 언급된 uti possidetis 원칙이 적용된 Frontier Dispute 사건도 존재하지만, 이 원칙이 세계 보편적으로 당연 적용되고 있다고 보기에는 아직 무리가 있는 것으로 보인다. 예를 들어 아프리카에서도 uti possidetis 원칙을 아직까지 배척하고 있는 우간다·모로코·소말리아·탄자니아 등이 있고, 심지어 아프리카의 uti possidetis 원칙과 중남미 국가 간 분쟁에서 적용되었던 uti possidetis 원칙에는 차이가 있다고 보는 견해도 있다.[1]

게다가 동 원칙을 아시아에 무리 없이 적용하기에는 많은 어려움이 따른다. 우선 아시아 지역은 중남미 지역과 달리 훨씬 역사적 배경이 복잡하고, 서구에서 적용되었던 국제법 체계와 완전히 다른 국제질서가 유지되고 있었으며, 식민지에서 해방되는 과정도 각 국가마다 전부 다르기 때문이다. 또한 Frontier Dispute 사건을 제외하고 기타 중재판정에서는 분쟁 당사자들의 합의에 의해 uti possidetis 원칙이 적용되었거나, 몇몇 중재판정에서는 uti possidetis 원칙이 개별의견이나 소수의견을 통해 부분적으로 언급되었을 따름이다.[2]

요컨대 상기 제시된 이유를 고려하여 볼 때, uti possidetis 원칙은 향후 영토 분쟁이 발생하였을 때 국제 재판에서 원용될 가능성은 매우 높아졌다고 볼 수 있지만, uti possidetis 원칙은 일반국제관습법으로서 영토 분쟁이 있을 때 당연 적용이 되어야 할 것으로 보기에는 다소 무리가 있다고 생각된다.

2) 적용 시점의 문제

이론상으로 볼 때 신생독립국이 독립하는 바로 그 시점에 존재하는 식민통치국의 행정구역에 주권을 행사하는 것이 일견 당연한 것으로 보인다. 그러

---

1) A. C. McEwen, *International Boundaries of East Africa*(Oxford: Oxford University Press, 1971), pp. 29~31.

2) 예를 들어 Case concerning *Minquiers and Ecrehos*(French/U.K.), ICJ Reports(1953)을 들 수 있다.

나 식민지 해방과정에서 발생한 각종 독립투쟁이 일시에 종료된 것이 아니라
복합적이고 중층적으로 끝났기 때문에 독립 시점을 칼로 무자르듯이 확실하
게 언급하기가 대단히 어렵다. uti possidetis 원칙은 주로 중남미 국가에서 적
용되었던 탓에, 주로 사용된 적용시점은 1810년 uti possidetis 원칙, 1821년 uti
possidetis 원칙 등이 있다. 베네주엘라·에콰도르·아르헨티나·칠레 등은 1810
년에 독립을 했고 페루 및 중부 아메리카 지역은 1821년에 독립을 했기 때문에
상기 두 시점이 라틴아메리카 지역에서의 영토분쟁 사건에서 주로 언급된다.
본 중재판정에서는 1821년 uti possidetis 원칙이 주요 쟁점사항이 되었다.

　　uti possidetis 원칙의 적용 시점 결정에 있어 가장 큰 문제점은 기존의 영
토 분쟁 당시 고려 요소였던 이른 바 '결정적 시점(critical date)(결정적 기일)'과의
관계이다. 통상적으로 분쟁 당사국 사이에서는 분쟁이 구체화되고 결정된 날을
보통 '결정적 기일'로 잡으며 이는 영유권 분쟁에 관한 문제 해결 시 매우 중요
한 역할을 담당한다. 문제는 만약 uti possidetis 원칙이 적용되기로 한 영토분
쟁에서 결정적 기일은 그 의미가 없다는 데 있다. 왜냐하면 결정적 기일이 언
제가 되었든지 간에 uti possidetis 원칙의 시점 당시의 지배여건이 곧바로 영토
권 해결의 분쟁 기준이 되기 때문이다. uti possidetis 원칙을 적용할 경우 이것
이 '결정적 기일'을 전적으로 대체할 수 있는지 여부에 대해서는 아직 명확하
게 밝혀지지는 않은 상태이다. 만약 아시아 지역의 영토분쟁을 해결하는 데 있
어 uti possidetis 원칙이 적용될 경우, '결정적 기일'이 어떻게 고려되어야 하는
지에 관한 문제는 굉장한 논쟁거리로 부상할 가능성이 크다.

3) 사실상 uti possidetis 원칙과 법적 uti possidetis 원칙

　　상기 언급된 uti possidetis 원칙은 법적(de jure) uti possidetis 원칙이다. 즉
법적(de jure) uti possidetis 원칙이란 식민지 독립당시 식민국가의 법률문서를
기초로 해당 문서에 규정된 바에 따라 경계선을 정한다는 의미이다. 하지만 사
실상(de facto) uti possidetis 원칙은 이의 변형으로서, 식민국가의 법률 문서와
상관 없이 독립 또는 당해 조약 체결 당시 각 당사국이 실제로 점유하고 통치

하였던 영토에 기초하여 경계선을 정한다는 의미이다. 무엇이 맞는지, 어떤 원칙이 어떠한 상황에 적용되어야 하는지에 대해 정해진 바는 없다. 통상적으로 법적(de jure) uti possidetis 원칙이 사실상(de facto) uti possidetis 원칙보다 더 일반적으로 받아들여지고 있을 따름이다. 다만 대부분의 중남미 국가들이 법적 (de jure) uti possidetis 원칙을 선호한 데 비해 브라질의 경우 사실상(de facto) uti possidetis 원칙을 주장하였고 이에 따라 페루, 볼리비아, 베네주엘라는 브라질과 국경조약을 맺을 때 사실상(de facto) uti possidetis 원칙에 기초하여 국경을 정하였다.

3. 각국의 입장

1) 관할권

과테말라 정부는, ICAT는 온두라스가 제기한 상기 ICAT 설립 협약 제I조에 의하여 ICAT가 사건을 맡을 수 있는 중재재판소로서의 권능을 가지고 있으며 ICAT는 "분쟁의 본질 또는 기원과 관계없이 현재에 존재하거나 또는 앞으로 발생할 지도 모를 모든 분쟁(all disputes or questions which exist at present or which may arise, irrespective of their nature or origin)"에 대하여 관할권을 가진다고 주장하였다. 그리고 이 문구는 모든 영토 경계 문제를 포함하며 ICAT의 관할권은 온두라스 정부에 의해 제기된 유보에 의해 영향받을 수 없다고 주장하였는데, 왜냐하면 1923년, 해당 문제가 미국 대통령에게 제출되면서 1914년 조약이 약화되었으므로 양 당사국 사이에 다른 중재재판 형식에 관한 조약이 존재하지 않았기 때문이다

과테말라 정부는 ICAT 설립 협약의 적용에 대하여 양 정부 간 견해가 다르다는 점은 동 협약 제XIII조에 따라 해결될 수 있고 해결되어야만 한다고 주장하였다.

온두라스 정부는 ICAT는 상기 언급된 문제에 대하여 근본적으로 관할권의 정도를 결정할 권한이 없다고 하였다. 그러나 다만 협약 제I조에 포함된 몇몇 제한된 요건에 따라 특별한 경우에 있어 관할권을 결정할 수 있을 뿐이라고 하

였다.

양 당사국은 그럼에도 불구하고 양 당사국 간 국경 문제를 판정내릴 재판소는 ICAT 설립 협약에 나타난 방법으로 구성되어야 한다는 데 동의하였다.

2) uti possidetis 원칙 적용에 대하여

1821년 uti possidetis 원칙에 대하여 과테말라는 경계선은 실질적으로 사실에 최대한 가깝게 일치하게끔 적용되어야 한다는 의미이며, 여기서 그 '사실'은 바로 스페인 제국이 1821년에 국가 간 경계선을 용인하거나 묵인 또는 허용했던 바로 그 경계선이라고 주장하였다. 즉 과테말라는 사실상(de facto) uti possidetis 원칙을 주장했던 것이다.

한편 온두라스는 uti possidetis 원칙은 스페인 제국이 용인하거나 묵인 또는 허용했던 사실상 경계선에 기반하는 것이 아니라, 원래 지정되었던 교구 관할권과 같은 원칙에 의하여 경계선이 구분된다고 주장하였다. 즉 사실상(de facto) uti possidetis 원칙과 법적인(de jure) uti possidetis 원칙 간의 차이점이라는 것이다.

III. 판   결

1. 관할권 문제

본 중재판정에서 제기되는 관할권 문제는 통상적인 국제판정에서의 선결적 항변과는 그 의미가 약간 다르다. 통상적으로 국제재판에서의 관할권 문제는 문제의 재판소가 당해 사건에 대해 관할권이 있는지 없는지 여부에 대한 것인데 반해, 본 중재판정에서의 관할권 문제는 문제의 재판소가 당해 사건의 재판소에 해당하는지, 아니라면 문제의 재판소가 직접 관할권을 행사할 수 있는지 여부가 문제되었던 것이다. 즉 당해 사건에 대해 누가 관할하여도 관할권은 존재하지만 관할권을 행사하는 주체가 누구냐에 대한 문제가 주요 쟁점이었다.

1930년 7월 16일, 과테말라와 온두라스 간 중재에 관한 조약에 의해 설치된 특별 중재 재판소가 독자적으로 본 국경분쟁을 다룰 수 있는지 아니면 ICAT의 효력을 인정하여 특별 중재 재판소가 곧 ICAT가 되어 국경분쟁에 대해 판정하는지가 문제되었고, 이에 다음과 같은 판정을 내렸다.

"만약 특별 재판소의 결정이 ICAT의 권능을 부정한다면, 특별 국경 분쟁 재판소로서 본 재판소가 양 조약 당사국에 의해 주장되는 국경 분쟁에 관한 사건을 수리하게 된다. 한편, 특별재판소가 ICAT의 권능을 인정한다면 상기 특별 재판소가 ICAT로서 과테말라와 온두라스의 국경문제에 대하여 판단하게 되며, 워싱턴에 위치하게 될 것이다. 상기 두 경우에 본 조약에 규정된 바가 준수될 것이다."[3]

특별 재판소는 만약 ICAT와 같은 역할을 수행한다는 점을 인정하여 ICAT로 행동한다면, 재판소의 판정에 불만족스러운 점이 나타날 경우, ICAT 설립 협약에서 인정하는 무효 사유, 즉 "엄격하게 일치하는 방법으로" 재판소가 조직되지 않았다는 점을 이유로 들면서 재판소의 판정을 무효화하려는 노력이 발생할 수도 있기 때문에, 이러한 점을 방지하기 위하여 선결적 항변을 기각하기로 한다고 판정하였다. 정확한 판결 내용을 인용하자면 다음과 같다. "1930년 7월 16일 조약에 의해 설치된 특별 재판소로서 본 조약에 의해 제기된 선결적 항변에 대하여 기각한다. 본 특별 재판소는 1923년 2월 7일 헌장에 의하여 "엄격하게 일치하는" 방식으로 규정되지 않았기 때문에 과테말라와 온두라스 간 국경 분쟁에 대하여 ICAT로서 다룰 수 있는 권한은 없다. 그러나 1930년 7월 16일 조약에 의해 규정된 특별 재판소로서 본 분쟁 사건을 수리할 권한을 갖게 되고 가질 수 있을 거라고 추측한다."

결국 특별 재판소는 ICAT로서 동 국경 분쟁을 다루는 것이 아니라, 1930년 7월 16일 조약에 의해 규정된 특별 재판소로서 국경 분쟁을 수리할 권한을 갖게 된다고 결론내렸다. 그 근거는 다음과 같다.

"첫째, ICAT는 확고한 인원과 지속적인 실체를 유지하는 영구재판소가 아

---

3) 1930년 7월 16일 조약 제I조.

니다. ICAT는 … 특정한 분쟁을 해결하기 위한 목적을 위하여 … 특정한 재
판소로서 존재한다. 일단 설립되면 ICAT는 1923년 2월 7일 헌장에 규정된 바
와 같이 특별 재판소로서 기능하는 것이다. … 둘째, 선결적 항변을 결정하는
데 있어서 본 재판소가 1930년 7월 16일 조약을 필수적으로 확인하고 본 문제
에 대한 의미를 한정지어야 하며, 이는 본 재판소에게 적절한 권능을 부여한
다. … 셋째, ICAT가 본 분쟁 사건을 수리할 권한이 있기 위해서는 다음과 같
은 두 가지가 필수적으로 요구된다. (1) ICAT는 1923년 2월 7일 헌장에 규정된
바처럼 구성되어야 한다. (2) 일방 당사국이 재판소를 구성해야 한다고 하였을
때 해당 분쟁은 동 헌장에 포함되는 내용이어야 한다. … 본 재판소는 특별 재
판소의 설립에 대한 1930년 7월 16일 조약에 의해 발생한 상황으로 볼 때 이러
한 논쟁에 대하여 언급할 필요가 없다고 본다. … 넷째, 1923년 2월 7일 헌장
은 ICAT에 분쟁을 제기하기 위한 두 가지 방법을 제시하고 있는데, (1) 동 헌
장 제Ⅶ조에 규정된 것처럼 조약 혹은 절차규칙 체결에 의하여, … 분쟁을 제
기할 수 있다. … 본 재판소는 오로지 헌장 제Ⅶ조에 규정된 절차규칙을 고려
해야 할 필요가 있다."

2. uti possidetis 원칙의 적용

재판소는 uti possidetis 원칙을 파악하는 가장 중요한 점으로 "행정 통제
의 존재"가 있었는지 여부를 들었다. 특히 스페인 제국의 의지에 따라 행정 당
국의 통제가 존재했었다면 이는 의심의 여지가 없으나, 만약 스페인 제국의 의
지에 반해 각 개별 식민지 체제가 자신만의 행정 통제를 주장했다면 이는 uti
possidetis 원칙에 해당할 수 없다고 밝혔다. 결국 재판소는 1821년을 기준으로
하여 스페인 제국의 의지에 의거하여 행정 통제가 이루어졌는지를 파악하는
데 주력하였고, 이를 확인하기 위해 국왕의 명령, 지침, 포고령, 법과 칙서 등에
의존하였다. 또한 역사적으로 권위있는 서적이나 지도도 고려 대상이 되어야
한다고 언급하였다. 마지막으로 당시 스페인 제국 산하 행정 조직의 체계도 고
려 대상이 되어야 한다고 명시적으로 언급하였다.

3. 재판소의 판정

재판소는 철저하게 uti possidetis 원칙에 의거하여, 분쟁 지역에 대해 이루어진 국왕의 명령, 칙서, 포고령 및 당시 권위있는 역사서 또는 지도를 바탕으로 (1)오모아, (2)쿠야멜, (3)모타구아 강 연안, (4)마나구아 강과 그 어귀, (5)메렌돈 산맥, (6)마나구아 강과 모타구아 강의 합류지점 근처에서부터 코판 지역 등을 검토하였다.

결국 재판소는 상기 지역에 대하여 uti possidetis 원칙에 의거, 과테말라와 온두라스 각각의 영토에 해당하는 지역을 결정하였는데, 여기서 다음과 같은 특징을 찾아볼 수 있다. 첫째, uti possidetis 원칙은 국경선 획정 과정에 있어서, 특히 식민지에서 신생 독립국으로 전환한 국가들 간의 국경을 획정하는 데 있어 매우 중요한 원칙이라는 점을 재확인할 수 있다. 둘째, 행정 당국의 통제 행위가 있었는지에 대한 여부를 조사하는 과정에서 공식 문서뿐만 아니라 당시 사회적으로 권위를 가지고 있는 발간물도 증거로 채택하였다는 점이다. 셋째, 스페인 제국의 국교가 가톨릭이었기 때문에, 행정 당국의 통제 행위 중 신부 또는 사제들의 종교행위도 같이 검토되었다는 점이다.

본 중재재판소가 사실상(de facto) uti possidetis 원칙과 법적인(de jure) uti possidetis 원칙 중 어느 하나를 공식적으로 인정했다고 보기는 어렵다. 그러나 "행정 통제의 존재"라는 요소를 중심으로 판정을 내리고 각 개별 국가의 실질적 통제 행위에 대하여는 uti possidetis 원칙 적용을 거부한 것으로 유추해 보건대, 법적인(de jure) uti possidetis 원칙에 좀 더 가까운 판정을 내린 것으로 보인다.

4. 경계선 확정

상기된 내용에 따라 이루어진 경계선 결정은 다음과 같다.

세로 몬테크리스토 정상에서 가장 가까운 지점의 살바도란 경계선에서 시작하여, 거기에서 프리오 혹은 세세카파 강의 합류지점에서 가장 가까운 물머

리까지 곧게 뻗은 방향, 그리고 이 합류지점의 중위선을 따라 프리오와 세세카파 강의 합류지점의 하류까지, 그리고 거기에서 프리오 혹은 세세카파 강의 중위선을 따라 세로 테코마파의 남서쪽 능선의 작은 개울과 합쳐진 지점과 쿼브라다 엘 차귀톤이라 불리는 곳, 거기에서 엘 차귀톤 상류부분이라고 불리는 곳의 중위선을 따라 최상류층까지 그리고 아툴카파와 프리오 혹은 세세카파 강사이로 나누어지는 강의 발원점, 거기에서 동쪽 방향으로 세로 테코마파의 쌍봉까지, 거기에서 약 400미터 거리에 쿼브라다 테코마파의 합류지점, 거기에서 쿼브라다 테코마파 혹은 아구아 칼리엔테의 중위선을 따라 하류지점으로 내려와 북동쪽 방향으로 오로파 강과 합류하는 지점, 오로파 강 하류와 쿼브라다 데 라 브레아와 합류하는 하류 지점, 거기에서 쿼브라다 데 라 브레아의 중위선을 따라 상류로 60미터 올라가 쿼브라다 엘 인시엔소와 만나는 지점, 거기서 동쪽 방향으로 세로 오스쿠로에서 가장 높은 지점, 거기에서 동쪽 방향으로 꺾어져 블랑코 강의 강바닥, 그리고 찬마구아 강과 블랑코 강의 강바닥 사이를 따라 갈라지는 쿼브라다 데 라 라야 혹은 페조테 강바닥, 그리고 북쪽으로 쿼브라다 데 라 라야 혹은 페조테 강과 가장 가까운 프레이온 강의 협곡까지, 거기에서 프레이온 강의 중위선을 따라 자니혼 데 라우나 베르데의 합류지점까지, 거기서 북동쪽으로 템블라도르와 술래가 강의 합류지점까지, 그리고 북서쪽으로 세로 오호 데 아구아 델 아마타의 정상까지, 그리고 세로 산 크리스토발의 정상까지, 거기에서 세로 세풀투라스의 정상까지, 거기에서 보네테 델 포틸리오까지, 거기에서 세로 유테까지, 거길에서 북동쪽으로 세로 유테가 위치한 산 안토니오와 티자마테 협곡의 바다 사이의 분계선까지, 거기에서 쿼브라다 세세밀레스와 펙스야 강과 마나구아 강의 강바닥 사이의 분계선까지, 거기에서 마나구아 강 하류의 중위선을까라 알데아 누에바의 마을 북쪽 협곡까지, 거기에서 모야 강과 남동 코너의 라 프란시아 공터까지, 거기에서 후야마와 엔칸타도 강과 모타구아와 카멜레콘 강 유역까지, 거기서 북동쪽으로 모타구아와 카멜레콘 유역과 치퀴토와 플라타노스 강 유역까지, 거기에서 북쪽으로 세로 에스카르파도 산까지, 누에보 혹은 카카오와 차차과리야 강 유역까지, 북동쪽으로 쿠야멜 철교 유역의 산토 토마스 강까지, 거기에서 북동쪽으로 틴토 강 우측 둑의 최남단까지, 거기에서 모타구아 강 하류와 온두라스 만 입구까지이다.

　상기 묘사한 바와 같이 경계선은 틴토와 모타구아 강의 우측 둑 위에 설정되었으며 이 지류에 변화가 생길 경우, 예를 들어 부착, 침식 혹은 자연 분리와 같은 일이 발생할 경우에는 경계선은 양 강의 실질적인 우측 둑 맨 꼭대기를 따르기로 한다. 상기 언급된 모든 지점은 동 판정의 일부를 이루고 있는 부속된 항공 조사에 의한 지도에 묘사되어 있다.

Ⅳ. 평　석

　본 사건은 uti possidetis 원칙을 적용할 경우 어떠한 증거물, 증거 행위들이 증명력을 가질 수 있는지에 대해 설명하고 있다는 점에서 그 의의를 찾을 수 있다. 특히 uti possidetis 원칙이 단지 중남미나 아프리카뿐만 아니라 동유럽의 해체 과정에서 발생하는 국경 분쟁에 대해서도 적용되고 있기 때문에,[4] 향후 아시아 지역에서의 국경 분쟁이 국제 재판에서 판단될 경우 uti possidetis 원칙이 적용될 가능성이 있다. 이를 고려한다면, 만에 하나 한국이 국경 분쟁에 휘말려 당해 사건을 국제 재판에 가져가는 경우 반드시 uti possidetis 원칙에 대한 연구가 필요하다는 점에서 본 중재판정이 갖는 의미는 상당히 크다고 볼 수 있다.

　물론 uti possidetis 원칙이 한국과 관련된 국경 분쟁에 적용될 가능성이 아주 높지는 않다. 우선 uti possidetis 원칙은 주로 중남미 지역에서 적용되었고 그 외의 지역에서도 적용된 바는 있지만 많지 않기 때문이다. 아시아 지역, 특

---

4) 1992년 구유고평화회의중재위원회는 ICJ가 *Frontier Dispute* 사건에서 *uti possidetis* 원칙을 한 개의 일반원칙으로 지칭하였음을 언급하면서, 크로아티아와 세르비아 간에, 보스니아-헤르체고비나와 세르비아 간에, 그리고 아마도 타인접 독립국가들 간에 *uti possidetis* 원칙이 적용되며 따라서 이들 경계선은 자유롭게 도달한 합의에 의한 경우를 제외하고는 변경될 수 없다는 견해를 제시한 바 있다. 김대순,『국제법론』(서울: 삼영사, 2011), 929면.

히 한국의 경우 uti possidetis 원칙이 적용될 수 있는 여지가 비교적 적기 때문
이다. 그리고 uti possidetis 원칙과 '결정적 기일' 간의 관계 문제도 아직 해결
되지 않았기 때문에 쉽게 결정될 수 있는 문제는 아니다.

그러나 영토 분쟁에 있어 하나의 판단 기준으로 확립된 uti possidetis 원칙
에 대한 연구를 소홀히 할 수는 없다. 최근 들어 일본의 독도 문제에 대한 적극
적 행위가 나타나고 있는 시점에서, 현재는 독도 문제에 적용될 수 있는 모든
판단 원칙에 대한 연구가 착실히 진행되어야 할 시기이다.

인도/파키스탄 벵갈경계위원회 보고서 해석 분쟁

Boundary Disputes between India and Pakistan relating to the Interpretation of the Report of the Bengal Boundary Commission, RIAA Vol. XXI(1950)

오승진(단국대)

Ⅰ. 사실관계

1947년 인도독립법(the Indian Independence Act, 1947)에 의하여 1947년 8월 15일부터 인도에 두 독립령, 인도와 파키스탄이 세워졌다. 위 법률 2부 (2)에 따르면 파키스탄의 영토는 특히 지정된 날에 같은 법 3부에 규정되어 있는 동부 벵갈 지방에 포함되어 있는 영토이다. 이에 따르면 1935년 인도정부법(the Government of India Act 1935)에 따라 구성된 벵갈 지방은 더 이상 존재하지 않으며, 그 대신에 두 개의 새로운 지방, 즉, 동부 벵갈과 서부 벵갈이 구성된다고 규정되어 있다. 그리고 새로운 동부 벵갈의 경계는 지정된 날의 이전 또는 이후에 총독에 의하여 임명된 또는 임명될 경계위원회의 판정에 의하여 결정되도록 되어 있다. 경계위원회는 인접하는 무슬림과 비무슬림의 지역들을 확인한 후에 벵갈의 두 부분의 경계를 획정할 임무를 부여받았다. 벵갈경계위원회는 두 개의 보고서를 총독에게 제출하였다. 이 보고서에는 경계를 구체적으로 말로 설명한 첨부 A와 이를 지도로 표현한 지도 B가 첨부되어 있는데, 첨부 A의 설명과 지도 B가 일치하지 않는 경우에는 첨부 A의 설명이 우선한다고 되

어 있다. 그런데 레드클리프 판정이라고 불리는 이 보고서의 해석을 둘러싸고
인도와 파키스탄 사이에 분쟁이 발생하였다.

인도와 파키스탄은 1948년 12월 14일 중재재판에 의하여 분쟁을 해결하기
로 합의하였다. 그리하여 3인의 판사로 구성된 인도－파키스탄 경계분쟁재판
소가 설치되었다. 구성원 사이에 의견의 불일치가 있는 경우에 재판장의 판정
이 최종적으로 결론이 된다. 판사로는 인도의 찬드라세크하라 아이야르, 파키
스탄의 샤하부딘, 스웨덴의 알고트 배지가 선임되었다.

이 재판소가 결정하게 될 분쟁은 4구간의 경계이다.

"(A) 다음에 관한 동부－서부 벵갈 분쟁

　(i) 분할 이전의 말다 지구(동부 벵갈)의 나와브간지 및 샤히브간지 마을
을 포함한 무시다바드(서부 벵갈) 지구 및 라지샤히 지구 사이의 경계

　(ii) 마타브항가 강의 수로가 시릴 레드클리프 경의 판정에 따라 이탈하
는 겐지즈 강의 지점과 이 수로가 위 판정에 따라 다울라트푸르 및 카림푸르
마을 사이의 경계와 만나는 최북단 지점 사이에 있는 양국 사이의 공통의 경계
부분"

"(B) 다음에 관한 동부 벵갈－아삼 분쟁

　(i) 파타리아 힐 리저브 포레스트

　(ii) 쿠시야라 강의 경로"

Ⅱ. 쟁   점

1. 주권 국가 사이의 경계가 강인 경우에 그 경계는 고정적인가 아니면
유동적인가?

2. 제3자에 의하여 선임된 중재인의 지위

Ⅲ. 판 결

사실관계에서 살펴본 바와 같은 이 사건에서는 총 4개 구간의 경계획정이 쟁점이 되었다. 분쟁 1, 2 및 4에서는 3인의 재판관의 의견이 일치하지 아니하여 재판장의 견해가 채택되었으며, 분쟁 3에서는 3인의 의견이 일치되었다.

〈분쟁 1〉

분쟁지역에서 지구의 경계선은, 별첨 지도 "B"에 나마을이고 11-11-40의 고시 번호 10413-Jur에 설명된 지구의 경계선의 육지 경계 부분과 시릴 래드클리프가 자신의 1947년 8월 12일 보고서에서 제시한 판정 당시의 갠지즈 강의 주요 수로의 중간선의 경로를 따르는 선으로 이루어지는데, 현장에서 경계 표시가 되어야 할 인도와 파키스탄 사이의 경계이다.

이 선의 경계표시가 불가능한 것으로 밝혀지는 경우에는 이 지역에서 인도와 파키스탄 사이의 경계는 위에서 언급한 경계의 육지 부분 및 중재 판정일이 아니라 경계표시일에 결정된 갠지즈 강의 주요 수로의 중간선의 경로를 따르는 경계의 선이 된다. 이 선의 경계표시는 가능한 한 빨리 늦어도 이 판결의 공표일로부터 1년 이내에 한다.

〈분쟁 2〉

인도와 파키스탄 사이의 경계는 1948년 항공 사진에 나타난 바와 같이 경찰서와 잘랑기 마을의 서남서 지점과 잘랑기 마을의 캠프 장소과 나디아 지구의 북서쪽 모퉁이에서 가까운 갠지즈 강에서 이탈하는 마타브항가 강의 주요 수로의 중간선을 따르며, 다울라트푸르 및 카림푸르 마을 사이의 경계의 최북단 지점까지 남쪽으로 이어진다.

마타브항가 강의 이탈 지점은 갠지즈 강의 주요 수로의 중간 지류의 지점과 직선 및 가장 짧은 선으로 연결되며, 이 후자의 지점은 중재판정일을 기준으로 특정되거나 이것이 불가능할 경우에는 분쟁 I의 경계선의 경계표시일을 기준으로 특정된다. 이와 같이 특정된 지점은 분쟁 I의 경계선의 동남쪽 끝 지점이 되며, 이 지점은 고정된 지점이 된다.

〈분쟁 3〉

1947년 8월 13일의 보고서에서 시릴 레드클리프가 내린 중재판정에 첨부된 지도 "A"에 표시되어 있는 적색선이 인도와 파키스탄 사이의 경계이다.

〈분쟁 4〉

카림간지 및 베아니 바자르 마을 사이의 경계가 1947년 8월 13일자 시릴 레드클리프의 보고서의 중재판정에 첨부되어 있는 지도 "A"에 소나이 강으로 표시된 강을 만나는 지점에서(고빈다푸르) 위에서 언급한 "B" 지점까지(비라스리) 지도 상에 표시된 붉은 선이 인도와 파키스탄 사이의 경계이다.

"B"지점에서 인도와 파키스탄 사이의 경계는 동쪽으로 방향을 틀어 위의 지도 상에 실레트 및 카챠르 지구 사이의 경계선 위에 "C"로 표시된 지점에서 "B" 지점까지 이어지는 강을 따른다.

Ⅳ. 평 석

이 사건에서 3인으로 구성된 재판소는 인도와 파키스탄 사이의 경계획정을 목적으로 설립된 경계위원회의 보고서의 해석을 둘러싼 경계분쟁에 관하여 판결하였다. 그러므로 이 사건에서는 주로 경계위원회의 보고서의 해석이 법률적인 쟁점이 되고 있으며, 주목할 만한 국제법적 이론이 전개되었다고 보기는 어렵다. 분쟁 1, 2 및 4에서는 두 재판관의 의견이 일치하지 아니하여 재판장의 의견이 재판소의 결론이 되었으며, 분쟁 3에서는 3인의 의견이 일치되었다. 3인의 재판관은 각각의 분쟁에 관하여 의견을 제시하고 있는데, 그 과정에서 몇 개의 국제법적 이론을 전개하고 있다.

1. 주권 국가 사이의 경계가 강인 경우에 그 경계는 고정적인가 아니면 유동적인가?

분쟁 1과 관련하여 주권 국가 사이의 경계가 강인 경우에 그 경계는 고정적인가 아니면 유동적인가에 관한 쟁점이 제기되었다. 이와 관련하여 찬드라세크하라는 그 경계는 고정적이라고 주장한다. 찬드라세크하라 판사는 경계위원회의 보고서를 작성한 시릴 레드클리프 경이 보고서를 제출하는데 필요한 모든 자료를 가지고 있었다고 가정해야 한다고 지적하였다. 찬드라세크하라 판사는 항행이 가능한 강이 두 주권 국가 사이의 경계인 경우에 강의 중간선이 분리선으로 간주된다는 국제법적 원칙이 존재하지만 당사자들 사이에서 특정한 또는 명백한 합의가 없는 경우에만 이 원칙이 적용된다고 하였다. 그에 따르면 두 국가가 원하는 경우에 이 원칙을 변경하여 다른 경계를 갖는 것은 자유이다. 그에 의하면 일부 유럽의 조약에서, 장래에 영구적인 표지가 되는 고정된 지점으로 명확하게 항행 수로의 중앙선을 지정함으로써 강의 경계선에 상당한 정도의 안정성을 부여하려는 노력이 있어 왔다. 1919년 베르사이유 조약에서 항해 가능한 강의 주요한 수로가 분리선이 되어야 한다는 조항이 있으나 경계선이 수로의 후속적인 변경을 따라야 하는지 아니면 당시의 수로의 위치에 의하여 영구히 고정되어야 하는지를 결정하는 것은 조약에 의하여 임명된 수명의 경계위원들에게 맡겨진다고 지적하였다. 그에 따르면 국가들 사이의 특정한 합의가 항행 수로의 중앙선 원칙(thalweg rule)에서 벗어난 사례가 주요한 교과서에서 언급되고 있다.

찬드라세크하라는 판정을 해석함에 있어서 분할의 주된 목적 또는 대상을 명심해야 한다고 지적하였다. 유동적 선에 기초하여 경계를 해석하는 것은 만일 강이 그 경로를 바꾸면 명백하게 이러한 사고를 불가능하게 만든다. 파키스탄의 영토가 인도의 영토가 되거나 그 반대가 될 수도 있다. 각 국가 안에 외국의 영토로 간주되는 고립지역이 생길 수도 있다.

그는 시릴 레드클리프가 명백하고 고정적인 경계를 제시한 것이었을 것이

라고 추정한다. 항해 및 통상에서 불편이 생길 수도 있다는 점은 사실이나 그
러한 불편은 양국이 감내해야 할 것이다. 그리고 만일 양국이 어떠한 합의 또
는 조약을 체결할 의사가 없고 끝까지 그들의 적대적 행위 또는 반대하는 경향
을 계속하고자 한다면, 그들이 손해를 감수해야 한다고 지적한다. 고정된 경계
는 두 국가를 다른 경우보다 더 가깝게 만들 것이다. 필요가 있으면 그들은 해
결책을 찾을 것이며, 상대방 국가측의 항행의 목적으로 누가 강을 이용할 것인
가 하는 점에 대한 합의에 이를 수 있을 것이다. 그는 이 사건에서는 주된 목적
을 고려할 때 국제법의 원칙에 기초한 유동적 선 이론은 배제되어야 한다고 주
장하였다.

   그에 따르면 이론적으로는 일부분은 고정적이며, 다른 부분은 유동적인 경
계를 상정하는 것도 가능하다. 경계의 연장이 육지 지역과 여기 저기에서 산재
할 때는 불가능한 것은 아니지만 파키스탄의 제안에 따라 경계를 설정하는 것
은 매우 불편하게 될 것이다. 이미 나타난 바와 같이, 강이 특정한 부분이나 특
정한 곳에서 불규칙하게 된다면 하천의 중간선으로부터 육지 지역이 분리될
가능성이 존재하며, 이들 지역들은 비록 그 분할에 따르면 파키스탄 또는 인도
에 속하게 되지만 갑자기 완전히 다른 정치적, 경제적 및 사회적 환경 아래 다
른 주권 국가에 속하게 될 수가 있다.

   이 사건에서 중재인이었던 시릴 레드클리프는 명백하게 두 국가들이 자신
들의 경계선에 관하여 불명확한 상태에 놓이지 않아야 하며, 그 때까지 유동
적인 것이 항구적인 고정적인 것이 되어야 한다고 의도하였음에 틀림이 없다
고 주장한다. 델리 합의는 경계선과 관련하여 양국 사이의 전문가에 의하여 수
행될 정교한 경계표시 작업을 상정하고 있다. 만일 경계가 어느 순간에 변화할
수 있는 유동적인 것이라면 이를 표시할 필요가 있겠는가? 다음날에는 더 이
상 경계가 아닐 수 있다는 것을 잘 알면서, 특정한 날의 경계선을 확정하기 위
하여 모든 수고를 할 필요가 있겠는가? 토지대장 등 강에 대한 조사는 헛수고
가 되고 말 것이다. 항공사진으로 많은 노력과 비용을 들여 만든 지형도는 강
이 바뀔 때마다 버려지고 말 것이다. 만일 중재인이 유동적인 경계를 의도한다

면 그러한 많은 고생 또는 수고의 목적은 없게 될 것이라는 것이다.

찬드라세크하라에 따르면 어떠한 근거로 우리가 고정적 경계선을 결정하고 표시할 것인가 하는 문제가 제기된다. 1915~16년의 조사에 기초한 1940년의 고시선을 받아들여야 하는가 아니면 판정일(1947년 8월) 당시의 선을 따라야 하는가, 아니면 오늘날을 기준으로 경계가 고정되어야 한다고 해야 하는가? 첫 번째 대안은 시간의 경과로 불가능하다. 판정일의 지구의 경계가 특정되고 표시되는 것은 가능하다. 이 가정이 옳다면 이는 두 번째 대안이다. 그러나 만일 이것이 불가능하다면 다른 유일한 실제적인 해결책은 경계선, 즉, 특정한 시기(예를 들면, 판정의 선고일로부터 1년 이내 가능한 빠른 시기에)에 확정될 겐지즈 강의 하천 중간선 및 육지 경계를 표시하는 것이다. 이 선은 델리 합의 3절, 3항에서 상정된 바에 따라 표시되어야 한다.

반면에, 샤하부딘 판사는 위와 같은 경계는 유연하며 고정적이지 않다고 본다. 그에 따르면, 시릴 경이 마타브항가 강이 경계가 되는 것을 원했다는 것은 분명하다. 시릴 경은 강이 50마일 또는 60마일 정도 경계의 일부를 형성하고 있지만 지구의 경계를 칼루나 및 24 파르간스 사이의 경계로 하였다. 실레트 판정에서 시릴 경은 쿠시야라 강을 동부 벵갈 및 아삼 사이의 경계로 하였다. 그의 벵갈 판정 11절은 그가 강이 그 지방의 생존에 갖는 중요성을 완전히 이해하고 있음을 보여준다. 레드클리프 위원회에 행해진 주장의 요점을 보면 관련 당사자들은 강의 경계를 선호하였으며, 실제로 이를 주장하였음을 알 수 있다. 항행 가능한 강은 상당히 중요하며 이들은 독립국 사이의 경계를 형성한다. 그리고 국제법상 유효한 경계로 인식되고 있다. 겐지즈 강의 양안에 있는 지구에 살고 있는 양 자치령의 사람들에게 이 강은 상당히 중요하다. 시릴 경은 경계선을 정하면서 이러한 생각을 하고 있었음이 분명하다. 시릴 경의 판정 8절 2항에서 그는 파드마 마다마티 강의 선에 대한 선호가 제로르 및 나디아 지구 내에 있는 무슬림 다수의 밀집 지역에 대한 강력한 청구를 약화시켰는지에 관한 질문을 스스로 제기하였다. 그는 다른 고려요소가 너무 중요하기 때문에 그 지역에서 강의 경계에 관하여 결정하지 않았다. 그러나 이 사건에서 우

리와 관계가 있는 지역에서 강의 경계가 갖는 이점을 초과하는 다른 고려요소
는 존재하지 않았다.

샤하부딘은 시릴 경이 분쟁 지역에서 유동적인 경계를 갖는 것이 양 당사
자에게 필요하고도 유익하다고 생각한 것이 분명하다고 보았다. 그는 무시다바
드가 압도적으로 무슬림 지역이었지만 이 지역에서 바지라티 및 그 지류들이
겐지즈로부터 이탈하는 지역에 대한 통제권을 서부 벵갈만이 갖도록 하는 것
이 캘커타의 생존에 필수적이라는 견해를 갖고 있었으므로 이를 벵갈에 주었
다. 그렇게 하여, 그는 이 지역에서 동부 및 서부 벵갈 사이의 경계를 고정적인
것으로 할 의사는 없었던 것이다. 왜냐하면, 만일 겐지즈 강이 바지라티 및 그
지류들이 이탈하는 지역에서 파키스탄으로 흘러 들어가면 서부 벵갈은 이들
강들의 원류에 대한 통제권을 상실하게 될 것이다. 겐지즈 강이 그 경로를 바
꾸는 때에도 바지라티 및 다른 강들이 겐지즈 강으로부터 이탈한다는 점은 문
서 번호 136에 있는 마지막 지도에서도 볼 수 있다. 겐지즈 강이 그 경로를 바
꾸는 때 바지라티 및 다른 강들이 겐지즈로부터 이탈하지 않는 일이 일어난다
고 하더라도 여전히 서부 벵갈은 만일 경계가 유동적이라면 운하를 통하여 바
지라티 및 그 지류들이 마르는 것을 막기 위하여 충분한 물공급을 확보할 수
있다. 겐지즈 강이 그 경로를 바꾸는 때에 그 이웃에 사는 사람들이 불편하게
된다는 점은 사실이지만 이러한 불이익은 고정된 경계가 갖는 불이익들을 고
려하면 그 존재가 희미해진다.

겐지즈 강은 불규칙한 강이며 이 강이 그 경로를 바꿀 때에는 한 방향으로
획일적으로 바꾸지 않으며 지그재그로 흐르기 때문에 만일 경계선이 고정된
선이 되면 강은 일부 지역에서는 경계선의 파키스탄 측 위를 흐르게 되고, 다
른 곳에서는 인도 측을 흐르게 된다. 이는 한 곳이 아니라 여러 곳에서 양 국의
승객과 화물에게 심대한 어려움을 초래하게 된다. 시릴은 이러한 중요한 사실
을 놓쳤을 리가 없다. 샤하부딘에 따르면 시릴이 만일 고정된 경계선을 확정하
는 생각을 가졌다면 분명히 그가 확정하는 선이 고정된 선이라고 말하였을 것
이다. 만일 그가 강의 경계를 원하지 않았다면 그는 약 마타브항가 강의 약 10

마일 정도를 두 번째 분쟁에서 경계로 하지 않았을 것이며, 이 강의 약 60마일 정도를 쿨나 및 24 파르가나스 사이의 경계의 일부로 하거나 쿠시야라 강을 실레트 판정(Sylhet Award)의 13절에 있는 경계로 하지 않았을 것이다.

그러므로 샤하부딘은 "그리고 겐지즈 강의 실제의 경로가 아닌"이라는 단어는 이미 발한 바와 같이 고정된 경계를 나타내기 위해서가 아니라 차르를 지나는 육지 경계가 흔들리지 않도록 하는 것을 강조하기 위하여 사용되었다고 생각한다. 샤하부딘은 시릴이 유동적인 경계를 의도하였다고 보았다.

이상과 같이 인도와 파키스탄은 경계가 강인 경우에 그 경계가 유동적인가 아니면 고정적인가에 관하여 사로 상반된 주장을 하였으며, 이는 판사의 개별의견에도 영향을 미쳤다. 다만, 분쟁 1에 관하여 최종적인 결론을 제시한 재판장은 위 쟁점에 관하여 구체적인 언급을 하지 않은 상태에서 자신의 결론을 제시하였다.

2. 제3자에 의하여 선임된 중재인의 법적 지위

제3자에 의하여 선임된 중재인의 법적 지위는 판사 중 1인인 찬드라세크하라가 자신의 입장을 전개하기 위하여 제기하고 있다. 그는 제3자에 의하여 선임된 중재인의 지위에 관하여 다음과 같이 지적하고 있다. 시릴 경의 입장이 중재인의 입장이고, 그의 선언이 중재판정이라고 한다면 의문이 생길 수 있는데, 이는 대립하는 두 당사자가 그를 그들 사이의 대립하는 청구권을 결정할 사람으로 선정하지 않았기 때문이다. 그러나 당사자들은, 주장에서나 실제적인 것이든, 선행하는 권리에 기한 대립하는 청구권을 가질 필요가 없으며, 당사자들 사이에서 결정을 해야 할 사람이 그들에 의하여 선정되는 것이 필수적인 것도 아니다. 어느 두 사람도 독립한 당사자에 의하여 선정된 제3자가 그들 사이의 재산을 분할하도록 동의할 수 있으며, 만일 그 제3자가 엄격한 절차의 제한, 증거법, 항소 및 재심 등 모든 조건에 따라 헌법에 의하여 창설되거나 설립된 법원에서 재판관으로 역할을 하지 않는다면, 그는 진정으로 중재자이며, 그 이상도 그 이하도 아니다.

찬드라세크하라는 이 사건에서 재판소는 시릴 경의 판정에 대하여 항소법원이나 재심법원의 역할을 하는 것은 아니라는 점을 지적하고 있다. 그에 따르면 재판소는 권한이 매우 제한되어 있다. 그러므로 재판소는 재심사나 수정을 위하여 판정을 환송할 수 없다. 판정의 오기 및 착오는 자신의 중재판정을 재심사하도록 요청을 받은 중재인에 의하여 수정될 수 있다.

찬드라세크하라에 따르면 델리 합의의 조건에서는 그러한 관할권은 재판소에게 부여된 바가 없다. 재판소가 해야 할 것이라고는 그의 판정을 해석하고 그가 나타낸 공통의 경계를 명확히 하는 것이다. 시릴 레드클리프 경은 특정한 수로가 마타브항가 강을 나타내며, 이 강이 특별한 지점에서 겐지즈 강으로부터 이탈한다고 가정할 권한이 있다. 그의 가정이 틀렸을 수도 있다. 그는 이 사건에서 그렇게 하였을 뿐만 아니라 겐지즈 강의 북쪽 지점과 다울라트푸르 및 카림푸르 마을 사이의 경계에 있는 남쪽 지점을 연결하는 특별한 방법으로 경계선을 묘사하였다. 그는 이 부분을 마타브항가 강으로 표시하였으며, 그는 강의 서쪽 끝에 "마타브항가 알"이라고 기재되어 있어서 이 강이 다른 경로를 가지고 있음을 암시하는 지도를 두 눈으로 보고서도 그렇게 하였다. 그렇다면 재판소는 이제 실제의 마타브항가의 경로를 정확하게 특정할 수 있으며 실제의 마타브의 경로가 두 국가들 사이의 경계선이 된다는 전제 아래, 시릴 경이 묘사한 마타브항가 강의 선을 실제의 마타브항가의 경로로 대체할 수 없다. 그러한 권한은 중재인에게 있다.

찬드라세크하라에 따르면 중재인의 권한은 제한적이다. 이와 관련하여 러셀은 다음과 같이 언급하고 있다.

"중재인이 회부된 문제를 결정함에 있어서 법 또는 사실에서 오류를 범하였지만 그러한 오류가 판정의 문면만으로는 나타나지 않는 경우에, 판정은 오류에도 불구하고 유효하며, 재심사되지 않는다."

"중재인이 진정으로 도달한 결정은 그가 판정으로 이를 표현하자마자 법과 사실에 관하여 최종적이다. 그러므로 그가 도달한 어떠한 결정도 만일 판정에서 적절하게 표현되었다면 오류일 수 없으며, 그러한 이유로 판정의 종국성에 영향을 미칠 수 없다."

찬드라세크하라에 따르면 만일 시릴 경이 경계가 단순히 마타브항가 강이 겐지즈 강으로부터 이탈하는 지점에서 시작하여 다울라트푸르 및 카림푸르 마을 사이를 연결하는 경계 지점까지 이어진다고 하였다면, 그가 의미하였던 바를 해석하여 가능한 한 판정일 당시에 존재하였던 이들 두 지점들 사이의 강의 경로들을 확정하여 그가 의도하였던 바가 효력을 갖도록 할 수 있었을지도 모른다. 그러나 그는 더 이상 나아가 이들 두 지점들 사이의 경계선이 그가 생각하기에 마타브항가 강의 경로를 따르고 있다고 상정하여 이들 두 지점들 사이의 경계를 설정하였다. 이러한 잘못은 판정을 무효화하고 그 취소를 정당화할 만한 잘못이라고 할 수 없다. Re Baxters and the Midland Rail(1906)에서 베건 윌리엄스 판사의 말을 빌리자면, "법원은 중재인의 잘못이 그가 판결을 한 문제에 관한 그의 탄핵과 관련되는 것인 경우에는 법원은 이에 근거하여 중재인에게 판정을 환송할 수 없다." 그에 따르면 중재인은 시릴 경의 지도와 그의 경계선에 구속된다.

지리적인 모습이 현재 그대로이며, 판정일에도 그대로이므로, 아마 마타브항가 강이 겐지즈 강으로부터 이탈하는 지점은 없을 것이다. 그러한 지점이 있었다면, 비록 시점의 설명 및 지도에서 시릴 경이 다른 지점을 표시하였더라도 아마 그 지점이 출발점이 되어야 한다고 주장하는 것도 가능했을 것이다. 자연적인 모습과 일치하는 그러한 지점이 없는 상황에서, 우리는 시릴 경의 지점을 받아들여야 한다. 이를 받아들이지 않게 된다면 이 특정한 경계선에 관한 판정을 전체적으로 모두 의미없는 것으로 포기해야 하는 결과가 된다. 페이지는 자신의 주장을 전개하는 과정에서 저명한 선배인 동부 벵갈의 법무장관이 그렇게 할 준비가 되어 있지 않았음에도 불구하고, 모든 실제적인 목적에 비추어 볼 때 시릴 경이 언급한 두 지점들 —겐지즈 강의 지점 및 마타브항가 강이 두 마을 사이의 경계를 만나는 지점— 은 고정된 또는 확정된 지점으로 받아들여질 수 있다고 인정하였다. 이러한 바탕 위에, 시릴 경이 그린 경계선은 우리를 구속한다. 마타브항가 강이 겐지즈 강으로부터 이탈하는 지점에서 출발한다는 언급은 중요하지 않은 설명적인 사항이며, 그 설명에서의 오류는 문제의 근본에 영향을 미치지 않는다. 이 원칙은 인도 증거법 제97조에 구현되어 있으며, 브라운 법률 격언집(9판, 403쪽)에 다음과 같은 형태로 발견된다:―"설명이 하나 이상의 부분으로 이루어져 있는데, 한 부분이 진실이고 다른 부분이 거짓일 때, 진실인 부분이 충분한 법률적인 확실성을 갖고 주제를 설명하고 있다면, 진실하지 않은 부분은 유증을 무효화시키지 않을 것이다."

찬드라세크하라는 중재인의 법적 지위에 관한 논의를 통하여 중재재판소의 권한이 제한적이며, 시릴 경의 의도를 충실히 해석하고 따라야 한다고 주장하고 있다.

3. 맺 음

이 사건은 기존의 경계위원회의 판정에 대한 해석을 둘러싼 다툼이므로 그 주요 쟁점은 문언의 해석을 바탕으로 종전의 판정을 해석하는데 치중하고 있다. 그러므로 국제법상 영토분쟁의 해결에 관한 의미 있는 논의를 전개하고 있는 것은 아니다. 다만, 재판관들의 개별의견에서 강과 같이 장래에 변경될 수 있는 자연적 지형이 양국 사이의 경계가 되었는데, 그 강의 경로가 바뀌게 되면 양국 사이의 경계도 변경되는가, 나아가 분쟁 당사국에 의하여 선임되지 아니한 제3자에 의하여 선임된 중재인의 지위는 어떠한가 하는 점이 중요한 쟁점으로 다루어지고 있다.

벨기에/네덜란드 특정 국경지역 주권 사건

Case Concerning Sovereignty over Certain Frontier Land
(Belgium v. Netherlands), ICJ(1959)

이성덕(중앙대)

Ⅰ. 사실관계

벨기에과 네덜란드 간의 특정지역(존더라이겐이라고 불리는 지역의 지역번호 91과 92)에 대한 경계분쟁사건으로 양국은 특별협정을 체결하여 동 사건을 국제사법재판소에 회부하였다. 그 지역에 대한 경계를 나눈 네덜란드가 제출한 공동체회의록에는 "지역 번호 78에서 111(포함)은 발르-나소 공동체에 속한다"고 되어있던 반면에, 네덜란드와 벨기에가 체결한 경계협정에 부속된 서술회의록에는 "지역 번호 78에서 90(포함)은 발르-나소 공동체에 속한다. 지역번호 91과 92는 밸르-둑에 속한다. 지역 번호 93에서 111(포함)은 발르-나소에 속한다"고 규정되어 있었다. 이러한 공동체회의록과 서술회의록의 상이함으로 인하여 양국 간에 분쟁이 발생한 것이다.

Ⅱ. 쟁 점

벨기에와 네덜란드 간의 경계협정에 따라 경계의 획정이 이루어지는지, 경계협정이 착오를 이유로 효력을 상실하였는지, 실효적인 지배 행위가 경계협정상의 내용을 배척할 수 있는지 등의 문제를 주로 다루었다.

Ⅲ. 판   결

특정 국경지역 주권에 관한 사건은 1957년 3월 7일 벨기에와 네덜란드 간에 체결된 특별협정에 따라 양 국가에 의하여 재판소에 회부되었다. 특별협정은 재판소에게 측량서에 나타나 있고, 1836년부터 1843년까지 번호 91 및 92 섹션 A 존더라이겐(Zondereygen)으로 알려진 지역들에 대한 주권이 벨기에에 속하는지 아니면 네덜란드에 속하는지를 결정해달라고 요청하였다. 재판소는 10:4의 표결로 그 지역들에 대한 주권은 벨기에에 속한다고 판결하였다.

재판소는 턴하우트(Turnhout)라는 벨기에 도시의 북쪽 지역에 밸르－둑(Baerle－Duc)이라는 벨기에 공동체와 발르－나소(Baarle－Nassau)라는 네덜란드 공동체에 의하여 형성되는 많은 위요지를 확인하였다. 밸르－둑의 영역 상당수는 발르－나소 공동체에 들어 있는 땅들의 조각들로 구성되어 있다. 밸르－둑 공동체의 상당한 부분은 벨기에 본토와도 단절되어 있고 서로 간에도 분리되어 있다.

두 공동체간의 경계 수립 및 양국 간의 국경 수립 노력에 따라, "공동체회의록(Communal Minute)"이라는 회의록이 1836년과 1841년 사이에 양 공동체 당국 간에 작성되었다. 이 공동체회의록의 한 사본이 네덜란드에 의하여 제출되었다. "존더라이겐이라 불리는, 섹션 A(Section A, called Zondereygen)" 표제 하에서, 그 회의록은 다음과 같이 쓰고 있다.

"지역 번호 78에서 111(포함)은 발르－나소 공동체에 속한다."

더 나아가, 1839년 네덜란드와 벨기에의 분리에 따라 두 국가의 점유 지배 영역의 한계를 결정하기 위하여 혼성경계위원회(Mixed Boundary Commission)가 수립되었다. 1842년 양국 간에 체결되고 1843년 발효한 경계협약은 제14조에서 다음과 같이 규정하였다.

"발르－나소 마을(네덜란드)과 밸르－둑 마을(벨기에) 뿐만 아니라 그들을 횡단하는 길들과 관련하여서 현상이 유지되어야 한다."

혼성경계위원회는 1843년 8월 8일 경계협약을 체결하였고, 그것은 1843년 10월 31일 비준되었다. 이 협약에 부속된 국경에 관한 서술회의록(Descriptive Minute)은 제90조에서 국경의 결정이 발르－나소와 밸르－둑 공동체에 이르렀을 때 따라야 할 절차를 규정하고 있다. 또한 1841년 공동체회의록이 "밸르－둑과 발르－나소 공동체를 구성하는 지역들을 주목하면서, 본 조에 단어 그대로 전사(轉寫)되었다"는 것을 경계위원들이 결정하였다고 쓰고 있다.

그러나 1841년 공동체회의록을 반영한 1843년 서술회의록의 그 부분에는 다음의 내용이 나타난다:

"지역 번호 78에서 90(포함)은 발르－나소 공동체에 속한다. 지역 번호 91과 92는 밸르－둑에 속한다. 지역 번호 93에서 111(포함)은 발르－나소에 속한다."

또한, 경계협약에 부속된 특별지도는 분쟁지역이 벨기에에 속한다고 하고 있다.

벨기에 정부는 지역 번호 91과 92가 밸르－둑 공동체에 속하고 이 지역들에 대한 주권이 벨기에에 귀속된다는 점을 보여줄 목적으로 공동체회의록의 내용과 동일한 것으로 여겨지는 서술회의록 문언을 원용하였다. 네덜란드 정부는 1843년 협약은 현상의 내용을 결정함 없이 현상의 존재를 확인하고 있는 것에 불과하고, 이러한 현상은 공동체회의록에 따라 결정되어야만 하는데 그에 따르면 분쟁지역에 대한 주권은 네덜란드에 속하는 것으로 인정되었다고 주장한다.

네덜란드 정부는 경계협약이 주권 문제를 결정할 의도의 것이라 하더라도 분쟁 지역에 관한 규정은 착오로 인하여 무효라고 주장하였다. 네덜란드 정부는 공동체회의록과 서술회의록을 단순 비교만 해보아도 이 점은 분명하게 나타난다고 주장한다.

또한 다른 대체적인 주장으로 네덜란드 정부는 경계협약이 분쟁 지역에

대한 주권 문제를 결정하였고, 그것이 착오로 인하여 무효로 판단되지 않는다
면, 네덜란드가 1843년 이래 그 지역에 대하여 행사한 주권행위가 협약으로부
터 파생되는 권원을 대체하였으므로, 그 지역에 대한 주권은 네덜란드에 속한
다고 주장한다.

재판소는 이러한 세 주장을 차례대로 다루었다. 첫 번째 질문인 1843년 협
약이 문제 지역에 대한 주권을 결정하였는지 아니면 현상에 대한 언급으로 한
정하였는지에 답하기 위하여, 재판소는 회의록에 기록된 경계위원회의 작업을
검토하였다. 검토 결과, 1841년 9월 4일부터 경계 획정 작업은 현상 유지에 기
초하여 진행되었으며, 1843년 4월 4일 회의에서 혼성경계위원회는 공동체회의
록에 있는 문언을 그대로 서술회의록에 전사한다고 규정하는 조문을 채택하였
다. 그에 따라 혼성경계위원회는 분쟁지역을 벨기에에 귀속시켰다.

재판소는 두 공동체의 경계를 표시하는 혼성경계위원회의 권한은 의심할
여지가 없다는 생각이다. 이점은 다음과 같이 규정하고 있는 1839년 네덜란드
와 벨기에 간에 런던에서 체결된 조약 제6조로부터 기인한다:

"언급된 한계는 가능한 한 빨리 만나야만 할 벨기에에 네덜란드 경계표시
위원들에 의하여 이러한 조문들에 따라 표시되어야 한다…"

또한 이점은 1843년 경계협약 서문에 의하여서도 확인된다. 경계협약이
분쟁 지역에 대하여 어느 한 국가의 권리에 대한 결정을 하지 않은 채 남겨두
고 있고 현상에 대한 후속적인 평가를 하고 있지 않다는 해석은 당사자들의 공
통 의사에 반하는 것이다. 따라서 첫 번째 주장에 대하여 재판소는 경계협약이
두 국가 중 누구에게 각 공동체에 소재하는 다양한 지역들이 속하는지를 결정
하였고, 그 규정에 따르면 분쟁지역은 벨기에에 속하는 것으로 결론지었다.

경계협약이 착오로 무효가 되었다는 취지의 두 번째 주장에 대하여, 재판
소는 이러한 주장은 판결에서 다음과 같이 진술될 수 있다고 말한다: 밸르―둑
과 발르―나소 공동체를 구성하는 지역들에 대하여 주목한 1841년 공동체회
의록이 서술회의록 제90조에 단어 그대로 전사되어야 한다고 1843년 서술회의
록이 명시하였다. 그러나 네덜란드가 제출한 공동체회의록 사본과 서술회의록

을 비교하면, 공동체회의록 사본에 따르면 지역 번호 91과 92가 발르-나소에 귀속되어 있는 반면에 서술회의록은 그 지역들을 벨기에에 귀속시키고 있다는 점에 있어서, 공동체회의록의 단어 그대로의 전사가 이루어지지 않았음을 알 수 있다. 재판소는 이들 두 문건의 단순 비교로 착오가 있었다고는 인정할 수 없다고 판단한다. 이러한 주장을 인정받고자 한다면, 네덜란드는 혼성경계위원회의 의도가 1843년 협약에 부속되고 그 구성 부분이 되는 서술회의록이 네덜란드에 의하여 제출된 공동체회의록 사본에 포함된 회의록 내용을 기술하여야만 한다는 것을 입증하여야만 한다고 판단한다. 재판소는 혼성경계위원회의 임무는 본질적으로 현상을 결정하는 것이라는 사실을 상기한다. 혼성경계위원회의 작업과 관련하여 제출된 문건들과 그에 관련된 서신들의 검토를 통하여, 재판소는 네덜란드와 벨기에 위원회들이 보유한 공동체회의록의 두 사본은 두 공동체에 분쟁 지역을 귀속시킴에 있어서 차이가 있었다는 결론에 이른다. 재판소는 네덜란드가 제기한 가정, 즉, 네덜란드 위원회의 수중에 있는 공동체회의록의 사본이 어떻게 서술회의록에 사용된 문언과 동일한 문언으로 되어 있어야 하는지를 설명하는 가정은, 착오의 존재를 입증하는데 실패하였다고 판단한다. 두 문건의 단순한 비교를 통하여 착오가 발생하였음이 충분히 나타나 있기 때문에 착오의 원인을 입증할 필요성이 없다고 네덜란드가 주장하였지만, 재판소는 이 문제는 이러한 편협한 근거로 처리될 수 없고, 모든 상황에 비추어 조약의 규정으로부터 당사자들의 의도를 확인하여야만 한다고 판단한다. 재판소는 1843년 4월 당시 양 위원회는 1841년 이래 공동체회의록 사본들을 가지고 있었다고 판단한다. 지역 번호 91과 92의 귀속에 관한 양 사본간의 차이점을 양 위원회는 알고 있었으며, 그들 사이의 논의의 대상이었다. 경계협약에 포함하기 위하여 작성한 상세한 지도들에서, 그 지역들은 벨기에에 귀속되어 있음이 간과할 수 없는 방법으로 명확하게 나타나 있었다. 또한 위원회는 단순한 필사자가 아니고, 그 임무는 현상이 무엇인가를 확인하는 것이었다. 제225차 회의에서, 위원회는 분쟁 지역에 대한 주권을 벨기에에 귀속시켰다. 이 결정은 경계협약에 명시적으로 표현되어 있다. 서술회의록 사본과 네덜란드가 제출한 공동체회의록의 단순 비교와는 달리, 재판소는 착오 주장을 입증하고 설명하는 모든 시도들이 개연성이 없고 충분한 증거를 수반하지 않는 가정들에 근거하고 있다고 판단한다. 따라서 재판소는 착오가 있었다고 볼 수 없으며 따라서 분쟁지역과 관련한 1843년 협약의 규정들의 유효성 및 구속력이 그로 인하여 영향을 받는다고 보지 않는다.

1843년 이래 네덜란드가 행사한 주권 행위에 근거하여 네덜란드가 그 지역에 대하여 주권을 확립하였다는 것이 네덜란드의 마지막 주장이다. 따라서 재판소에 제기된 문제는, 벨기에가 그의 권리 주장을 하지 않고 1843년 이래 네덜란드에 의하여 때때로 행사되었다고 주장되는 주권행위에 묵인함으로써 그의 주권을 상실하였는가 하는 점이다. 재판소는 벨기에가 그의 주권을 결코 포기하지 않았음을 보여주는 다양한 행위들, 예를 들어 군사지도의 공간, 측량 기록에 그 지역을 포함시키는 행위, 1896년 밸르-둑에 소재한 측량 당국의 등록부에의 등재 및 1906년 양도 증서들을 상기한다. 반면에 네덜란드는 그 지역과 관련한 다수의 토지 양도가 발르-나소 등록부에 등재된 것과 출생, 사망 및 결혼이 발르-나소 공동체의 공동체 등록부에 등록되었다는 것을 자기주장의 근거로 삼았다. 1914년 7월에야 공식적인 벨기에의 조사로 앤트워프에 있는 측량국장이 벨기에 재무부장관에게 이 문제가 벨기에 외무부장관에게 제기될 필요성이 있다고 통보하였다. 그러던 중 제1차 세계대전이 발발하였다.

1921년 8월 헤이그에 있던 벨기에 공사가 밸르-둑에 속하는 두 개의 분쟁지역이 양국의 측량 문서에 모두 들어있다는 사실을 네덜란드 정부에 환기시켰다. 1922년에 네덜란드 당국은 처음으로 1841년 공동체회의록이 1843년 서술회의록에 부정확하게 재현되었으며, 지역 번호 91과 92는 네덜란드에 속한다고 주장하였다. 그 지역들의 네덜란드 측량도에의 편입, 토지 양도증서의 등록부에의 등재 및 발르-나소 공동체 등록부에의 출생, 사망, 결혼 등록에 추가하여, 네덜란드는 벨기에의 어떠한 항의나 저항에 직면함이 없이 이 두 지역에 대하여 네덜란드 토지세를 징수하였다는 사실을 영유권 취득의 근거로 주장하였다. 또한 네덜란드는 1851년에 브레다 재판소(Breda Tribunal)에서 밸르-둑 공동체가 제기한 특정 소송절차와 벨기에의 반대 없이 그 지역들에 대하여 네덜란드 주권을 행사하는 것이라고 주장되는 여타의 다양한 행위들도 원용하였다.

재판소는 네덜란드 영유권의 근거로 주장되는 행위들은 대체적으로 일상적이고 행정적인 성질의 것이며 그것은 경계협약에 반하여 네덜란드가 그 지역들을 측량도에 포함시킴으로써 발생한 결과라고 판단한다. 그것들은 협약에 의하여 확립된 벨기에의 주권을 대체하기에는 불충분하다고 판단한다. 더 나아가 재판소는 1892년 두 국가 간에 체결된 비준되지 않은 협약에서 벨기에가 네덜란드에게 그 두 지역을 할양하는데 합의하였다는 점에 주목한다. 물론 이 비준되지 않은 조약은 법적 권리 혹은 의무를 창설하지 않는다. 하지만 그 문언은 그 당시에 벨기에가 그 두 지역에 대하여 주권을 주장하고 있고, 네덜란드는 벨기에가 그런 주장을 하고 있음을 알고 있었다는 것을 보여준다. 1892년 그리고 1922년 양국 간의 분쟁이 발생할 때까지 그 이후 어떤 시점에도 네덜란드는 벨기에의 주권 주장을 반박하지 않았다. 재판소는 1843년에 확립된 그 지역에 대한 벨기에의 주권은 결코 소멸되지 않았다고 판단한다. 이러한 이유들로, 재판소는 분쟁 지역들이 벨기에에게 귀속된다고 판단한다.

Ⅳ. 평   석

본 사건은 벨기에와 네덜란드 간의 특정 지역에 대한 영유권 분쟁으로, 국제사법재판소는 벨기에와 네덜란드 각각의 주장을 심리한 후, 벨기에의 주장에 근거하여 1843년 양국 간에 체결된 경계협약에 근거하여 영유권의 귀속 문제를 해결하였다. 네덜란드는 1843년 경계협약으로 분쟁지역에 대한 영유권의 귀속문제가 이미 해결되었다는 주장에 대하여 세 가지 논거로 반박하였으나 그러한 네덜란드의 주장은 받아들여지지 않았다.

첫째, 네덜란드 정부는 1843년 협약은 현상의 내용을 결정함 없이 현상의 존재를 확인하고 있는 것에 불과하지 경계를 확정적으로 결정한 것은 아니기 때문에, 이러한 현상이 공동체회의록에 따라 결정되어야만 한다고 주장하였다. 네덜란드는 자신이 재판소에 제출한 공동체회의록 원본에 따르면 분쟁지역에 대한 주권이 네덜란드에 속하는 것으로 인정되었다고 주장한다. 이에 대하여 재판소는 1843년 경계협약은 양국 간의 경계를 획정하는 조약으로 그에 따라 경계가 결정되는 것이 타당하다고 판단하였다.

둘째, 네덜란드 정부는 1843년 경계협약이 주권 문제를 결정할 의도의 것이라 하더라도 분쟁 지역에 관한 규정은 착오로 인하여 무효라고 주장하였다. 네덜란드 정부는 경계협약에 포함된 서술회의록 제90조는 공동체회의록의 내용을 문자 그대로 재현하여야 하는데 공동체회의록의 내용과는 다른 내용이 기술되어 있어서 분쟁 지역의 영유권이 네덜란드가 아닌 벨기에에 귀속된다고 주장하면서 이러한 잘못된 재현은 착오로 인한 것이므로 그러한 협약은 무효가 되어야 한다고 주장하였다. 하지만 재판소는 네덜란드가 재판소에 제출한 공동체회의록 사본밖에 현재 존재하지 않으나 원래는 양국에 한 부씩 두 부가 존재하였고 각각의 공동체회의록이 다른 내용을 가지고 있었을 가능성을 배제할 수 없고, 착오가 있었다는 네덜란드의 주장은 충분한 증거에 의하여 입증되지 않았다고 판단하고 있다. 이러한 판단에 비추어 볼 때 1843년 경계협약은 착오로 체결된 조약이 아니므로 무효라고 할 수 없다고 판시하였다.

마지막으로 네덜란드 정부는 경계협약이 분쟁 지역에 대한 주권 문제를 결정하였고, 그것이 착오로 인하여 무효로 판단되지 않는다면, 네덜란드가 1843년 이래 그 지역에 대하여 행사한 주권행위가 협약으로부터 파생되는 권원을 대체하였으므로, 그 지역에 대한 주권은 네덜란드에 속한다고 주장한다. 벨기에는 그의 권리 주장을 하지 않고 1843년 이래 네덜란드에 의하여 때때로 행사되었다고 주장되는 주권행위를 묵인함으로써 그의 주권을 상실하였다는 주장이다. 네덜란드는 분쟁 지역과 관련한 다수의 토지 양도가 발르-나소 등록부에 등재된 것, 출생 사망 및 결혼이 발르-나소 공동체의 공동체 등록부에 등록되었다는 것 및 네덜란드의 토지세 징수 등을 자신의 실효적인 주권행사의 근거라고 주장하였다. 이에 대하여 재판소는 벨기에가 그의 주권을 결코 포기하지 않았음을 보여주는 다양한 행위들, 예를 들어 군사지도의 공간, 측량 기록에 그 지역을 포함시키는 행위, 1896년 밸르－둑에 소재한 측량 당국의 등록부에의 등재 및 1906년 양도 증서들에 주목하였다. 결론적으로 재판소는 네덜란드의 실효적 지배의 근거로 주장되는 행위들은 대체적으로 일상적이고 행정적인 성질의 것이며, 그러한 실효적인 지배 현상은, 경계협약에 반하여, 네덜란드가 분쟁 지역들을 자신의 측량도에 포함시킴으로써 발생한 결과라고 판단한다. 이러한 정도의 실효적인 지배는 협약에 의하여 확립된 벨기에의 주권을 대체하기에는 불충분하다고 판단한다. 더 나아가 재판소는 1892년 두 국가 간에 체결된 비준되지 않은 협약에서 벨기에가 네덜란드에게 그 두 지역을 할양하는데 합의하였다는 점에 주목하였다. 비록 비준되지 않은 이 조약이 법적 권리 혹은 의무를 창설하지는 않지만, 그 문언은 그 당시에 벨기에가 그 두 지역에 대하여 주권을 주장하고 있고 네덜란드는 벨기에가 그런 주장을 하고 있음을 알고 있었다는 것을 보여준다는 것이다. 역설적으로 분쟁지역에 대한 영유권이 실효적인 지배를 통하여 네덜란드에게 확실하게 귀속되었다면 이러한 조약을 체결하려고 할 필요성이 없었다는 것이다.

　본 사건의 시사점은 분명하다. 확실한 경계협약이 체결되어 있는 경우에는 그러한 경계협약이 영유권 문제를 해결함에 있어서 가장 우선하는 것으로 이 경우에는 실효적인 지배에 근거한 주권 취득이라는 권원을 인정할 가능성이 없다는 점이다.

프레아 비히어 사원 사건(캄보디아/태국)

Case Concerning of the Temple of Preah Vihear

(Cambodia v. Thailand), ICJ(1962)

박덕영(연세대)

I. 사실관계

1. 분쟁배경

프레아 비히어 사원은 11~12세기에 걸쳐 크메르 제국[1]의 왕이었던 수리
야바르만 1세가 건립하고 그 다음 왕이었던 수리야바르만 2세가 개축하였다.
동 사원은 캄보디아 평원이 내려다보이는 태국과의 접경지대에 위치한 당렉
(DangRek)산맥 정상의 525m 절벽에 위치하고 있다.

사원이 위치한 지역은 주변 경관이 매우 빼어날 뿐만 아니라 사원 자체도
역사적 가치를 보존하고 있다. 프레아 비히어 사원은 당시 동남아시아 크메르
제국의 찬란한 역사를 보여주는 건축물로, 많은 관광객들이 찾고 있다. 2008
년 7월 8일에는, 프레아 비히어 사원이 태국의 반대에도 불구하고 유네스코
(UNESCO) 세계문화유산으로 등록되기도 하였다. 당시 태국은 캄보디아가 단독

---

[1] 현재 캄보디아의 원류가 되는 왕조로서, 9세기에서 15세기까지 존재하였다. 그 세력이 강
성할 때는 현재의 태국, 라오스 및 베트남 지역을 아우르는 거대한 국가였다. 크메르 제국
은 주변국가들과 광대한 문화적, 정치적, 경제적인 교류를 하는 등 매우 활발한 활동을 펼
쳤다.

으로 행동할 게 아니라 자국과 공동으로 세계문화유산 등록에 힘써야 한다고 항의하기도 하였다.

2. 사실관계

프레아 비히어 사원은 당렉(DangRek) 산맥의 정상부에 근접한 벼랑 끝에 위치해 있고 이 산맥은 캄보디아와 태국 간 국경선의 일부를 형성하고 있다. 1904년 2월 13일에 프랑스領 캄보디아와 시암(당시 태국)은 조약을 맺기를 제1조에 당렉(DangRek) 산맥의 동쪽 구역을 따라 흐르는 분수선을 따라 국경을 설립한다고 명시하였다. 동 조약 제3조에서 프랑스-태국 합동경계획정위원회는 그 국경의 실질적인 경계획정을 수행하기 위해 설립되었는데, 1906년 12월 2일에 Oum 대장과 Kerler는 해당 지역을 조사하여 Kel pass와 the Col de Preah Chambot 간의 국경을 확정하였다. 그런데 그 곳은 공교롭게도 문제의 사원 지역이 포함된 곳이었다. 본 조사에서 시암 정부는 프랑스에게 국경 지도를 준비하고 편찬할 것을 요청하였다. 1907년 가을, 11개의 지도가 완성되었고 1908년 태국에게 양도되었다. 그 중 하나의 지도에서(Annex 1이라고 불리는 것) 프레아 비히어 사원은 캄보디아의 영토라고 나와 있었다.

이러한 상황 하에서, 1954년 프랑스가 캄보디아로부터 철수하자 태국은 프레아 비히어 사원에 군대를 보내어 점령하였다. 프랑스로부터 독립한 캄보디아는 이와 같은 태국의 행위에 반발하여 1959년 ICJ에 사원 및 사원 주변 지역에 대한 영토 주권이 어디에 귀속되는지에 대해 판결을 내려줄 것을 요청하였다. 대부분의 영토 주권 문제가 그러하듯, 사원의 주권 문제는 양 국가 간의 격렬한 정치적 이슈가 되었고 현재도 그러하듯이 당시에도 분쟁 당사국들은 무력 충돌 위협을 공공연히 내비치기도 하였다.

II. 쟁 점

1. 선결적 항변

캄보디아는 1959년 10월 6일, 프레아 비히어 사원 및 주변 지역에 대한 영토 주권과 관련하여 태국 정부를 상대로 1959년 9월 30일자로 ICJ 사무국에 제소장을 전달하였다.[2] 그러나 본안 심사에 들어가기 앞서 태국은 재판소의 관할권에 대한 선결적 항변을 제기하였다.

"본 사건에서, 캄보디아는 Preah Vihear 사원 지역과 그 주변지역들에 대한 영토 주권을 태국이 침해했다고 주장한다. 태국은 문제의 지역은 양 국가 사이의 공동 경계의 태국 측 영토에 놓여있다는 것을 확인하며 이는 태국의 영토라고 항변한다. 이는 태국의 영토주권에 관한 분쟁이다. 그러나 태국이 본 재판소가 실체법적인 분쟁의 본안을 심사하고 결정하는 권한에 대해 이의를 제기했기 때문에, 현 재판 절차 상 재판소의 유일한 임무는 재판소가 관할권을 가지고 있는지 여부를 검토하고 결정하는 일이다."

1) 캄보디아의 입장

캄보디아는 1957년 9월 9일자로 ICJ 강제관할권에 대해 수락하는 선언을 하였다. 이와 마찬가지로 태국도 1950년 5월 20일자로 ICJ의 강제관할권을 수락하는 선언을 하였기 때문에, 상호주의에 근거하여 캄보디아는 ICJ가 본 사건에 관할권이 있다고 주장하였다. 또한 당시 캄보디아를 대표했던 프랑스와 당시 시암 간에 맺었던 특정 조항들에 근거하여 ICJ의 강제관할권이 적용될 수 있다고 주장하였다.[3] 캄보디아가 본 사건을 ICJ에 제소했고 이에 대해 ICJ가 관할권이 없다고 주장하는 측은 태국이기 때문에, 태국이 어떻게 ICJ의 관할권이 본 사건에 미칠 수 없는지에 대해 주장하는 바가 선결적 항변의 핵심이라 할

---

2) *Case Concerning the Temple of Preah Vihear*(Cambodia v. Thailand), *Preliminary Objections, Judgment of 26 May 1961*, p. 19.

3) *op. cit.*, p. 22.

수 있겠다.

2) 태국의 입장

"태국은 캄보디아의 주장들에 대한 예외를 주장했다. 첫 번째 주장에 관해서, 태국의 1950년 5월 선언은 위에서 언급했던 바와 같이 재판소의 강제관할권 수락을 구성하지 않는다는 것이다. 두 번째, 특히, 설령 문제의 조약 조항이 태국과 프랑스 간의 비슷한 분쟁에서 재판소에게 강제관할권을 효과적으로 부여한다고 할지라도 캄보디아는 태국과 캄보디아 간의 분쟁에서 본 조항들의 혜택을 독립적으로 주장할 수 없다는 점이다."

태국은 당연히 캄보디아의 주장을 배척하였다. 먼저 1950년 선언은 ICJ의 강제관할권 수락을 구성하지 않는다고 주장하였다. 그 이유로, 본 선언을 해석하는 데 있어 ICJ의 Aerial Incident[4] 사건에서 언급한 ICJ의 법리가 인용되어야 하며, 이에 비추어보았을 때 태국의 선언은 효과가 없다는 것이다. 또한 설사 그렇지 않다고 하더라도 태국의 1950년 선언은 그 자체가 무효라고 주장하였다. 한편 캄보디아의 두 번째 주장에 대해서는, 프랑스와 시암 간에 그와 같은 조항이 존재한다 하더라도, 이는 프랑스와 시암 간의 문제이기 때문에 캄보디아가 독립적으로 적용할 수 없다고 주장하였다.[5]

2. 본안심사

1961년 5월 29일에 재판소가 태국 정부의 선결적 항변을 기각한 후, 본안심사는 1962년 2월 2일부터 시작되어 1962년 6월 15일에 본안 심사에 대한 최종 판결이 내려졌다. 캄보디아가 소를 제기한 뒤 3년이 조금 못 되어 최종 판결이 나온 점으로 보아, ICJ의 다른 판결에 비해 본 사건은 비교적 신속하게 이루어졌음을 알 수 있다. 본 사건이 국가의 입장에서 볼 때 매우 민감하고 중요한 영토 분쟁에 관한 문제였음으로 미루어볼 때 ICJ의 신속한 결정은 매우 바

---

4) *Case Concerning the Aerial Incident of 27 July 1955*(Israel v. Bulgaria).

5) *op. cit.*, p. 22.

람직했다고 볼 수 있다.

본안심사에서 입증책임에 관한 ICJ의 의견은 다음과 같았다.

"입증책임에 관하여, 반드시 지적하여야 할 사항이 있다. 비록 공식적으로는 캄보디아가 제소국으로서 소송 절차를 밟아왔지만, 태국도 역시 제소국이라는 사실이다. 왜냐하면 항변서의 두 번째 변론에서 태국이 제시한 주장, 그리고 동일한 지역에 대한 주권에 대한 사항과 관련된 주장 때문이다. 캄보디아와 태국 모두 서로 제기한 일련의 사실과 논란들을 바탕으로 자국의 주장을 뒷받침하고 있다. 이러한 것들에 관련한 입증책임은 물론 이것들을 제기하는 측에 있다."

1) 캄보디아의 주장

캄보디아는 인도차이나와 시암 간의 합동경계획정위원회가 작성한 지도에 프레아 비히어 사원이 캄보디아 측으로 표시되어 있고, 이 지도는 당사국들의 행위와 추후의 조약들로 미루어 보아 조약의 성격을 갖고 있다고 주장하였다. 그리고 사원에 주둔해 있는 태국 군대의 철수를 요구하고, 태국 당국에 의해 철거된 사원의 유물들을 반환할 것을 요청하였다.[6]

2) 태국의 주장

캄보디아의 주장에 대해 태국은 첫째, 부속서 1의 지도는 프랑스-시암 합동경계획정위원회가 작업한 결과가 아니며 오직 한 당사국에 의해서만 제작된 지도이기 때문에 구속력이 없다고 주장하였다. 둘째, 위원회는 국경선을 문제의 분수선에 비해 일정한 한계에서 벗어나게끔 설정할 권한이 없기 때문에, 그 지도는 실질적인 오류를 포함하고 있다고 주장하였다. 셋째, 태국은 문제의 지도에 묘사된 국경선을 절대로 수락한 적이 없으며, 설사 수락하였다 하여도 이는 문제의 지도에 나타난 국경선이 분수선과 일치한다는 착오에 기인한다는

---

6) *Case Concerning the Temple of Preah Vihear*(Cambodia v. Thailand), *Merits, Judgment of 15 June 1962*, p. 11.

것이다. 따라서 태국은 프레아 비히어 사원에 대한 영토 주권을 주장하였다.

Ⅲ. 판　결

1. 선결적 항변

ICJ는 태국의 선결적 항변을 받아들이지 않았다. 사실 태국의 주장을 엄밀히 검토해 보았을 때, 태국의 주장이 받아들여질 가능성은 상당히 희박하다고 볼 수 있다. 일단 Aerial Incident 사건에서의 불가리아와 본 사건에서의 태국은 그 입장이 확연히 달랐다. 불가리아는 이전에 자국이 행한 선언에 대한 갱신을 한 적이 없었지만, 반대로 태국은 1950년 선언이라는 이전의 선언을 갱신하는 효과를 지닌 새로운 선언을 행했다는 데 그 차이점이 있다 할 것이다. 그리고 자국이 행한 1950년 선언에 대해, 그 선언은 자신의 실수이기 때문에 무효라는 태국의 주장은 일반 국제법상 받아들이기 힘든 논리였다고 볼 수 있다. ICJ 재판관들 중 선결적 항변에 대해 Percy Spender, Gaetano Morelli 등 별개 의견을 제시한 재판관은 있었지만 반대 의견을 제시한 재판관은 없었다.

ICJ는 오로지 태국의 1950년 선언을 ICJ의 관할권 귀속 여부의 핵심이라고 판단하고 이와 관련된 사항을 다루었다. 1950년 5월 20일자 태국의 선언은 다음과 같다.

"나는 사무총장님께 1929년 9월 20일 선언에 의해 태국 정부가 재판소 규정 제36조 2항과 일치하게 상호주의를 조건으로 10년 간 강제관할권을 수락하겠다는 것을 알려드리게 됨을 영광으로 생각합니다. 본 선언은 1940년 5월 3일자로 10년간 갱신되었습니다.

　재판소 규정 제36조 4항과 일치하게, 나는 태국 정부가 지금, 1929년 9월 20일에 제시하였던 한정적 조건 하에서 1950년 5월 3일자 선언으로 상기 언급했던 부분에 대해 갱신하게 됨을 알려드리게 되어 영광입니다."[7]

---

7) *Ibid.*, p. 24.

재판소는 Aerial Incident 사건은 재판소 규정 제59조에 의해 해당 사건의
당사자에게만 구속력이 있기 때문에, 위 사건에서 재판소가 내린 결정은 태국
의 1950년 선언을 무효화하는 효과를 가질 수 없다고 판단하였다.[8] 설사 재판
소가 Aerial Incident 사건에서 내린 판결을 존중하여 본 사건에 인용한다고 하
더라도, Aerial Incident 사건에서의 불가리아와 본 사건에서 태국의 입장은 다
르다고 하였다. 즉, 재판소 규정 제36조 제5항은 기존의 상설국제사법재판소의
강제관할권을 수락하였던 선언이 ICJ 강제관할권을 수락하는 것으로 전환되었
을 경우에 해당한다. 그런데 Aerial Incident 사건에서 불가리아의 경우, 불가리
아가 행한 1921년의 선언은 1946년에 종료되었고 새로이 전환되지 않았기 때
문에 당시 사건에서 재판소는 불가리아가 재판소의 관할권을 받아들일 의무가
없다는 결론을 내릴 수밖에 없었다는 것이다. 태국의 경우, 태국이 행한 1950
년 선언은 상설국제사법재판소의 강제관할권 수락을 계속 연장하는 효과가 있
기 때문에, 불가리아의 경우와는 달리 ICJ의 강제관할권을 수락한다는 의미로
받아들일 수 있다고 판결을 내렸다.

한편, 태국은 1950년 선언 자체가 무효라고 주장하였다. 자신이 행한 1950
년 선언은 1940년 선언의 지위에 대해 잘못 파악했다고 하였다. 1940년 선언은
객체를 갖추지 못해서 "전환될 수 없는" 선언이었다는 것이다. 그러나 재판소
는 태국의 이 같은 주장을 일축하였다. 설사 태국이 그와 같은 착오를 일으켰
다 할지라도 이는 태국이 행한 "the reality of content"를 훼손시키지 않았다고
판결을 내렸다.[9] 또한 형식 및 절차의 문제와 관련하여, 태국의 1950년 선언이
제36조 제4항[10]에 의해 이루어졌는지를 판단하였다. 이 절차는 태국이 직접 이
행하였다. 한 가지 주목해야 할 점은 제36조 제4항은 단순히 절차적인 문제가
아니라는 것이다. 재판소는 "그러한 선언들(Such declarations)"이라는 문구에서
알 수 있듯이, '그러한' 선언은 제36조 제2항과 제3항에서 구체화된 선언들을

---

8) *Ibid.*, pp. 27~28.
9) *Ibid.*, p. 30.
10) 그러한 선언서(Such declarations)는 국제연합사무총장에게 기탁되며, 사무총장은 그 사본
  을 재판소규정의 당사국과 국제사법재판소서기에게 송부한다.

의미하며, 이 절차를 이행했다는 의미는 이미 이행 당사국이 자신의 선언을 ICJ 의 강제관할권을 수락한다는 의도를 가지고 있음을 보여주는 것이라고 보았다.

판결을 인용하자면 다음과 같다. "재판소는 재판소 규정 제36조 제4항에 의거한 1950년 선언은 이미 상술된 이유들로 인해 동 조항 제2항의 수락을 의 미하는 성격을 갖는다고 판단한다. 그러한 수락은 오직 본 재판소와 관련해서 만 가능하다. 선언의 나머지는 기본적인 사실로 미루어 볼 때 추론이 분명히 가능하며, 선언의 일반적인 문맥상으로도 그렇다. 1929년과 1940년의 선언은 명백하게 의도된 것처럼 단순히 수락이 되는 그런 조건들을 지적하는 편리한 방법으로서 간주되었음이 틀림없다.

상기 결론이 재판소의 관할권을 확립하기에 그 자체로 충분하므로 … 재 판소는 캄보디아가 1959년 10월 6일 제출한 분쟁에 관련된 관할권을 갖는다고 판결한다."

2. 본안심사

ICJ는 이하와 같은 이유로 프레아 비히어 사원의 귀속 여부를 둘러싼 분쟁 에서 캄보디아의 손을 들어주었다. ICJ는 지도의 효력을 인정하였으며, 설사 지 도 작성 중의 착오가 인정된다고 할지라도 태국은 이를 받아들였다는 점으로 미루어 볼 때 프레아 비히어 사원은 캄보디아에 속한다고 판결하였다.

"재판소는, 9 대 3으로, Preah Vihear 사원은 캄보디아의 주권 하에 위치한 다고 판결한다. 이와 같은 결과로, 9 대 3으로, 태국은 해당 사원 또는 캄보디 아의 영역 근처에 주둔하고 있는 모든 군대 또는 경찰 병력 또는 기타 경계인 이나 관리인을 철수시킬 의무가 있다. 7 대 5로, 태국은 1954년 이후 점유한 사 원 및 사원 근처 지역에서 제거한, 캄보디아의 다섯 번째 주장에 구체화된 물 건을 캄보디아에 되돌려줄 의무가 있다."

1) 지도 제작 및 구속력 여부

재판소는 먼저 1904년 조약에서 당렉(DangRek)산맥 동쪽 지역의 경계를

규정하는 조항을 살펴보았다. 그러나 동 조항에는 프레아 비히어 사원에 관한
언급이 없다. 따라서 해당 지역의 국경이 정확히 어떻게 획정되어 있는지를 살
펴보아야 문제의 사원이 위치한 지역의 주권 귀속 여부를 확인할 수 있다고 언
급하였다.[11] 해당 지역의 국경 획정 작업을 위해 프랑스와 시암의 임원들로 구
성된 제1차 합동경계획정위원회는 전문가를 선정하여 해당 지역을 탐색하도록
하였다. 재판소는 이에 대해 위원회가 해당 지역의 경계를 획정하려는 의도가
있었고, 또한 직접 국경획정작업을 진행시키기 위해 필요한 단계를 밟아나가려
는 의도가 있다는 점을 확인하였다.[12] 그리하여 제1차 위원회가 해당 국경을
조사하고 확립한 것은 명백하다고 판결하였다. 태국은 그 지도가 제1차 합동
경계획정위원회에서 공식적으로 인정되지 않았고 위원회가 캄보디아에 프레아
비히어 사원을 위치시키는 행위는 재량권 남용이라며 반박하였지만, 재판소는
이를 인정하지 않았다. 설사 합동경계획정위원회가 공식적으로 승인하고 채택
한 경계 획정이 없다고 하더라도, 태국 정부가 직접 합동경계획정위원회의 기
술 위원들이 행한 작업을 활용하여 해당 지역에 대한 국경선을 채택할 수 있는
길이 열려 있다고 보았다. 결국 중요한 문제는 당사국들이 문제의 지도를 채택
했는지, 그리고 그 국경선이 프레아 비히어 사원 지역 내 경계 획정 작업의 결
과물을 대표하는 자격으로 지도에 나타났는지, 마지막으로 구속력이 있는지 여
부라고 판단하였다.[13]

　　재판소에 따르면 태국의 행위는 그 지도를 충분히 인정하는 것으로 볼 수
있었다. 문제의 지도는 시암 정부에도 공식적으로 배포되었고, 이에 대해 반
박하거나 항의하는 행위를 찾아볼 수 없었으며, 오히려 당시 내무장관이었던
Damrong 왕자는 프랑스 대사에게 지도 제작에 대해 감사의 표시를 함과 동
시에 배포목적으로 지도 15부를 더 요청했기 때문이다. 마지막으로 1909년 3
월 프랑스와 시암 간 합동 위원회에서는 이 지도가 잘못되었다는 주장이 나오

11) *Ibid.*, p. 17.
12) *Ibid.*, p. 19.
13) *Ibid.*, pp. 20~23.

지 않았다. 또한 태국은 지형학 분야에 전문성을 갖추지 못한 하급 관리들이
이 지도를 보았기 때문에 프레아 비히어 사원에 대해 잘 몰랐을 것이라고 주장
했지만 재판소는 이와 같은 주장을 일축하였다. 상기 언급한 Damrong 왕자를
비롯한 프레아 비히어 사원이 속한 KhuKhan 지역의 주지사도 사원에 대해 알
고 있었기 때문이다.[14] 또한 재판소가 밝힌 문서에 따르면 지도를 수령하기 9
년 전부터 이미 프레아 비히어 사원에 대해 인지하고 있었음이 드러난다. 요컨
대, 태국은 적절한 절차를 거쳐 문제의 지도를 수령하였고, 이 지도를 수락하였
다고 볼 수 있다.

2) 착오에 의한 소의 제기

"착오로 인한 제소는, 만약 일방당사자가 그 자신의 행동으로 인하여 또는
피할 수 있었음에도 불구하고 착오를 행하였다면, 또는 착오의 발생 가능성을
인지할 수 있는 것과 같은 상황이라면 허용될 수 없다는 것이 확립된 법 원칙
이다. … 따라서 당국의 동의를 훼손시키는 착오를 통해 소를 제기할 수 없다.
재판소는 따라서 착오에 대한 소의 제기는 성립되지 않는다고 결론내린다."

분쟁의 일방당사자가 자신의 행동으로 인하여, 또는 그 착오를 피할 수 있
었음에도 불구하고 이를 행했다면, 또는 착오가 발생할 수 있을 것이라는 가능
성을 인지할 수 있는 상황이라면, 착오로 인한 제소는 허용될 수 없다는 것이
일반 국제법상의 원칙임을 재판소는 밝히면서,[15] 태국의 주장을 일축하였다.
실제로 태국은 1908년 이래로 1934~1935년의 자체 조사를 통해서도 지도상의
선과 분수령은 일치한다고 믿었다.

3) 묵　인

재판소는 당시 시암의 내무장관이었던 Damrong 왕자가 프레아 비히어 사
원을 방문한 일을 가장 중요한 사건으로 꼽는다.[16] 당시 방문은 시암 왕의 허

14) *Ibid.*, p. 25.
15) *Ibid.*, p. 25.
16) *Ibid.*, p. 30.

락을 얻어 Damrong 왕자가 실시한 고고학 조사의 일부로 이루어졌다. 사실상
의 준(準)공식적인 성격의 방문이었던 것이다. 왕자가 사원에 도착하자, 인접
캄보디아 지역의 프랑스 주지사가 대표하여 왕자를 맞이하였고, 프랑스 국기를
내건 채 환영하였다. 만약 사원이 태국의 소유였다면 이러한 행위에 대해 왕자
는 절대로 묵과해서는 안되었지만, 태국은 여기에 대해 공식적으로 어떠한 반
대도 하지 않았다. 재판소는 이 사건을 캄보디아의 프레아 비히어 사원에 대한
주권을 태국이 묵시적으로 인정한 행위로 보았다.[17] 이러한 행위는 태국이 사
원에 대한 주권을 갖는다고 믿지 않았다고 볼 수도 있고, 또는 태국이 이를 주
장하지 말자고 결정하였다고 볼 수도 있으며, 혹은 태국이 프랑스의 주장을 받
아들였거나 문제의 지도에 나타난 대로 프레아 비히어 사원과 관련된 국경선
을 받아들였다는 것을 의미하는 것이라고 판결을 내렸다.

　　지도의 효력에 관하여도 마찬가지이다. 상기된 바와 같이 태국은 문제의
조약에 첨부된 지도에 대해 묵시적으로 승인하는 행위를 보였기 때문에, 설사
그 지도가 기술적으로 잘못 그려졌다고 하더라도 태국이 그 지도에 대해 명시
적으로 반대하지 않은 이상 그 지도는 태국이 수락, 승인했다고 볼 수 있다는
의미로 받아들여졌다.

　　"이론적으로는 묵인의 개념과 명확히 구분된다. 그러나 묵인은 어떤 경우
에 있어서는 배제 또는 금반언과 같이 작용할 수 있다. 예를 들어 말하거나 행
동해야 할 필요 또는 의무가 존재하는 상황에서 침묵은 동의 또는 권리의 면
제, 그리고 그러한 효과를 인정하는 것으로 간주된다. … 이러한 기초 위에 본
사건은 태국의 침묵이, 침묵이 묵인을 의미하거나 또는 그 지도의 수락을 인정
하는 행위를 의미하는 상황에서, 그러한 수락을 부정하는 것을 거부 또는 배제
하는 것으로 작용한다고 본다. 또는 그 지도의 국경선을 거부할 수 있는 고유
의 권리를 행사하지 않은 것으로 작용한다고 본다."

---

17) *Ibid.*

Ⅳ. 평 석

1. 평 가

1959년, 캄보디아의 일방적 제소로 시작된 프레아 비히어 사원 사건에 관한 ICJ의 판결에서 태국이 패소할 수밖에 없었던 가장 근본적인 이유는, 'qui tacet consentire videtur si loqui debuisset ac potuisset,' 즉 말해야 하거나 말할 수 있는 상황에서 침묵을 지키는 행위는 그것에 동의한다는 뜻이라는 법리 때문이었다.[18] 다시 말해 태국은 문제의 조약에 첨부된 지도에 대해 묵시적으로 승인하는 행위를 보였기 때문에, 설사 그 지도가 기술적으로 잘못 그려졌다고 하더라도 태국이 그 지도에 대해 명시적으로 반대하지 않은 이상 그 지도는 태국이 수락, 승인했다고 볼 수 있다는 의미이다.

2. 시사점

한국도 다른 여타 아시아 국가들과 같이 영토 분쟁에 있어 자유롭지 못하다. 일본과의 독도 문제, 중국과의 간도 문제가 바로 그것이다. 한국은 영토 분쟁과 관련된 사안을 국제재판에 맡길 의도가 전혀 없지만, 모든 일말의 가능성을 상정하여 예상되는 분쟁과 관련된 판결을 예의주시해야 한다. 태국과 캄보디아 간의 프레아 비히어 사원 사건은 1959년에 시작되어 1962년에 끝나서 시기적으로 30여 년 전의 사건이지만, 영토 분쟁에 있어 중요한 시사점을 함축하고 있기 때문에 아직도 한국에게 적지 않은 시사점을 준다.

먼저 착오에 대한 문제이다. 영토 문제에 있어서 가장 기본이 되는 것은 정밀한 측량이다. 자국의 영토 경계가 어디인지 확실하게 파악해야 하고, 이미 경계가 확립되어 있다면 그것이 정확한지 세밀하게 검토해야 한다. 다행히 과학 기술이 발달한 오늘날에는 프랑스가 측량을 실시했던 1900년대 초반에 비

---

18) P. Cuasay, "Borders on the Fantastic: Mimesis, Violence, and Landscapes at the Temple of Preah Vihear", *Modern Asia Studies* vol. 32, no. 4, p. 849.

해 측량 기술이 비약적으로 발전하였기 때문에 기술상·제작상의 착오가 발생할 가능성은 거의 없다.

이보다 더 중요한 점은 국제법상 묵인, 금반언의 법리이다. 본 사건에서 태국은 자신의 착오를 깨닫지 못한 채 프레아 비히어 사원에 대한 주권이 캄보디아 측에 있는 것을 묵인하는 행위를 수차례 해왔다. 본 재판에서 가장 중요한 사건은 Damrong 왕자의 사원 방문 때 사원에 프랑스 국기가 걸려있는 것을 보고도 항의조차 하지 않았던 것이다. 이러한 시암 측의 행위는 재판소가 프레아 비히어 사원이 캄보디아 주권 하에 있다고 판단하게 된 가장 중요하고 결정적인 사건이었다.

일본은 현재 한국이 독도를 지배하고 있음에도 불구하고 (독도를 차지할 수 있을 가능성을 염두에 두고 있는지 확실하지 않지만) 꾸준하게 독도는 일본의 소유임을 주장하는 외교문서를 보내고 정부 관계자들도 언론을 통해서 끊임없이 문제를 제기하고 있다. 만에 하나 적용될 지도 모를 묵인의 법리에 대한 대응인 것이다. 묵인의 법리는 비단 일본에게만 적용되는 것이 아니다. 한국이 독도를 아무리 실효적으로 지배하고 있어서 필요 이상의 대응을 할 필요가 없다고 하더라도, 일본이 공식적으로 항의할 때는 그 항의 수준에 맞게 적절하게 대응하는 자세가 필요하다고 생각된다. 독도 문제에 대해 아무런 언급이 없다면 묵인의 법리에 의해 어느 순간 한국의 독도 점유가 정당화되지 못할 가능성도 발생할 수 있기 때문이다. 그러나 필요 이상으로 대응하여 일본을 자극하고 국제사회가 한일 간의 영토 문제가 국제적 분쟁 사안으로 다루게 된다면, 한국이 가장 우려하는 문제, 즉 독도 문제가 국제재판소에 회부될 수도 있을 가능성이 발생할 수 있다. 프레아 비히어 사원 사건은 한국에게 이와 같은 시사점을 던져주고 있다.

아르헨티나/칠레 국경 사건

Argentine-Chile Frontier Case, RIAA Vol. XVI(1966)

박배근(부산대)

Ⅰ. 사실관계

아르헨티나와 칠레는 1855년 8월 30일과 1881년 7월 23일에 각각 국경에 관한 조약을 체결하였다. 1893년 5월 1일에는 1881년 7월 23일자 조약에 대한 의정서가 체결되어, 아르헨티나는 분수(分水)하는 최고봉들의 선의 동쪽에 있는 모든 영토, 칠레는 그 서쪽에 있는 모든 영토를 보유하도록 규정하였다. 이후 양국은 후속 협정을 체결하여 남위 26도 52분 45초에 이르기까지는 볼리비아의 협력을 받아 국경을 표시하였다. 남위 26도 52분 45초로부터 남위 52도에 이르는 지점까지 국경 관련 문제는 영국 정부의 중재에 회부하기로 약속하였다.

1902년 5월 28일에 아르헨티나와 칠레는 일반중재조약(General Treaty of Arbitration)을 체결하고 영국의 에드워드 7세를 중재재판관으로 하여 양국 사이의 국경 문제를 중재재판에 회부하였다. 1902년 10월과 11월에 아르헨티나는 간이답변서의 일부로 중재재판소에 제출할 지도를 준비하였는데, 그 지도에는 국경에 관한 두 가지 착오가 포함되어 있었다. 1902년 11월 20일에 영국의 에드워드 7세는 착오가 포함된 지도를 근거로 아르헨티나와 칠레 사이의 경계에 관한 결정을 포함하는 중재판정을 내렸다.

1902년 중재판정 이후 경계표시위원회가 1903년 3월에 양국 간의 제16번 경계표주와 제17번 경계표주를 세웠다. 1903년 3월 9일에는 새로운 지도에 근거하여 제16번 경계표주를 새로운 장소로 옮겼다.

아르헨티나는 1903년과 1907년의 탐험 보고에 의하여 제16번 경계표주가 잘못된 위치에 세워졌다는 것을 알게 되었다. 제16번 경계표수의 정확한 위치에 관한 새로운 인지에 따라 1913년 12월 9일에 아르헨티나는 칠레에 대하여 제16번 경계표주를 올바른 위치로 옮길 것을 제안하였다. 그러나 칠레 정부는 제16번 경계표주가 올바르게 위치하고 있다고 주장하면서 아르헨티나의 제안을 거부하였다.

아르헨티나가 계속적으로 제16번 경계표주의 이동을 요청하자 1941년 4월에 아르헨티나와 칠레 양국은 아르헨티나-칠레 혼합경계위원회를 설치하기로 결정하였으며, 1951년과 1954년 사이에 동 위원회는 분쟁지역에 대한 항공조사를 완료하였다.

1902년 판정 중에서 남위 42도와 43도 사이의 국경, 즉 제16번 경계표주와 제17번 경계표주 사이의 약 60킬로미터에 달하는 국경의 획정은 지리적 착오에 기초하여 결정된 것이었기 때문에 양국 간에 분쟁이 발생한 것이다. 그런데 제16번 경계표주에서 남서쪽 6킬로미터에는 칠레의 도시 팔레나(Palena)가 있으며 1928년부터 발전하기 시작하였다. 1950년에는 팔레나에 공항이 개설되고 1952년 8월에는 칠레 정부의 등기소도 개설되었다. 같은 달 아르헨티나 헌병대는 팔레나의 국경 분쟁 지역에서 칠레 당국이 칠레 정착민들에게 발행한 문서들을 압수하고 정착민들에 대하여 축출 통보를 하는 일이 발생하였다.

1955년 11월 1일, 혼합경계위원회는 제55호 의정서(의사록)를 채택하여 제16번 경계표주 및 제17번 경계표주와 관련된 국경선을 승인하고, 경계의 기점이 되는 리오엔쿠엔트로(Río Encuentro)의 서쪽 지류의 발원지에 관해서도 확인하였다. 그러나 칠레 대통령은 1956년 2월 24일에 분쟁지역에 관한 혼합경계위원회의 경계 안을 거부하였다.

이후 칠레는 1964년 9월 15일자의 서한으로 영국 정부에게 중재자로 분쟁에 개입해 줄 것을 요청하였으며, 같은 해 11월 6일의 산티아고 공동선언으로 아르헨티나와 칠레 외무장관이 영국에 의한 분쟁의 해결을 확인하였다. 1964년 11월 25일자 서한과 공문으로 아르헨티나 정부가 영국에 의한 분쟁 중재에 동의함에 따라 1965년 3월 2일, 중재재판소가 구성되었다. 1965년 4월 1일에는 런던에서 영국이 중재회부협정(Compromiso)을 결정하였다. 이후 1965년 12월에서 1966년 2월 사이에 현장실무단이 분쟁지역을 조사하였으며 예비구두심리와 구두심리를 거친 끝에 1966년 12월 9일에 중재판정이 선고되었다.

1965년 중재회부협정에서 중재재판소에 판단을 요구한 문제는 1902년 판정 이후에 세운 제16번 경계표주와 제17번 경계표주 사이의 지역에서 1902년 판정의 타당한 해석과 이행에 근거하여 경계선을 확정하는 것이다.

Ⅱ. 쟁 점

아르헨티나와 칠레 사이에 제16번 경계표주와 제17번 경계표주 사이의 약 60킬로미터에 이르는 국경 분쟁이 발생한 것은 1902년의 경계중재판정이 착오를 포함한 지도에 근거하고 있었던 사실에 기인한다. 1902년 판정은 16번 경계표주로부터 비르헨(Virgen) 봉까지의 국경은 엔쿠엔트로(Encuentro) 강을 따르도록 하고 있지만 실제 지형에서는 엔쿠엔트로 강이 두 개의 지류로 되어 있어서 어느 쪽 수로가 엔쿠엔트로 강인지 특정할 수 없고, 또 엔쿠엔트로 강은 비르헨 봉에서 발원하지도 않았다. 이 때문에 판정에 따른 국경 획정이 불가능하게 된 것이다. 재판에서는 이런 착오 때문에 제16번 경계표주와 제17번 경계표주 사이의 전체 국경을 다시 획정하여야 하는지 아니면 판정의 취지에 적합하게 일부 국경을 수정하면 되는지가 문제되었다.

아르헨티나와 칠레는 각각 상대국의 지도나 외교공문의 내용을 원용하여 국경에 관한 금반언을 주장하였다. 이런 금반언이 인정될 수 있는지도 재판에서는 문제가 되었다.

재판에서는 아르헨티나와 칠레가 각각 주장한 결정적 기일이 달라서 결정적 기일의 결정도 문제가 되었다.

1902년 판정의 해석과 관련하여 '주된 수로'를 어떻게 결정하여야 하는지도 문제가 되었다. 1902년 판정에서 양국의 국경을 이루는 것으로 적시된 엔쿠엔트로 강에 두 개의 수로가 있어서 어떤 것이 주된 수로로서 판정에서 말하는 엔구엔트로 강에 해당하는지를 결정하는 것이 문제가 되었다.

칠레는 1902년 중재판정이 내려진 이후 1952년에 팔레나에 아르헨티나 헌병대가 들어올 때까지 분쟁지역 특히 팔레나에서 칠레가 실효적인 지배를 하였다는 사실을 분쟁지역에 관한 칠레의 에펙티비테(effectivité)로 주장하였다. 따라서 이 사건에서는 국경분쟁에서의 에펙티비테의 인정 여부, 에펙티비테의 법적 효과도 문제가 되었다.

Ⅲ. 판   결

1. 중재재판의 법적 근거

이 중재재판을 위하여 아르헨티나와 칠레가 따로 중재회부협정을 체결하지는 않았다. 그러므로 중재재판소는 1902년 5월 28일에 산티아고에서 아르헨티나와 칠레가 체결한 일반중재조약상 영국이 중재자로서 지게 되어 있는 의무를 이행할 목적으로 영국 정부가 설치한 것이다. 다시 말해 1902년의 아르헨티나―칠레 일반중재조약을 전제로 칠레가 1964년에 영국에게 중재자가 되어줄 것을 요청하였으며, 같은 해 11월 6일에는 산티아고 공동선언으로 아르헨티나와 칠레 외무장관이 영국에 의한 분쟁의 해결을 확인한 것이다. 그런 요청과 확인은 모두 1902년의 양국간 일반중재조약을 전제로 한 조치이다. 그러므로 중재재판소의 구성에 관해서도 아르헨티나와 칠레가 따로 합의한 것이 없고 영국 정부가 직권으로 중재재판소를 구성하였다. 나아가 중재재판소의 임무는 영국 정부가 재판소에 맡긴 문제에 관하여 결론을 내려서 영국 정부에게 보고하는 것으로 되어 있다. 실질적으로는 중재판정에 해당하는 내용이 보고서로 되어 있는 이유가 여기에 있다. 형식적으로 중재판정을 내린 주체는 영국 국왕 엘리자베스 2세이며, 영국 국왕의 중재판정의 근거가 된 중재재판소 보고서의 작성자, 다시 말해 형식적으로는 중재재판소의 구성원이며 실질적으로는 중재 재판관인 사람은 소장 맥네어 경(Lord McNair), 커원(Mr. L. P. Kirwan), 패프워스 준장(Brigadier K. M. Papworth) 세 명이었다.

2. 중재재판에 적용할 법

1902년 아르헨티나 – 칠레 일반중재조약 제8조는 "협정(the Agreement)이 특별규칙의 적용을 요청하거나 중재자에 대하여 우호적 중개자(mediator)의 성 격에서 결정을 내릴 권한을 부여하지 않는 한, 중재자는 국제법원칙에 따라 결 정을 내려야 한다"고 규정한다. 칠레가 1964년에 영국에 대하여 일방적으로 국 경분쟁의 중재자가 되어 줄 것을 요청할 때, 그리고 이후 양국이 영국에 의한 분쟁 해결을 확인하고 또 1964년 11월에 아르헨티나가 영국에 의한 분쟁 중재 에 동의하는 과정에서 아르헨티나와 칠레 양국은 분쟁에 포함된 쟁점, 문제 또 는 불일치에 관하여 아무런 협정을 체결하지 않았다. 그런 이유로 재판의 주제 와 쟁점을 특정하는 분쟁회부협정을 영국 정부의 결정으로 작성하였다.

나아가 아르헨티나와 칠레 양국은 이 중재재판에서 특별규칙을 적용하도 록 요청한 바가 없었고 또 중재자인 영국 정부에 대하여 우호적 중개자의 성격 에서 결정을 내릴 권한, 다시 말해 영국 정부의 형평적 재량으로 결정을 내릴 권한도 부여하지 않았다. 그런 이유 때문에 영국 정부는 중재재판소에 적용할 법을 "국제법원칙"으로 결정하였다. 구체적으로 말하면 영국 정부는 재판소에 대하여 재판소에 맡겨진 문제에 관하여 "국제법원칙에 따라" 그 결론에 도달할 것을 지시하였다.

3. 분쟁의 대상인 쟁점

영국 정부가 작성한 중재회부협정 제1조 (1)에 규정된 분쟁의 주제는 다음 과 같다. 만약에 1902년 판정 이후에 제16번 경계표주(標柱)와 제17번 경계표주 사이의 지역에서 당사국들 사이의 국경선이 해결되지 않은 채로 남아 있었다고 한다면, 이 판정의 타당한 해석과 이행에 근거할 때, 해결되지 않은 채로 남아 있는 국경선의 경로는 무엇인가? 이는 두 개의 쟁점으로 구성되어 있다. 하나는, 1902년 판정 이후에도 제16번 경계표주(標柱)와 제17번 경계표주 사이의 지역에서 아르헨티나와 칠레의 국경선이 해결되지 않은 채로 남아 있었는가, 그렇다고 한다면 어디서 어디까지가 해결되지 않았나 하는 것이다. 다른 하나는, 1902년 판정의 타당한 해석과 이행에 근거하여 그어지는, 미해결 지역에서의 국경선의 특정이다. 만약 제16번 경계표주와 제17번 경계표주 사이의 경계의 일부가 해결되지 않은 채로 남아 있었고 그 일부는 해결되었다고 재판소가 판단한다면, 재판소는 어느 부분이 어떤 방식으로 해결되었는지를 특정해야하며, 해결되지 않은 채로 남아 있는 부분에 관하여 중재재판소 자신이 1902년 판정을 해석하고 이행하여야 하는 것이 된다.

재판의 실질적인 쟁점은 1902년 중재판정에 포함된 착오의 효과에 관한 것이지만 1965년 중재회부협정에서 재판의 주제를 '1902년 판정의 타당한 해석과 이행에 근거한 경계선 확정'으로 규정하였기 때문에 재판소는 지도에 포함된 착오의 법적 효과나 착오에 근거한 중재판정의 효과나 구속력 등에 관한 문제는 판단하지 않았다.

4. 금 반 언

금반언 원칙에 관하여, 판정은 프레아비헤어 사원 사건을 언급하면서, 그것이 국제법원칙이며 기술적인 증거규칙에 지나지 않는 것이 아니라 실체법상의 원칙이라고 인정하였다. "금반언"과 "배제"가 동일한 의미의 용어라는 점과, 국제법상의 금반언은 국내법상의 금반언과 동일한 것으로 이해되어서는 안 된다는 점도 밝히고 있다. 판정은 양국의 금반언 주장을 모두 받아들이지 않았다.

5. 결정적 기일

재판에서 아르헨티나는 아르헨티나－칠레 혼합경계위원회가 설치된 1941

년을 결정적 기일로 주장하였고, 칠레는 자신이 칠레의 영토로 주장하는 지역에서 아르헨티나 헌병대가 활동을 시작한 1952년을 결정적 기일로 주장하였다.

재판소는 양국이 "결정적 기일을 자신의 증거를 배제하는 수단으로 생각하기보다는 상대방의 활동에 대한 증거를 차단하는 수단으로 생각한다"고 보고, 또 양국이 주장하는 결정적 기일이 크게 다르지 않다는 점을 고려하여 결정적 기일을 인정하지 않고 판정을 내렸다. 재판소는 결정적 기일이 엄격하게 결정되는 것이 아니고 재판소에 재량의 여지가 많다는 점, 그리고 목적에 따라 여러 개의 결정적 기일이 있을 수 있다는 점을 지적하고, 양국이 주장한 것 외에 1902년 중재판정이 내려진 1902년, 가증 늦은 것으로 경계표시가 있었던 1903년, 그리고 이 건 중재자인 영국 국왕에게 분쟁이 제출된 1964년이 모두 결정적 기일로서의 합리성을 가지고 있다고 보았다. 여러 개의 결정적 기일이 모두 일정한 합리성을 가지고 있기 때문에 재판소는 이 소송에서는 결정적 기일이라고 하는 관념이 거의 아무런 가치가 없다고 보았다. 그런 판단에 근거하여 증거 관련 행위의 일자를 불문하고 재판소에 제출된 모든 증거를 검토하였다.

6. 1902년 중재판정에 의하여 해결된 국경선의 범위

1955년 11월 1일, 혼합경계위원회는 제55호 의정서(의사록)를 채택하여, 제17번 경계표주와 세로데라비르헨(Cerro de la Virgen) 사이의 선을 승인하였으며 또 논란의 대상이 되지 않는 제16번 경계표주와 합류지점 사이의 선을 승인함과 동시에, 리오엔쿠엔트로의 서쪽 지류의 발원지가 세로데라비르헨의 서쪽 기슭에 있는 것이 아니라는 것을 확인하였다. 중재재판소는 제16번 경계표주와 합류지점 사이의 국경선, 그리고 제17번 경계표주와 세로데라비르헨 사이의 국경선은 1902년 판정과 1903년의 경계표시에 의하여 해결되었으며, 혼합경계위원회 제55호 의정서의 내용은 그러한 '해결'을 확인한 것으로서의 의미를 가진다고 보았다. 따라서 1902년 중재판정의 정당한 해석과 이행에 근거할 때 해결되지 않은 국경선 부분은 합류지점과 세로데라비르헨 사이라고 확인하였다.

7. 판정의 '해석과 이행'의 의미

재판에서 아르헨티나와 칠레는 조약 해석과 마찬가지로 중재판정을 해석하는데도 해석 원칙이 있다는 것을 인정하였다. 그러나 아르헨티나는 조약 해석원칙은 판정해석에서는 제한적으로 사용되어야 하며 특히 판정 해석의 보조수단으로 준비문서나 당사국들의 추후의 관행을 사용하는 것에 대해서는 유보적인 태도를 취하였다. 반면에 칠레는 광범위한 준비문서나 추후 관행을 판정 해석에도 이용할 수 있다는 태도를 보였다. 재판소는 조약은 당사국들 간의 협상의 결과이므로 조약 해석에서는 당사국들의 공통된 의사를 확인하는 노력을 포함할 수 있다는 이유에서 중재자가 결정한 판정의 해석에 대하여 더 엄격한 규칙을 적용하는 것이 적절하다고 보았다.

칠레는 중재회부협정 제1조 (1)에 등장하는 바의 '이행(fulfilment)'이라는 말은 주로 재판소에 의한 이행보다는 당사국들의 이행을 말하는 것이라고 주장하였다. 이에 반하여 아르헨티나는 '이행'은 사전적 의미에 따라 아르헨티나가 재판소에 대하여 그 지역에서의 경계선의 중간 부분에서 수행하도록 요청하는 바"를 표현하는 방식이라고 주장하였다. 재판소는 중재회부협정의 "해석과 이행"은 여러 중재회부 조항에 나오는 "해석과 적용"(interpretation and application)에 상응하는 표현이라고 보았다. 즉 이행은 곧 적용을 의미한다고 보았다. 해석 외에 '적용'('이행')이라는 단어를 추가하는 것은 당사국이 분쟁을 최종적으로 해결하기를 원하기 때문이며, 재판소가 오직 해석의 권한만을 부여받는 경우에는 분쟁의 최종적 해결이 이루어지지 않을 수 있다고 말한다. 그런 의미에서 "해석과 이행"이라는 말은 재판소에 대하여 1902년 판정 자체뿐 아니라 1903년 경계표시도 검토할 권한을 부여하고, 또한 가능한 한 중재자의 의도에 일치하는 방식으로 그 판정에 존재하는 결함(deficiencies)을 보충하는 권한을 부여하거나 요구하는 포괄적인 표현이라고 이해하였다. 이는 판정의 '이행'에 관한 칠레의 주장을 물리치고 아르헨티나의 주장을 수용한 것으로 볼 수 있다.

8. 두 개 이상의 주로 문제와 '주된 수로' 결정의 기준

재판소는 경계가 강을 따라야 한다고 조약이나 판정이 규정하고 있는데 강이 두 개 또는 그 이상의 수로로 나누어져 있으며, 경계가 어느 수로를 따라야 하는지에 관한 특정이 없는 경우 경계는 주된 수로를 따라야 하는 것이 일반원칙이라고 밝혔다. 그리고 주된 수로 결정의 문제는 지리학상의 문제라고 성격을 규정하였다.

엔쿠엔트로 강에 해당된다고 보이는 두 개의 수로 중 어느 것이 주된 수로로서 국경에 해당되는지에 관해서는 "길이, 관개유역의 넓이, 연평균 유수량" 등을 주된 수로인지의 여부에 대한 판단의 기준으로 삼아 판정하였다.

9. 에펙티비테

칠레는 분쟁지역에 칠레 주민이 거주하여 왔으며 주민에 대하여 실효적인 지배를 하여 왔다는 것을 중요한 사실로 원용하였다. 중재재판소에 요구된 판단의 주제는 1902년 중재판정의 "해석과 이행"에 따를 경우 국경이 어떻게 획정되어야 하는지의 문제였는데, 칠레는 '이행'의 의미를 중재재판소의 이행이 아니라 분쟁당사국의 '이행', 즉 국경을 획정하고 획정된 국경 내에서의 통치의 실적 등을 의미하는 것으로 해석하였다. 판정은 이미 말한 바와 같이 '이행'의 의미 해석에 관한 칠레의 주장을 받아들이지 않았다. 판정은 칠레가 제출한 '이행자료'를 증거로서 배제하지도 않았지만, 분쟁지역에 대한 칠레의 에펙티비테를 인정하지 않았다.

10. 경계의 획정

판정은 1902년 판정을 '해석'하여 1902년 판정의 취지에 맞게 지형을 특정하여 경계선을 확정하였다. 길이로 보면 아르헨티나의 주장을 50%, 칠레의 주장을 38% 받아들이고, 나머지는 중재재판소 자신의 판단에 따라 분쟁지역의 국경을 결정하였다. 또 면적으로 따지면 약 478평방킬로미터에 달하는 분쟁지역 중에서 71%는 아르헨티나에, 29%는 칠레에 귀속시키는 것으로 문제를 해결하였다.[1] 분쟁지역의 더 많은 부분을 아르헨티나에 귀속시키는 방식으로 국경을 획정하였지만, 칠레 주민의 거주지역은 모두 칠레로 귀속시켰다.

Ⅳ. 평   석

이 사건 판정은 중재재판에 의한 분쟁 해결의 대표적인 사례로 거론된다.[2]

이미 언급한 바와 같이 분쟁의 원인은 1902년 중재판정의 기초가 된 지도의 착오에 있었지만, 중재재판소에 판단이 요구된 문제는 "1902년 중재판정의 타당한 해석과 이행", 그리고 그에 근거하여 제16번 경계표주와 제17번 경계표주 사이의 국경선을 획정하는 것이었다. 그러므로 이 판정은 착오 문제가 사건의 핵심 쟁점이었지만, 당사국들은 착오에 근거한 1902년 판정의 무효를 주장할 수는 없었다.[3] 착오에 근거한 판정도 유효한 것으로 합의한 후에, 착오의 결과가 실질적으로 해소될 수 있도록 1902년 판정을 타당하게 해석하고 이행하도록 요구하는 내용의 재판이 되었다.

이 판정은 지리적 인식의 오류나 특정 지형지물에 대한 명칭의 오류가 현대에 들어와서까지 상당한 기간 존재하고 또 지속될 수 있다는 사실을 보여주고 있다. 이 판정에서 문제가 된 국경은 1902년에 중재판정에 의하여 결정되었지만 중재판정이 잘못된 지리적 인식에 기초하여 내려졌다는 것이 완전히 인식되기까지는 40년에 가까운 시일이 필요하였다.

---

1) R. Y. Jennings, *The Argentine−Chile Boundary Dispute* − a case study, in: International Disputes − The Legal Aspects(Report of a Study Group of the David Davies Memorial Institute of International Studies)(London: Europa Publications, 1972), at 324.

2) Ian Brownlie, The Peaceful Settlement of International Disputes in Practice, 7 Pace International Law Review 267(1995).

3) Jennings, *supra* note 1, at 318.

　　판정에서는 금반언이 실정국제법상의 원칙과 규칙이라고 인정하고 그것이 증거규칙에 지나지 않는 것이 아니라 실체법상의 원칙이라고 하면서 적극적인 의미를 부여하였다. 판정은 프레아비헤어 사원 사건의 판결이 나온 직후에 내려진 것으로서, 프레아비헤어 사원 사건 판결에 포함된 금반언 관련 국제법원칙을 확인한 것으로 이해되고 있다.[4] 금반언에 관한 국제사법재판소의 프레아비헤어 사원 사건의 판결을 인용하고 있다는 점에서, 중재재판이 국제사법재판소의 판결을 존중한 사례로서의 의미를 가진다. 제닝스에 의하면 분쟁당사국들은 양국은 금반언이 소송의 승패를 좌우하는 중요한 쟁점이 될 수 있는 것으로 보지 않았고, 상대의 금반언 주장에 대응하는 맥락에서 금반언을 주장한 것이다.[5] 제닝스가 아르헨티나의 변호인으로 재판에 관여하였다는 점에서 소송상의 주장을 실체를 알 수 있도록 해주는 설명이라고 볼 수 있다. 분쟁 당사국의 금반언 주장이 재판소에 의하여 모두 배척되었으며 또 분쟁 당사국 역시 금반언을 적극적으로 주장한 것은 아니었다는 점에서 금반언에 관한 중요한 판례로 보기는 어렵다.

　　결정적 기일과 관련하여 재판소는 양국의 결정적 기일 주장에 큰 의미를 부여하지 않았다. 판정은 결정적 기일이 주장된 사례이기는 하지만, 결정적 기일이 재판소의 판단이나 재판의 승패에 중요한 영향을 미친 사례에 해당되지는 않는다.

　　엔쿠엔트로 강에 해당된다고 보이는 두 개의 수로 중 주된 수로를 결정하는 문제에 관하여 판정은 "길이, 관개유역의 넓이, 연평균 유수량" 등을 판단 기준으로 제시하였다. 이는 여러 개의 지류 또는 수로로 구성된 하천의 주된 수로 결정 문제에 관한 주요판례(leading case)를 형성한다고 할 수 있다.[6]

---

4) Thomas W. Donovan, *The Marouini River Tract and Its Colonial Legacy in South America*, 32 Georgia Journal of International and Comparative Law 714(2004), note 262.

5) Jennings, *supra* note 1, at 320.

6) Sikander Ahmed Shah, River Boundary Delimitation and the Resolution of the Sir Creek Dispute Between Pakistan and India, 34 Vermont Law Review 369(2009).

칠레는 분쟁지역에 칠레 주민이 거주하여 왔고 칠레가 주민에 대하여 실
효적인 지배를 하여왔다는 것을 1902년 판정의 '이행'에 해당한다고 하면서 그
런 사실의 에펙티비테를 주장하였다. 그러나 중재재판소는 칠레가 주장하는 에
펙티비테에 반하는 여러 가지 사실에 관한 기록들을 근거로 칠레의 에펙티비
테를 인정하지 않았다. 그런 의미에서 이 판정은 에펙티비테에 해당하는 사실
과 모순되는 기록들이 제시되는 경우에 에펙티비테를 배제한 사례로 이해되고
있다.[7]

판정은 아르헨티나에 분쟁 지역의 70%가 넘는 면적을 귀속시켰지만 칠레
주민의 거주지역은 모두 칠레로 귀속시켰다. 이러한 사실은 중재재판소가 법
적으로는 분쟁지역에 대한 칠레의 effectivité를 국경에 관한 판단의 고려 요소
로 배제하였지만 실제로는 그것이 판정에 상당한 영향을 미친 것으로 볼 수
있다.[8]

재판소가 최종적으로 결정한 국경은 아르헨티나의 주장과 칠레의 주장과
중재재판소 자신의 견해를 절충한 것이다. 이는 판정이 어느 한쪽 당사자에게
일방적인 승리를 안겨주지 않으면서 형평적인 해결을 추구한 결과로 이해되기
도 한다. 그러나 이 중재재판에 참여하였던 제닝스는, 이러한 외견상의 형평적
인 해결은 실은 두 분쟁당사국의 주장이 전적으로 타당한 것도 전적으로 잘못
된 것도 아니라는 사실의 결과로 보아야 하며 특별히 중재재판소가 타협적인
해결을 추구한 것 때문이라고 보아서는 안 된다고 지적하고 있다. 제닝스는 재
판에서 일방 당사자는 완전히 승소하고 타방 당사자는 완전히 패소하여야 한
다고 생각하는 것 자체가 흔히 저지르는 오류라는 점을 덧붙이고 있다.[9]

7) Keith Highet, George Kahale III, Gideon Rottem, *International Decision*, 87 American
   Journal of International Law 621(1993).

8) Jennings, *supra* note 1, at 325.

9) *Ibid.*, at 324.

쿠취의 란 사건(인도/파키스탄)

The Indo-Pakistan Western Boundary(Rann of Kutch) between India and Pakistan(India v. Pakistan), RIAA Vol. XVII(1968)[1]

이태규(안양대)

Ⅰ. 사실관계

이 분쟁의 기원은 1947년 영국령 인디아(Britsh India)의 인도/파키스탄 분할 시까지 거슬러 올라간다. 분할 이래로 양국 간 여러 분쟁 지역이 있었지만

---

1) 쿠취의 거대한 란(The Great Rann of Kutch)은, 남쪽으로는 쿠취 만(Gulf of Kutch)과 북쪽으로는 파키스탄 남쪽 인더스 강 어귀 사이에 위치한 대략 10만 평방 킬로미터(3만 평방 마일)에 걸쳐 펼쳐진 늪지 겸 소금 황무지로, 그 남쪽 가장자리에는, 소규모 란(Little Rann of Kutch)과 가장 쓸모 있는 땅인 수풀이 우거진 반니(Banni) 지역이 위치한다. 여름 몬순 때 물에 잠기는 이 지역은, 한때 (알렉산더 대왕 시절) 항상 통항이 가능하던 곳이었지만, 그 사이에 있었던 수차례 지반 융기 현상으로 인해, 이제는 아라비아 해에 인접한 광활한 소금기 소택지(marshland)로 변한다. 참고로, 란이라는 "기이한 지면"이 육지(땅)인가 아니면 해양(바다)인가 아니면 늪지(소택지)인가라는 논란이 있었지만, 지질학적으로 그것을 무엇이라고 정의하든, 그것이 재판소가 경계선을 설정하는 데 상이한 조건이나 기준이 되는 것은 아니고, 따라서 경계선 획정에 주요 고려사항이 아니다.
본 사건의 정식 명칭은 [Indo-Pakistan Western Boundary(Rann of Kutch) between India and Pakistan(India/Pakistan) 1968]이다. 중재재판(arbitration)으로 영토분쟁이 해결을 도모한 사건 가운데 매우 유명하고 따라서 가장 인구에 회자되는 사건 중 하나이다. 중재재판 관결문 원문이 통째로 인터넷상 올라와 있는데, '본 중재재판에 따라 결정된 경계선 획정 작업을 위한 절차규칙에 관한 양 당사국 간 합의문(agreement)'까지 부록으로 합쳐져 총 579쪽에 달하는 방대한 양이다. http://legal.un.org/RIAA/cases/vol_XVII/1-576.pdf.

특히 카시미르(Kashmir)와 쿠취의 란 지역이 가장 유명해서, 혹자는 당해 전쟁을 제2차 카시미르 전쟁이라고도 하는데, 분할 후 원래는 구자랏 인도 공국(Indian State of Gujarat) 안에 있었던 당해 분쟁지역을 파키스탄이 먼저 자신들의 영토라고 주장하면서 분쟁을 촉발시켰다. 국경관할 경찰 간 무력 충돌에서 양국 정규 군대 간 포격전, 탱크전, 공중전, 비정규전 등 대규모 전쟁으로 비화된 이 분쟁은, 결국 영국의 중재로 본 중재재판소로 그 해결이 부탁되었다. 분쟁의 본질은 과거 인도와 파키스탄의 각각 전신인 신드와 쿠취 간 합의사항과 본사건 당사자인 인도와 파키스탄의 현 국가권위 표시 상황과의 일치 여부였고, 인도는 그들간 일치를 주장하는 반면 파키스탄은 불일치를 주장하였다.

인도는 유고슬라비아인 알레스 베블러 씨를, 파키스탄은 이란인 나스롤라 에테잠 씨를, 그리고 유엔 사무총장은 재판장에 스웨덴인인 군나르 라거그렌 판사를 각각 선임하여 재판소를 구성하였다. 특별(사전)협정 체결일은 1965년 6월 30일이고 중재재판 판결일은 거의 3년 뒤인 1968년 2월 19일이어서 사법재판절차가 아닌 중재재판 절차치고는 상대적으로 적지 않은 기일이 소요된 사건이었다. 사건의 역사적 배경이 식민지 열강이 다투던 19세기까지 거슬러 올라가고 비교적 최근까지 이어진 분쟁으로써, 다행히 양 당사국 간 사전협정(compromis)에 의거하여 당해 분쟁이 본 중재재판소의 결정에 따라 이루어진 사례이다. 따라서 본 재판소절차는 국제사법재판소 심리절차에서와 같은, 잠정조치, 선결적 항변, 반소, 소송참가 등의 부수적 절차(incidental proceedings)가 끼어들 여지는 없었다. 판결(문)은 커다랗게, 이례적으로 베블러 판사의 의견제시(presentation) 두 개를 포함한 판결이유(430쪽까지)와, 결론으로, 반대의견(베블러) 하나, 제안(엔트잠) 하나, 재판장 라거그렌의 의견과 기존 자신의 입장을 바꾼 엔트잠의 의견 또 하나, 그리고 마지막으로 주 결정문(decision)과 부록(Annex I) — 당해 중재판결로 결정된 경계를 실제로 확정하기 위한 절차규칙에 관한 합의문 — 등으로 구성되었다.

Ⅱ. 쟁 점

　　본 사건에서의 쟁점은 모두 세 가지로서, 먼저 "결정적 기일"에 당해 분쟁지역 내 역사적으로 승인되고 잘 설정된 경계가 존재하고 있었는가?라는 문제에 대하여, 양 당사자들은 모두 긍정하고 있지만, 문제는 각각 다른 논거 위에 서였다. 즉, 인도는 란의 북쪽 가장자리를 따라 난 경계로 그 결정적 기일에 이미 존재하고 있었다는 반면에, 파키스탄은 란 그 자체가 경계 '지역(belt)'이어서 그 중간으로 경계'선'이 그어져야 한다는 입장인데, 이에 대하여 제출된 관련증거 특히 주로 지도증거를 바탕으로 한 베블러 중재재판관의 판단은 전적으로 인도 측 주장선(Claim line)을 받아들인 반면, 재판장(Lagergren)과 엔테잠 중재재판관은 10% 면적만 제외하고는 거의 인도 측 주장선을 수용하였다.

　　두 번째 쟁점은, 영국이 당시 주권자(영국과 신드는 동일한 주권적 실체이므로) 혹은 종주국(쿠취 입장에서 보면) 입장에서, 그 자신이 취한 행위(acts)로, 란 전체가 쿠취의 것이라고 주장하는 쿠취의 주장을 승인, 수락 혹은 묵인한 결과가 되어 신드의 후계자인 파키스탄이 당해 분쟁지역 내 일정 부분에 대하여 주장하는 것을 막거나 금반언의 원칙상 금지되는가에 관한 문제인데, 이것은 란(the Rann)의 진정한 의미가 무엇인가를 먼저 파악해야만 하는 문제이지만, 어찌 되었든, 판사들 모두 이 문제 대해서는, 관련된 상기 모든 증거를 검토한 후, 긍정하는 태도를 취하는 듯 보인다.

　　세 번째 쟁점으로는, 신드 내에서 종주권자(Suzerain)가 아닌 주권자(Sovereign)로서 행동하는 영국이라는 실체가, 직접적으로든 간접적으로든, 신드 혹은 그 후계자(상속자)인 파키스탄 영토에게 대하여 법률적으로 일정한 권원을 부여하기에 충분한 속성을 가진 영토적 권리를 주장하거나 주장할 수 있을 정도로 행동하였는가, 뒤집어서 말한다면, 쿠취 혹은 란과 인접하고 있었던 여타 공국(속국)들 즉 인도의 전신에 대한 이러한 영국의 영토적 권리 행사가 인도에서 그러한 분쟁지역 내 일정한 권원을 부여하는 것으로 작동할 수 있는가에 관한 문제인데, 결과적으로 재판장과 엔테잠 중재재판관은 상기 두 번째,

세 번째 쟁점에 대한 판단과 관련 사실 증거 등을 바탕으로, 란의 북쪽 가장자리를 따라 난 경계를 (거의 인도 측 청구에 부합되는 라인) 긋기로 결정하였다.

양 당사자가 합의한 이른바 "결정적 기일"은 인도독립법이 발효한 인도독립일인 1947년 8월 15일 전날(eve)인 1947년 8월 14일로서, 그 시점에 진정한 경계 혹은 경계선이 어디에 위치하고 있었는가가 바로 재판소에 그 해결이 부탁된 당해 분쟁 상 주된 쟁점이었다. 이 사건에서는 파키스탄이 경계지대(belt)와 경계선(line)을 구분할 필요가 있다고 주장했는데, 그 이유는 상당한 면적을 가진 란(Rann) 그 자체가 경계이기 때문이라는 것이다.

파키스탄에 따르면, "결정적 기일"에 신드와 쿠취 간은 두 실체가 서로 맞닿은 인접한 경계(conterminous boundary)가 아니었고, 따라서 당시에는 역사적으로 승인되고 잘 설정된 경계의 부재 상태였다는 것이다. 즉 당시 당해 경계는 일정한 폭이 있는 경계, 즉 경계 지대(belt)에 해당되고, 따라서 이 경우에는 무주물 개념이 끼어들 여지가 있다는 것이다. 더 나아가, 파키스탄은 재판소에게 이러한 경계지대를 폭이 없는(widthless) 경계 '선'(line)으로 줄여야 할 작업을 부탁하고 그 위치는 란의 중간선 혹은 등거리원칙에 따라 란 한가운데로 그어져야 한다고 주장했다. 반면에, 인도의 입장은 "결정적 기일"에 경계 '선'은 이미 당시 쿠취 공국(속국)의 북쪽 경계였던 란의 북쪽 가장자리를 따라 있었던 기존경계선(existing boundary line)이 있었고, 따라서 재판소는 그것을 확인만 해 달라는 입장이었다.

Ⅲ. 판   결

판결의 골자는 파키스탄 원래 주장의 10퍼센트 면적(350평방마일, 900평방킬로미터)만을 파키스탄에게 귀속하게 하고, 나머지 부분은 인도에게 남아 있게 하는 것이었다.[2] 참고로, 현재 관련지역 인도-파키스탄 국경 상황은 인도 내

---

2) 이른바 쿠취의 란(Rann of Kutch) 사건은 그 명칭에서 자연스럽게 파악할 수 있듯이, 명목적이었든 실질적이었든 쿠취라는 준주권적 실체(속국: vassal)가 관할하고 있었던 지역, 즉

쿠취의 거대한 란의 북쪽 경계가 인도－파키스탄 간 국경선이고, 여전히 양국
간 삼엄한 경계가 이루어지는 지역이며, 특히 코리 강(만: Creek)가에 풍부하게
천연가스 매장이 예상되는 지역이라서 아직도 양국 간 분쟁의 소지[3]가 잔존하
고 있다. 지금 쿠취의 거대한 란(Grat Rann of Kutch)은, 그 훌륭한 자연 경관과
특히 여름 몬순 기간에 대규모 플라맹고 서식지가 되는 관계로 인도에서 전 세
계 관광객들이 몰리는 가장 인기 있는 지역이 되었다.[4]

참고로, 특별협정 체결(1965년 6월 30일)이 있은 지 거의 3년에 걸친 기나긴
중재재판절차를 거쳐서 나온 판결문에서, 베블러 판사가 판결이유 부문에 자신
만의 특정 의견을 별개의 장으로 2차례나 제시(presentation)[5]한 것도 주목할
일이지만, 엔트잠 중재재판소 판사의 판결 내용과 그에 임하는 자세는 지극히
특이하다고 아니할 수 없다. 그의 외교관으로서의 본질적 속성이 잘 드러난 것
으로 사료되는데, 그것은 다음과 같은 그의 판결문 주문내용에 극명하게 잘 나
타나 있다.

    "… 본인은 파키스탄이 측량 지도들 안에서 란이라고 보이는 지역의 북쪽

    란을 영국지배 시절 영국령의 일부였던 신드 주(province)의 계승자인 파키스탄이 영토적
    욕심으로 취하려고 분쟁을 촉발한 사건으로서, 비록 본 중재재판소(이하 '재판소'라 함)의
    판결에 의해 경계선은 거의 인도 측의 승소로(당해분쟁관련지역의 90% 계속 보유하게 됨)
    정해져 사건은 일단락되었지만, 아직도 인근 지역 특히 Sir Creek 부근은 경계분쟁의 불씨
    가 여전히 남아 있다.

  3) 속칭 "Atlantique Incident"이라고 알려진 사건인 1999년 8월 10일에 발생했는데, 이것은
    영공 침범을 이유로 인도 공군기가 인도－파키스탄 국경지대의 쿠취의 란 내에서 파키스
    탄 정찰기를 격추해서 그 안에 탄 16명을 몰살시킨 사건으로 양국 간 관계를 또 다시 악화
    시킨 계기가 되었다. 이에 따라, 동년 9월 21일에 파키스탄이 국제사법재판소에 미부장(비
    무장) 비행기를 불법적으로 격추시킨 인도에 대하여 6천만 불에 상당하는 손해배상을 제기
    하는 소를 제기하였으나, 인도는 당해 재판소의 관할권 부재를 이유로 당해 소 제기는 각
    하되어야 한다고 주장하고, 이러한 의견이 재판소에 의해 받아들여졌다.

  4) www.worldwildlife.org.

  5) 판결문 제 V장: 측량과 지도 부문 섹션 4에서 10까지 내용에 대한 의견제시와, 판결문 제
    IX장 섹션 15 다라 반니(Dhara Banni)의 취하드 벳(Chhad Bet) 그리고 피롤 바로 쿤
    (Pirol Valo Kun) 부문에서 다뤄진 문제에 대한 의견제시 등 2차례가 있었다.

절반에 좀 더 명확한 권원을 가지고 있다고 생각한 바 있었다. [그렇지만] 본
인은 이제 재판장의 의견을 숙독할 기회가 있었고, 그런 견지에서 본인은 재판
장의 판결에 동의하고 지지한다."

재판소 중재판결로 당해 분쟁지역의 10%를 득하기 된 파키스탄은 마지못
해 받아들이는 자세를 취했던 반면, 오히려 90%를 유지한, 다시 말해 자신이
원래부터 취하고 있었던 거대한 란 전체 부분에서 10%를 빼앗긴 인도 측에서
패소한 느낌이 드는 것은 어쩌면 당연한 일이었다. 어찌되었든, 본 중재재판소
당해 판결에 의해 분쟁지역 내 총 403킬로미터의 경계선이 정해졌고, 그것은
판결문 부록(Annex) 내용대로 후속된 공동경계선설정위원회에 의해 실제로 확
정되었다.

Ⅳ. 평 석

앞으로 있을지도 모를 경우를 대비한 사전적 증거수집 및 증거력 향상 노
력과 관련하여, 제출된 증거에 대한 증거력 형량과 관련하여 몇 가지 향후 대
한민국 정부가 국제 영유권 소송 수행상 증거 제출에 있어서 주의할 점을 다음
과 같이 두 가지로 크게 꼬집어본다. 첫째가 증거의 수집과 분류 및 목록화 작
업이다. 여기에는 1) 지도(map), 스케치, 약도, 지도집(Atlas), 사진 등 이른바 그
림 정보(pictorial information)를 통하여 일정한 청구내용과 주장을 개진할 때 필
요한 자료; 2) 관보, 공보, 연감, 공·사적 보고서, 색인집, 선언문, 서신 및 통신
문, 통계집, 서적, 논문, 신문 등 문자와 숫자 정보로 이루어진 증거와 이들과
그래픽(garaphic) 모드로 된 정보와 유기적으로 복합된 증거자료; 3) 녹취 및 방
송자료 등과 같은 오디오와 비디오 복합증거; 4) 인터넷 및 기타 첨단 기술을
통한 각종 전자 파일 증거 등이 있는데, 이러한 네 가지 증거자료의 새로운 포
맷으로 재구성 작업과 더불어 실제 구두변론(oral proceedings)시 프레젠테이션
으로 활용할 자료와 데이터베이스에 관한 사전 구축과 이에 관한 정기적 업데

이트 작업의 수행이다. 더 나아가 두 번째로는 확보된 증거의 정련화(refining) 작업인데 이것은 가능한 한 각각의 범주 내에서 최선의 1차적 직접증거[6]로 만드는 작업이다.

　사실 두 번째 작업이 더 중요한데 그 이유는 "제시된 증거가 판결내용(판시)에 어느 정도 그리고 어떻게 수용되는가?"라는 문제를 고찰하고 규명하는 것은 결국 궁극적으로는 제시된 증거의 판결내용으로의 수용가능성 제고 방안을 마련하기 위한 필요불가결한 사전적 정지작업임이기 때문이다. 그것은 다시 말하자면 해당 재판소가 당사국의 주장(청구)에 설득당하여 그것을 긍정적으로 인용한다는 의미이고 그러기 위해서는 당해 주장 내지는 청구내용이 가급적 더 이상의 추론의 여지가 불필요한 직접적 1차 증거로 뒷받침되어야 함은 명약관화한 일이다.[7] 그러기 위해서는 증거가치의 계량화 및 증거가치 제고작업이 필수적이다.[8]

　주지하는 바처럼, 보통 증거라 함은 목격자의 증언과 같은 직접증거와 일

---

6) 참고로, 증거는 증명력 유무 혹은 강약에 따라 두 부류로 나뉘는데 1차적 직접증거와 2차적 간접 내지는 정황증거가 그것들이다. 예를 들어 문서증거인 지도(maps)는 증거능력을 가지는 것이 보통이지만, 여기서 관건이 되는 것은 그것이 1차 혹은 2차 증거로서의 증명력 여부 결정문제이다. 즉 지도가 당사자가 개진한 일정한 주장을 얼마나 입증하는가 즉 증거력 문제는 일반적으로 부속성(attribution)과 정확성(accuracy) 기준에 따르는 것이 통례이지만, 조약과 같은 법적 문서에 부속하여 그것과 불가분의 일체를 이루는 경우를 제외하고는 간접적 2차 증거일 뿐이다.

7) 다른 증거 종류에 있어서는 더 고찰해야 하겠지만, '그림'을 중심으로 한 도해적 주장과 청구 내지는 진술(pictorial representation) 및 반론과 반증 등에 있어서 가장 의지할 증거인 지도(maps)에 관한 한, 가급적 최근에 일본 정부가 발행 내지는 출간한, 그리고 조약과 같은 국가적 법률행위의 실체에 한 몸(body)처럼 그의 일부분으로 포함된 지도 내지는 지도집으로써, 그 내용이 명확하게 독도가 이른바 결정적 시점을 기준으로 일본의 국가관할권 밖에 있었거나, 대한민국의 관할권 내에 있다고 도해된 것을 수집하여 목록화하는 작업이 필요하다고 본다.

8) 제출한 증거는 모두 채택된다고 즉 증거능력이 있다고 가정하고, 예를 들어, -5에서부터 +5까지의 scale을 설정한 다음, [+5]는 재판소 판사들의 입장에서 더 이상의 추론의 여지가 없이 전적으로 우리 정부에게 유리하게 증거력을 인정받으리라고 예상되는 증거인 반면에 [-5]는 거꾸로 일본 측에 전적으로 유리한 직접증거로 보아, 이러한 양 극단점을 기준으로 그 사이를 적절하게 분할하여 좀 더 세부적으로 각 증거마다 증거가치를 수치로 부여함으로써 증거가치의 계량화 작업이 먼저 이루어져야 한다.

정한 사실의 실재 혹은 비실재를 증명하는 정황적 입증(proof)으로 나뉘고 그 기준은 일정한 추론의 필요성 유무일 뿐이므로, 실제 법적으로 이들 양자 간 구별은 없고 단지 판사와 배심원들이 당해사건에서 제출된 모든 증거를 고찰하고 평가하여 그 우위(preponderance)와 선호(preference)에 따라 진정한 사실관계를 판단하는 것이 요구될 뿐이므로, 따라서 이러한 작업의 자연스러운 지향점은, 불리(－)한 증거는 그에 대한 반박증거를, 그리고 유리(＋)한 증거에 대해서는 더욱 그 증거가치의 제고노력을 경주해야 한다는 당연한 결과로 귀결된다.[9)]

독도가 섬(island)인가의 문제는 옆으로 치워놓는다면, 우선 숙고할 것은, 먼저 지도의 증거능력과 관련된 시사점, 둘째로 국가권능의 표창 중 국가관할권 행사 사례여부 충족 문제, 셋째로는 조약법상 "후속적 관행"과 관련한 양국 간 관할권 행사 문제, 넷째로는 상대적으로 새로운 법질서인 환경법과 관련된 사시점, 다섯 째는 실제로 독도 영유권 관련 분쟁이 국제사법재판기관에 상정된 경우를 가정해 본 것에 대한 대비책 등이다.

먼저 지도의 증거능력에 대한 재판소의 입장은 확고하다. 원칙적으로 지도는 사건 사건마다 그 정확성이 일정하지 않은 정보를 물리적으로 표현하는 것에 불과하므로, 그 자체만 가지고는 영토적 권원을 창출할 수 없다. 국가 의지의 물리적 표현 방식으로 공식 외교문서에 부속하여 존재하는 경우에는 일정한 법적 효력을 긍정할 수 있는데, 그 경우에도, 지도 그 자체만으로서 일정한 법력(legal force)을 발휘한다고 보기는 어렵다. 다시 말해, 지도라는 것은, 일반적으로 영토적 권원(권리) 창출 목적으로 국제법상 부여된 본질적 법력(intrinsic legal force)을 낳을 수 없는 자료로써, 다른 여타 상황증거와 함께 사용되고 또

---

9) 다시 말하지만, 사법기관이라 함은, 국내소송이든 국제소송이든 간에, 사건을 심리하여 사법적 결정 즉 판결을 내리는 것이 그 본질적 기능이므로, 먼저 사실관계를 확정해야 하고 그렇게 정해진 사실에 법규를 적용하여 결론(판결)을 도출하는데, 여기서 이러한 사실관계의 확정은 증거로 입증(proof)되어야 하고 그러기 위해서는 그 주장과 관련하여 제출된 증거가 설득력 즉 증명력(증거력)이 있어야 하는데 다시 말해서 또 다른 여타의 추론과정이 불필요한 직접적 1차증거가 {가급적} 되어야 함은 불문가지이다.

한 사건마다 다양한 신빙성과 불확실성을 가진 부대적(extrinsic) 증거이다.

　이것은 특히 독도에 대한 역사적 권원을 주장하기 위한 증거로 지도에만 과도하게 얽매이는 자세에 경종을 울려주는 것이고, 따라서 이와 관련하여 최근 들어 단독으로 혹은 과거 일본 정부의 국가적 의사의 표시로써 일정한 공식 문서에 부속된 지도들이 속속 밝혀지는 것은 의미 있는 일이라고 생각한다. 비록 그 지도 자체만 가지고는 {증거력을 인정받기} 힘들지는 몰라도, 만약 이른바 독도 문제가 분쟁화되어 재판소에 그 해결이 {상상할 수 없는 것이지만 사전협정(compromis) 형태로} 부탁되고, 거기에 우리나라 정부가 이 같은 관련 지도들을 증거로 제출한다면, 재판소도 그 증거력을 완전히 부인하긴 어려울 것으로 보인다.

　분쟁이 있든 없든 간에, 일정한 영역에 대한 영유권 즉 영토적 권리를 주장하려면, 당해 지역에 대하여 주권자로서 의도를 가지고 계속적 – 전혀 끊김 없는 완전한 연속상황을 의미하지는 않음 – 으로 국가권능의 표시, 표창, 현시(드러내 보임: display or manifestation)하면서 실질적으로 사실상 점유하고 있어야 한다. 이렇게 국가 권위 혹은 관할권의 행사(exercise of state authority or jurisdiction) 사실을 인정받기 위해서는, 특히 국가 권능 내지는 관할권의 표창과 사실상 점유상태(possession)가 중요한 것은 주지의 사실이다.

　국가권위의 현시(표창manifestation) 요건 충족 여부 문제라는 측면에서 본다면, 이 요건은, 문제가 된 영토의 환경과 속성, 즉 시간과 장소에 따라 그 충족 여부가 좌우된다. 이와 관련해서 맹끼에와 엔끄레 사건에서 제시된 그것의 예를 살펴본다면 의미 있는 일이 될 것이다. 국제분쟁들 간 유사성 때문에 일정한 측면에서 충분한 시사점들이 있다고 본다. 특히 국제사법재판소가 국가적 권위의 현시(표창)[10]를 구성하는 서로 다른 행위 형식을 평가하는 방법은 기억

---

10) 국제사법재판소는 다음과 같은 영국 측의 행위를 현시의 예로 받아들였다: 형사 재판의 진행, 사체의 검시, 어선의 등록, 관세공무원의 방문, 부동산 거래계약의 등록(등기), 관세시설 설치, 인구조사, 일정한 공사와 시설설치: 선가(slipway; 배를 물에 띄우기 위해서 비스듬히 미끄러지게 한 시설), 시그날 포스트, 계류용 부포. 당해 재판소는 또한 선박 구조(해난구조서비스)를 이러한 현시(표창)사례로 보아야 한다는 영국측 의견을 배척하면서, 다음

할 필요가 있을 것이다.

독도 문제가 혹여 국제사법기관에서 다루어질 때, 시효취득 주장은 당연히 배척될 것으로 사료되는데, 그 이유는 주지하다시피 아무리 대한민국 정부의 실효적 지배 상태가 사실행위로써 상당 기간 계속되었다고 해도 적대적 상대방인 일본 정부의 묵인 내지는 불항의(non-protest)가 있었다고 인정하기는 지극히 어렵기 때문이다. 이러한 소극적 대응에서 한 발 더 나아가 지속적으로 그리고 적극적으로 당해수역과 독도 영유권과 관련하여 분쟁화를 도모하는 일본 정부의 의지가 확고한 이상 더더욱 그렇다.

조약 해석과 관련하여 관습법적 요소를 반영한 비엔나조약법 제31조 제3항 상의 (a) "…합의" 혹은 (b) "…후속적 관행"에 대하여 언급하자면, 먼저 (a)는 물론이고 (b)부분도 논외가 될 수밖에 없다. 왜냐하면 독도 영유권과 관련하여 한국 정부와 일본 정부 간 기본 조약이 존재하지 않을뿐더러 따라서 그러한 조약의 해석과 적용 문제는 더군다나 대두될 리가 없기 때문이다. 그렇지만 조약 해석과 관련한 조약 적용 상 "후속적 관행"의 경우에는, 비록 그러한 기본 조약이 없다고 해도, 재판소가 당사국들의 분쟁 후 행해진 일정한 행위 내지는 조치들을 평가할 때 일정한 유의성을 부여할 가능성이 있다는 점을 완전히 배제하긴 어렵다. 그런 의미에서 김대중 정부가 들어서기 직전에 일본이 취한 한일어업협정의 일방적 폐기행위와 그에 따른 대한민국 정부의 적절치 못한 대응적 후속 행위, 즉 공동어업수역 설정 행위는 긍정적 평가를 얻기 어렵다고 사료된다. 물론 엄밀하게 보면 영유권 문제와 어업수역 문제는 준별되어야 마땅한 주제이지만, 이러한 행위가, 만약 이른바 독도문제가 당사자들 간의 사태를 넘어 객관적 차원에서의 분쟁화가 인정되어 양국 간 합의로 (혹은 일방적으로) 재판소에 그 해결이 부탁된다면, 대한민국의 입지를 넓히는 방향으로 해석

과 같은 것들이 이러한 현시에 해당한다는 프랑스 측 의견도 받아들이지 않았다: 수계지리학적 측량, 주택건설을 위한 시장의 보조금 지급, 수력발전 프로젝트, 오로지 조명만을 위한 충전, 임시등대의 설치. 더 나아가, 국제사법재판소가 이 조건충족여부를 평가하는데 있어서 연관성이 있는 것으로 혹은 무관한 것으로, 개인들 각각의 사적 행위는 전체적으로 보아 질적으로나 양적으로나 큰 평가를 받지 못했다는 사실은 의심의 여지가 없다.

될 여지는 전혀 없다.

마지막으로, 일본정부가 문제가 된 독도와 그 주변 수역을, 일본 영유권하에 두는 것이 불가능하다고 판단한다면, 차선책으로, 국제적 공동관리제도 아래에 두려고 하는 주장에 대비할 필요가 있다. 독도와 그 주변 수역의 자연적 생태계의 독특함과 그 보존의 완전성은 이미 전세계적으로 인정되는 가치로써, 이것은 이미 남북간 DMZ에도 적용 가능한 논리로 활용 내지는 악용될 가능성이 있는 논거이다. 이른바 "환경적으로 불가분의 일체성" 논리는 상당한 논의의 필요성이 있다. 이른바 형평하고 합리적인 활용(equitable and reasonable utilization)의 당위성이 적용될 국제법 분야가 점점 그 폭을 넓혀가고 있는 현 추세에 발맞춰서 대한민국 정부도 이에 관하여 특히 준비해야 할 것이 많다고 본다. 이중적 가정이지만, 재판소에 독도 문제가 회부되고 또한 재판소가 대한민국 편을 들어준다고 해도, 마치 보츠와나/남미비아 경계사건에서 위어라만트리 재판소 부소장이 특히 강조했던 것처럼, 대한민국 정부에게 독도 영유권을 인정하는 판결을 하면서, 당해 지역에 대한 적극적인 공동관리제도(joint regime)의 설치가 아니더라도, 적어도 본 사건 재판소 판결(문) 제3주문에서처럼 양국 간 평등한 접근권의 향유를 보장하는 의무를 조건으로 내걸 가능성이 농후하다.

남북 간 비무장지대는 물론이고 독도와 그 주변 수역의 생태 조건과 상황은 이미 국내적 차원을 벗어난 국제적 유산(heritage)으로 인정되고 있으며, 따라서 마땅히 국제적 관심(concern)거리가 되었다. 아마 이 부분이 가장 일본 정부가 준비한 법적 논리가 스며들(긍정적으로 받아들여질) 가능성이 짙은 곳이 될 것이며, 이 문제는 굳이 영유권과는 별도로 언급될 수 있고 또한 최근에 제기되고 있는 상대적으로 새로운 법체계 즉 지속가능한 법체계(sustainability oriented jurisprudence) 속에서 특히 그 중요성이 인정되는 관계로, 미리 대응책을 만들어 놓을 필요가 있다고 본다. 지표상이든 해수면상이든 경계선(국경선) 획정에 있어서 형평성의 고려가, 이미 많은 사례에서 볼 수 있는 것처럼, 적대적 이해 당사국들 간에 설정된 "공동관리제도"로 꽃피우고 있는 사정을 고려해

볼 때, 비록 이 문제(분쟁)가 사법적 해결 절차를 밟지 않는다손 치더라도, 전통적 국가주권론에 바탕을 둔 관할권 획정(demarcation) 논리에서 한 발 더 진보한 상당히 유연한 태도를 요구한다는 사실은 명백하다.

비글해협 사건(아르헨티나/칠레)

Dispute between Argentina and Chile Concerning the Beagle Channel, RIAA Vol. XXI(1977)

정진석(국민대)

I. 사실관계

아르헨티나와 칠레는 1881년 국경조약을 체결하였는데, 그 후 이 조약의 해석과 적용에 관하여 분쟁이 발생하였고 각각 1902년과 1966년에 그에 대한 중재판정이 내려졌다. 비글해협사건은 양국 사이의 국경분쟁에 대한 세 번째 중재재판으로서, 1881년 조약 제3조의 해석과 그에 따른 비글해협 지역 섬들의 귀속에 관한 것이다. 제3조는 두 부분으로 나눌 수 있는데, 특히 본 사건과 관련된 부분인 후반부("섬 조항")는 다음과 같다: "섬에 관해서는, 스태튼섬, 그 인근의 작은 섬들, 그리고 티에라 델 푸에고의 동쪽과 파타고니아 동부 해안의 동쪽 대서양에 있을 수 있는 그 밖의 섬들은 아르헨티나에게 속하며; 그리고 비글해협의 남쪽으로 혼곶까지의 모든 섬과 티에라 델 푸에고의 서쪽에 있을 수 있는 섬들은 칠레에게 속한다."

위 조항의 핵심 지명이자 본 사건명이기도 한 비글해협은 남미대륙 남단에서 동—서 방향으로 흐르는 자연적 수로이다. 이 해협의 동쪽 입구에는 세 개의 섬이 삼각형 모양으로 존재하는데, 섬의 명칭은 북쪽의 픽톤섬부터 시작하여 시계방향으로 누에바섬과 레녹스섬("PNL 도서군")이다. 이 중 픽톤섬과 레

녹스섬의 서쪽에는 이들보다 훨씬 크며 칠레 영토인 나바리노섬이 있고, 나바
리노섬과 픽톤섬의 북쪽 건너편은 아르헨티나 영토인 티에라 델 푸에고의 그
란데섬 남부 해안이다. 나바리노섬과 그란데섬 사이의 수로는 비글해협의 일부
이다.

　　1902년 아르헨티나와 칠레가 체결한 일반중재조약의 제3조는 영국을 중재
인으로 지명한 바 있다. 1967년 칠레는 영국에게 비글해협에 관한 분쟁의 중재
인으로서 개입할 것을 요청하였고, 1971년 영국, 아르헨티나, 칠레는 중재협정
을 체결하였다. 영국은 현직 국제사법재판소 재판관 5인을 중재재판관으로 임
명하였고, 영국의 핏츠모리스를 재판장으로 한 중재재판소는 제네바에 설치되
었다. 재판소는 1976년 3월 비글해협 지역을 방문하기도 하였으며 9월 7일부
터 10월 23일까지 구두절차를 가진 후 1977년 2월 18일 판정을 내렸다.

Ⅱ. 쟁   점

1. 분쟁의 범위와 재판소의 임무

　　재판소가 다루어야 할 분쟁의 지리적 범위는 중재협정에 명기된 6개 좌표
를 연결한 구역에 한정된다. 이 구역은 동부 비글해협에 위치하며 그 모양 때
문에 소송 중에는 "망치"로 표현된다. PNL 도서군의 위치 때문에 비글해협의
동쪽 입구는 크게 북쪽 지류와 남쪽 지류로 나누어지는데, 이로 인해서 비글해
협의 "남쪽" 같은 표현의 해석문제가 생겼고 그 문제가 본 분쟁을 야기한 주된
요인들 중 하나이다. 하지만 재판소는 이 지류들 중 어느 것이 주된 것이냐 혹
은 진정한 비글해협이냐를 객관적으로 그리고 지리적·물리적으로 정의하도록
요청받지는 않았다고 하였다. 재판소가 다루어야 할 청구의 경우, 아르헨티나
와 칠레는 일반적인 경우처럼 상호 합의된 청구를 공동으로 제기하지 않고 각
자 따로 청구를 제기하였다. 하지만 재판소가 결정해야 할 문제에는 본질적인
차이가 없는바, 두 청구 모두 망치구역 내에 있는 PNL 도서군 그리고 그 밖의

소도와 암석들에 대한 권원을 주장하였다. 아르헨티나의 청구는 해양적 접근법을 채택하고 칠레의 청구는 영토적 접근법을 채택하였는데, 재판소가 보기에는 둘 다 동일한 결과에 이르는바, 영토에 관한 권원은 그에 부속된 수역과 해저에 대한 관할권을 자동적으로 포함한다.

중재협정상 재판소는 국제법 원칙에 따라서 결정을 내려야 하며 형평과 선에 따른 결정을 내릴 권한은 없다. 그리고 당사자들의 공통된 입장에 따르면, 분쟁지역에 관한 그들의 권리는 1881년 국경조약에 의해 전적으로 규율되며, 이 조약에 의해 만들어진 체제는 그들 사이의 이전의 모든 영토협정이나 양해 그리고 스페인령 아메리카에서 영토배분을 규율하는 과거의 모든 원칙들을 대체한다. 그런데 아르헨티나는 uti possidetis 원칙이 전통적이며 존중되어온 원칙으로서 존속하며, 이 원칙에 비추어서 1881년 조약 전체가 해석되어야 하고 이 조약의 의미나 의도에 대하여 분쟁이 있는 경우 동 원칙이 우선해야 한다고 주장하였다. 또한 아르헨티나는 uti possidetis 원칙에서 파생된 대양 원칙 또는 대서양-태평양 원칙을 주장하였는데, 이에 따르면 아르헨티나는 대서양 연안에 그리고 칠레는 태평양 연안에 권원을 가지며 반대쪽 연안에 관한 모든 권리는 결과적으로 포기된다. 하지만 재판소는 1881년 조약 해석에 있어서 대양 원칙이 uti possidetis 원칙보다 더 우월하지 않다고 하였다. 그리고 1881년 조약이라는 특별한 경우에 관한 한, 재판소는 양국의 영토관계에서 uti possidetis 원칙의 효과가 불확실하기 때문에 이 조약이 체결되었는데 바로 그 원칙을 그러한 불확실성을 해결하는 유일한 수단으로 보는 것은 분쟁해결에 아무런 도움이 되지 않는다고 보았다. 대신 재판소는 비엔나 조약법협약에 따른 엄격한 법적 해석을 적용하기로 하였다.

2. 섬 조항에 따른 아르헨티나로의 귀속

아르헨티나는 섬 조항의 "티에라 델 푸에고"의 의미는 그란데섬에 국한될 수 없고 푸에고군도(Fuegian archipelago)도 포함해야 한다고 주장하였다. 그리고 아르헨티나는 섬 조항에서 의도된 섬들은 푸에고의 섬들만 의미함에 틀림없다고 주장하였고, 결과적으로 섬 조항의 목적상 "파타고니아 동부 해안" 앞바다 섬들의 개념은 푸에고의 특징을 동시에 가지지 않는 파타고니아의 섬들과는 아무런 상관이 없다. 아르헨티나에 따르면, 파타고니아라는 단어는 "티에라 델 푸에고와 인근 섬들" 개념에 도저히 들어갈 수 없는 지역을 지칭한다고 볼 수 없다. 한편, 티에라 델 푸에고의 "동쪽"(to the east of)과 파타고니아 동부 해안의 "동쪽"(to the east of)에 대해서 아르헨티나는 이 표현이 문자 그대로 해석될 수 없고 "동부"(in the eastern part of, on the eastern side of) 같은 개념도 포함하도록 일반화된 형태로 적용되어야 한다고 주장하였다. 결국 요점은 PNL 도서군이 사실상 푸에고군도의 동부에 있으며 따라서 아르헨티나에 귀속된다는 것이다.

하지만 재판소는 PNL 도서군이 "티에라 델 푸에고의 – 즉, 그란데섬의 – 동쪽에" 위치하지 않기 때문에 아르헨티나에게 귀속되지 않는다고 하였다. 실제로 PNL 도서군은 그란데섬의 남쪽에 있다. 그리고 설령 티에라 델 푸에고가 푸에고군도를 포함한다고 할지라도 PNL 도서군은 푸에고군도의 일부이지 그것의 동쪽에 위치한 것이 아니다. 어느 섬이 자신이 일부인 전체의 동쪽에 있을 수는 없다. 재판소는 이러한 해석이 조약문의 용어에 비추어 볼 때 더 자연스럽고 통상적이라고 보았다. "동쪽"을 "동부"로 해석하는 것도 문제가 있는데, "티에라 델 푸에고의 동쪽"이 "티에라 델 푸에고의 동부"로 해석되면 PNL 도서군을 포함하지 않는 지역이 그것을 포함할 수 있는 지역으로 바뀌게 된다. 이것은 어떤 목적을 달성하기 위해서 억지로 만들어졌다는 인상을 준다. 그리고 파타고니아와 관련하여서는 만약 이 지역이 아르헨티나의 주장처럼 티에라 델 푸에고와 동일시되어야 한다면 파타고니아/티에라 델 푸에고의 "동부 해안의 동쪽에" 또는 아르헨티나식으로 바꾸면 "동부 해안의 동부에"가 되는데, 재판소는 이것이 도무지 이치에 닿지 않고 정확한 해석도 아니라고 보았다. 재판소는 어떤 섬이 어느 장소의 동쪽에 있으면서 또한 같은 장소의 동부 해안의 동쪽에 있어야 한다는 것은 이상하며 어쨌든 동의어 반복이라고 보았다. 만약 아르헨티나 주장과는 달리 파타고니아가 마젤란해협 이북 지역을 포함한다고 보면 "동부 해안의 동쪽"이라는 표현은 이해할 수 있다. 왜냐하면 그 지역은 동부뿐만 아니라 서부 해안(태평양)도 가지고 있기 때문이다.

재판소는 스태튼섬과 그 인근의 작은 섬들의 귀속 바로 다음에 오는 "그 밖의" 섬들이라는 표현은 일관되게 동쪽 방향을 지시하며 또한 스태튼섬과 일반적으로 같은 방향에 있는 어떤 것을 의미하지 PNL 도서군처럼 전혀 다른 방향에 있는 어떤 것을 의미하지 않는다고 보았다. 아르헨티나는 자국에 귀속되는 섬들이 스태튼섬에서 시작하여 그 후 PNL 도서군과 혼곶 부근 섬들을 향해 서쪽과 남쪽으로 되돌아온다고 주장하였다. 하지만 재판소는 이 주장이 "있을 수 있는"이라는 표현과 충돌한다고 보았다. 왜냐하면 스태튼섬의 동쪽이나 북쪽에는 어떤 섬들이 있는지 의문이 있을 수도 있지만 PNL 도서군은 확실히 존재하며 따라서 "있을 수 있는" 섬들이 아니기 때문이다. PNL 도서군과 관련하여 부적절한 표현으로는 "대서양"도 있다. 재판소에 제출된 증거에 따르면, 대서양의 지리적 범위는 그란데섬과 스태튼섬의 남쪽에 있는 바다를 포함하지 않으며 이 바다에는 남대양, 남극해 혹은 아르헨티나해 등 대서양과는 구분되는 명칭이 사용되었다. 나아가 재판소는 설령 그란데섬 남부 해안이 접한 바다가 대서양이라고 가정하더라도 PNL 도서군은 "대서양에" 있다기보다는 하구에 있는 섬들과 비슷하게 생각된다고 하였다. "대서양에"라는 표현은 픽톤섬에 대해서는 특히 부적절한데, 이 섬은 비글해협 동쪽 입구를 두 지류로 나누기 시작하는 섬이며 누에바섬과 레녹스섬에 의해서 대서양으로부터 부분적으로 차단되었기 때문이다. 만약 픽톤섬이 "대서양에" 있다면 비글해협 안쪽에 더 들어가 있는 섬들도 그렇다고 할 수도 있다. 달리 말하면, 재판소는 한 단위로 취급되는 PNL 도서군을 "대서양에" 있기 보다는 훨씬 더 비글해협에 부속되는 섬들로 보았다.

결론적으로 재판소는 섬 조항 하에서 PNL 도서군이 아르헨티나에게 귀속된다라는 점이 확립되지 않았다고 판단하였다.

3. 섬 조항에 따른 칠레로의 귀속

PNL 도서군이 "티에라 델 푸에고의 서쪽에" 있지는 않으므로 이 섬들의 칠레 귀속 문제는 이들과 비글해협과의 지리적 관계에 전적으로 좌우된다. 이 섬들은 비글해협이 동쪽 입구에서 갈라지는 두 지류 사이에 있으므로 어느 지류를 기준으로 하느냐에 따라서 비글해협 "남쪽"에 있는지 여부가 결정된다. 하지만 재판소는 어느 지류가 기준인지에 대한 답을 두 지류의 물리적 특징의 차이에서 구하지 않고 1881년 국경조약 자체에서 구해야 한다고 보았다. 재판소가 결정해야 하는 것은 이 조약의 목적상 비글해협이 무엇인가 또는 무엇이라고 여겨져야 하는가이다.

이 문제에 들어가기 전에 재판소는 선결적인 문제들을 먼저 살펴보았다. 우선, 비글해협이 픽톤섬에서 갈라지기 전에 끝난다고 볼 수도 있다. 하지만 설령 그렇다고 하더라도 궁극적으로 아무 것도 해결되지는 않는다. 그 결과 PNL 도서군이 칠레에 귀속되지 않더라도 이 섬들은 또한 티에라 델 푸에고나 파타고니아의 "동쪽에" 있지 않으므로 아르헨티나로 귀속되지도 않기 때문이다. 결국 최종적인 결과는 PNL 도서군이 어느 국가에게도 확정적으로 귀속되지 않는 것이 되는데, 이는 결코 국경조약에서 의도될 수 없는 결과이다. 국경조약의 목적은 안정성과 최종성을 달성하는 것이기 때문이다. 그리고 비글해협이 픽톤섬 바로 서쪽에서 멈춘다고 보는 이유가 PNL 도서군을 비글해협에서 들어내어서 두 지류로 인한 문제를 회피하기 위해서라면 이것은 정당하지도 않다. 비글해협 서쪽 입구도 고든섬 때문에 두 지류로 나누어지지만 둘 다 비글해협으로 여겨진다. 이 상황은 동쪽 입구에서도 반복되며 유일한 차이는 동쪽 지류들이 더 넓으며 하나가 아니라 세 개의 섬에 의해 나누어진다는 점이다. 끝으로, PNL 도서군을 한 단위로 보지 않고 나누는 것도 근거가 없다. 재판소는 국제법에 따라서 결정해야 하므로 섬들에 대한 구분은 그들 사이의 법적 성격 차이에 근거해야 한다. 하지만 재판소는 그런 차이를 전혀 발견할 수 없었다. 따라서 PNL 도서군은 전부 비글해협의 북쪽이나 남쪽에 있어야 한다.

비글해협 동쪽 입구의 북쪽 지류는 북쪽으로 그란데섬 그리고 남쪽으로 픽톤섬 및 누에바섬 사이를 흐르고, 남쪽 지류는 동쪽으로 픽톤섬과 레녹스섬 그리고 서쪽으로 나바리노섬 사이를 흐른다. 재판소는 분쟁해결의 목적상 두 지류의 실제적인 차이는 흐름 방향뿐이라고 보았다. 일반적으로 동－서 방향으로 흐르는 북쪽 지류가 비글해협이라면 PNL 도서군은 이 해협의 남쪽에 있게 되고 칠레에게 귀속된다. 그러나 일반적으로 남－북 방향으로 흐르는 남쪽 지류가 비글해협이라면 PNL 도서군은 이 해협의 동쪽에 있게 되고 따라서 "비글해협의 남쪽" 범위에 들지 않게 된다. 재판소는 이 중 어느 것을 1881년 조약에서 의도된 지류로 여겨야 하는지 검토해야 하는데, 우선 그러한 검토에 대한 다음과 같은 세 개의 장애물들을 먼저 지적하였다. 즉, 1881년 조약은 비글해협에 대한 정의를 가지고 있지 않고, 이 조약 체결까지의 협상에서도 비글해협의 수로가 어느 것인지에 대한 논의를 발견할 수 없고, 조약 협상자들이 참고하였거나 알고 있었다고 추정되는 비글해협 초기 발견자나 탐험가의 진술, 저술 그리고 지도들이 의심스럽거나 상충된다는 점들이다. 결국 재판소는 1881년 조약 자체로 되돌아가면서, 비록 이 조약이 비글해협을 직접 정의하지 않지만 PNL 도서군이 칠레에 귀속되는가 여부에 대해 충분히 확실한 결론을 내릴 수 있는 근거를 다음과 같이 제공한다고 보았다. 첫째, 1881년 조약은 양국 사이에 분쟁 중인 모든 영토와 섬들을 완전히 배분하도록 해석되어야 하고 PNL 도서군은 아르헨티나로 귀속되었다고 여겨질 수 없으므로 결국 PNL 도서군은 칠레 귀속으로 배분되어야 한다. 북쪽 지류를 1881년 조약상 의도된 것이라고 한다면 PNL 도서군은 "비글해협의 남쪽에" 있게 되며, 그러한 의도는 정당하게 추론될 수 있다. 둘째, 비글해협의 "남쪽"이라는 표현은 대체적으로 동－서 방향으로 흐르는 북쪽 지류에만 타당하며 남－북 방향으로 흐르는 남쪽 지류에는 타당하지 않다. 셋째, 1881년 조약이 다른 부분에 관해서는 상세히 규정하면서 비글해협에 관해서는 방향과 흐름에 대해 전혀 언급하지 않은 이유는 이 해협의 수로가 너무 명백해서 정의 또는 논의조차 필요 없다고 생각되었기 때문이다. 이렇게 볼 수 있는 이유는 1881년 조약 제3조의 전반부(그란데섬 조항)가 그란데섬의 남쪽 해안을 자동적으로 아르헨티나 귀속의 남쪽 한계로 만드는 효과를 가졌고, 그 남쪽 한계는 비글해협의 북쪽 지류의 북쪽 해안과 일치하기 때문이다. 즉, 아르헨티나와 칠레의 경계가 되는 비글해협은 북쪽 지류를 의미하는 것으로 해석되어야 한다. 한편, 재판소는 조약 해석에 따른 이와 같은 결론이 1848년부터 1901년까지의 항해관행, 이탈리아 항해가의 보고서, 아르헨티나의 티에라 델 푸에고 주지사의 공식 보고서 등 항해와 관련된 부수적 수단에 의해서도 확인된다고 하였다.

결론적으로 재판소는 PNL 도서군이 1881년 조약의 목적상 이해되어야 하는 "비글해협의 남쪽에" 위치한다고 결정하였다. 한편, 비글해협 안에 있는 작은 섬들은 동 해협 안에 있으므로 그 남쪽에 있을 수는 없는데, 칠레는 비글해협의 모든 수역과 그 안의 모든 섬들이 자국에게 귀속된다고 주장하였다. 하지만 재판소는 영토의 귀속은 귀속된 영토에 부속되는 바다도 포함하는 것이 법의 일반원칙이며 따라서 원칙적으로 비글해협의 중간선까지의 바다가 양국에게 배분되고 따라서 섬들도 배분된다고 결정하였다.

재판소는 위와 같은 결론을 확인하거나 보충하는 사건들과 자료들에 대해서 검토하였는데, 이에는 지도들과 관할권 행위들이 포함되었다. 재판소에 따르면, 지도의 중요성은 지도 자체에 있는 것이 아니라 관련 당사자들에 의해서 표명된 그 지도에 대한 태도 또는 그들에 의해서 취해진 그 지도에 대한 행위에 있다. 그리고 지도에 대한 평가시 특히 중요한 것은 시간적 요소로서, 국경조약과 동시에 또는 그 직후에 제작된 지도들이 나중에 제작된 지도들보다 더 큰 증거가치를 가진다. 조약에 의한 영토문제 해결이 관련된 사건의 경우 분쟁지역의 지도를 연구하는 목적은 그 해결이 무엇인가에 대한 이해를 얻는 것이기 때문에, 지도가 그 조약의 체결 시기에 더 가까울수록 그것의 증거가치는 더 높다. 마찬가지로, 분쟁이 발생하기 전에 제작된 지도는 그 후 제작된 것보다 더 신뢰할 수 있다. 한편, 당사자의 관할권 행위들을 포함하여 1881년 조약 이후의 행위들에 대해서 재판소는 추후 행위가 조약상의 권리를 변경시키거나 새 권리를 창설하지 않으며 그러나 조약 해석의 보조수단으로서 증거가치를 가진다고 보았다. 하지만 재판소는 PNL 도서군이 칠레 영토라는 결론은 어디까지나 1881년 조약에 대한 정확한 해석으로부터 나온 것이며 지도와 관할권 행위 등에 근거하지 않았다고 여러 번 강조하였다. 나아가 그로 재판관은 조약문의 의미가 명백하게 결정된 이상 지도와 관할권 행위 등을 검토하는 것이 불필요하고 또한 무관하다고 별도로 선언하였다.

Ⅲ. 판　결

재판소는 PNL 도서군과 그에 부속된 소도 및 암석들이 칠레에게 귀속된다고 만장일치로 결정하였다. 그리고 재판소는 중재협정에 의하면 판정의 불가분의 일부를 이루는 경계선 지도도 첨부하여 붉은 선의 북쪽에 있는 섬 등은 아르헨티나에 속하고 남쪽에 있는 섬 등은 칠레에게 속하는 것으로 표시하였다.

판정은 1977년 2월 18일 내려졌고, 4월 18일 영국의 엘리자베스 2세 여왕은 중재협정 제13조에 근거하여 이 판정을 재가하고 1902년 조약에 따른 판정이라고 선언하였다. 그리고 5월 2일 아르헨티나와 칠레에게 판정이 송부되었다. 하지만 1978년 1월 25일 아르헨티나는 재판소의 판정이 무효이며 준수하지 않겠다고 선언하였다. 따라서 아르헨티나는 이 판정에 근거한 어떠한 권원도 인정하지 않을 것이라고 칠레에게 통보하고, 나아가 양국 사이의 분쟁에 대한 영구적이고 확정적인 해결을 이루는 가장 적합한 방법은 양자 협상이라고 제안하였다. 아르헨티나가 제시한 판정의 무효 근거는 여섯 가지이며 다음과 같다. 즉, 재판소가 아르헨티나의 주장을 왜곡하였고, 재판소가 자신에게 회부되지 않은 문제에 대해 결정하였고, 재판소의 논거에 심각한 논리적 및 법적 모순이 있으며, 재판소의 해석에 흠결이 있고, 재판소 결정에 지리적 및 역사적 오류가 있고, 당사자가 제출한 주장과 증거에 대한 재판소의 평가가 균형적이지 않았다. 중재협정상 재판소는 판정이 실질적이고 완전히 이행되었다고 영국에게 통지한 후에야 임무를 완수하게 되기 때문에 아르헨티나의 이러한 태도는 중재재판의 종결에 관해서 문제를 야기하였다. 1978년 7월 10일 재판소장은 칠레에게 귀속된다고 결정된 영토에서 아르헨티나의 권한 행사가 없고 그 반대도 마찬가지이므로 판정이 사실상 이행되었다고 선언하였다. 하지만 12월 말 아르헨티나는 문제의 섬들에 대한 침공도 계획하였으며, 다만 교황의 개입으로 무력공격이 발생하지는 않았다. 결국 1979년 1월 8일 양국은 교황에게 중개를 요청하였고, 1980년 12월 12일 교황 요한 바오로 2세는 중개인의 제안과 조언을 제시하였다. 그 후 1984년 11월 29일 아르헨티나와 칠레는 바티칸에서 평화 및 우호조약에 서명하여 양국 사이의 영토 및 해양 경계를 최종적으로 확정하였고, 이를 통해서 아르헨티나는 1977년의 판정을 인정하였다.

Ⅳ. 평   석

비글해협사건은 아르헨티나와 칠레 사이에 1881년 체결된 국경조약의 해석을 둘러 싼 분쟁이다. 그리고 이 분쟁을 해결함에 있어서 재판소는 비엔나 조약법협약 제31조에 따라서 성실하게 그리고 조약문의 문맥 및 조약의 대상과 목적으로 보아 그 조약의 문언에 부여되는 통상적 의미에 따라서 1881년 조약을 해석하였다. 재판소는 조약문에 대해 일관되게 엄격한 논리적 해석을 하였고 조약문 외의 지도나 당사자들의 행위는 단지 보조적이거나 확인적인 수단으로만 취급하였다. 과거 양국 사이의 1902년과 1966년 중재재판의 경우, 각 3인으로 이루어진 두 재판소의 구성원 중 법률가는 한 명뿐이었고 나머지 두 명은 지리학자였다. 이에 비해서 본 사건의 재판소는 5인의 재판관 전부 법률가이며 따라서 조약에 대한 엄격한 해석에 기초하여 결정을 내렸다고도 볼 수 있다. 물론 본 사건에서 가장 중요한 개념인 비글해협의 흐름 방향에 대해서 1881년 조약의 교섭과정이 아무런 증거를 제공하지 못하였으므로 조약문에 대한 논리적 해석을 통해서 그 의미를 밝힐 수밖에 없었다는 사정이 있다. 어쨌든 본 사건 판정은 조약 문언의 해석에 충실한 결정이었음을 부인할 수 없다. 즉, 본 사건은 영토나 국경에 관한 사실관계가 아니라 이미 합의된 조약의 해석이 분쟁의 본질인 경우 재판소는 조약의 해석에 충실할 수밖에 없음을 보여준다. 그리고 지도를 단지 확인적이거나 보충적인 자료로서만 이용한 재판소의 태도는 영토 혹은 국경 분쟁에 대해서 지도가 가지는 가치가 외견상의 극적인 효과에 비해 그다지 크지 않음을 보여준다. 따라서 지도에 지나치게 의존하는 것은 국제재판에서 현명한 소송전략이 아닐 것이다. 한편, 지도가 더 큰 증거 가치를 가질 수 있는 제작시기에 대한 재판소의 언급은 영토나 국경에 관한 분쟁에서 이용될 수 있는 지도들을 세심히 검토 및 선별해야 할 필요성을 느끼게 해준다. 끝으로, 본 사건은 현재의 국제법 발달단계에서 국제분쟁에 대한 최선의 해결방법은 역시 당사자들의 협상에 의한 해결임을 보여줌으로써 분쟁 당사자들 사이의 계속적이고 진지한 협상 노력의 필요성을 보여준다. 그리고 이와 관련하여 특히 본 사건은 양국의 협상에 의해 결국 국제재판소의 결정이 집행되었다는 점에서 국제법의 가장 중요한 결함이라고 흔히 지적되는 판결 집행의 불가 또는 곤란에 대해서 다시 생각하게 만든다. 국제 판결의 집행을 국내 판결의 집행과 동일시할 수는 없으며, 국제 판결은 즉시 집행되지 않고 많은 시간과 노력을 요구할 수도 있다. 분권화된 현재의 국제사회에서 국제법은 결국 국가에 의해 만들어지고 적용되고 집행되므로, 국제 판결에 대한 불복이나 집행거부가 자동적으로 국제법을 부인하거나 그 가치를 평가 절하하는 근거가 될 수 없다.

부르키나 파소/말리공화국 국경분쟁 사건

Case Concerning the Frontier Dispute(Burkina Faso v. Republic of Mali), ICJ(1986)

박덕영(연세대)

I. 사실관계

1. 분쟁의 배경

부르키나 파소와 말리 간 국경분쟁은 프랑스 식민지 당시의 상황으로 거슬러 올라간다. 상부볼타는 1932년 9월 5일 칙령으로 폐지되었으며, 각각 수단, 니제르, 아이보리코스트로 편입되었다. 와히구야(Ouahigouya) 서클은 수단, 상부볼타의 영역이었다가 현재 부르키나 파소의 영토이며, 몹티 서클은 수단의 영토였다가 현재 말리의 영토이다. 그런데 이 두 서클은 서로 인접하여 있으며, 서클 간 경계의 대부분이 상부볼타(부르키나 파소)와 수단간 경계를 형성하고 있다. 1935년 11월 27일 명령 제1조에 따르면 몹티 서클의 동쪽 경계는 "요로(Yoro), 디울루나(Dioulouna), 오쿨루(Oukoulou), 아구루루(Agoulourou), 쿠보(Koubo) 마을을 벗어나 몹티 서클로 향하는 북동쪽으로 이어진 선"에 인접했었다.

2. 사실관계

상부볼타와 말리는 모두 프랑스 식민지의 일부 지역이었으며, 30여 년 동안 식민지가 독립하여 가는 중에 현재의 부르키나 파소인 상부볼타(1984년 이후

부르키나 파소)와 말리의 존재가 드러났다. 프랑스 식민지였던 여러 지역은 한 국가 단위로 형성되어 있었기 때문에 상부볼타와 말리가 독립한 이후 식민지 당시 형성되었던 양국 간 경계에 관하여 입장 차이를 보이게 되었다. 이에 양 국 간 국경분쟁을 해결하기 위하여 말리공화국 외교 국제협력부 장관과 상부 볼타 외교부 장관 간 1983년 9월 16일에 특별조약을 체결하였다. 동 조약은 체 결과 동시에 발효되었다. 이후 1983년 10월 14일 공동합의문에 따라 동 특별조 약을 사무처장에게 전달하였다. 특별협정은 상부볼타와 말리간 국경분쟁의 조 속한 해결을 촉구하고 있으며, 코로(Koro, 말리에 위치)에서 지보(Djibo, 상부볼타 에 위치)지역에 걸친, 벨리(Beli)지역을 포함하는 지방이 양국 간 분쟁대상임을 밝히고 있다. 또한 법정을 구성하고 분쟁을 해결하는데 필요한 절차에 관한 내 용을 담고 있다.

상부볼타와 말리는 특별조약에 따라 공동국경획정에 관한 분쟁을 국제사 법재판소 규칙 제26조 제2항에 따라 구성되는 소재판부에 해결을 요청하기로 합의하였다. 국제사법재판소는 부르키나 파소와 말리 정부의 요청을 받아들여 각 당사자들이 선택한 임시재판관을 포함하여 5명의 재판관으로 구성된 국제 사법재판소 소재판부를 구성하였다.

먼저 경계의 기준 시기를 정할 필요가 있었는데, 부르키나 파소와 말리는 각각 독립할 시기인 1960년의 일자와 프랑스가 행정관할권을 마지막으로 행사 하였던 1959년의 일자로 시기를 정하여야 한다는 입장이었다. 그러나 1959년 과 1960년 사이에 경계에 변화가 없었다.

또한 부르키나 파소와 말리 간 경계획정이 소외(訴外) 국가인 니제르의 영 토와 관련성을 갖는다는 점에 관하여는 형평의 법칙에 따라 법적으로 다툼의 우려가 있는 제3국의 영역과 관련한 권리를 판단하는 것은 피하여야 한다는 북 해대륙붕 사건에서의 국제사법재판소의 견해를 확인하였다.

Ⅱ 쟁   점

1. 용어사용

본 사건에서는 현재 독립국가가 식민지 당시의 영역의 경계가 현재의 국경을 형성함에 따라 국가영토분쟁 또는 경계(국경)분쟁 중 어느 용어가 타당한지에 관한 문제가 검토되었다. 본 사건은 경계 또는 국경분쟁(획정)이라는 용어를 사용하고 있다. 또한 경계와 국경을 구분하여 식민지 당시 영역을 나누는 선은 경계라고 하고 있으며, 양 당사국이 국가로서 독립한 이후에 관한 언급에서는 국경이라는 용어를 사용하고 있다. 이와 구별하여야 하는 개념인 '영토' 분쟁은 해당 영토 전부에 대한 주권적 권능에 관한 사건이라는 것을 의미한다. 반면 국경(경계)분쟁은 지리적으로 자치권이 없는 영토의 일부분에 영향을 미치는 경계획정 작업을 의미한다는 점에서 용어사용의 차이가 있다. 영토분쟁이든 국경분쟁이든 간에 법적 판단을 위해서는 경계를 정해야 할 필요성이 있다. 이는 최근에 성문화된 협정인 국경획정조약과 영토인정 또는 형성조약을 규율하기 위한 '경계설정' 또는 '조약에 의해서 설정된 경계'(조약에 대한 비엔나협약 제62조, 국가승계에 관한 비엔나협약 제11조)와 관계가 있다. 이러한 국경분쟁과 영토분쟁의 구분은 '법적영유권(법적권원)'과 '실효성'을 대비하여 보다 의미를 분명히 하는 효과를 가진다.

2. 근거문서에 대한 해석과 입장

본 사건에서는 경계를 획정하는데 근거로 삼은 문서에 대한 해석과 입장 또한 달랐는데, 1947년 9월의 프랑스 법령 47-1707, 1927년 8월 31일에 프랑스 서부 아프리카의 임시 총독이 공포한 명령, 1927년 10월 5일 오류수정법 지도, 당시 행정관의 행위, 명령 2728 AP 등을 포함한다.

3. 각국의 주장

부르키나 파소와 말리는 국제사법재판소 제38조에 따른 형평과 선에 따른 판단에는 동의하지 않았으나, 형평 자체에 대하여 견해를 달리하는 부분이 있었다. 부르키나 파소는 형평이라는 요소가 판단에 영향을 미치는 것에 부정적인 입장이었던 반면 말리는 공정한 법적용의 한 부분으로서 형평을 인식하였다. 국제사법재판소는 최종적으로 적용 가능한 법에서 공평한 해법을 찾는 법내재적인 형평에 따라 판단하기로 하였다.

본 사건에서 경계를 획정하는데 근거로 삼은 문서인 1947년 9월의 프랑스 법령 47-1707, 1927년 8월 31일에 프랑스 서부 아프리카의 임시 총독이 공포한 명령, 당시 행정관의 행위, 명령 2728 AP 등에 대한 해석과 입장 또한 달랐다.

나아가 양 당사국은 지도의 증거력에 태도를 달리하였다. 말리는 지도를 포함한 "다른 증거"들의 신뢰성과 행정당국의 행위는 특정한 기준에 따라 판단하여야 한다는 입장이다. 이에 대하여 부르키나 파소는 지도의 우선성을 인정하면서도 그러한 권한은 문서상의 것 또는 지도제작 상의 것이라고 여겨질 수도 있다고 한다.

국제사법재판소는 부르키나 파소와 말리 간 특별협정에 따라 양국 간 국경을 획정하는데, 법 내재적 형평, 묵종, 현상유지의 원칙을 판단의 기본적인 요소로 삼았다.

Ⅲ. 판 결

1. 법 내재적 형평

부르키나 파소와 말리는 국제사법재판소 제38조에 따른 형평과 선에 따른 판단에는 동의하였으나, 형평 자체에 대하여 견해를 달리하는 부분이 있었다. 부르키나 파소는 형평이라는 요소가 판단에 영향을 미치는 것에 부정적인 입장이었던 반면 말리는 공정한 법적용의 한 부분으로서 형평을 인식하였다. 국제사법재판소는 최종적으로 적용 가능한 법에서 공평한 해법을 찾는 법 내재적인 형평에 따라 판단하기로 하였다.

2. 현상유지원칙

현상유지원칙은 중남미에서 처음으로 나타난 독립국가의 국경에 대한 태도인데, 아프리카 국가 또한 식민지에서 독립국이 되어가는 과정에서 동 원칙을 준수하는 태도를 보였다. 국제사법재판소는 현상유지의 원칙은 이러한 동족 간 투쟁으로 인하여 신생국의 독립성과 안정성이 위험에 처하지 않게 하려는 데 있다고 보고 있다. 현상유지의 원칙은 구(舊) 경계획정을 보다 높은 수준으로 올리는 원칙이기 때문에 장소에 상관없이 탈식민지 현상과 논리적으로 연관성을 갖게 되는 일반적인 원칙이다. 현상유지의 원칙의 법적 지위는 국제법의 특정 분야에서만 타당한 것이 목격되는 것이 아니라 국제법의 일반규칙에서 도출되는 개념이라고 보았다. 따라서 아프리카 국가 정치가 또는 아프리카 연합 자체적으로 현상유지원칙을 언급하거나 선언하였다고 하여도 이는 창설적이 아니라 선언적인 것에 불과하다고 평가하였다.

3. 1947년 9월의 프랑스 법령 47-1707

본 사건에서 경계를 획정하는데 근거로 삼은 문서는 1947년 9월의 프랑스 법령 47-1707, 명령, 지도, 당시 행정관의 행위이다. 각각의 문서에 대하여 국제사법재판소 소재판부가 이를 해석하고 판단하기 위해서는 지리적으로는 네 개의 마을의 과거와 현재 위치의 대비와 호수 위치의 확인이 핵심 사항이었다.

1946년의 프랑스 공화국 헌법 제86조에 근거하여 프랑스 의회가 해외영토 (식민지영토)의 경계를 결정할 수 있는 권한을 보유하고 있었기 때문에 관련 프랑스 법령인 47-1707을 검토할 필요가 있었다. 프랑스 법령 47-1707 제2조와 제3조는 각각 상부볼타의 경계를 정의하고 이를 관련 지방의회가 수정할 수 있다고 하였으나 상부볼타는 1960년에 독립할 때까지 1932년 9월 5일의 현상을 유지하였다. 그런데 법률이나 규칙의 문언 상 또는 관련행정문서에 따르면 두 지역이 공존하였던 시기인 1919년과 1921년, 1947년과 1960년의 기간 동안 수단과 상부볼타 간 정확한 경계는 정의되지 않았다. 당사국이 국제사법재판소에 제출한 이와 관련한 주요문서는 한정적이며, 이를 둘러싼 법적 중요성 여부가 당사국간 분쟁의 대상이었다.

당시 상부볼타와 수단 간 경계를 알 수 있는 주요문서로는 1922년 12월 31일의 프랑스 서부아프리카 총독의 명령, 1927년 8월 31일 프랑스 서부아프리카의 총독부가 발한 "수단과 상부볼타의 식민지경계의 확정"명령, 1927년 10월 5일 "오류수정법", 1935년 11월 27일 명령을 들 수 있다. 또한 1935년 수단과 니제르 부총독 간 주고받은 서면으로 정확한 위도와 경도(서경 1도 24분 15초, 남위 14도 43분 45초, P 지점)를 언급하고 있는 서면 191 CM2 또한 중요한 증거자료였다.

4. 지 도

지도의 증거력에 대하여 국제사법재판소 소재판부는 지도 그 자체 또는 그들의 존재만으로는 국제법에 따라 영토를 설정할 수 있는 내재적이며 법적인 권한을 갖지 못한다는 기본 입장을 밝혔다. 다만, 관련 지도가 그 국가나 국가의 이해관계를 표현하는 물리적 증거로 기능할 수 있다는 점에서 다른 정황증거와 함께 검토할 가치가 있다는 입장을 취하였다. 또한 지도의 증거력은 지도제작 기술의 신뢰도와 분쟁국에 대하여 중립적인 정도에 따라 판단될 수는 있지만, 법적 증거력은 여전히 제한적이라고 보고 있다. 이에 국제사법재판소 소재판부는 본 사안에서 지도는 예비적 또는 확인적인 역할을 하는 것으로 한정하였다. 이러한 관점에서 프랑스 행정관이 명령 또는 법령에서 언급하였던 지도는 당시 행정관의 의도를 파악할 수 있는 중요 단서이다. 그런데 본 사건에서 각 당사자가 제시한 지도간 경계가 일치하지 않으며, 명령 또는 법령에서 언급하고 있는 지도는 존재하지 않는다는 난해한 상황이었다.

이에 국제사법재판소 소재판부는 두 개의 지도를 중점적인 검토 자료로 활용하고 있다. 첫째는 다카의 프랑스 서부아프리카 지리부서가 파리의 'Blondel la Rougery'에서 편찬한 '프랑스 서부 아프리카 식민지에 대한 1925

년 판 1:500,000축적지도'(이하, 'Blondel la Rougery')이다. 둘째는 1958년에서 1960년 사이에 프랑스 국립지리원이 발행한 '서부아프리카에 관한 1:200,000 축적지도'이다.

국제사법재판소는 서면의 내용과 1925년 지도에 제시된 행정상의 경계선이 일치한다는 점을 근거로 하여, 동 서면이 기존 경계선을 기술하고 있을 가능성을 배제하지 않았다. 즉, "사실상의 가치"를 지닌 기존 경계선을 수정하는 일이 서면의 목적이었다면 연방총독은 당시 분명히 이 경계선을 인지하고 있어야 한다. 그 경계선은 지도상에 나온 경계선으로 기존 경계선을 의도적으로 대체하여 나온 경계선과는 일치하지 않는다는 점을 인지하고 있기 때문이다. 또한 국제사법재판소 소재판부는 서면 191 CM2에서 와히구야 서클의 동쪽 경계선을 언급한 바는 1925년과 1926년 지도와 불일치하지만 1946년 지도상의 것과 일치하고 있다는 점을 밝혀냈다. 이에 근거하여 1926년과 1946년 사이의 요도 변경은 서면 191 CM2의 선언적 증거라고 판단하였다. 국제사법재판소 소재판부는 서면 191 CM2는 'Blondel la Rougery'가 당시 현 상황과 불일치함을 지적하고 이의 수정을 요청한 자료로서, 당시 경계상황을 설명하고 있다는 점에서 가치를 지닌다고 파악하였다. 다만, 국제사법재판소 소재판부는 서면 191 CM2 자체만으로는 단지 그 당시의 "사실상 가치"를 지닌 증거라고 평가하였다. 이는 당시 사용된 지도가 정확하다는 점을 지도에 경계지어진 지점을 정확한 지리적 좌표로 증명하기에는 역부족이라는 사실을 드러내고 있다. 따라서 표시된 좌표의 정확성을 지나치게 낙관적으로 규정했다는 점에서 총독의 고의성을 부인할 수 없고, 문서의 증거 효력도 허용되지 않는다고 보고 있다.

5. 행정관의 행위

행정관의 행위와 관련하여 소재판부는 현상유지원칙에 근거하여 일반적으로 그러한 행위들과 권한 사이에 어떠한 법적 관계가 있는지를 중심으로 검토하여야 한다고 보았다. 행정행위가 관련법에 불합치하며, 분쟁의 대상인 영토에 대한 법적 권한을 가진 자보다 국가가 실효적으로 관리하고 있다면 우선권은 법적 권한을 가진 자에게 놓이게 된다. 또한 필연적으로 법적 권한과 공존할 수 없는 실효성의 경우, 당해 (법적) 권한이 실제 해석한 바를 보여주는 중요한 역할을 한다고 보았다.

6. 1927 명령

소재판부는 1927년 명령은 수단과 상부볼타 간 경계선을 직접적으로 다루고 있지 않으며, 상부볼타와 니제르 사이의 경계선만을 다루고 있다고 해석하였다. 이러한 점에서 이 사건의 목적을 위하여 오직 프랑스령 수단과 상부볼타 간 경계선의 범위에 관하여 식민세력이 지닌 의도를 설명하기 위한 증거로서만 1927년 8월 31일 명령과 이에 대한 오류수정법을 참조하였다. 국제사법재판소 소재판부는 시간적 순서에 따라 1932년 9월 5일의 칙령도 검토하였다.

7. 명령 2728 AP

1935년 11월 27일 프랑스령 서아프리카 임시총독은 명령 2728 AP "바풀라베(Bafoulabé), 바마코(Bamako)와 몹티(수단) 서클의 경계획정"을 공표하였다. 부르키나 파소는 명령 2728 AP가 1947년 9월 4일 법령에 따라 폐지되었기 때문에 더 이상 법적 소유권 증서가 아니며, 단지 그 당사자가 명령에 기인하여 변경한 결과일 뿐이라고 주장하였다. 그러나 국제사법재판소 소재판부는 법령이 폐지되었다는 사실이 명령의 결과를 조사하는데 장애가 되지 않으며, 1947년 법령이 실제로 폐지되었는지 여부를 결정하기 위하여 명령이 선언적인지 아니면 창설적인지 여부를 우선 규명하여야 한다고 판단하였다.

국제사법재판소 소재판부는 명령 2728 AP의 내용, 특히 서클 몹티와 와히구야간 경계에 인접한 마을에 관한 내용이 최소한 명령 2728 AP의 목적이나 결과가 1935년 수단의 몹티와 와히구야 서클 사이에 존재하던 경계를 변경하려는 의도가 아니라는 점을 가정을 확실하게 하는지 여부를 판단하였다. 먼저 국제사법재판소 소재판부는 명령 2728 AP와 관련된 "4개 마을의 지구"인 디울루나, 오쿨루, 아구루루, 쿠보의 현재 위치를 밝히는데 주안점을 두었다.

Lieuenant Desplagnes의 1905년 지도를 제외한 모든 지도에는 이들 마을의 행정상의 경계를 나타내는 선이 표시되어 있으나 그 방향이 일치하지 않고 있다. 다만 지도는 증거 능력상 명령 2728 AP의 내용을 뒤집을 만한 결정적인 역할을 하지는 못한다.

명령 2728 AP와 서면 191 CM2간 관계를 규명하기 위하여 특히 몹티 서클 행정관의 태도를 고려하였고, 소재판부는 1:500,000 홈보리 면의 쿠보, 아구루루와 오쿨루 마을 남쪽 경계를 묘사하고 있는 내용을 근거로 하여 명령 2728 AP에 따라 이들 마을이 와히구야 서클에서 몹티 서클로 이동하였다는 주장을 받아들일 수 없다고 판단하였다.

말리와 부르키나 파소는 공동협정에 국경의 끝 지점, 즉 논쟁 지역의 서쪽 끝을 분명하게 밝히고 있지 않은데, 이에 국제사법재판소 소재판부는 서경 1도 59분 01초와 북위 14도 24분 40초를 국경선으로 인정하는 것이 정당하다고도 볼 수 있다고 보았다.

명령 2728 AP 등의 단속규정은 구역 경계의 획정에 관한 것인데, 일반적으로 상세한 지리적 규명 없이 칸톤을 구성하는 "마을"을 언급하거나 서클을 분할하는 방식으로 경계를 획정하고 있다. 여기서 마을은 행정상의 것과 실질적으로 경작하는 자를 기준으로 하여 판단할 수 있다. 말리는 이전에 행정적으로 수단에 속하였던 마을이 말리의 것이라고 결정하여 줄 것을 강조하였다. 요청한 지역은 말리 국민이 경작하던 곳이 아니라 행정적으로 말리 마을에 속한 토지이다. 소재판부는 특정 마을의 범위와 관련된 다른 정보와 증거를 검토함으로써 마을과 관련이 없는 특정 토지가 그 마을의 일부분으로서 여겨졌었는지를 파악할 수 있다고 보았다. 정확한 의미에서 마을의 경계 범위 내에 있는 위성 부락으로 취급되었는지 여부 또한 판단할 수 있다. 명령 2728 AP가 이전 서클에 "남겨진" 마을들을 언급하면서 몹티 서클과 와히구야 간 경계를 정의하고 있기 때문에 이 마을과 영역 범위는 확정될 필요가 있다. 국제사법재판소 소재판부는 명령 2728 AP에서 언급하고 있는 마을을 차례로 검토하여 경계를 확정하였다.

명령 2728 AP가 묘사하고 있는 선은 몹티 서클의 다섯 마을로 향한 후, "뚜렷하게 북동쪽으로" "투수구(Toussougou) 호수 남쪽을 통과하고 케우에르(Kéiouaire) 호수 동쪽에 위치한 지점에서 끝이 난다." 그런데 당사자들이 소재판부에 제출하였던 명령이 발하여진 시기와 같은 시기에 존재하던 어떠한 지도에도 이러한 명칭을 가진 호수가 존재하지 않는다. 말리에 따르면 투수구 호수가 이러한 특징을 지닌 지역이다. 부르키나 파소는 다른 두 호수인 투수구와 마라불르(Maraboulé) 또한 포함된다고 보고 있다. 소재판부는 양 당사자의 설명에 근거하여 투수구 마을 지역에 최소한 하나의 호수가 존재한다는 점을 유념하고 있으나, 양 당사자가 그 존재를 증명하기 위하여 제출한 증거는 지도가 유일하다. 지도만으로는 호수의 존재 내지 위치를 명확하게 파악하기에 불충분하다. 페오 마라불르(Féo Maraboulé) 호수는 연중 9개월 동안 말라있는 것으로 기술되어 있는 반면, 투수구 호수에 관한 자세한 기록은 존재하지 않는다. 소재판부는 이러한 기록으로부터 우기에는 수자원 관리 측면에서 두 개의 호수를 별도의 두 개의 수상 지점을 형성하였다고 추론할 수 있다. 이러한 이유로 명령 2728 AP에 인용된 페오 마라불르 호수와 투수구 호수 간 명확하다거나 필연적인 연관성은 존재하지 않는다. 다만, 국제사법재판소 소재판부는 선의 경로에 페오 마라불르 호수와 투수구 호수 간 연관성이 미치는 영향은 고려하여야 한다고 보았다. 수자원의 지도에 따르면, 투수구 호수는 위도 약 14도 45분에 위치하고 있으며, 페오 마라불르 호수의 남쪽 끝지점은 위도 약 14도 41분에 있다. 서면 191 CM2에서 나타내고 있는 지점의 지형 좌표는 두 호수의 서쪽지점인 1도 24분 15초 W와 14도 43분 45초 N이다. 이 지점은 페오 마라불르 호수 남쪽 지점과 투수구 호수 남쪽 지점 사이를 평행하게 지나간다. 우쿨루와 쿠나(Kouna) 마을에서 시작하여 투수구 호수 남쪽으로 향하는 직선은 서경 1도 24분 15초와 북위 14도 43분 45초가 아닌 남쪽 약 6km 지점을 지난다. 우쿨루와 쿠나 마을에서 시작하는 또 다른 선은 페오 마라불르 남쪽으로 향하며, 서경 1도 24분 15초와 북위 14도 43분 45초의 남쪽 약 8.5km를 지난다. 명령 2728 AP에 따라 몹티 서클에 "남겨진" 코부(Kobou) 마을이 P 지점과 거의 같은 위도에 있다는 점에 주목하여야 한다.

  몹티 서클 행정관이 명령 2728 AP상의 경계선인 구역 경계선은 요로 마을에서 시작하여 "투수구 호수에 이르기까지 북동쪽을 향하는" 하나의 선이라고 서술한 것은 적절하다. 소재판부는 이러한 선이 몹티 서클의 요로 마을과 "네 개의 마을"에서 "시작"한다고 보고 있다. 소재판부는 1986년 경계의 경로를 확정하는 범위에서 남쪽으로 2km 떨어져 쿠니아와 우쿠루루의 현재 마을을 두르고 있는 선은 명령 2728 AP에서 서술하고 있는 경계인 것으로 판단하였다. 이 경계선은 명령 2728 AP에 따르면 "투수구 호수 남쪽으로" 지나야 한다. 소재판부의 판단에 따르면 투수구 호수는 페오 마라불르 호수가 아니라 투수구 마을에 인접한 작은 호수이다.

  명령 2728 AP에 따라 1935년 몹티 서클과 도리 서클을 나누는 몹티 서클의 "동쪽" 경계는 "케우에르 호수 동쪽 지점"에서 끝이 난다. 이 명령 초안을 작성할 당시 총독부는 1935년 2월 19일 서면에 대한 1935년 6월 3일 답신에, 수단 부총독 서클 행정관이 제안한 바를 포함하였다. "몹트(Mopt), 구르마 라루스(Gourma-Rharous)와 도리 … 서클 경계에 있는 케아네르(Kéanaire) 호수를 포함하여 대부분의 경계를 묘사하여야 한다 …"라는 행정관의 제안 내용을 근거로 하여 부르키나 파소와 말리는 케아네르 호수와 케우에르 호수는 동일하다고 보고 있다. 그러나 소재판부는 첫째 어떠한 지도에도 케아네르라는 호수 명칭이 없었으며, 둘째 상부볼타와 말리 혼합기술위원회가 1972년 4월 5일부터 17일까지 진행된 회의에서 호수의 존재에 관하여 부정적인 정보만을 입수하였다는 점에 주목하였다. 이에 소재판부는 명령 2728 AP를 먼저 해석한 후 케우에르로 케아네르를 확인할 수 있는지 여부를 고려하여야 한다고 판단하였다. 명령 2728 AP는 몹티, 구르마 라루스와 도리 서클의 교차점에 위치하는 호수를 언급하고 있는데, 숨(Soum) 호수만이 이 지점의 예상 위치에 가까운 서쪽에 위치하는 것으로 추정하였다. 그러나 숨 호수는 동시에 서면 191 CM2에서 언급하고 있는 "케아네르" 호수라고 볼 수 없다고 보았다. 숨 호수와 1930년대 행정 경계간 연관성을 양측 당사자들이 제출한 서류를 검토한 결과 숨 호수가 국경 호수라는 점을 확실하다고 판단하였다. 국제사법재판소 소재판부는 국경선의 위치를 나타내고 있는 문서에 적절한 증거가 존재하지 않는다면, 국경선은 숨 호수를 공평하게 두 부분으로 분할하여야 한다고 결정하였다.

명령 2728 AP의 표현을 따른다면 경계선은 "투수구 호수 남쪽으로" 지나야 한다. 호수와 경계선 사이의 간격은 특징적 지형, 즉 서쪽 "4개 마을"과 동쪽 케우에르 호수를 고려한 결과라 할 수 있다. 케우에르 호수의 존재 확인은 불가능하지만, 경계선은 숨 호수를 통과하여 지나야 한다. 소재판부가 언급한 선은 "뚜렷하게 북동쪽으로" 펼쳐진 선이라고 묘사하였던 명령 2728 AP상의 요건을 충족하게 된다. 재판부는 1927년의 내용을 해석하고, 해석을 위하여 혹은 해석을 하는 동안, 특정 고도가 당시에 "엔구르마 고도"로 칭하여졌는지 여부를 확인하고자 하였다. 1960년 신뢰할 만한 지도제작법을 사용하고 철저히 현장 조사를 하여 정확한 시대의 확실한 지명을 확립하고자 하였다. 소재판부는 앞서 1:200,000 축척의 프랑스 국립지리원 지도에 x표시로 된 선이 동쪽에서 끝나는 지점은 북쪽으로 너무 치우쳐 있어서 선의 끝 부분이 191 CM2 문서와 양립할 수 없다고 보았다. 소재판부는 이러한 판단에 따라 부르키나 파소와 말리간 국경획정을 최종적으로 판단하였다.

Ⅳ. 평   석

소재판부는 상기된 판단에 따라 부르키나 파소와 말리 간 국경획정을 최종적으로 판단하였다. 동 판결은 만장일치로 결정되었으며, 증거문서로 사용되었던 것의 법적 효력에 대한 개별의견이 언급되었으나 판결의 결정에는 영향을 줄만한 내용을 담고 있지 않다.

국제사법재판소가 언급한 내용 중 주목할 만한 것은 "최소한 1927년보다 앞선 시기에 제작된 서류나 지도에 표현과 차이를 보이는 구전되고 있는 전통을 발견하였다면, 이러한 (1960년대의) 노력은 1927년 결정과 정정안을 해석하기 위한 목적으로만 가치가 있게 된다"고 한 점이다. 국제사법재판소 소재판부

는 이러한 언급을 큰 줄기로 하여 본 사건을 다루고자 하였음이 판결문 전체에
스며들어 있다. 국제사법재판소 소재판부는 서면, 명령, 당시 행정관의 행위,
구전되고 있는 바, 지도와 그 신뢰도 등을 종합적으로 판단하여 부르키나 파소
와 말리 간 국경을 획정하고자 노력하였다.

이집트/이스라엘 타바 내 경계표지 위치분쟁 사건

Case Concerning the Location of Boundary Markers in Taba between Egypt and Israel, RIAA Vol. XX(1988)

노영돈(인천대)

I. 사실관계

타바(Taba)는 현재 이스라엘의 영역인 팔레스타인과 이집트의 영역인 시나이반도의 접경지점에 위치하는데, 양국간에 이 타바지구의 귀속을 두고 오랜 기간 동안 분쟁이 있었다. 1986년 양국은 이 분쟁을 해결하기 위하여 중재에 회부키로 합의하였는데, 이 사건을 담당한 중재법원은 1988년 종국적으로 이집트의 영토로 결정하였다.

1882년 영국은 수에즈운하의 보호를 명분으로 이집트를 점령하였다. 그 후 오스만제국의 터키 술탄은 1906년 타바 등지의 수자원과 가자(Gaza)—아카바(Aqaba) 간의 순례도로를 장악하기 위하여 시나이반도를 지배하고자 하였다. 그 결과 같은 해 10월 영국의 이집트 총독과 오스만제국의 터키 술탄 간에 경계협정(Turco-Egyptian boundary agreement)을 체결하였다. 이 협정은 지도를 첨부하여 행정분계선(administrative separating line)은 지도에 표시된 바와 같이 아카바만 서부 해안의 라스 타바(Ras Taba) 지점에서 시작하여 와디 타바(Wadi Taba)를 내려다보는 동쪽 산마루를 따라 진행하여 제벨 포트까지 이르며, 거기서부터 분계선은 직선으로 연장된다(경계협정 제1조). 그리고 경계표지는 지중해 해안의 지점에서부터 아카바만 해안의 지점까지 분리선을 따라 서로 볼 수 있는 지점에 세워진다(경계협정 제3조). 이에 따라 양측의 대표로 구성된 합동위원단은 5m 높이의 전신주로 임시로 경계를 표시하고, 같은 해 12월부터 이듬 해 2월 사이에 전신주를 대체하는 항구적인 석조 경계표지를 설치하였다.

  그러던 중 이집트를 점령한 영국으로부터 1922년에 이집트왕국이 부분적으로 독립하였고(1936년 이집트왕국이 완전히 독립하였음), 한편 제1차 세계대전에서 오스만제국이 패전의 결과로 연합군에게 분할되면서 팔레스타인은 1922년 7월 22일 국제연맹 이사회가 채택한 결의에 의하여 영국의 위임통치령으로 할당되었다(팔레스타인에 대한 영국의 위임통치는 1946년까지 지속되었음). 1926년 이집트와 영국은 이집트와 영국의 팔레스타인 위임통치령 간의 경계를 획정하는 각서를 교환하였는데, 이에 의하면 양측은 1906년의 행정분계선을 공동의 경계로 승인하였다. 그러나 이 때 1906년 협정상에는 "서로 바라다 볼 수 있는 지점"이라고 하였지만 타바지구에서의 실제의 경계는 서로 바라다 보이지 않아서 그 불일치가 노정되었다.

  제2차 세계대전 종전 이후 당시 팔레스타인에서는 아랍인들과 유태인이 대립하고 있었는데, 이에 국제연합은 1947년 팔레스타인의 강제분할안을 채택하여 시행하였다. 이로써 영국이 1948년 팔레스타인에서 철수하자, 유태인들은 이스라엘의 건국을 선언하였고, 이는 즉각 이집트, 요르단, 시리아, 레바논, 이라크 등 주변의 아랍 5개국과 소위 제1차 중동전쟁(1948~1949)을 촉발하였다. 그 이듬해인 1949년 2월 이스라엘은 이집트와 일반정전협정(General Armistice Agreement)을 체결하였는데, 이 때 정전분계선(Armistice Demarcation Line)으로 명명된 경계는 어떠한 의미로도 정치적 또는 영토적 경계로 해석되지 아니하며, 팔레스타인 문제의 궁극적 해결에 관하여 정전협정의 각 당사자의 권리, 청구권 및 입장을 해하지 아니하고 획선된다고 하였다(일반정전협정 제5조). 이 시기 타바지구에는 베두인족들이 산거하고 있었고, 이스라엘측의 에일라트(Eilat)에는 이스라엘인들이 이주하여 정착함으로써 개발이 진행되었다.

  그 후 1952년 시나이반도가 이집트의 판도로 넘어갔으나, 1967년 제3차

중동전쟁(소위 6일전쟁, 1967. 6. 5~10)시 이스라엘의 침공으로 그 수중에 들어갔다가, 1978년 캠프 데이비드 합의(Camp David Accords)에 이어 1979년 이집트와 이스라엘은 평화협정(Peace Treaty)을 체결하였다.

이 평화협정은 이스라엘은 모든 군대와 민간인을 시나이반도로부터 철수할 것이며, 이집트는 시나이반도에 대한 완전한 주권의 행사를 재개할 것이라고 하였고(평화협정 제1조), 또 이집트와 이스라엘의 항구적인 경계는 이집트와 과거 영국의 팔레스타인 위임통치령 사이에 승인된 국제경제로 함을 규정하였다(평화협정 제2조). 또 이 평화조약의 적용이나 해석으로부터 발생하는 분쟁은 먼저 교섭으로 해결하고, 교섭으로 해결될 수 없는 분쟁은 조정(conciliation)에 의하여 해결하거나 또는 중재(arbitration)에 회부할 것을 규정하였다(평화협정 제7조).

이에 따라 양국간에 합동위원회(Joint Commission)가 구성되어 국경을 분계하는 임무를 맡았는데(평화협정 제4조), 국경표지들의 정확한 위치를 1982년 4월 25일까지 합의하기로 하였다(평화협정 제1부속서).

100개의 표지들의 위치에는 합의가 되었으나 다른 14개의 표지의 위치에는 불일치가 계속되었다. 그 중 가장 중요한 것이 타바지구에 있는 91번 표지였다. 이런 상황에서 이스라엘이 시나이반도를 단계적으로 철수하기는 하였지만 91번 표지와 관계가 있는 타바지구의 반환을 거절함으로써 타바지구의 귀속문제가 분쟁화되었다.

이 즈음에 타바지구는 이스라엘측에 의하여 휴양관광지로 개발이 되었다. 500m 정도 길이의 타바 해안에는 1970년대 이후 조금씩 휴양마을이 형성되었는데, 1978년 미국의 개입에 의한 캠프 데이비드 합의가 이행되는 과정에서 이스라엘은 타바지구가 자신에게 귀속될 것이라고 예상한 이스라엘이 1980년대 초 아비아 소네스타 호텔을 건설하였다. 그런데 이집트는 1982년 이스라엘에게 동 지역에 대한 이집트의 주권을 인정하면 소네스타와 휴양마을의 장기임대를 해주겠다고 제안하였다. 이스라엘은 이를 거절하고, 타바지구에의 이스라엘인의 정착은 이스라엘 국민이 여권없이 타바 휴양지를 자유롭게 방문할 수 있어야 한다고 주장하였다. 이에 이집트는 타바지구에 대한 자신의 주권을 강조하면서 이를 거부하였다.

상술한 바와 같이 평화협정 체결 시 정해진 1982년 4월 25일까지 양국간의 교섭으로 분쟁이 해결되지 못하자, 양국은 다시 1982년 4월 25일 협정을 통하여 평화협정 제7조에 따라 최종적이고 완전한 해결을 달성할 절차에 회부하기로 하고, 미국 대표의 중개(mediation)를 통한 조정에 의하여 해결하고자 하였다. 그 동안 각 당사자는 타방이 제시한 선 뒤로 이동하기로 합의하였다.

그 후 1985년 이집트는 또다시 이스라엘 국민의 타바 방문에 관한 특별협정을 체결할 것을 제안하였으나 이스라엘은 이를 거절하였다. 이에 미국이 개입하여 이 분쟁을 중재를 통하여 해결하게 되면 어느 일방이 불만족스럽게 되고, 이는 결과적으로 이미 긴장되어 있는 양국관계에 악영향을 주기 때문에 이집트와 이스라엘을 타바지구에 대하여 타협할 것을 압박하였다. 이 때 타협안으로 이스라엘에 제시된 것 중의 하나가 이스라엘 국민은 비자없이 타바를 방문할 수 있게 하되, 이스라엘이 이집트의 타바지구에 대한 주권을 완전히 인정하라는 것이었다.

결국 미국의 중개를 통한 조정으로도 합의에 이르지 못하자, 양국은 1986년 9월 라파 인근 서부 지중해 해안의 한 지점과 아카바만 서부 해안의 라스타바 사이의 14개의 국경표지의 위치문제를 중재에 회부하기로 합의하고 중재합의서에 서명하였다. 중재합의서에서 양국은 중재법원의 결정이 최종적이며 구속력이 있음을 수락하고, 또 양국은 가급적 속히 그리고 성실히 평화조약에 따라 중재법원의 결정을 이행하기로 합의하였다(중재합의서 제14조).

Ⅱ. 쟁 점

양국은 중재법원을 이집트, 이스라엘, 스웨덴, 스위스, 프랑스 출신의 국제법전문가 5명으로 구성하는 것으로 하고, 중재법원 소재지는 스위스 제네바에 두기로 합의하였다.

중재법원은 이집트와 과거 팔레스타인 위임통치령 사이의 승인된 경계 중에서 분쟁이 된 7, 14, 15, 17, 27, 46, 51, 52, 56, 85, 86, 87, 88, 91의 모두 14개의 표지의 위치를 1979년 이집트와 이스라엘 간의 평화협정, 그리고 상기의 1982년 4월 25일의 협정 및 그 부속서에 따라 결정하여 주도록 요청받았다(중재합의서 제2조). 이 사건은 양국간의 국경을 결정하는 위의 14개 표지들의 위치에 대한 것이었는데, 14개의 표지 중에서 가장 대립이 심했던 91번 표지의 위치에 대하여 이스라엘은 선택적으로 2개의 위치, 즉 화강암 덩어리(the granite knob)가 있는 지점 또는 비르 타바(Bir Taba)를 주장한 반면, 이집트는 경계표지의 잔존물이 있다고 주장하는 지점을 주장하였다. 이러한 양국의 주장 중에서 어느 쪽으로 결정되느냐에 따라 타바지구의 영토적 귀속이 달라지는 것이었다.

중재합의서에서 양국이 이 분쟁을 중재에 회부하면서 기본적 전제로서 "이집트와 이스라엘은 1979년 3월 26일자 평화조약의 규정을 준수하고, 이집트와 과거 팔레스타인 위임통치령 사이의 승인된 국제 경계의 불가침 및 신성함을 존중함을 재확인하고, 이 중재합의서 제2조에 정의된 바와 같이, 부속서에 따라 규정된 이집트와 과거 팔레스타인 위임통치령 사이의 승인된 국제 경계의 14개 경계 표주들의 위치에 관하여 분쟁이 발생하였는 바, 당사자들이 이를 완전하고 최종적으로 해결하고자 함을 승인하며…"라고 하였는데(중재합의서 전문), 결국 1926년의 이집트와 과거 팔레스타인 위임통치령 사이의 승인된 국제경계를 기준으로 문제된 국경표지의 위치를 결정하고, 이것으로 이집트와 이스라엘의 국경이 결정되는 것이었다.

이에 대한 결정을 위하여 중재법원이 경계표지들의 사실상의 위치를 이집트와 팔레스타인 사이의 법적 경계를 나타내는 것으로 확립해야만 하는 일자, 즉 결정적 기간(critical duration)의 문제에 대하여 이집트는 중재법원의 임무는 평화조약 제2조에 정의된 다툼이 있는 경계표지들의 위치를 확인하는 것이라고 주장하고, 이집트와 이스라엘 사이의 경계를 "이집트와 과거 팔레스타인 위임통치지역 사이의 승인된 국제경계"로 공식화한 것(formulation)은 1922년 7월 22일이 결정적 기간이라고 주장하였다. 이 일자는 국제연맹 이사회가 팔레스타인에 대한 위임통치를 채택한 일자이며, 별개의 두 실체인 이집트와 위임통치령인 팔레스타인이 모두 국제적 지위를 얻었다고 할 수 있는 최초의 일자를 구성하기 때문이라고 하였다. 이집트는 결정적 기간의 개념을 적용함으로써 적시에 경계를 고정하고 경계의 안정성과 종국성, 영토에 대한 국가승계, 금반언, 묵인, 1906년 경계협정의 적용에 입각한 이스라엘의 청구를 배제하는 사실상의 합의라는 일반적 법원칙이 작동하도록 하는 것이라고 주장하였다. 이에 대하여 이스라엘은 팔레스타인을 위임통치한 영국과 이집트가 1926년에 명시적으로 1906년에 획정된 선을 경계로 승인하였으며, 영국은 이집트에게 그 경계가 팔레스타인의 경계들의 획정에 의하여 영향을 받지 않을 것임을 확인하여 준 바가 있으므로, 1926년 이집트와 영국에 의한 1906년 협정에 대한 반정(renvoi) 또는 조회(referral)에 의하여 그리고 이집트와 팔레스타인의 경계를 확정하는 이집트와 영국 사이의 명시적 합의가 없으므로, 중재법원은 법적 경계의 경로를 결정하기 위하여 1906년 협정을 참조하여야 한다고 주장하였다. 이러한 결정적 기간에 대한 양국의 입장의 차이는 91번 경계표지의 위치 결정과 관련하여 직접적인 영향을 주는 것이었다. 즉 91번 표지와 관련하여 이집트가 주장하는 바의 잔존물이 있는 지점은 1926년의 협정으로 실제로 경계표지가 세워진 지점으로 보이나, 이 지점은 1906년 협정상의 "서로 바라다 볼 수 있는 지점"이라는 조건에는 부합하지 않기 때문이었다.

한편 중재합의서의 부속서에는 중재법원의 임무와 권한과 관련하여 중재법원은 이집트나 이스라엘이 주장하거나 중재합의서 부록 A에 기재된 경계표지의 위치 이외의 위치를 확립할 권한이 없으며, 또한 중재합의서 제1항에 특정된 것 이외의 경계표지의 위치를 다룰 권한도 없다고 제한하였다. 이스라엘은 만약 중재법원이 BP 91(E)에 관한 이스라엘의 주장을 수락할 수 없다고 결정한다면, 파커 표지 존재의 결과 BP 91(E)가 이 조건을 만족하지 않기 때문에 이집트의 주장도 수락할 수 없다고 결정해야만 한다고 주장하였다. 이스라엘은 이러한 상황을 적용법규의 부재로 인한 non liquet가 아니라 어떤 다른 이유로 중재법원이 사건의 본안에 대하여 결정에 이를 수 없을 때 존재하는 non licet

의 상황이라 하면서 어느 당사자도 자신의 주장을 명확히 입증하지 못하면 중재법원은 어느 당사국에게도 유리하게 결정할 수 없다고 주장하였다.

Ⅲ. 판   결

이 사건에 대하여 중재법원은 1988년 9월 결정을 내렸는데, 문제가 된 14개의 표지 중에서 5개의 위치(7, 17, 27, 51 및 52번 표지)에 대하여는 전원일치로 이집트의 손을 들어주었고, 4개의 위치(14, 15, 46 및 56번 표지)에 대하여는 전원일치로 이스라엘의 손을 들어주었다. 그리고 타바지구의 귀속을 결정하는 다른 5개의 표지에 대하여는 4:1의 다수결로 이스라엘이 주장한 1개의 위치(85번 표지)와 이집트가 주장한 4개의 위치(86, 87, 88 및 91번 표지)를 각각에게 유리하게 결정하였다. 그리고 마지막 4개의 결정에 대하여 이스라엘 중재법관은 반대의견을 남겼다.

중재법원은 위임통치 기간(1923. 9. 29~1948. 5. 14)을 결정적 기간으로 보고, 이 기간 동안 분계되고, 응고되고, 공통으로 이해된 바의 이집트와 과거 위임통치령 팔레스타인 사이의 경계에 입각하여 결정해야만 할 것이라고 판단하고, 위임통치결의의 공식적 발효일자인 1923년 9월 29일이 사정상 적절한 일자라고 보았다. 그리고 이러한 전제에서 이집트가 주장하는 선이 1906년 협정에서 벗어나 있기는 하지만, 이스라엘이 제안한 경계선이 1906년 협정에 의하여 확정된 '법적인 선(the legal line)'에 상응한다는 이스라엘의 주장은 중재법원에 제출된 증거에 의하여 확인된 바 없다고 하며 결과적으로 이집트의 손을 들어주었다.

그리고 중재합의서 부속서에서 중재법원이 이집트 또는 이스라엘이 제출하고 또 부록 A에 기록된 위치 이외의 경계표지의 위치를 확정할 권한이 없다고 규정한 것과 관련하여 중재법원은 양 당사국이 제출한 증거 중에서 상대적으로 우월한 증거에 기초하여 중재결정을 할 것이라고 하였다. 즉 중재법원은 "만약 일방 당사자의 증거가 그 자체로 결정적이지 않으면 중재법원이 일방 당사자의 증거를 타방 당사자의 증거와 비교하여야 하며, 결정은 '더 나은(better)' 주장을 한 당사자에 유리하게 이루어져야 한다는 데 당사자들이 합의하고 있다. 그러나 이스라엘은 반대하지만 이집트는 또한 증거의 '상대적 비중(relative weight)'에 따라 결정할 이 권한이 물리적 거리로 이해될 수 있도록, 즉 만약 각 당사자가 주장한 A와 B라는 위치들의 증거는 없으나 B보다는 A에 물리적으로 더 가까운 C라는 위치의 증거가 있는 경우 중재법원은 이 증거를 A에 귀속시킬 수 있으며 이를 '증거의 우월(preponderance of evidence)'로 볼 수 있다는 것으로 이해될 수 있도록 제안한 바 있다… '증거우월'의 규칙은 위의 예에서 만약 A의 증거가 B의 증거보다 강하다면 중재법원이 A 위치라고 판시할 수 있음을 의미한다"고 하였다.

또 14개의 국경표지 중 북단의 7, 14, 15, 17, 27, 46, 51, 52 및 56번의 9개의 표지들에 대하여 양 당사국은 서면변론이나 구두변론에서도 크게 강조하지 않았다. 중재법원은 서면변론 및 구두변론 절차 동안 제출된 이 9개 표지들의 위치에 관한 사실 및 주장들은 대체로 불확정적인(inconclusive) 것으로 보고, 전술한 바의 '증거우월'의 규칙과 팔마스 섬 사건(Island of Palmas Case)에서 1925년 상설중재법원(PCA)의 중재법관이 한 바와 같이, 당사자들이 원용한 권원들의 상대적 비중을 고려해야만 한다고 하였다.

중재법원은 현존하는 경계표지의 위치와 1906년 협정 사이에 여하한 모순이 있는 경우 현존 표지들에 의하여 형성되는 선과 1906년 협정에 의하여 기술되는 선 가운데 어느 것이 우선하는가 하는 문제도 검토할 것이라고 하였다. 나아가 1909년과 1911년 두 경우에, 터키 및 이집트 관리들이 특정 경계표지들의 재건립에 협력하였는데, 경계선이 일단 관계 당사자들에 의하여 공동으로 분계되면, 그 분계는 일탈이 발생하거나 지도와의 일부 불일치가 있다 하더라도 경계협정의 진정한 해석으로 간주된다고 보았다. 이는 법의 이론과 실제에서 특히 분계 이후 오랜 시간이 경과한 경우에는 긍정되어 왔다고 보았다.

이러한 판단의 근거로 중재법원은 "당사자들이 오랜 기간에 걸쳐 분계된 국경을 유효한 것으로 간주하였다면 이는 관련 국제 권원의 진정한 해석이다"

고 한 레스(Ress)의 저작을 원용하고, 또 "일반적으로 두 나라가 그들 사이의 국경을 수립할 때 일차적 목표의 하나는 안정성과 종국성을 달성하는 것이다. 그렇게 확정된 선이 어떠한 순간에도 또 계속적으로 이용할 수 있는 과정의 기초 위에서 문제될 수 있다면, 그리고 모 조약의 한 조항에 의거하여 여하한 부정확성이 발견될 때마다 그 정정(rectification)이 주장되어서는 안된다. 그러한 과정은 무한정 계속될 수 있을 것이고 가능한 오류들이 여전히 발견될 수 있는 상태로 남아 있는 한 종국성은 달성되지 않을 것이다. 그러한 국경은 결코 안정적이지 않을 것이며 완전히 불확실하게 될 것이다"고 한 프레아 비히아 사원 사건(Preah Vihear Temple case)에 대한 1962년 국제사법법원(ICJ)의 판결도 원용하였다. 결론적으로 실제로 획정된 경계선과 협정 사이에 모순이 발생한 경우에 실제의 경계선이 협정에 우선하는 것으로 결론내려야 한다고 판단하였다.

또 타바의 귀속을 결정짓는 91번 표지와 관련하여는 실제로는 소위 파커 표지(Parker pillar)가 문제되었다. 그런데 중재합의서 부속서에 의하여 중재법원은 이 파커 표지의 위치에 관하여 어떠한 결정도 하지 못하도록 되어 있었다. 파커 표지는 1906년 12월 31일 경계를 항구적인 석조 표지로 교체할 때 최초로 세워진 것이었다. 비록 이스라엘은 그것이 잘못된 위치에 세워졌다고 주장하기는 하지만, 어느 당사자도 그것이 경계표지로 건립되었음을 다투지 않았다. 중재법원은 관계국들이 50년 이상의 기간에 걸쳐 한 표지를 경계표지로 확인해 왔고 또 그 기초 위에서 행동해 온 경우, 일방 당사자나 제3국이 주장된 착오를 기초로 오랫동안 유지된 가정에 이의를 제기하는 것은 더 이상 허용되지 않는다고 보았다. 1962년 프레아 비히아 사원 사건에서 국제사법재판소에 의하여 확인된 경계안정성의 원칙(principle of the stability of boundaries)은 관계국들에 의하여 오랫동안 그와 같이 수락된 경계표지는 존중되어야 하며 실수를 근거로 하여(on the basis of error) 이의제기가 무기한 허용되어서는 안된다고 보았다. 따라서 중재법원이 이미 파커 표지의 위치와 BP 91(E)의 위치가 관계국들에 의하여 결정적 기간 동안 경계선의 일부를 형성하는 것으로 승인되었다는 결론에 이르렀으므로, 이스라엘이 주장하는 상호가시성(intervisibility)의 결여에도 불구하고 경계선이 관계 당사자들에 의하여 수락되었기 때문에 상호 가시성의 결여가 이 결정에 영향을 미칠 수 없다고 하였다. 결론적으로 중재법 원은 이스라엘의 non licet의 변론은 받아들일 수 없으며, 이집트가 BP 91(E)를 주장하는 것이 배제되지 않는다고 판단하여 경계표지 91번이 이집트가 제기한 위치인 BP 91(E)에 있으며 중재합의서 부록 A에 기록된 바와 같이 지상에 표시되어 있다고 결정하였다.

중재결정은 즉시 이행되었다. 이로써 타바는 이집트에 귀속되었다. 또 표지 91번부터 해안선까지의 선은 1989년 2월 26일자 협정에 따라 양국의 국경은 사실상 파커 표지의 위치에 해당하는 해안의 지점에서 끝나는 것으로 되었다. 그 후 양국은 타바가 이집트에 귀속되었지만, 이스라엘 국민들은 에일라트에서 타바를 비자 없이 48시간 동안 방문할 수 있는 것으로 합의하였다.

Ⅳ. 평   석

중재법원이 경계표지의 위치를 결정함에 있어서 국경의 안정성과 종국성을 기초로 하여, 현존하는 표지의 위치가 협정상의 규정과 모순되는 경우 그 표지의 잘못된 위치에 대하여 상당한 기간동안 양국이 사실상 승인하였거나 이의제기를 하지 않았다면 현존하는 표지가 협정의 규정에 우선한다고 보았다. 이러한 중재결정에 대한 반대의견은 중재결정의 이러한 태도를 uti possedetis juris 규칙과 관련하여 설명하였다.

반대의견은 여러 국제법 저작들은 지상의 경계표지들을 아예 언급하지 않다고 하면서 협정상에 규정된 선보다 현실의 표지들 또는 그 표지들을 구분하는 지도가 우선할 이유가 없는 바, 오히려 현실의 표지들이 잘못된 위치에 설치되었거나 나중에 일방적으로 세워졌음이 분명할 때 국제법 저작들이 협정상에 규정된 선을 특별히 언급하고 있다고 하였다. 국제법상 현실상의 분계 (demarcation)가 조약상의 획정(delimitation)에 우선한다는 가정에 입각해 있다고 본 중재결정과는 반대로 협정상 규정된 경계가 우선되어야 함은 1986년 부르키나 파소－말리 국경분쟁 사건(Burkina Faso v. Mali Frontier Dispute case)에서 국제사법법원 소재판부(Chamber)가 고려한 uti possidetis iuris의 원칙과 부합한다고 하였다. 국제사법재판소의 소재판부는 법률상의 현상유지(uti possidetis juris)와 사실상의 현상유지(uti possidetis facti)의 개념을 구별하였으며 전자를 선호하였다고 하였다. 라틴어의 속격 juris에 의하여 영토주권의 기초로서 사실상의 보유(effective possession)보다 법적 권원(legal title)이 우위에 있다고 하였다. 그리고 중재결정에서 원용된 프레아 비히아 사원 사건의 판결에 언급된 경계의 안정성과 항구성은 현실상의 경계를 우선시한 중재결정의 인식과는 달리 법률상의 경계(de jure boundary)를 중시한 것으로 보아야 한다고 하였다. 또 이 사건에서 공식화된 원칙이 장기간 승인된 잘못된 국경의 계속적 효력을 요구하는가 하는 문제에 관하여, 발레스(Valais)와 티치노(Ticino) 주 사이의 경계에 관한 1980년 스위스 연방법원의 판결을 원용하여 1947년 지도에 근거한 새 도로의 건설 이후 발레스 주는 그 지도가 부정확하다고 주장하면서 두 주 사이의 경계선은 1872년 지도에 정확히 나타나 있다고 주장하였다. 이 분쟁은 스위스 연방법원이 유추에 의하여 국제공법을 기초로 결정하였으며, 동 법원은 장기간 잘못 묘사되어 온 경계의 효력을 부정하였다고 주장하였다.

　생각건대 이 사건의 중재결정은 국경의 안전성과 항구성의 보장 필요성에 무게를 두었다. 이는 결국 소위 uti possidetis 규칙과 관계가 있다. uti possidetis 규칙은 식민지가 독립하는 과정에서 원용되는데, 신생국가간의 국경분쟁을 막는 효과도 있지만, 이는 오늘날 일반적으로 인정되는 민족자결권과 모순관계에 있다. 왜냐하면 제국주의국가들에 의하여 식민지에 획정된 경계는 하나의 민족이나 사회집단을 분단시키는 경우가 많았기 때문이다.

　uti possidetis 규칙은 19세기 스페인의 식민지였던 남미에서 원용되었다. 20세기에는 아프리카 제국의 신생독립과정에서도 적용되었는데, 1964년 아프리카통일기구(Organisation of African Unity)가 국경의 안정성을 위하여 아프리카에 이 원칙을 적용할 것을 결의하였다. 그리고 1990년대 유고슬라비아와 소련의 해체 시에도 이 원칙이 적용되었다. 게다가 국제사법법원도 1986년 부르키

나 파소-말리 국경분쟁 사건에서 이를 '일반적 원칙(general principle)'이라고
표현한 바 있다.

그러나 이러한 입장과는 반대로 에리토리아-이디오피아 전쟁이나 수
단, 콩고민주공화국, 앙골라, 나이제리아, 우간다, 조지아, 아제르바이잔, 몰
도바, 유고슬라비아 등에서는 내전이 발생한 사례가 있으며, 이 경우를 국제
사회는 국제법상의 uti possidetis 규칙 위반이라고 보지도 않았다. 게다가 uti
possidetis 규칙이 존재한다고 하더라도 관련국간에 이 원칙을 적용한 결과와
다른 내용의 조약을 체결하는 것은 전적으로 당해 국가의 주권사항이며, 이 경
우 uti possidetis 규칙은 적용될 여지가 아예 없다.

요컨대 우선 uti possidetis 규칙을 국제법 규칙으로 확립된 것인가, 이를
국제법 규칙으로 볼 경우 이에 의하여 침해되는 민족자결권 문제는 어떻게 처
리할 것인가, 또 국제법상의 규칙이라고 한다면 남미나 아프리카에 제한된 지
역국제법 규칙인가 아니면 일반국제법 규칙인가, 또 국제법상의 규칙이라고 한
다면 국제법의 법원 중 어떤 형식으로 존재하는가 등의 문제에 관하여 여전히
반론이나 이견이 있다. 요컨대 현재로는 uti possidetis 원칙은 구속력있는 국제
법 규칙이라고 하기보다는, 국제사법법원을 비롯한 국제법원이 적용한 적이 있
거나 앞으로 적용할 수 있는 재판의 기준이라고 보는 것이 옳다고 생각된다.

나우루/호주 인산염 광산 사건

Case Concerning Certain Phosphate Lands in Nauru
(Nauru v. Australia), ICJ(1992)

서철원(숭실대)

Ⅰ. 사실관계

1989년 5월 19일 나우루가 호주를 피고로 하여 국제사법재판소(ICJ)에 제소하였다. 이 사건은 나우루가 호주, 뉴질랜드, 영국의 공동 신탁통치지역으로 있는 동안, 이들 3개 공동 신탁통치국이 채취한 나우루의 인산염 광산과 관련하여 발생한 사건이었다. 사건의 배경이 된 주된 문제는 이들 3개 공동 신탁통치국이 채취한 나우루의 인산염지대를 복원하지 않았다는 것이었다. 그리고 나우루의 인산염 광산 경영을 담당했던 브리티시 인산염위원회(British Phosphate Commissioners)의 해외자산이, 나우루에서 채취된 인산염에서의 이익으로 조성되었음에도 불구하고, 나우루의 참가 없이 청산한 것도 문제가 되었다.

이 사건에서 국제사법재판소가 내린 판결의 대부분은 1992년에 내려진 본안전 항변에 대한 것이었다. 본안전 항변 중에, 소장에 포함되지 않았던 브리티시 인산염위원회의 해외자산에 대한 청산문제를 추가로 청구한 것에 대한 항변만 인정되어, 본안절차가 진행되었다. 본안단계에서 양당사자가 합의로 소를 취하하여, 이를 승인하는 명령(order of 13 September 1993)이 본안단계에서의 유일한 결정이었다.

이 사건의 쟁점을 이해하는데 필요한 사실관계로 다음의 두 가지를 지적한다. 우선, 나우루가 호주, 뉴질랜드, 영국의 3개 공동 신탁통치국 중 호주만을 피고로 소송을 제기하였다는 것이다. 이들 3개 신탁통치국 중 호주가, 인산염의 채취를 포함한 신탁통치 시정을 실질적으로 담당했지만, 위에서 본 본안청구가 인정되면 3개 신탁통치국 모두의 책임이 사실상 인정되게 된다. 그럼에도 불구하고 호주 한 국가만을 피고로 한 것이 본안전 항변의 주요근거가 되었다. 그리고 이 사건에서 나우루가 원하였다면, 호주만이 아니라 영국과 뉴질랜드도 포함하여 국제사법재판소에 소송을 제기할 수 있었다는 것이다. 호주를 상대로 소송을 제기한 이 사건에서 국제사법재판소가 관할권을 가지는 근거는, 양국이 국제사법재판소 규정 제36조에 근거하여 한 선택적 관할권 수락이었다. 영국과 뉴질랜드도 호주와 유사한 선택적 관할권 수락을 하여, 나우루가 원하였다면 이들 국가에 대해서도 제소할 수 있었다.

II. 쟁   점

이 사건에서 본안에 대한 청구는, 호주나우루에서 인산염을 채취한 광산을 복원하지 않은 것이 위법이라는 것과 나우루의 인산염 광산 경영을 담당했던 브리티시 인산염위원회(British Phosphate Commissioners)의 해외자산을 나우루의 참가 없이 처분한 것이 위법이라는 두 가지이다. 이 쟁점을 이해하는데 필요한 사실관계를 정리하면 다음과 같다.

독일의 식민지였던 나우루는 제1차 세계대전 후에 런던정부, 호주정부, 뉴질랜드정부를 대표하는 영국국왕의 위임통치령이 되었다. 국제연맹의 위임통치체제가 UN의 신탁통치체제로 바뀌자 1947년부터 나우루는 영국, 호주, 뉴질랜드 3개국의 공동신탁통치권자의 신탁통치령이 되었다.

이들 3개국이 공동신탁통치권자였지만, 실질적인 통치는 호주가 담당하였다. 이들 공동신탁통치권자가 위임통치와 신탁통치 기간 동안 나우루의 주요자원인 인산염을 채굴하여 그 이익을 차지하였지만, 채광된 지역을 복원하지 않왔다. 이와 같이 신탁통치권자가 채광된 지역을 복원하지 않은 것은 UN 헌장 제76조와 신탁통치협정 제3조와 제5조 및 일반국제법상의 의무를 위반했다는 것이 이 사건의 주된 청구취지의 하나였다.

　나우루를 포함하여 인근 섬의 인산염 광산 경영은 영국, 호주, 뉴질랜드 3개국으로 구성된 브리티시 인산염위원회가 담당하였다. 브리티시 인삼염위원회는 크리스마스 섬에서의 활동을 종료한 1981년에 그 활동을 종료하였다. 1987년 2월 9일에 체결된 협정으로 영국, 호주, 뉴질랜드 3개국은 브리티시 인산염위원회를 청산하면서, 그 자산과 부채를 3개국이 분배하였다. 나우루는, 인산염위원회의 이러한 자산은 나우루 광산에서 채굴한 이익으로 취득한 것이므로 나우루가 권리를 가진다는 것도 청구취지의 하나였다.

　본안 전 항변에서의 쟁점과 이와 관련된 사실관계를 정리하면 다음과 같다. 호주의 본안전 항변의 근거는 크게 선택적 관할권 수락선언의 유보를 근거로 한 것, 분쟁이 발생한 상황과 관련된 것, 공동 신탁통치국인 세 나라 중에서 호주만을 상대로 제소한 것, 소장에서 제기하지 않은 브리티시 인산염위원회의 해외자산에 대한 청구를 추가로 제기한 것의 네 가지로 분류할 수 있다.

　관할권 수락선언의 유보를 근거로 한 본안전 항변의 내용은 다음과 같다. 이 사건에서 국제사법재판소가 관할권을 행사한 근거는, 양국이 국제사법재판소 규정 제36조 제2항에 따라 한 관할권 수락 선언이었다. 나우루는 "나우루 공화국과 다른 국가 사이의 합의에 따른 분쟁해결절차가 있는 분쟁에는 적용되지 않는다"고 유보하였고, 호주도 "다른 평화적 분쟁해결 수단을 이용하기로 분쟁당사국이 합의하였거나 합의할 의무가 있는 분쟁"에 대해서는 이 선언이 적용되지 않는다고 유보하였다. 이러한 유보의 존재와, 신탁통치와 관련된 분쟁은 UN 신탁통치이사회와 총회의 전속적 관할이므로 별도의 분쟁해결 수단이 존재한다는 이유로 국제사법재판소가 이 사건을 심리할 관할권이 없다고 호주는 주장하였다.

　분쟁이 발생한 상황과 관련된 것은 다시 다음과 같이 세분할 수 있다. 첫째, 나우루인들이 독립에 임박해서 한 행위를 통하여 인산염지대의 복원에 대한 청구권을 포기하였다는 것이다. 이러한 주장의 증거로 호주가 제시한 것은, 나우루 지방위원회와 공동 신탁통치국 간에 체결된 협정과 나우루의 독립을 논의한 UN 신탁통치위원회 등에서의 발언 등이었다. 협정의 해석에 관한 호주의 주장은, 나우루인들이 자기들을 대표하는 조직인 나우루 지방정부 위원회를 만들어 독립과정과 그 후에 발생할 수 있는 문제를 공동 신탁통치국들과 협의하였는데, 이 협의의 결과 체결된 협정에서 인산염지대의 복원에 대해 명시적 내용이 없는 것은 이 청구권을 포기한 것으로 봐야 한다는 것이다. 그리고 나우루의 독립문제를 다룬 UN기관에서 한 나우루의 성명에서, 인산염의 고갈에 대비한 나우루의 준비만을 언급하고 있는 것은 인산염지대의 복원에 관한 청구권을 포기하였다는 의미라고 호주는 주장하였다.

둘째, 신탁통치와 관련된 분쟁은 UN기관에서만 다툴 수 있는데, 이 문제를 다룬 UN기관에서, 인산염지대의 복원에 관한 아무런 유보 없이 신탁통치를 종료한 것은 신탁통치기간 중에 발생한 청구권의 문제를 다른 기관에서 논의하는 것을 배제한다는 것이다.

셋째, 1967년에 독립하여 20여년이 지난 후에 소송을 제기한 것은 신의성실의 원칙 위반이나 절차의 남용 등에 해당한다는 것 등이다.

세 국가 중에서 호주만을 상대로 한 것과 관련하여 문제가 된 것은 다음의 두 가지 쟁점이다. 첫째, 국제법상 공동 불법행위에 있어 불법행위자 중의 일인에 대해서만 제소할 수는 있는가의 여부이다. 이에 대해 호주는 공동신탁통치권자의 책임은 연대적(joint)이므로 공동불법행위자 전체를 상대로 제소해야 한다고 주장하였다. 반면에 나우루는 공동신탁통치권자의 책임은 연대적이고 다수적(joint and several)이므로, 공동불법행위자 중의 1인에 대해서도 제소할 수 있고, 설령 그 책임이 연대적이더라도 한 국가만을 제소할 수 있다고 주장하였다.

둘째, 공동신탁통치권자의 한 국가인 호주에 대한 판결은 이 사건의 비당사국이면서 공동신탁통치권자인 영국과 뉴질랜드의 권리·의무에 대한 판결에 해당하므로, Monetary Gold 사건의 법리에 따라 영국과 뉴질랜드가 당사국으로 참가하지 않으면 이 소송은 수리할 수 없다는 것이다.

　　마지막 본안전 항변은 소장에는 없는 브리티시 인산염위원회의 해외자산에 대한 청구는, 소장(訴狀)의 청구에 포함되지 않은 새로운 청구이므로 허용되지 않는다고 주장하였다. 따라서 이 청구가 새로운 청구인가의 여부가 문제가 되었다.

Ⅲ. 판　결

　　이러한 여러 가지 본안전 항변의 대부분은 법리보다는 사실관계에 대한 평가에 근거하여 결정하였다.

　　우선 선택적 관할권 수락선언의 유보를 근거로 한 항변에 대하여는, 관할권 수락 선언의 유보에 대한 다음과 같이 해석을 근거로 기각하였다. 즉, 나우루의 "나우루 공화국과 다른 국가 사이의 합의에 따른 분쟁해결절차가 있는" 이라는 유보는 나우루가 독립된 이후에 호주와 합의한 분쟁해결 절차가 있을 것을 요구하는데, 나우루가 독립한 1968년 1월 31일 이후에 국제사법재판소에 제소하는 것 외에, 호주와 나우루 간에 인산염지대의 복원의 문제를 다른 분쟁해결절차에로 해결하는 합의가 없었다는 것이다.[1]

　　나우루가 청구권을 포기하였다는 주장에 대해서는 사실관계에 대한 다음과 같은 평가를 근거로 인정하지 않았다. 우선 나우루 지방정부 위원회와 공동신탁통치국 사이에 체결된 협정에 대해 "1967년 11월 14일의 협정에 도달하게 된 협상, 조약 그 자체, 혹은 UN에서의 논의를 고려하더라도 어떠한 시점에도 나우루 당국이 명확하고 명시적인 청구권의 포기를 실제로 하지 않았다는 것[2]" 이다.

　　나우루의 독립을 논의한 UN에서의 논의에서 인산염지대 복원의 청구를

---

1) Certain Phosphate Lands in Nauru(Nauru v. Australia), Preliminaty Objections, Judgment, *I.C.J. Reports* 1992, p. 240, para. 11.

2) *Ibid.*, para. 13.

포기하였다는 호주의 주장에 대해서는 사실관계를 다음과 같이 평가하면서 인정하지 않았다. 호주의 이러한 주장은, 인산염지대 복원을 위한 기금을 조성하는 조치가 취해지고 있다고 한 1967년 12월 6일에 열린 UN총회 제4위원회에서 한 나우루의 최고관리인 드로벌트 씨(Mr. DeRoburt)의 발언을 그 근거로 하고 있는데,[3] 이 발언의 의미는 맥락 속에서 파악하면 인산염지대의 복원과 관련된 그들의 청구는 명백하게 유지되고 있었다는 것이다[4]

신탁통치와 관련된 분쟁은 신탁통치위원회 등 UN의 기관에서 전속적으로 관할하는데, 이러한 UN의 기관에서 인산염지대의 복원과 관련된 청구권을 유보하지 않고 독립을 결정한 것은 국제사법재판소 등 다른 절차에서 이 문제를 다룰 수 없다는 호주의 주장에 대해서는 다음과 같이 평가하였다. 우선, 신탁통치의 종료와 나우루의 독립을 결정한 UN 총회의 결의에 인산염지대 복원의 청구와 관련된 명시적 언급이 없다는 것과 신탁통치와 관련된 UN 기관의 결정을 뒤집는 청구를 나우루가 할 수 없다는 것은 인정하였다.[5] 그러나 나우루의 독립과 관련된 다양한 UN의 권한 있는 기관에서의 논의라는 맥락 속에서 보면, 나우루의 독립을 결정한 UN 총회의 결정을 호주와 같이 해석할 수 없다고 하였다.[6] 즉, 인산염지대 복원에 대한 청구권에서 면책해 준 것은 아니므로, UN 기관의 결정을 뒤집는 판결을 요구하는 것은 아니라고 하였다.

나우루의 네 번째 항변, 즉 독립시점인 1968년과 제소시점인 1989년 사이의 시간의 경과와 그 사이의 나우루의 행동을 이유로 한 지연이나 신의성실의 무 위반 등을 이유로 한 주장에 대해서도 양국간의 협상이나 논의과정 등 사실관계에 분석을 근거로 인정하지 않았다.[7]

브리티시 인산염위원회의 해외자산 청산 문제를 소장이 제출된 이후에 추가로 제기한 것을 근거로 한 항변에 대해서는, 다음과 같은 사실을 근거로 호

---

3) *Ibid.*, para. 17.

4) *Ibid.*, paras. 20~21.

5) *Ibid.*, para. 23.

6) *Ibid.*, para. 30.

7) *Ibid.*, paras. 36, 38.

주의 항변이 인용되었다. 즉, 인산염위원회 해외자산의 청산 문제가 인산염지
대의 복원의 문제와 별개의 새로운 문제인가의 여부가 핵심적인 문제인데,[8] 인
산염위원회 해외자산의 청산문제는 그 자산의 원천이 무엇인가 – 즉, 인산염
의 채취에서 유래한 것인가, 나우루가 아닌 다른 지역에서의 인산염의 채취에
서 유래한 것인가의 여부와 그 시기가 나우루의 독립 전인가 독립 이후인가의
여부[9]– 에 대한 결정을 해야 하기 때문에 소장에는 포함되지 않았던 새로운
문제를 제기하는 것이라고 하였다.

3개 신탁통치권자 중 호주만을 피고로 소송을 제기한 것을 이유로 한 본안
전 항변은, 이항변의 그 근거에 대해 다음의 두 가지 쟁점에 관한 분석을 하면
서 기각하였다, 이 항변의 근거는 청구의 내용이 국내법상 연대적이고 다수인
(joint and several liability) 책임이라는 것과 영국과 뉴질랜드가 당사자가 아닌 소
송에서 영국과 뉴질랜드의 책임에 대해 판결을 하는 것은 Monetary Gold 사건
의 법리에 따라 소의 수리가능성이 없다는 것이다.

전자의 근거에 대해서는 법리에 대한 분석은 간단하게 하면서 사실관계
를 주로 언급하면서 결정하였다. 판결은 이 사건의 특별한 사실관계로 "신탁
통치협정에서 언급된 세 정부가 협정상의 용어 자체에서 말하는 공동신탁통
치권자를 구성한다는 것; 그리고 이러한 공동신탁통치권자는 개별국가의 법인
격과 구별되는 국제적 법인격을 가지지 않았다는 것; 그리고 이들 세 나라 중
에서 호주가 1947년의 신탁통치 협정, 1919년, 1923년 1965년의 협정들, 그
리고 관행에 의해서 확립에 아주 특별한 역할(나우루에 대한 실질적인 통치, 저자
첨가)을 했다는 것"[10]을 언급하였다. 그러면서 "연대적이고 다수적인(joint and
several(solidaire)) 책임인지의 문제는 본안에서 심리해야 할 문제이고" "청구가
두 나라도 공동신탁통치권자였던 지역의 통치 문제에서 발생한 것이라는 이유
만으로, 제기된 소송은 수리될 수 없다고 소송의 초기에 선언해야 할 아무런

8) *Ibid.*, para. 65.
9) *Ibid.*, para. 68.
10) *Ibid.*, para. 47.

이유도 제시되지 않았"으므로 이 근거는 인정할 수 없다고 하였다.[11]

　영국과 뉴질랜드가 당사자가 아닌 상태에서 소송을 진행하는 것은 Monetary Gold 사건의 법리에 위반된다는 주장에 대해서는 다음의 세 가지를 주된 근거로 하여 인정하지 않았다. 첫째는 알바니아가 당사국이 아니므로 소송을 진행할 수 없다고 한 Monetary Gold 사건에서는 알바니아의 책임에 대한 결정이 이탈리아의 청구를 결정하기 위해 필수적으로 필요했던 반면에, 이 사건에서는 호주의 책임여부를 결정하는데 있어 영국과 뉴질랜드의 책임을 결정하는데 필수적인 것은 아니라는 것이다.[12] 둘째는 판결의 영국과 뉴질랜드에 대한 구속력은 기판력을 당사자에게 제한하는 국제사법 규정 제59조에 의해 제한된다는 것이다. 셋째는 국제사법재판소 규정 제62조에서 규정하고 있는 소송참가를 통하여 그 법적 이익을 보호할 수 있다는 것이다.[13]

　다른 사유에 근거한 본안전 항변과 비교하여, 공동신탁통치권자인 영국과 뉴질랜드가 소송당사자가 아니므로 소송을 계속할 수 없다는 항변에 대한 판결에 대해 가장 많은 재판관이 반대의견을 표시하였다. 선택적 관할권 수락에서의 유보를 이유로 한 항변과 브리티시 인산염위원회의 해외자산 청산이 새로운 청구라는 것을 이유로 항변은 만장일치로 결정되었다. 분쟁이 발생한 상황을 근거로 한 항변 —나우루가 포기하였다는 것, 신탁통치 중에 발생한 문제는 UN 다른 기관의 전속관할이라는 항변, 그리고 소제기의 시간적 해태와 독립 시부터 소제기 시까지 나우루의 태도가 신의성실 의무 위반이라는 것— 에 대한 결정에 대해서는 오다 부소장이 유일하게 반대하였다. 반면에 공동신탁통치권자인 영국과 뉴질랜드가 당사자가 아니므로 소송을 계속할 수 없다는 항변에 대한 결정에는 제닝스 소장, 오다 부소장, 아고 재판관 그리고 슈베벨 재판관 등 4명의 재판관이 반대의견을 표시하였다.

---

11) *Ibid.*, para. 48.
12) *Ibid.*, para. 55.
13) *Ibid.*, para. 55.

IV. 평 석

본안전 항변에 대해 결정 중 사실관계의 평가에 근거한 결정에 대해서는 별로 논평할 것이 없다. 법적인 분석을 한 결정 중 브리티시 인산염위원회의 해외자산 청산과 관련된 새로운 청구를 한 것도 별로 논평할 것이 없다. 인산 염위원회의 해외자산 청산에 관한 나우루의 청구가 형식적 실질적으로 새로운 청구라는 것과 그 이유가 브리티시 인산염위원회 자산의 기원이 무엇인가라는 새로운 쟁점을 제기하는 것은 이견의 여지가 없다고 생각한다.

문제는 공동신탁통치권자인 영국과 뉴질랜드는 제외하고 호주만을 피고로 한 것을 이유로 한 항변에 대한 결정이다. 이 중에서 나우루의 청구가 연대적 이고 다수인 책임(joint and several liability)에 대한 청구라는 주장에 대한 결정은 그 결정이유에 상당한 문제가 있다고 생각한다. 다수의견은 이에 대한 결정이 유 중 법적인 분석이라고 할 수 있는 것은 다음과 같이 설시가 전부이다.

"이와 관련하여 호주는 세 국가의 책임이 세 국가 중의 하나가 신탁통치권 자의 의무 위반에서 유래하는 손해를 1/3이나 다른 비율로 배상하는 것이 아닌 전액 배상해야 할 의무가 있는 연대적이고 다수적인(joint and several(solidaire)) 책임인지의 문제를 제기하였다. 이것은 재판소가 본안으로 유보해야 하는 문제 로; 호주가 단독으로 제소될 수 있는가의 문제와는 별개의 문제이다. 청구가 두 나라와 공유한 영토의 통치 문제를 제기하는 것이라는 이유만으로, 세 국가 중 의 한 나라에 대해서만 제기된 소송은 수리될 수 없다고 소송의 초기에 선언해 야 할 아무런 이유도 제시되지 않았다고 재판소는 생각한다. 신탁통치권자를 구성하는 세 국가 중의 하나로서의 그의 자격으로 신탁통치협정에 따른 의무 를 호주가 부담한다는 것과, 이 조약의 성격상 호주의 이러한 의무 위반에 대 한 청구를 재판소가 심리하는 것을 금지하는 것은 아무것도 없다는 것은 부인 할 수 없다."[14]

호주의 주장은 국내법상 연대적이고 다수적인 책임에 대한 실체법과 절차

---

14) *Ibid*., para. 48.

법적 법리에 근거한 것이다. 그런데 위에서 인용한 설시 내용은 이러한 주장에 대한 법적 분석은 사실상 하지 않고, 호주만을 상대로 하는 소송은 할 수 없다고 하는 이유가 제시되지 않았다고만 하고 있다. 이 주장의 타당성 여부를 결정하는 기준은 국제법에서 공동불법행위자 중의 일부에 대한 소송을 금지하는가의 여부에 있다. 국내법에서 공동불법행위자의 기준이 어떤가의 여부는 참고를 할 수 있지만, 국내법의 기준이 그대로 국제법의 기준이 되는 것은 아니다. 국내소송과 국제소송은 동의원칙에서 근본적인 차이가 있기 때문이다. 이러한 관점에서 보면, 공동불법행위 소송을 처리하는 기준에서 국제법과 국내법이 다르다는 것을 언급한 샤하부덴 재판관의 개별의견과 슈베벨 재판관의 반대의견이 더 설득력이 있다고 생각한다.

소송의 당사자가 아닌 제3국의 법적 이익이 소송의 주제 그 자체인 경우, 제3국이 소송의 당사국이 되기 전에는 소송을 진행할 수 없다는 Monetary Gold 사건 법리의 적용 여부에 관한 판결은, 많은 논란의 대상이 되었다. 제3국의 법적 이익이 관련된 제소의 수리가능성의 문제는 국제사법재판소에서 여러 번 다루어졌고, 앞으로도 제기될 가능성이 많은 쟁점이다. 이 쟁점과 관련하여 고려해야 할 사항은 다음의 두 가지이다. 그 하나는 제3국의 법적 이익이 관련된 소송에서 제3국이 소송당사국이 아니면 소송을 계속할 수 없다는 것을 넓게 인정하면, 국제사법재판소의 관할권 행사에 대한 동의라는 요건을 어렵게 충족시킨 당사국에 대하여 사법적 해결이라는 수단을 박탈하는 결과가 된다는 것이다.

또 하나의 고려사항은 제3국의 법적 이익이 관련된 소송에서 제3국이 소송당사국이 아니면 소송을 계속할 수 없다는 것을 좁게 인정하면, 제3국의 입장에서는 국제사법재판소의 관할권 행사에 동의하지 않았는데도 불구하고, (사실상) 자국의 법적 이익에 대한 소송을 하는 동의원칙에 반하는 결과가 될 수 있다는 것이다. 판결의 기판력이 제3국에게는 미치지 않는다는 국제사법재판소 규정 제59조가 적절한 보호막이 되는 경우도 있지만,[15] 그렇지 않은 경우도

---

15) 제3국이 이해관계가 있는 해역을 포함한 대륙붕의 경계설정이 이에 해당하는 대표적인 예

적지 않다.

　　공동신탁통치권자 중 두 나라를 제외한 호주만을 피고로 신탁통치 행위를 이유로 한 이 사건은 판결의 구속력이 소송당사국에 한정된다는 것으로 적절하게 보호할 수 없는 경우에 가깝다. 신탁통치 행위로 인한 호주의 책임을 인정하면 이것은 사실상 영국과 뉴질랜드의 책임을 인정한 것이다. 상부 살레지아에서의 독일의 이익(Certanin German Interests in Polish Upper Silesia) 사건[16]에서 폴랜드 거주 독일인(German Setters in Poland)에 관한 권고적 의견[17]이 가진 사실상의 효력, 그리고 남서아프리카(South West Africa) 사건[18]에서 남서 아프리카의 국제적 지위(International Status of South West Africa)에 관한 권고적 의견[19]이 가진 사실상의 효력을 고려할 때, 인산염지대의 복원과 관련된 추후의 소송 ―그 형태가 호주가 제기한 배상금의 기여(contribution)분 지급소송이든, 나우루가 제기하는 영국과 뉴질랜드에 대한 추가 배상을 구하는 소송이든― 에서 이 사건에서 내리는 인산염지대의 복원책임에 대한 판결과 모순되는 판결을 할 가능성이 아주 낮을 것으로 생각된다.

　　반면에 이 사건에서 호주만을 피고로 하여 소송을 제기한 것은 나우루가 선택한 것이었다. 위에서 언급한 바와 같이 관할권 수락선언에 근거하여 나우루는 영국과 뉴질랜드에게도 소송을 제기할 수 있었다. 그럼에도 불구하고 (그 이유는 알 수 없지만) 호주만을 피고로 하여 소송을 제기하였다. 호주만을 선택한 결과 소송이 계속되지 않더라도, 그것은 나우루가 자발적으로 한 선택의 결과이다. 그리고 이 사건이 각하되더라도, 나우루는 공동 신탁통치권자 모두를 피고로 하는 소송을 다시 제기할 수 있다.

　　이러한 상황에서도 다수의견은 호주만을 피고로 하는 소송을 계속할 수 있다고 판결하였다. 이러한 결론을 뒷받침하는 것으로는 공식적으로 영국과 뉴

　　이다.
16) (1926) *P.C.I.J. Ser A* No. 7.
17) (1923) *P.C.I.J. Ser B* No. 6.
18) *I.C.J. Rep.* 1962, 319.
19) *I.C.J. Rep.* 1950, 128.

질랜드의 책임을 인정하는 결정이 없더라도, 호주의 책임을 인정하는 판결을 할 수 있다는 것을 제시하였다.[20] 이 사건에서는 호주에 대한 판결이 지니는 사실상 효력에도 불구하고, 그리고 뉴질랜드와 영국에 대해서도 소송을 제기할 수 있지만 호주만을 상대로 소송을 제기하는 것으로 나우루가 선택한 사실에도 불구하고, 논리적으로 영국과 뉴질랜드의 책임을 인정하는 결정을 먼저 할 필요가 없다는 것을 근거로 Monetary Gold 사건의 법리를 적용할 수 없다고 판결하였다. Monetary Gold 사건의 법리를 적용하는 경우는 아주 제한적이라는 것을 확인시켜 준 사건으로 기억될 것이다. 참고로 반대의견들은 호주에 대한 판결이 영국과 뉴질랜드에 미치는 사실상의 효력을 중시하였다.

---

20) para. 56.

아르헨티나/칠레 경계표지 62와 피츠로이 산 사이의 국경선 분쟁 사건

Boundary Dispute between Argentina and Chile Concerning the Frontier Line between Boundary Post 62 and Mount Fitzory(Argentina v. Chile) RIAA Vol. XXII(1994)

오승진(단국대)

I. 사실관계

이 중재판정은 아르헨티나와 칠레가 1991년 10월 31일 체결한 국경분쟁의 해결을 위한 중재합의에 기초한 것이다. 그 내용은 중재재판소가 제3지역에 있는 경계표시 62와 피츠로이 산 사이의 경계선을 획정하는 것이다. 아르헨티나와 칠레는 1902년 중재판정을 통하여 이 부분에 관한 경계분쟁을 해결한 바가 있다. 그러나 위 중재판정에도 불구하고 양국 사이의 국경 중 경계표시 62와 피츠로이 산 사이의 구체적인 경계에 관하여 양국 사이에 분쟁이 발생하였으며, 이 분쟁을 해결하기 위하여 중재합의가 이루어졌다. 양국 사이의 분쟁의 경과와 1902년 중재판정의 결론은 다음과 같다.

아르헨티나와 칠레는 독립한 이후 1810년 uti possidetis 원칙에 따라 영토의 국경선을 획정하고자 하였다. 이에 따라 1881년 7월 23일 국경선조약이 체결되었으며, 이 조약은 1893년 5월 1일 추가 및 설명의정서에 의하여 보충되었다. 그러나 이 조약에 따라 실제로 국경선을 표시함에 있어서 양국 사이에 여러 차례 분쟁이 발생하였다. 이에 양국 정부는 1898년 11월 23일 영국 정부가 중재자로 활동하여 줄 것을 요청하였으며, 이에 따라 영국 정부는 중재재판소를 구성하였다. 양국 정부는 1899년 5월 재판소에서 변론을 하였다. 한편, 이 재판소에는 현장을 방문하여 조사한 전문가의 보고서가 제출되었다. 재판소는 1902년 11월 19일 중재인인 영국왕 에드워드 7세에게 제출하는 보고서를 승인하였으며, 이 보고서에는 지도가 첨부되어 있었다. 에드워드 7세는 1902년 11월 20일 중재판정문에 서명하였다. 중재판정문 제5조는 국경선에 관하여 설명하면서 자세한 국경선에 대한 정의는 재판소가 중재인에게 제출한 보고서, 아르헨티나와 칠레의 전문가가 작성한 지도 등을 참조하도록 되어 있다.

1902년의 중재절차에서 아르헨티나 정부는 안데스 산맥의 가장 높은 정상에 의하여 결정되는 산악지형상의 경계가 양국 사이의 국경이 되어야 한다고 주장하였다. 반면에 칠레 정부는 조약과 의정서상의 국경은 대서양과 태평양 사이의 분수계(water-parting line)에 의하여 형성된 수로학적인 선에 따라야 한다고 주장하였다. 칠레 정부의 주장에 따르면 아르헨티나의 해안선에서 대서양으로 흘러가는 모든 강의 분지는 아르헨티나에, 칠레의 해안선에서 태평양으로 들어가는 모든 강의 분지는 칠레에게 귀속된다.

1902년의 중재판정에 의하면 산악지형상의 선과 수로학상의 선은 서로 일치하지 않는 경우가 많다. 문제는 양국 사이의 국경조약 및 의정서가 사용하고 있는 용어들이 양국 사이의 지형에 적용될 수 없다는 점에 있다. 그리하여 위 중재판정서는 양국이 주장하는 경계에 관하여 어느 쪽이 옳다고 판단하지 않고, 양국이 주장하는 청구의 범위 내에서 정확한 경계는 양국의 외교문서의 의도를 가장 정확하게 해석하는 것이라고 보았다.

그리하여 1902년의 중재판정서는 각각의 주장에 대한 판단을 하기 보다는 경계획정에 관한 의견과 권고만을 제시하면서 실제의 경계획정은 양국이 참여한 가운데 이루어져야 한다는 의견을 제시하였다. 나아가 1902년 중재판정은 이 사건 분쟁지역의 경계획정과 관련하여 '지역분수계'에 의하여 국경선을 획정하도록 하였으며, 국경선에 관한 보다 자세한 경로는 첨부된 보고서 및 지도를 참조하도록 하였다. 따라서 1902년 중재판정은 중재판정 자체, 중재재판소의 보고서, 지도 등으로 구성되어 있다.

양국은 1903년 위 중재판정에 나타난 국경선을 지상에서 획정하기 위한 위원회를 구성하였다. 분쟁지역은 모두 4개의 지역으로 구분되었으며, 1903년에 지상에서의 경계표시작업이 완료되었다. 그런데, 당시 경계표시를 설치하는 임무를 부여받은 영국의 담당자는 경계표지 62 지점에 표지를 설치하였으나 이 지점에서 피츠로이 산 사이에는 어떠한 표지를 설치하지 아니하였다.

양국 정부는 1941년 4월 15일 멸실된 경계표시를 대체하여 새로운 경계표지를 세우고, 모든 표지들의 정확한 좌표를 결정하기 위한 의정서를 체결하였다. 이를 위하여 양국의 기술전문가들로 구성된 혼합위원회가 만들어졌다. 위원회는 국경을 모두 16개의 구간으로 나누어 임무를 수행하였다.

한편, 영국 여왕인 엘리자베스 2세는 1966년 12월 9일 경계표시 16 및 17 사이의 국경선에 관한 분쟁에 대하여 중재판정을 선고하였다.

이 사건 분쟁이 발생할 무렵에 양국이 설치한 혼합위원회는 경계표지 62와 피츠로이 산 사이의 구체적인 경계획정에 관하여 합의할 수 없었다. 이에 따라 양국은 양국 사이에 체결된 1984년 평화 및 우호조약에 따라 이 문제를 중재에 회부하기로 합의하였다.

이 사건 중재합의는 1902년 중재재판소의 보고서에 기술되어 있는 경계표시 62 및 피츠로이 산 사이의 국경선을 결정해 줄 것을 요청하였으며, 1902년 중재판정을 해석하고 적용하여야 한다고 규정하였다.

II. 쟁 점

1. 기존의 중재판정의 의미를 해석하기 위하여 설치된 중재재판소의 권한과 지위

2. non petita partium(당사자가 청구한 것 이상으로 청구를 인용할 수 없다) 원칙

3. 기판력의 의의와 범위, 중재판정에서 사용된 용어에 대하여도 기판력의 효력이 미치는지 여부

4. 중재판정의 해석원칙

5. 기존의 중재판정을 해석함에 있어서 중재판정 이후의 행위를 고려할 것인지 여부

Ⅲ. 판 결

1. 중재재판소의 권한과 지위

이 중재재판소는 1984년 양국 사이에 체결된 평화 및 우호조약에 따라서 1991년 10월 31일자 중재합의에 기초하여 설립된 독립적인 관할권을 행사하는 기관이며, 1902년 중재재판소의 하위기구가 아니다. 재판소의 기능은 이러한 중재합의에 따라 1902년 중재판정에서 확인된 경계표지 62 및 피츠로이 산 사이의 국경선을 결정하는 것이다. 1902년 중재판정은 기판력을 가지므로, 현재의 중재판정은 재심, 항소 또는 무효를 위한 절차가 아니다.

둘 이상의 국가가 분쟁의 해결을 위하여 설립한 기구가 속성상 사법적, 행정적 또는 정치적인가 여부를 결정할 때, 국제적인 관행은 그 기구에서 관련국들이 행한 절차의 특징을 본다. 이 재판소는 중재합의와 1984년 조약에 따라 관할권을 가지며, 재판소는 자신의 권한에 관하여 결정할 권한이 있다.

2. non petita partium

non petita partiumd 원칙에 따르면 재판소는 당사자가 청구한 것 이상으로 청구를 받아들일 수 없다. 그리고 문언은 국제법과 어긋나지 않고 국제법과 일치하는 효과를 줄 수 있도록 해석되어야 한다. 법적인 유효성이 다투어지지 않고 기판력을 가지는 국제중재 사안에서 재판관이나 중재인은 국제법에 기초해야 하며, 국제법에 반하는 결과를 낳지 않도록 해야 한다. 그리고 국제재판관

의 권한은 그 사건에서 당사자가 부여한 기능으로 제한된다. 그들의 권한은 당사자가 변론에서 주장한 최대의 청구로 제한된다. 해석은 당사국들이 청구에서 정한 범위를 넘을 수 없다.

칠레가 1902년 중재절차에서 제기한 최대한의 청구가 무엇인지는 당시 칠레가 중재에서 행한 주장에서 찾아야 한다. 이에 따르면 칠레는 1902년 중재절차에서 1991년 조약 및 1893년 의정서에 의하여 확정된 국경선으로 대륙 분수계의 선을 주장하였다. 칠레는 1898-1902년 중재인에 대한 주장에서 자연적, 실효적인 대륙 분수계, 즉 자연적으로 존재하는 분수계가 그 정확성을 불문하고 지도상의 분수계보다 우선한다고 주장하였다. 칠레는 동일한 기준이 탐험되지 아니한 지역과 충분히 탐험되지 아니한 지역에도 적용되어야 한다고 주장하였다. 이러한 재판소의 결론은 신의성실 및 동시대성의 원칙에 따른 것이다.

1902년에는 오늘날과 같이 탐험되지 않은 국경지역과 충분히 알려지지 않은 지역들이 많았다. 칠레는 1902년 중재절차에서 지도의 부정확이나 지역에 대한 인식의 결여는 경계획정의 불변의 기준인 대륙 분수계를 적용하지 않을 이유가 되지 않는다고 주장하였다. 칠레는 자연적이며 실효적인 대륙 분수계에 따라 주장을 전개하였다는 재판소의 결론은 1902년의 지리적 인식에 기초한 것이다.

1902년 중재판정의 해석은 그 중재에서의 칠레의 최대한의 청구가 자연적, 실효적인 분수계의 선이라는 점에 기초해야 한다. 그러므로 1902년 중재판정을 해석함에 있어서 칠레가 당사 최대한으로 청구한 부분을 넘는 지역을 칠레에게 부여하는 효과를 인정할 수는 없는 것이다.

1902년 중재절차에서 칠레의 최대한의 청구가 중재인에 의하여 받아들여지지 아니한 경우에도 non ultra petita partium 원칙은 여전히 적용된다. 이 원칙은 당시 칠레의 청구를 중재인이 인용하였는지 여부와 상관없이 적용된다. 이 중재판정에 의하여 결정된 선은 1902년 중재판정에서 칠레가 청구한 최대의 범위를 초과하지 않는다.

3. 기 판 력

기판력(res judicata)을 가진 결정은 분쟁의 당사국들을 법적으로 구속한다. 이는 선례에서 반복적으로 원용되는 국가들의 근본적인 법원칙이다. 기판력의 원칙은 국제법의 보편적, 절대적인 원칙이다. 이 사건에서 당사국들은 1902년 중재판정의 기판력을 다투지 않으며, 따라서 법적으로 구속된다. 국제중재에서 기판력은 주로 주문, 즉 재판소가 분쟁에 대하여 판단하고 당사국들의 권리와 의무를 기술하는 면에 적용된다. 주문이 도출되는 데에 논리적으로 필요한 부분도 동등하게 구속력이 있다. 중재판정에서 사용된 개념에도 기판력이 있다.

기판력은 주문, 즉 재판소가 분쟁에 관하여 판단하고 당사국의 권리와 의무를 선언하는 부분에 미친다. 주문에 이르기 위하여 논리적으로 필수적인 부분에도 기판력이 미친다. 중재판정에서 사용된 용어에도 기판력이 미치며, 당사국은 이를 변경할 수 없다.

판결 이후의 용어사용 또는 언어의 변화에 의하여 수정될 수 없다. 이에 따르면 1902년 중재에서 "분수계는 강의 지표면의 흐름을 서로 다른 두 방향으로부터 구분하는 선, 바꾸어 말하면 지표면의 두 경사면이 수직으로 교차하는 선"으로 정의된다. 분수계의 개념은 1902년 중재판정에서 본질적인 기능을 수행하며, 그 의미의 수정은 결정의 취지를 변경하게 된다. 1902년 중재판정의 분수계의 개념은 기판력에 의하여 보호되며, 어법, 언어의 발전 또는 분쟁의 일방 당사국의 일방적인 행위 또는 추후의 변화에 의하여 영향을 받지 않는다.

1881년 조약은 양국 사이의 국경으로 '분수계'라는 개념을 사용하였으며, 칠레는 1902년의 중재절차에서 이 개념을 사용하였다. 1902년 중재판정을 구성하는 서면, 즉 중재판정 자체와 보고서에서도 양국이 제시한 분수계라는 개념을 사용하였다. 분수계는 강의 지표면의 흐름을 서로 다른 두 방향으로부터 구분하는 선, 즉 지표면의 두 경사면이 수직으로 교차하는 선이다.

지형학에 의하면 동일한 대륙 또는 섬에 위치한 지표상의 두 시점 사이에는 항상 하나의 분수계만이 존재한다. 분수계의 개념은 1902년 중재판정에서 본질적인 개념을 수행하며, 그 의미의 수정은 결정의 취지를 변경한다. 1902년 중재판정의 분수계의 개념은 기판력에 의하여 보호되며, 어법, 언어의 발전 또는 분쟁의 일방 당사국의 행위 또는 결정에 의한 추후의 변화에 의하여 영향을 받지 않는다.

4. 중재판정의 해석의 원칙

국제법은 조약, 일방적인 문서, 중재판정 또는 국제기구의 결의 등 법적인 문서를 해석하는 규칙을 가지고 있다. 용어의 자연적 통상적인 의미의 원칙, 문맥에 따른 해석, 실질적 효과의 원칙 등이 모두 이에 해당한다.

중재인에 의하여 결정된 중재판정의 해석에는 조약의 해석에 적용되는 규칙보다 더 엄격한 규칙이 적용되어야 한다. 조약의 해석에서는 해석의 과정이 당사국들의 공통의 의사를 확인하는 과정일 수 있다. 이 경우에 준비문서나 당사국들의 사후의 행위에서 공통의 의사를 보여주는 증거를 찾을 수 있다. 그러나 1902년 중재판정과 관련하여 중재인의 의사를 확인하기 위해서는 중재판정을 구성하는 3가지 문서 이외의 것을 볼 필요는 없다.

판결의 해석은 주문의 문언의 의미를 결정하는 것뿐만 아니라 논리에 따라 그 범위, 의미 및 목적을 결정하는 것을 포함한다. 해석은 규칙의 명확한 의미를 확정하기 위한 법적인 작용이며, 그 의미를 변화시킬 수 없다. 해석이란 보조적이며 설명에 도움을 주는 과정이며, 재판소가 이미 기판력을 가지고 구속력이 있게 해결한 것을 바꿀 수 없다. 이는 재판소가 그 결정에서 구속력 있게 결정한 것이 무엇인가 하는 의문을 제기하는 것이지, 새로운 사실이나 주장에 비추어 이제 재판소가 어떻게 결정해야 하는 의문을 제기하는 것은 아니다. 그러므로 해석요청은 진정으로 결정의 의미와 범위를 결정하는 것이며, 이를 변경하거나 무효화할 수 없는 것이다. 1902년 중재판정은 분쟁과 관련된 부분에서 지형에 대한 정확한 지식에 기초하지 않고, 자연적 형태를 따르는 경계를 설정하였다. 지형은 변하지 않았다. 그러므로 경계표지 62와 피츠로이 산 사이에 1902년 존재하던 지역분수계는 현재의 중재의 시점의 그것과 동일하다. 현

중재판정은 1902년 중재판정의 조항을 충실히 적용해야 하며, 후속의 근거나
정보를 소급적으로 적용할 수 없다. 현 중재판정은 1902년 중재판정의 내용과
의미를 선언하는 것이며, 이는 1881년 조약 및 1893년 의정서에 관하여 선언
하는 것이다. 그 결과 이 중재재판소의 판정은 본질상 소급효를 가지며, 결정된
국경선은 양국 사이에 존재하던 국경이다.

　　1902년의 중재판정은 경계표지 62와 피츠로이 산 사이의 경계로 지역분수
계라는 용어를 사용한다. 이 의미를 해석함에 있어서는 당시 중재판정에서 사
용된 이 용어의 일반적인 특징뿐만 아니라 용어가 사용된 문맥을 고려해야 한
다. 그리고 용어의 의미를 보여주는 일반적인 관행이 있는지도 검토해야 한다.

　　중재판정에 첨부된 지도상의 지역분수계는 분쟁 지역의 국경을 표시하고
있는데, 대부분 점선으로 표시되어 있다. 이는 개략적이고 임시적인 것이며, 중
재판정의 관련 부분을 적용한 확정적인 것이 아니다. 경계를 지역분수계라고
정의함으로써 중재인은 정확한 위치가 알려지지 않은 자연적인 모습을 선택하
였다. 지도상의 점선은 잠정적인 지형적 모습, 즉 그 존재는 알려져 있으나 정
확한 위치는 확인되지 않은 지역분수계를 나타낸다.

　　1902년 중재판정에서 지역분수계(local water-parting)라는 용어는 통상적
인 의미로 사용되었다. 지역(local)이라는 의미는 특정한 장소나 영역과 관련
된 무엇을 지칭한다. 1902년 중재판정의 용어를 보면 지역분수계를 두 지점 사
이를 연결하는 것으로 이해하고 있다. 그런데 두 지점 중 한 지점은 대륙 분계
(continental divide)상에 위치하지 않고 있다. 1902년 중재판정은 지역분수계라
는 용어를 사용하면서 지역분수계가 출발하는 지점과 이에 연결되는 지점을
특정하고 있다. 동일한 용어가 1966년 중재판정에서도 사용되고 있다.

　　법조실무계에는 실제적 효과의 원칙(rule of practical effect)이 있다. 이에 따
르면 규정은 언제나 일정한 효과를 얻을 수 있도록 해석되어야 한다. 그러므로
1902년의 중재판정에 사용된 지역분수계라는 용어도 일정한 의미와 결과를 갖
도록 해석되어야 한다. 그러므로 칠레가 주장하는 바와 같이 지역분수계를 동
일한 대양으로 흐르는 강을 나누는 선으로 해석할 수 없다. 지역분수계가 강을

횡단할 수 있다고 주장하는 것은 일반적인 의미에서 1902년 중재판정에서 인정된 분수계의 일반적인 개념과 모순되며, 이는 중재판정의 기판력에 어긋난다.

양국 사이의 1966년 중재판정은 "1902년 중재판정의 일반적 관행은 경계선이 대륙분수계나 지역 지표분수계를 따르는 것이며, 필요한 경우에는 강의 지류를 횡단한다"고 하였다. 칠레는 이에 근거하여 분수계가 강이나 하천을 횡단할 수 있다고 주장한다. 그러나 1966년 중재판정이 필요한 경우에 강을 횡단한다고 한 것은 경계선을 의미하는 것이며, 분수계를 의미하는 것이 아니다.

지역분수계가 강을 횡단할 수 있다고 주장하는 것은 1902년 중재판정에서 인정된 분수계의 일반적인 관념과 어긋난다. 1902년 중재판정에서 인정된 분수계의 개념은 기판을 갖는다.

1902년 중재의 청구와 중재판정의 문언에 의하면 양당사국은 분수계를 관습적인 의미로 동일하게 사용하였으며, 이는 중재인도 마찬가지이다. 중재인이나 중재인을 보좌한 재판소가 엄밀한 용어에 대하여 기술적으로 올바른 의미와 다른 의미를 부여하였을 것이라고 볼 수 없다. 법적인 용어가 예외적이거나 통상적이지 않은 의미를 갖는다고 주장하는 사람은 이를 증명해야 한다.

5. 1902년 중재판정 이후의 행위

당사국들은 1902년 중재판정 이후의 행위에 기초하여 자신들의 주장을 정당화하지만 이러한 후속행위는 1902년 중재판정의 중재인의 의도를 보여주지 못한다. 1902년 중재판정 이후의 행위는 재판소의 임무와 아무런 관련이 없다. 이는 재판소가 해석을 해야 하는 중재판정 이후의 사실이기 때문이다. 재판소는 1902년 중재판정에 의하여 확립된 경계표지 62와 피츠로이 산 사이의 국경선을 결정하도록 요구받았으며, 당사국들의 후속행위가 위 중재판정에 의하여 결정된 국경을 변경하였는지를 판단하도록 요구받은 것이 아니다.

양국은 3개의 분야에서 중재판정 이후의 문서들을 제출하였다. 이는 지도 제작법, 이 분쟁의 주제인 지역 안에 있는 영토에 대한 실효적인 관할권의 행사, 그리고 혼합경계위원회가 수행한 경계표시작업에 관한 것들이다.

국경은 양국의 지도에서 서로 다르게 표시되어 있지만 이들 지도들이 강의 분지의 일부가 칠레에게 속한다는 것을 보여주지는 않는다.

칠레는 분쟁 지역에서 칠레의 정착민과 외국인들에게 여러 건의 토지 양여를 하였으며, 지방정부도 공적인 기능을 수행하였다. 그러나 이와 같은 증거만으로는 관할권의 행사가 의문의 여지가 없이 일관성 있게, 그리고 법적인 결과가 부여될 정도로 실효성 있게 행사되었다고 보기는 어렵다. 칠레가 이 지역에서 행한 행위들의 특징에 비추어 볼 때, 특히 당시 이 사건 분지를 아르헨티나에 표시한 칠레의 지도제작법에 대한 아르헨티나의 신뢰에 비추어 볼 때, 아르헨티나 정부가 항의하지 않은 것으로부터 결정적인 결론을 도출하기 어렵다. ICJ는 프레아 비헤어 사건에서 "지역적인 행위가 지도에 표시된 국경선에 관한 중앙 샴 정부의 일관되고 명확한 태도를 무효화시킬 정도로 보기는 어렵다"고 하였다.

Ⅳ. 평   석

이 중재판정은 몇 가지 국제법적 원칙을 제시하였다.

첫째, 기존의 중재판정의 결정을 해석하기 위하여 당사국 사이의 중재합의에 의하여 설립된 중재재판소는 독립적인 관할권을 갖는 기관이다. 후에 설치된 중재재판소는 기존의 중재판정을 해석하는 것이며, 재심, 항소 또는 무효를 위한 기관이 아니다. 나아가 재판소는 자신의 관할권에 관하여 결정할 권한이 있다. 이 원칙은 중재재판소의 권한에 관한 일반적인 원칙이며, 특별한 설명을 요하지 않는다.

둘째, 재판소는 당사자가 청구한 것 이상으로 청구를 받아들일 수 없다. 그리고 문언은 국제법과 어긋나지 않고 국제법과 일치하는 효과를 줄 수 있도록 해석되어야 한다. 법적인 유효성이 다투어지지 않고 기판력을 가지는 국제중재 사안에서 재판관이나 중재인은 국제법에 기초해야 하며, 국제법에 반하는 결과를 낳지 않도록 해야 한다. 그리고 국제재판관의 권한은 그 사건에서 당사자가 부여한 기능으로 제한된다. 그들의 권한은 당사자가 변론에서 주장한 최대의 청구로 제한된다. 해석은 당사국들이 청구에서 정한 범위를 넘을 수 없다.

셋째, 기판력(res judicata)을 가진 결정은 분쟁의 당사국들을 법적으로 구속한다. 이는 선례에서 반복적으로 원용되는 국가들의 근본적인 법원칙이다. 기판력의 원칙은 국제법의 보편적, 절대적인 원칙이다. 이 사건에서 당사국들은 1902년 중재판정의 기판력을 다투지 않으며, 따라서 법적으로 구속된다. 국제중재에서 기판력은 주로 주문, 즉 재판소가 분쟁에 대하여 판단하고 당사국들의 권리와 의무를 기술하는 면에 적용된다. 주문이 도출되는 데에 논리적으로 필요한 부분도 동등하게 구속력이 있다. 중재판정에서 사용된 개념에도 기판력이 있다.

기판력은 주문, 즉 재판소가 분쟁에 관하여 판단하고 당사국의 권리와 의무를 선언하는 부분에 미친다. 주문에 이르기 위하여 논리적으로 필수적인 부분에도 기판력이 미친다. 중재판정에서 사용된 용어에도 기판력이 미치며, 당사국은 이를 변경할 수 없다. 판결 이후의 용어사용 또는 언어의 변화에 의하여 수정될 수 없다.

넷째, 국제법은 조약, 일방적인 문서, 중재판정 또는 국제기구의 결의 등 법적인 문서를 해석하는 규칙을 가지고 있다. 용어의 자연적 통상적인 의미의 원칙, 문맥에 따른 해석, 실질적 효과의 원칙 등이 모두 이에 해당한다. 중재인에 의하여 결정된 중재판정의 해석에는 조약의 해석에 적용되는 규칙보다 더 엄격한 규칙이 적용되어야 한다. 판결의 해석은 주문의 문언의 의미를 결정하는 것뿐만 아니라 논리에 따라 그 범위, 의미 및 목적을 결정하는 것을 포함한다. 해석은 규칙의 명확한 의미를 확정하기 위한 법적인 작용이며, 그 의미를 변화시킬 수 없다. 나아가 실제적 효과의 원칙에 따르면 규정은 언제나 일정한 효과를 얻을 수 있도록 해석되어야 한다. 이에 따르면 중재인이나 중재인을 보좌한 재판소가 엄밀한 용어에 대하여 기술적으로 올바른 의미와 다른 의미를 부여하였을 것이라고 해석할 수 없다. 나아가 법적인 용어가 예외적이거나 통

상적이지 않은 의미를 갖는다고 주장하는 사람은 이를 증명해야 한다. 조약법
에 관한 비엔나협약 제31조 제4항은 조약해석의 원칙으로 당사국이 특별한 의
미를 특정한 용어에 부여하기로 의도하였음이 확정되는 경우에는 그러한 의미
가 부여된다고 규정하고 있는 점에 비추어 볼 때, 이 사건 중재재판소의 결론
은 타당하다고 본다.

　　다섯째, 분쟁 당사국 사이의 국경선을 획정하는 중재판정이 내려진 이후
에 이 중재판정을 해석하는 새로운 중재판정은 최초의 중재판정 이후의 당사
자들의 행위를 고려할 수 없다. 그러므로 분쟁 당사국이 최초의 중재판정 이후
에 분쟁 지역에서 행한 국가주권의 행사는 새로운 중재판정에서 고려될 수 없
으며, 가사 상대국이 이러한 관할권의 행사에 아무런 이의를 제기하지 않은 경
우에도 이러한 묵인은 고려될 수 없다.

　　이 사건에서도 가능하면 기존의 국경선을 안정화하는 다양한 이론들이 제
시되었다. 영토분쟁에서 적용되는 결정적 기일의 이론이나 uti possidetis 원칙
등은 현재의 국경선을 존중하여 가능한 한 영토분쟁을 억제하려는 이론이라고
볼 수 있다. 이 사건에서 직접적으로 결정적 기일에 관한 이론이 적용되거나
uti possidetis 원칙이 적용된 것은 아니지만 기존의 중재판정문을 해석함에 있
어서는 엄격히 해석되어야 하며, 조약의 해석에 관한 원칙이 적용될 수 없다고
한 것이나 중재판정문을 해석함에 있어서는 그 이후의 당사자의 행위를 고려
할 수 없다거나 기존의 중재판정의 의미를 해석하는 새로운 중재판정은 본질
상 소급효를 가지며, 그리하여 결정된 국경선은 이미 양국 사이에 존재하던 국
경선이라고 설시한 점은 모두 기존의 국경선을 존중하여 국경선에 관한 분쟁
을 가능한 억지하는 기능을 한다고 볼 수 있다. 따라서 이 중재판정은 큰 틀에
서 기존의 영토분쟁의 판결에서 제시된 국제법적 원칙의 연장선에 놓여 있는
판결이라고 이해될 수 있다.

리비아/차드 영토 분쟁 사건

Case Concerning Territorial Dispute(Libyan Arab Jamahiriya v. Chad), ICJ(1994)

이성덕(중앙대)

Ⅰ. 사실관계

리비아와 차드 간의 국경 분쟁 사건으로 양국은 처음에 협상에 의하여 그들의 국경 분쟁을 해결하고자 하였으나 실패하였다. 이에 양국은 동 사건을 국제사법재판소(International Court of Justice)에 회부하여 그 해결을 구하였다. 양국 간의 문제되는 국경부분은 판결문 스케치 지도 1에 표시되어 있다. 차드는 차드의 선행국인 프랑스와 리비아 간에 체결된 1955년 우호선린조약으로 리비아와 차드 간의 국경이 획정되었다고 주장하였으나, 리비아는 해당 지역의 국경은 원래 존재하지 않았으므로 해당지역의 영유권이 누구에게 속하는지를 판단하여야 할 것이라고 주장하였다.

Ⅱ. 쟁 점

사건의 주된 논점은 리비아의 주장대로 양국 간에 기존의 경계가 존재하지 않는 것인지, 차드의 주장처럼 기존의 경계가 존재하는지 하는 점이었다. 기존의 경계가 존재한다면 그것은 1955년 프랑스와 리비아 간에 체결된 우호선린조약의 내용에 따라야 하는 것인지 하는 점 등이 문제되었다. 특히 국가승계 시 국경조약의 승계 문제가 이 사건에서 잘 다루어지고 있다.

Ⅲ. 판 결

사건은 "대 사회주의 인민 리비아 아랍 자마히리야와 차드 공화국 간 영토 분쟁의 평화적 해결에 관한 기본협약(Framework Agreement[Accord-Cadre] on the Peaceful Settlement of the Territorial Dispute between the Great Socialist People's Libyan Arab Jamahiriya and the Republic of Chad)"을 리비아와 차드가 순차적으로 재판소에 통보함으로써 개시되었다. 리비아는 기존의 경계가 존재하지 않는다 는 것에 근거하여 재판소에 경계를 만들어 줄 것을 요청하고 있는 반면에 차드 는 기존의 경계가 존재한다는 전제하에서 그 경계가 무엇인지를 선언하여 줄 것을 요청하였다. 리비아는 영유권 귀속에 관한 분쟁으로 본 사건을 성질 결정 지은데 반하여 차드는 경계의 위치에 관한 분쟁으로 성질 결정을 한 것이다.

재판소는 리비아와 차드가 주장하는 판결 본문 스케치 지도 1에 표시된 국경선들에 대하여 검토하였다. 리비아는 자신의 주장은 선주민, 세누씨 령 (Senoussi Order), 오토만 제국, 이탈리아, 리비아의 권리와 권원들의 총합에 근 거한 것이라고 하였고, 차드는 1955년 8월 10일 프랑스와 리비아 간에 체결된 우호 및 선린 조약 혹은 대체적으로 프랑스의 실효지배(effectivités)에 근거하여 자신의 권리를 주장하였다.

재판소는 오랜 기간 동안의 복잡한 역사적인 배경들을 검토한 후, 양 당사 자가 1955년 조약이 재판소에 제기된 문제를 해결하는데 있어서 논리적 시발 점이라고 판단하였다. 어느 당사자도 1955년 조약의 유효성을 부인하지 않았 으며, 리비아는 차드가 자신의 국경과 관련하여 1955년 조약 규정을 리비아에 대하여 원용할 수 있는 권리를 갖는다는 점을 문제삼지 않았다. 1955년 조약은 조약 본문뿐만 아니라 조약의 본질적 구성 부분인 네 개의 부속협정과 여덟 개 의 부속서로 구성되어 있는데, 특히 조약 제3조와 부속서 I이 국경문제를 다루고 있었다.

재판소는 1955년 조약으로 분쟁 당사자 간에 합의에 의한 국경이 수립되었는지 여부를 판단하기 위하여 제3조와 제3조가 언급하고 있는 부속서 I을 검토하였다. 각 당사자 영역의 한계를 결정하여 달라는 리비아의 요청과 국경의 경로를 정하여 달라는 차드의 요청에 대하여 1955년 조약이 답한다고 재판소는 판단한다.

제3조는 다음과 같이 규정하고 있다.

"양 체약 당사자는 한편으로 튀니지, 알제리, 프랑스 서 아프리카 및 프랑스 적도 아프리카의 영토와 다른 한편으로 리비아 영토 간의 국경은 첨부된 교환서신(Exchange of Letters)에 나타난 리비아 연합왕국의 성립 시점에 효력이 있는 국제문서들로부터 결과되는 그것임을 인정한다(부속서 I)."

교환서신으로 구성되어 있는 조약의 부속서 I은 제3조를 인용한 후에 다음과 같이 규정하고 있다:

"-1898년 6월 14일 프랑스-영국 협정;

-1899년 3월 21일 같은 것을 완성하는 선언;

-1902년 프랑스-이탈리아 협약들;

-1910년 5월 12일 프랑스 공화국과 터키(Sublime Porte) 간의 협정;

-1919년 9월 8일 프랑스-영국 협정;

-1919년 9월 12일 프랑스-이탈리아 약정(arrangement)."

재판소는 1969년 조약법에 관한 비엔나협약 제31조에 규정되어 있는 바와 같은 일반 국제법 규칙에 따라 조약은 조약문의 문맥 및 그것의 목적에 비추어 그 조약의 문맥에 부여되는 통상적인 의미에 따라 성실하게 해석되어야 한다는 점을 상기한다. 조약의 해석은 무엇보다도 조약의 문언에 근거하여야 하고, 보충적인 조치로 조약 체결 준비 작업과 조약 체결 상황과 같은 것들이 해석의 수단으로 고려될 수 있다는 점을 확인하고 있다.

1955년 조약 제3조에 따르면, 당사자들은 리비아 연합왕국의 성립 시점에 효력이 있는 국제문서들로부터 결과되는 국경을 인정한다고 하고 있는데 인정

한다는 것은 법적인 의무를 수반하는 약속이라고 할 수 있다. 국경을 인정한다
는 것은 국경을 수락한다는 의미와 동일한 것으로, 그것은 그러한 국경을 존
중하고 장래에 그 국경에 대하여 다툴 수 있는 권리를 포기한다는 것을 의미
한다.

재판소는 1955년 조약의 문언이 분쟁 당사자들의 국경 전부를 확정하였으
며 관련 국경 어디도 확정되지 않은 상태로 남아있지 않다고 판단하였다. 그것
이 1955년 조약 제3조의 통상적인 의미라는 것이다. 따라서 재판소의 임무는
1955년 조약 제3조가 의미하는 정확한 내용을 확인하는 것이었다.

국경의 획정은 직접적으로 관련된 주권 국가들의 의지에 따르는 것이다.
과거에 국경선이 어떠하였든가와 관계없이 관련 당사국은 상호 합의에 의하여
국경을 정하는 것도 가능하다. 확정된 국경이 이미 존재하는 경우라면, 그것을
단순히 확인하는 것이 된다. 만약 그것이 이전의 영역 경계가 아니라면, 그것을
인정하는 당사자들의 합의는 그러한 경계에 대하여 법적인 경계로서의 지위를
부여하는 것이 된다. 이러한 인정을 행하는 것은 여러 가지 방법으로 이루어질
수 있는데, 1955년 조약 제3조가, 인정되는 국경은 부속서 I에 정하여진 국제문
서들에 의하여 만들어지는 그것이라고 규정하고 있다는 사실은 모든 국경들이
그러한 국제문서에 의하여 만들어진다는 것을 의미한다. 이와 다른 해석은 제
3조의 실제 문언에 배치되는 것이며, 부속서 I에 있는 문서들을 언급하는 것을
무의미하게 만든다. 1955년 조약 제3조는 리비아 연합왕국 성립 시에 효력이
있는 첨부된 교환서신에 적시된 바와 같은(tels qu'ils sont définis) 국제문서들을
언급한다. 이에 리비아는 부속서 I에 언급된 차드가 원용한 문서들은 관련 시점
에 효력이 없었다고 주장한다. 하지만 재판소는 이러한 리비아의 주장을 받아
들이지 않았다. 제3조는 리비아 연합왕국의 성립 시에 효력이 있는 국제문서를
단순히 언급하는 것이 아니라, 부속서 I에 그렇게 적시된 일자에 효력을 갖는
문서들을 언급하고 있기 때문이다. 후속 조사를 통하여 특정 문서가 효력이 있
는 지 여부를 남겨둔 채로 특정 사안을 규율하는 문건을 작성하는 것은 무의미
한 작업일 수 있다. 재판소의 입장에서는 조약의 당사자들이 인용된 문건들을

제3조의 관점에서 효력이 있는 것으로 판단하기로 합의한 것이 분명하다. 왜냐하면 그렇지 않으면 그들이 구태여 부속서에서 그것들을 언급할 이유가 없기 때문이다. 제3조의 문언은 당사자들 간에 공통의 국경 문제를 확정적으로 해결하고자 하는 의도가 있었음을 명확히 보여준다. 제3조와 부속서 I은 이러한 국경의 경로를 만들어내는 법적인 문서들을 언급함으로써 국경을 획정할 의도였던 것이다. 이와 다른 해석은 국제법리에 의하여 일관되게 지지되어 온 해석의 근본원칙 다시 말하여 실효성의 원칙(principle of effectiveness)에 반하는 것이다. 이러한 재판소의 결론은 1955년 조약의 내용, 1955년 조약과 동시에 체결된 프랑스와 리비아 간의 선린협정, 및 교섭기록들에 대한 면밀한 검토에 의하여서 지지된다는 것이다.

이어서, 1955년 조약, 특히 제3조로 당사국들은 그들 사이의 공통 국경을 획정하기를 원하였다고 판단한 재판소는 부속서 I에 언급된 국제문서로부터 파생하는 리비아와 차드 간의 구체적인 국경이 무엇인가를 검토한 후, 양국의 국경은 "동경 24°선과 북위 19°30′의 교차점으로부터 북회귀선과 동경 16°선의 교차점까지의 직선; 그리고 그 점으로부터 동경 15°선과 북위 23°선의 교차점까지의 직선"으로 정하여진다고 판시하였다.

Ⅳ. 평   석

1. 관할권 성립

리비아와 차드는 그들 간의 기본협정에서 다음과 같이 그들 상호간의 분쟁을 해결하기로 합의하였다. 이러한 분쟁해결의 합의는 우선 정치적 협상에 의한 분쟁해결을 선행적 분쟁해결방법으로 채택하고 그것에 의하여 분쟁이 제대로 해결되지 않는 경우에 국제사법재판소에 동 사건을 회부하기로 하고 있다.

"제1조. 양 당사자는, 국가원수들이 달리 정하지 않는 한, 그들의 영토분쟁

을 대략 1년의 기간 안에 조정을 포함한 모든 정치적인 수단을 통하여 먼저 해
결하기로 약속한다.

　　제2조. 그들의 영토분쟁에 대한 정치적 해결이 이루어지지 않는 경우에,
양 당사자는 다음을 약속한다:

　　(a) 국제사법재판소에 동 사건을 회부하는 것;
　　…"

　　본 사건이 국제사법재판소에 회부된 후 차드는 동 규정뿐만 아니라 예비
적으로 1955년 8월 10일 프랑스－리비아 우호 선린 조약(Franco－Libyan Treaty
of Friendship and Good Neighbourliness) 제8조를 원용하여 관할권의 성립을 주
장하였지만, 국제사법재판소는 기본협정 제2조 (a)에 의하여 관할권이 확정적
으로 성립한다고 판단함으로써 예비적인 관할권 성립 근거와 관련한 차드의
주장에 대하여 검토하지 않았다.

　　본 사건은 바로 국제사법재판소에 분쟁사건을 회부하는 합의를 하지 않고
일정 기간 동안의 사전적인 정치적 해결 협상을 선행토록 하여 사법적 해결이
아닌 정치적 해결로 먼저 분쟁을 해결하고자 하였다.

2. 분쟁의 성격

　　분쟁을 재판소에 회부한 기본협약은 리비아와 차드 간의 분쟁을 "그들의
영토분쟁(their territorial dispute)"이라고 기술하고 있어서 분쟁의 성격이 분명하
지 않았다. 이에 리비아는 "비록 리비아의 입장에서는 국제협약들 어느 것도
최종적으로 당사자들 간의 경계를 정하지 않았고 따라서 그 경계는 적용 가능
한 국제법 원칙에 따라서 확립되어야 할 것이지만, 이 지역에 있어서 당사자들
의 각 영토의 한계를 결정하는 것은 특히 이러한 여러 국제협약을 고려하는 것
과 연관되어 있다"고 주장하였다.[1] 이러한 근거 하에서 리비아는 재판소에게
"기본협약의 추가적 이행에 있어서 그리고 당사자들 간의 영토 분쟁을 고려하
여, 본 사안에 적용 가능한 국제법 규칙에 따라 관련 영토의 한계를 결정하여

---

1) para. 18.

줄 것"을 요청함으로써 재판소에 제기한 문제를 확정하였다.[2] 이러한 리비아의
입장은 본 분쟁의 성격이 영역에 대한 영유권 분쟁이고 따라서 영유권 취득과
관련한 국제법적인 법리에 따라 영유권의 귀속을 결정하여야 한다는 것이다.
반면에 차드는 "본 사건의 목적은, 당사자들 간에 본 사안에 적용 가능한 원칙
과 규칙을 적용하여, 그 국경의 확정적인 획정에 도달하는 것이다"라고 주장하
면서, "차드 공화국과 리비아 아랍 자마히리야 간의 국경의 경로를, 당사자들
간에 본 사안에 적용 가능한 국제법 원칙과 규칙에 따라, 결정하여 줄 것"을 요
청하였다. 이러한 차드의 주장은 본 분쟁이 영유권 분쟁이 아니라 국경 획정과
관련한 분쟁이라는 것이다.

　　이에 대하여 재판소는 "… 리비아는 기존의 경계가 존재하지 않는다는 근
거 하에서 접근하면서 재판소에게 경계를 정하여 줄 것을 요청하고 있다. 차드
는 기존의 경계가 존재한다는 근거에 따라 접근하면서 무엇이 경계인지를 선
언하여 달라고 요청하고 있다. 리비아는 본 사건은 영토의 귀속에 관한 분쟁과
관련되어 있다고 판단하고 있는 반면에 차드의 견해에 따르면 그것은 경계의
위치에 관한 분쟁과 관련된 것이다"라고 정리하면서 최종적으로 본 사건은 특
정 영역에 대한 영유권 분쟁이 아니라 관련 영역에 대한 확정적인 국경 획정과
관련한 분쟁이라고 성질 결정하였다.

3. 국경획정 조약의 해석

　　재판소는 특정 조약이 다루고 있는 사안이 국경획정 문제를 포함한 다양
한 사안이라 하더라도, 그러한 조약이 국경을 획정한다는 성질을 갖는 것은 분
명하다고 판단하면서, 본 사건에서 문제된 1955년 프랑스와 리비아 간의 조약
은 국경획정과 관련한 규정을 가지고 있고 그에 따라 리비아와 프랑스를 승계
한 차드 간의 국경을 획정하여야 한다고 판단한다. 재판소는 판결 제48문단에
서 다음과 같이 1955년 조약 제3조가 분쟁 당사국 간의 국경을 완결적으로 획
정하였다고 판단하였다.

---

2) para. 18.

"48. 재판소는 1955년 조약 제3조는 국경 중의 일부만이 아닌 모든 국경
문제를 해결할 목적을 가지고 있었다고 판단한다. … 제3조는 그것 자체로 국
경들을 획정하지 못하지만, 부속서 I에 언급된 문건들이 있다. 부속서 I에 있는
목록은 그들의 국경의 획정과 관련하여 당사자들에 의하여 망라적인 것으로
받아들여진다."

또한 재판소는 1955년 조약 이외에 다른 국제협정이 리비아와 차드 간의
국경 획정을 위하여 원용될 수 있다는 리비아의 주장을 배척하면서 판결 제50
문단에서 다음과 같이 기술하고 있다.

"50 … 제3조는 리비아 연합왕국이 성립한 시점에 효력이 있는 국제문서
들만을 언급하는 것이 아니라 그 날짜에 효력이 있는 부속서 I에 적시된 국제
문서를 언급하고 있다. … 이러한 제3조와 부속서의 문구는 리비아의 영토와
관련이 있을 수 있는 부속서에 포함되어 있지 않은 효력 있는 여타의 국제문서
를 배제한다. …"

4. 합의에 의하여 성립된 국경의 존속

세트-카마라 재판관이 반대의견에서 1955년 조약의 유효기간에 근거하
여 그에 의하여 획정된 경계의 유효성에 대하여 의구심을 제기하였지만, 재판
소는 이러한 입장을 배척한다. 즉 재판소는 판결 제72문단과 제73문단에서 다
음과 같이 언급하고 있다.

"72. 1955년 조약 제11조는 다음과 같이 규정한다:

"본 조약은 20년의 기간 동안 체결된다.

체약당사자들은 언제라도 그 개정을 위한 협의를 할 수 있다.

이러한 협의는 발효 후 10년이 만료하면 의무적으로 이루어져야 한다.

본 조약은 발효 후 20년 후에 각 당사자에 의하여 종료될 수 있고 또한 그
이후에는 타방 당사자에게 1년의 사전 통지를 행하는 것을 조건으로 종료할 수
있다."

이러한 규정들에도 불구하고, 조약은 재판소의 입장에서는 영속적인 국경

을 결정한 것으로 받아들여진다. 1955년 조약에는 합의된 경계가 잠정적인 혹은 일시적인 것이라는 적시가 어디에도 없다; 오히려 그것은 최종적인 것이라는 증명을 가지고 있다. 이 경계의 수립은, 애초부터 1955년 조약의 운명과는 무관하게 그 자신의 법적인 생명을 갖는, 사실이다. 한번 합의되면, 경계는 성립한다. 왜냐하면 어떤 다른 접근도 경계의 안정성이라는 재판소에 의하여 그 중요성이 반복적으로 강조된[3] 근본적인 원칙을 저해하기 때문이다."

"73. 조약에 의하여 수립된 경계는 따라서 조약 자체가 누리지 못하는 영속성을 향유한다. 조약은 경계의 계속성에 어떠한 영향을 미치지 않고 효력을 상실할 수 있다. 이 경우에 당사자들은 조약을 종료시키는 자신들의 권한을 행사하지 않았지만, 그 권한이 행사되었든 그렇지 않든 간에 경계는 남아있는 것이다. 이것은 두 국가가 상호합의에 의하여 그들 간의 국경을 변경할 수 없다는 것을 말하는 것은 아니다; 이러한 결과는 물론 상호 동의를 통하여 얻을 수도 있지만, 경계가 합의의 대상이었을 때, 그 경계의 계속적인 존재는 그 경계를 합의한 조약의 계속적인 존속에 의존하지 않는다."

국경의 존속 및 안정성과 관련한 이러한 재판소의 입장은 아지볼라 재판관의 개별의견 제53문단에서 다음과 같이 추가적으로 보완되고 있다.

"53. … 경계에 관한 조약들에 대한 해석의 특별 규칙은, 반대의 증거가 없는 한, 그것은 평화, 안정, 및 최종성을 확보하기 위하여 체결된 것으로 여겨져야 한다는 것이다. 많은 다자조약들은 경계조약과 관련한 안정성과 최종성을 보호하고 확보하기 위한 규정들을 가지고 있다. 이러한 조약들의 예는 1978년 조약에 대한 국가승계협정(Convention on the Succession of States in Respect of Treaties)으로 … 특히 그 협정 제11조는 국가승계가 조약에 의하여 수립된 경계를 변경하거나 영향을 미치지 않으며, 그것이 또한, 경계문제가 관련된 경우에는 그러한 조약에 의하여 확립된 의무와 권리에 영향을 주지 않는다고 규정하고 있다. 비슷하게, 1969년 조약법에 관한 비엔나 협약 제62조 제2항 (a)는

---

3) 프레아 비헤어 사원(Temple of Preah Vihear), I.C.J. Reports 1962, p. 34; 에게해 대륙붕 (Aegean Sea Continental Shelf), I.C.J. Reports 1978, p. 36.

다음과 같이 규정한다:

"사정의 근본적 변경은 조약을 종료시키거나 또는 탈퇴하는 사유로 원용될 수 없다

(a) 그 조약이 경계선을 확정하는 경우." … "

다만 문제되는 것은 확정된 경계가 무효인 조약에 의한 경우에도 이러한 재판소의 판시 사항이 적용될 것인가 하는 점이다. 본 사건의 경우 1955년 조약은 체결 당시에 무효인 조약이 아니므로 이러한 문제가 발생하지 않는다. 그렇지만 국경을 획정하는 조약의 체결 시 국가에 대한 강박과 같은 조약을 무효화시키는 사태가 개입하는 경우 그러한 상태에서 획정된 국경도 조약의 운명과 관계없이 계속 존속하여야 하는가의 문제이다. 이 점과 관련하여서는 국제사법재판소의 판결 중 다음 부분이 시사하는 바가 있다고 생각된다.

"36. 양 당사자는 1955년 조약이 재판소에 제기된 문제를 판단함에 있어서 시작점이라고 인정한다. 어느 당사자도 조약의 유효성에 대하여 문제를 제기하지 않을 뿐만 아니라, 리비아는 차드와의 국경과 관련하여 리비아에 대하여 그 조약의 어떠한 규정이든 원용할 수 있는 차드의 권리를 의심하지 않는다. 그러나 비록 그 조약이 동 조약은 "완전한 평등, 독립, 및 자유를 기반으로 하여" 발효하였다고 규정하고는 있지만, 리비아는 조약을 체결하던 시점에는 오랜 동안의 국제적인 경험이라는 이익을 향유하는 강대국과의 어려운 협상에 참여하는 경험을 결여하고 있었다고 주장한다. 이러한 이유로, 리비아는 리비아의 지식과 관련 사실의 결여를 이용하려는 프랑스 협상가들의 시도가 있었고, 그로 인하여 결과적으로 리비아는 경계와 관련한 규정들에 대하여 불이익을 받게 되었으므로, 재판소는 조약을 해석함에 있어서 이점을 고려하여야 한다고 주장하였다; 그러나 리비아는 그 조약 자체를 무효화시키는 주장의 근거로 그러한 논거를 취하지는 않았다."

또한 아지볼라 재판관의 묵인 이론과 관련한 다음의 개별의견 제111문단도 이 점에 대하여서는 시사하는 바가 있다.

"리비아가 차드 혹은 심지어 프랑스(1955에서 1960까지)에게 그 조약이

무효이거나 기대되는 경계를 창설하지 못하였다고 항의할 수 있는, ⋯ 많은 경우가 있었지만, 리비아는 침묵하였다. 1955년 이래 리비아는 이 국경에 대하여 항의할 수 있는 많은 기회가 있었지만 아무것도 하지 않았다. 대신에, 리비아는 1955년 조약에 대하여 어떠한 하자 혹은 무효 주장 혹은 그에 대한 어떠한 것이든 거부의 의사를 제기함이 없이 1966년에 차드와 다른 조약에 서명하였다. 오히려, 1966년 조약은 명백히 1955년 조약에 의하여 수립된 경계를 확인하였는데 그 이유는 1966년에 리비아가 경계가 설정되어 있다고 인정하였기 때문이다."

5. 묵인 이론에 따른 국경 확정

재판소는 본 판결에서는 묵인 문제를 다루지 않았지만, 아지볼라 재판관은 금반언 혹은 묵인 이론에 근거하여 본 사건 판결이 인정하는 리비아와 차드 간의 국경을 인정하고 있다. 이러한 개별의견의 입장은 금반언 혹은 묵인이론에 의하여 논거가 강화된다는 것이다. 아지볼라 재판관은 그의 개별의견 제111문단과 제112문단에서 다음과 같이 기술하고 있다.

"111. ⋯ 1955년 이래 리비아는 이 국경에 대하여 항의할 수 있는 많은 기회가 있었지만 아무것도 하지 않았다. 대신에, 리비아는 1955년 조약에 대하여 어떠한 하자 혹은 무효 주장 혹은 그에 대한 어떠한 것이든 거부의 의사를 제기함이 없이 1966년에 차드와 다른 조약에 서명하였다. 오히려, 1966년 조약은 명백히 1955년 조약에 의하여 수립된 경계를 확인하였는데 그 이유는 1966년에 리비아가 경계가 설정되어 있다고 인정하였기 때문이다. ⋯ 리비아는 회의가 원용한 국경의 불가침성 원칙(principle of intangibility of frontiers)에 관한 선언에 반대하지도 않았다."

"112. ⋯ 차드가 그 독립을 획득한 1960년 8월 11일에 시작하였어야 할 것이다. 그것이 리비아가 프랑스에 의하여 국제연합에 제시된 차드의 경계에 항의할 수 있는 독보적인 기회였다. 그러나 반대로 리비아가 행한 모든 것은 차드가 독립 국가 대열에 속하게 된 것을 환영한 것이었다 ― 어떠한 종류의 항의도 없었다. … 차드는 여러 차례 리비아에 대한 자신의 사건을 총회와 안전보장이사회에 제출하였다. … 그러나 리비아는 … 비준서가 교환되지 않았기 때문에 양 당사자들에 의하여 당연히 인정되지 않는 선인 1935년 라발-무솔리니 국경을 주장하였다. …"

이러한 아지볼라 재판관의 묵인이론에 따르면, 무효인 국경조약이 성립된 경우 후속적으로 그러한 무효의 국경조약에 대하여 문제를 제기하지 않고 묵인하는 듯한 행동을 하면 결국 무효인 조약이 수립하는 국경이 확립될 수 있다고 이해될 수 있는 여지를 남긴다.

6. 현상유지(Uti Possidetis) 원칙

아지볼라 재판관은 그의 개별의견에서 현상유지원칙의 기원 및 라틴 아메리카에서의 적용 사례 등을 면밀히 검토한 이후에 현상유지원칙은 보편적인 국제법의 한 부분이 되었다고 그의 개별의견 제127문단에서 판단하면서 본 사건에 적용하고 있다.

"127. … 현상유지 원칙은 그 적용과 범주에 있어서 라틴 아메리카와 아프리카 국가들에 제한되는 원칙으로 더 이상 바라보아서는 아니 되고, 오히려, 이제 국제관습법의 원칙으로 종국적으로 떠오른 일반적 범주 및 보편성을 갖는 원칙으로 바라보아야 한다. …"

에리트리아/에티오피아 간 경계획정 사건

Delimitation of the Border between Eritrea and Ethiopia,
RIAA Vol. XXV(2002)

이재민(서울대)

Ⅰ. 사실관계

이 분쟁은 아프리카의 인접국인 에리트리아와 이디오피아 간 경계획정 분쟁을 다루고 있다. 양국은 오랜 국경 분쟁을 해결하기 위하여 2000년 12월 12일 "에리트리아 정부와 이디오피아 민주연방공화국간 협정"으로 불리는 조약을 체결하고 에리트리아－이디오피아 경계획정위원회를 구성하였다. 2002년 4월 13일 최종결정에서 경계획정위원회는 모두 43개의 주요 지점을 확인한 것을 기초로 양국간 경계획정을 정리하였다. 이 지점을 이용한 구체적인 분계작업은 양국간 협의에 맡겨지게 되었다.

1935년 이탈리아에 의하여 잠시 합병된 시기를 제외하고는 계속 독립국의 지위를 유지하여 온 이디오피아와는 달리 에리트리아는 오랜 기간 동안 터어키 및 이탈리아의 식민지배를 받았다. 1880년대에 에리트리아 지역을 점령한 이탈리아가 계속하여 인접국으로 확장을 시도하며 발생한 마찰로 1889년 유키알리 조약 체결 외에도 1900년, 1902년 및 1908년 세 차례에 걸친 별도의 조약을 체결하여 이디오피아와 에리트리아 식민구역 간 경계를 획정하였다. 본 조약들의 비구체성은 이후 양국간 경계획정 분쟁의 불씨를 잉태하고 있었다.

2차 세계대전이 종료되고 이디오피아와 에리트리아가 각각 이탈리아의 식민지배로부터 독립한 이후, 1953년에는 에리트리아―이디오피아 연방이 창설되었으나 독립을 요구하는 에리트리아의 노력은 계속되었다. 결국 1993년 4월 에리트리아에서 국제감시하에 국민투표를 통해 드디어 1993년 4월 27일 에리트리아는 독립하였고 유엔 회원국으로 가입하였다. 1993년 4월 29일 이디오피아는 에리트리아의 독립과 주권을 승인하였고 1993년 7월 30일 양국 정부는 우호협력조약을 체결하였다.

그러나 이러한 새로운 우호분위기 조성에도 불구하고 양국간 국경에서의 분쟁은 계속되었고 급기야는 1998년 5월 양국간 무력충돌이 발생하기에 이르렀다. 2000년 12월 12일 양국은 소위 "12월 협정"을 체결하여 양국 간 무력충돌을 영구적으로 종료할 것을 약속하고 본 경계획정위원회를 구성하였다.

Ⅱ. 쟁   점

이 분쟁은 에리트리아와 이디오피아 간 광범위한 영역에서의 국경의 정확한 위치와 관련된다. 국경은 3개의 지역으로 나뉘어지며 각각에 적용되는 조약이 존재한다: 서부지역은 1902년 조약이; 중부지역은 1900년 조약이; 동부지역은 1908년 조약이 각각 적용되었다. 이들 조약에 규정된 국경들은 실제 경계획정을 통하여 이행되지는 않았다.

우선 서부지역의 국경획정의 내용을 다루는 1902년 조약은 세 가지 언어로 작성되어 있는데, 영어와 이탈리아어 정본에는 국경 획정 지점이 Maiteb 강으로 표기되어 있고 암하라어 정본에는 Maiten 강이라고 표기되어 있어 혼란이 야기되었다. 또한 Meeteb와 Maiteb의 지명이 지도와 연도에 따라 서로 다른 곳을 가리키고 있어 문제가 되었다.

우선 조약의 문언에서 사용된 강 또는 장소의 지명의 의미와 효과는 조약 체결 당시의 그 이름이 의미하는 것에 따라 결정되어야 하는데 위원회는 1902년 조약의 Maiteb이 Mai Daro 지도의 Meeteb이나 Chaurand 지도의

Maietebbe – Meetab과 같다는 점을 확인하였다.

추가적으로 조약의 대상과 목적에 따른 분석을 통해 본 조약이 지칭하는 Cunama 영역의 귀속 여부를 확인하였다. 또한 위원회는 조약 체결 이후에 당사국들의 사후 행위 또는 관행에 대한 주요한 자료 또한 검토하였다. 1923년 제작된 이디오피아 지도에서 발견된 Ethiopian claim line은 관련된 다른 지도들은 Ethiopian claim line과 다른 형태의 경계를 나타내고 있었다. 당시 이디오피아는 이러한 지도들에 대하여 이의를 제기한 기록이 없으며, 같은 경계를 보이는 이디오피아 지도들의 일관된 기록이 있었기 때문에 이 지도들은 당사국들의 해당하는 경계에 대한 상호간 동의를 입증한다고 보았다. 조사위원회는 이 선이 1902년 조약에 의해서 에리트리아로 동쪽 limit of Cunama 영역이 귀속된 것을 받아들이는 것으로 볼 수 있다고 판단하였다.

마지막으로 위원회는 1935년 이후에 진행된 일련의 사건에서 양 당사국들 사이의 경계가 수정되는 효과를 갖는 것을 전혀 발견할 수 없었다고 밝혔다. 위원회는 여러 참고자료들 내에서 1935년부터 굳혀진 에리트리아의 title을 대체할 수 있을 법한 행정행위를 한 장소의 정확한 위치나 범위, 혹은 중요한 증거를 찾지 못했다고 밝혔다.

중앙지역의 국경획정과 관련해서는 1900년 조약에서 "Mareb – Belesa – Muna"선으로 기술되는 선이 벨레사 강 상류를 따라 올라가는 지점들에 대하여, 1900년 조약에 부속된 지극히 작은 축척으로 작성되었던 지도상에 표기된 지점들이 현대 지도에서 나타나는 지형 및 지명과 정확하게 부합하지 않기 때문에 이견이 발생한 것이었다.

위원회는 조약이 경계를 획정함에 있어서 이디오피아의 주장에 따라 지도의 묘사보다 더 길고 곧은 경계선으로 육지 지역을 포함해야 하지는 않는다고 보았다. 비록 지도에서 전체의 물줄기가 조금 상이하게 표기되어 있지만 De Chaurand의 지도와 비교하여 볼 때, 이것은 경계 조약의 목적을 위한 지도 제작상의 단순화였음이 명백하다는 것이었다.

이 문제는 1900년 조약의 경계가 어디서 끝나는지를 알아야 하는 것뿐만 아니라, 1908년 조약의 조항 Ⅰ이 "1900년 조약에 의해 형성된 경계의 동쪽 끝 지점"을 해당 조약에서 묘사한 경계의 시작점으로 삼기 때문에 중요했다. 위원회는 이에 따라 조약의 대상과 목적, 1900년 당시 지형과 지도들뿐 아니라 관련 지역의 통치권 행사에 관련된 행위 및 외교적 교환 및 기록들을 모두 세심히 검토하였다.

결과적으로 위원회는 1900년 조약의 경계를 수정하여 Endeli Projection의 전 지역을 이디오피아의 영토에 포함시킬 수는 없다고 판단하였다. 전체적으로 에리트리아에 비해 이디오피아의 행정적 행위가 미약하였으며, 따라서 이디오피아는 이 지역에 대해 충분한 실효적 점유 또는 지배를 하였다는 근거를 충족하지 못하였다고 판단하였다.

마지막으로, 동부지역은 1908년 조약에 따라 경계가 해안과 평행하게 진행하되 해안에서 60킬로미터 육지쪽으로 들어와서 진행하도록 규정되어야 했다. 그러나 출발점뿐 아니라 이러한 경계선을 긋는 적절한 방법에 대해서도, 따라서 동쪽 끝점에 대해서도 분쟁 당사국은 의견을 달리하고 있어 갈등이 발생하였다.

Ⅲ. 판　　결

1. 서부 지역

경계는 에리트리아, 이디오피아와 수단의 tripoint(Point 1)에서 시작되어 그 점의 반대편에 있는 Setit의 중심을 가로지른다. 그리고 경계는 Setit를 동쪽 방향으로 Tomsa와의 합류점(Point 6)까지 이어진다. 여기서 경계선은 동북방향으로 방향을 틀어 일직선으로 통과한다.

2. 중부 지역

경계는 Mareb와 Mai Ambessa의 합류지점(Point 9)에서 시작된다. Mareb를 동쪽방향으로 따라 Belesa 합류지점(Point 11)까지 이어진다. 그 후 Belesa가

Belesa A와 Belesa B(Point 12)가 합류하는 지점까지 Belesa의 상류를 따라 올라간다. Point 12의 동쪽과 동남쪽으로 경계는 Belesa B로 올라가고, Tserona 와 그 환경을 에리트리아에 남기듯이 그 강으로부터 벗어난다. 경계는 Tserona 의 현재 테두리로부터 나중에 분계단계에서 더 정확하게 결정되어야 하는 방법으로 약 1km 떨어져 돌아간다. 그 후에 경계는 Belesa B와 다시 합류하면서 Point 14까지 그 강을 남쪽으로 따라가며 그 방향으로 흐르는 이름없는 지류를 지나 그 지류의 원천인 Point 15를 향해 서남쪽으로 휘게 된다. 여기서 경계는 분수령을 Belesa A 지류의 원천인 Point 16으로 향하여 일직선으로 통과하고 그 지류를 따라 Belesa A와의 합류지점인 Point 17로 오게 된다. 그리고 경계는 Belesa A를 다시 따라 올라가 Point 18까지 Fort Cadorna와 그 환경을 에리트리아에 남겨두듯 에리트리아 claim line을 따라가게 된다. 에리트리아 claim line은 2001년 12월 20일 final submission날 에리트리아가 제출한 소련의 1:100,000 축척도에 정확하게 그려져 있다. Point 18이 Adigrat 에서 Zalambessa로 이어지는 도로의 중심으로부터 100m 서쪽에 표시되어 있다. 경계는 Point 18에서 그 도로의 중심으로부터 100m 떨어져 평행하게 Zalambessa 방향으로 그 도시의 현재 바깥쪽 edge에서 1km 남쪽까지 서쪽을 따라가게 표시되어 있다. 이 도시와 환경을 이디오피아에 남겨두기 위해 경계는 Point 20에서 Treaty line을 만날 때까지 서북쪽으로 현재 Zalambessa의 outer edge를 1km 떨어져 돌아서 지나가되, 이전 에리트리아 관세소들을 에리트리아 영역에 남겨지도록 하였다. 현재 Zalambessa의 바깥테두리는 분계단계에서 더 정확히 결정될 것이다. 경계는 Point 20에서 Enda Dahim을 Point 21에서 만날 때까지 Muna를 지나간다. Point 21에서 경계는 서북쪽으로 방향을 바꾸어 Enda Dashim을 Point 22까지 올라간다. 여기서 경계는 북쪽으로 가기 위해 이 강에서 벗어나 one of the 지류들을 따라 Point 23으로 거슬러 올라간다. 여기서 경계는 동북방향으로 더 높은 지류를 따라 그 원천인 Point 24에 도달한다. Point 24에서 경계는 일직선으로 Endeli의 지류들 중 상류수에 속하는 지류의 source인 Point 25까지 육상으로 지나가며, 경계는 그 지류를 따라

Endeli를 point 26에서 만나게 된다. Point 26에서 경계는 Endeli에서 Muna와의 합류지점(point 27)으로 하강한다. Point 27에서 경계는 Muna/Endeli 하류를 따라 이어진다. Point 28 근처에 있는 Rendacoma에서 경계는 Ragali라고도 불리게 표시(그려져)되어 있다. 이 선은 Point 28에서 Salt Lake의 서북쪽에 있는 Point 29를 향해 Muna/Endeli/Ragali에서 하강하며, 일직선으로 Point 30과 31로 가는데 이 영역의 마지막 지점에서 경계가 종결된다.

3. 동부지역

Point 31에서 경계가 시작되어 point 32－41까지 10개의 점들을 여러 개의 일직선으로 잇고 있다. Point 41은 Djibouti와의 경계에 있을 것이다. Point 40은 Bure의 두 checkpoints에서 등거리에 있다.

Ⅳ. 평   석

1. 지도증거의 중요성과 한계

이 결정은 경계획정 분쟁에서의 지도증거의 중요성을 여실히 보여주고 있다. 다양한 축척과 정보를 포함하고 여러 시대에 걸쳐 여러 발행기관이 발생한 지도들이 경계획정위원회에 의하여 검토되었다. 경계획정위원회는 이러한 지도의 증거력을 분류, 평가하기 위하여 다양한 방법을 사용하고 있다. 경계획정위원회는 특히 지도증거 중 분쟁의 일방 당사국이 자신의 입장에 반하는 내용이 기재된 지도를 스스로 출간하였거나, 타방 당사국이 작성한 지도에 자신의 이해관계에 반하는 내용이 기재되어 있음에도 이에 대하여 특별한 이의를 제기하지 않은 경우 이러한 지도에 대하여는 증거력의 가중치를 보다 두고 있다. 즉, 이 사건 경계획정위원회의 이러한 입장은 단지 지도에 직접적으로 기재된 내용뿐 아니라 그러한 지도에 대한 제작 당시 관련 당사국의 반응을 종합적으로 고려하여 증거력을 검토한다는 입장으로 이해할 수 있을 것이다.

한편 경계획정위원회는 또한 지도증거의 내재적 한계도 아울러 확인하고 있다. 즉, 아무리 외관상 상세한 정보를 제공하고 있는 듯이 보여도 지도가 반드시 정확하거나 또는 객관적으로 지상의 상황을 묘사하고 있지 않을 수도 있다는 점을 경계획정위원회는 지속적으로 언급하고 있다. 특히 경계획정위원회는 지도의 정보는 제작 당시 해당 지역의 상황을 어떻게 이해하고 있었는지 여부에 좌우되며, 특히 오래된 지도일수록 제작 당시의 지형 및 지역관련 지식은 부족할 수밖에 없다는 점을 지적하고 있다. 특히 주민의 거주지역 또는 국경과 같이 인위적인 요소들이 추후에 가미되는 경우, 정치적 동인이 지도 제작과정에 개입할 가능성도 있음을 경계획정위원회는 역시 지적하고 있다. 특히 지도 제작을 하는 국가의 이해관계가 경계획정 문제에 투영되는 경우, 그 과정에서 제작된 지도는 아전인수격 해석을 통해 작성될 위험성도 내포하고 있다는 것이다.

이와 같이 이 결정은 경계획정 분쟁에서의 지도증거의 중요성 및 활용방안, 그리고 그 한계와 문제점에 대해서도 적절히 파악할 수 있는 중요한 사례를 제시하고 있는 것으로 볼 수 있다. 특히 개별 지도의 증거력의 차이를 평가하는 방법을 구체적으로 나열하고 있는 것은 중요한 의의를 갖는다고 볼 수 있을 것이다.

2. 조약 해석에 있어 체결 당시 통용된 의미의 확인

이 분쟁에서 제기된 또 다른 문제는 조약에 규정된 내용과 표현을 해석함에 있어 그 기준 시점이 언제인가 하는 점이다. 경계획정위원회는 이러한 경우 소위 "동시대 의미 적용의 원칙(contemporaneity)"을 적용하여야 한다는 원칙을 수용하여 조약 체결 당시의 상황에 기초하여 관련 문구를 해석한다는 입장을 확인하였다. 이에 따라 경계획정위원회는 조약에서 사용된 강 또는 장소의 지명의 의미와 효과는 조약 체결 당시의 그 이름이 의미하는 것에 따라 결정된다는 입장을 고수하였다.

조약의 해석은 조약의 대상과 목적을 고려하고 문맥을 감안하여 통상적 의미에 따라야 한다는 비엔나 협약 제31조에 비추어 볼 때 이러한 해석은 일견 타당하다. 그러나 이러한 동시대 의미 해석 원칙은 과학기술, 상품 등과 관련된 내용을 포함하는 조약의 경우 동일한 단어와 표현의 의미가 시간이 경과함에 따라 급격히 변화하게 되는 바, 통상적 의미에 새로운 상황을 고려하지 못하게 한다는 문제점이 최근 적극적으로 개진되고 있는 상황이다. 경계획정위원회의 금번 결정은 이러한 최근의 추세와는 다소 거리가 있는 전통적인 해석방법이라고 볼 수 있다. 이는 법적 안정성을 중시하는 영토관련 조약의 특성에서 기인하는 것으로 보인다.

또한 경계획정위원회는 이 과정에서 가장 중요한 것은 당사국의 의도임을 확인하고 있다. 즉, 경계획정위원회는 다양한 명칭을 보유하는 강이 존재하는 경우 중요한 것은 명 당사국이 의도하고자 하였던 "물길"이 어떠한 것인지 그 실질을 밝히는 것이 중요하다는 입장을 견지하고 있다. 실질에 대한 당사국의 의도의 확인에 기초한 이러한 해석 방식도 역시 영토문제의 안정성을 도모하기 위한 작업의 일환이라고 볼 수 있을 것이다.

3. 조약해석과 당사국의 추후 관행

그런데 이러한 입장과는 달리 경계획정위원회는 당사국의 추후 관행을 평가하는 데 있어서는 상당히 융통성있는 입장을 견지하고 있음은 주목을 요한다. 즉, 경계획정위원회는 조약의 해석과 관련하여 당사국의 추후 관행을 고려하도록 한 비엔나 협약 제31조 제3항과 관련하여 이러한 추후 관행이 조약 내용에 대한 변경도 초래할 수 있다는 입장을 택하고 있는 것으로 보인다.

금번 경계획정위원회의 결정의 입장과 같이 당사국의 추후 관행이 명문의 조약을 융통성 있게 변경할 수 있는 것으로 파악하는 것은 영토 관련 조약의 안정성을 주요 고려사항의 하나로 인정하고 있는 기존의 국제법의 입장과 다소 상이한 것으로 볼 수도 있을 것이다. 그리고 이러한 입장은 일견 영토관련 조약의 안정성을 고려하기 위하여 조약 체결 당시 통상적 의미의 해석에 초점을 두어야 한다는 경계획정위원회의 또 다른 입장과는 서로 상충되는 측면이 있는 것으로 판단된다.

4. 경계획정 분쟁에서의 적용법규

한편, 이 분쟁에서 제기된 또 다른 중요한 이슈 중 하나는 경계획정위원회가 해당 분쟁을 심리, 결정하는 데 있어 적용하는 적용 법규가 무엇인가 하는 점이다. 이 문제가 제기된 이유는 경계획정위원회를 설치한 2000년 12월 협정 제4조에서 이 지역 경계획정은 "적용가능한 국제법"에 기초하여야 한다는 명시적 문구가 존재하였기 때문이다. 경계획정위원회는 이 문구와 관련하여 동일한 사항을 검토한 국제사법재판소의 Kasikili/Sedudu 사건에서의 판단 내용을 상당부분 참고하였다. 이 국제사법재판소 사건에서 당사국들은 합의를 통하여 "조약 및 관련된 국제법에 기초하여…"판결이 내려져야 함을 규정한 바 있다. 경계획정위원회의 이러한 입장은 조약뿐 아니라 국제관습법도 경계획정 분쟁에 대폭 적용될 수 있다는 점을 확인한 것으로 볼 수 있을 것이다.

따라서 경계획정 분쟁의 결정에 있어 관련 조약뿐 아니라 국제관습법의 적용도 폭넓게 인정함에 따라 이 결정의 입장을 따를 경우 추후 분쟁에서 경계획정위원회 및 재판부가 적용법규를 선택하는 데 있어 재량권을 대폭 강화시켜 주게 될 것이다.

5. 독립당시 국경선 존중 원칙 재확인

이 분쟁에서 독립 당시 국경선 존중 원칙이 거듭 확인되었다. 즉, 이디오피아와 에리트리아는 2차 대전 이후 이탈리아로부터 독립 당시의 국경을 존중하는 원칙 하에서 경계획정을 실시하기로 2000년 12월 협정에서 합의한 바 있다. 경계획정위원회도 이러한 원칙을 반복하여 언급하며 심리에 임하고 있다.

피식민 지배국간 국경 획정 문제에서 독립 당시 국경선 존중 원칙은 실은 식민 지배라는 부당한 상황을 통해서 창출된 결과라고 하더라도 이를 존중하는 것이 국제관계의 안정적 운용에 중요할 것이라는 기대에 기초하고 있다. 그러나 이 분쟁이 보여주는 바와 같이 독립 당시 국경선 자체가 불분명한 경우 (특히 현재와 같이 동일한 식민모국의 지배를 받고 있던 경우)에는 이러한 원칙에도 불구하고 결국 시대를 거슬러 올라가 최초 국경 문제가 논의되었던 시점까지 소급하여 살펴보아야 하는 상황이 발생할 수 있을 것이다.

6. 독도문제에 관한 시사점

이 분쟁은 독도 문제에 대하여서도 여러 시사점을 제시하고 있다. 먼저, 이 분쟁은 지도증거의 증거력과 활용방안에 관하여 상세한 가이드라인을 제시하고 있다. 향후 독도 문제와 관련한 우리 입장을 일층 강화하는 차원에서도 이와 같이 지도증거의 증거력과 활용방안을 적극 고려하는 것이 필요하다고 할 수 있을 것이다. 특히 이 분쟁은 여러 지도가 모두 동일한 증거력을 보유하는 것은 아니라는 입장을 견지하고 있는 바, 우리 입장을 지지할 수 있는 충분한 증거력을 보유한 지도를 확보하는 것이 중요하다는 점을 잘 보여주고 있다. 즉, 중요한 것은 지도의 "수량"이 아니라 지도의 "질"이라는 점을 강조하고 있다. 특히 이와 관련하여 일본이 작성한 지도 중 현재의 일본의 입장과 상치되는 내용을 담고 있거나 또는 우리나라가 작성한 지도이지만 일본의 입장에 배치되는 내용을 담고 있어도 그 당시 일본의 문제 제기가 부재하였던 지도를 확보하여 활용하는 것이 필요하다.

한편 이 결정은 지도증거의 한계에 대해서도 상당한 설명을 제시하고 있다. 지도가 사실은 특정 국가의 입장을 반영하기 위하여 객관적인 사실을 도외시하고 주관적인 측면에서 작성되는 경우가 있다는 점을 경계획정위원회도 인정하고 있는 바, 향후 일본 입장을 배척하고 우리 입장을 지지하기 위하여 이를 적극 활용하는 것이 필요할 것이다. 따라서 일본이 제시하는 지도에 대하여 이러한 지도 제작 배경을 객관적으로 설명하는 자료를 확보하여 이 지도가 일본의 입장을 주관적으로 반영하기 위하여 작성되었다는 내용을 소명할 수 있는 경우 이는 향후 국제분쟁에서 우리에게 결정적으로 중요한 자료로 활용될 수 있을 것이다. 반대로 우리가 제작한 지도에 대해서도 일본측의 이러한 문제 제기가 있을 수 있음을 인식하고 우리 지도의 객관성을 담보할 수 있는 관련 자료 및 증거를 동시에 확보하여야 할 것이다.

따라서 우리에게 유리한 또는 일본에게 유리한 지도의 발견 등 "발견" 부분에만 방점을 두지 말고 일단 발견된 지도를 둘러싼 관련 상황을 나타내어 주는 자료와 증거를 저인망식으로 확보하여 유리한 지도는 더욱 증거력을 확보할 수 있도록, 그리고 불리한 지도는 그 증거력이 부인될 수 있도록 준비작업을 진행하는 것이 필요할 것이다.

그 다음으로 이 분쟁에서는 280여개의 지도가 검토되었고 이 지도들은 상충되는 정보나 혼란스러운 내용을 담고 있다. 이러한 상충되는 정보를 담고 있는 지도의 평가방법과 관련하여 이 분쟁의 경계획정위원회는 다양한 불일치 사항에도 불구하고 여러 지도들이 전체적인 그림과 윤곽을 나타낼 수 있으면 충분히 활용가능한 것으로 판단하고 있다. 즉, 이는 일종의 "총체적 평가(totality of circumstances test)" 방법을 도입한 것으로 볼 수 있으며 다양한 지도를 종합적으로 고려하여 이로부터 공통성 내지 전체적인 흐름을 파악한다는 것이다. 독도 문제에 관해서도 우리 입장을 지지하는 내용의 지도가 구체적인 내용에 있어서는 서로 정확하게 일치하지 않더라도 전체적인 맥락에서 우리의 입장을 지지하는 공통점 내지 공통분모를 도출할 수 있으면 이 역시 향후 구체적 분쟁이 진행되는 과정에서 우리 입장을 지지하는 중요한 증거로 활용될 수 있을 것이다.

따라서 우리가 확보한 여러 지도의 구체적 내용이 정확하게 일치하지 않거나 다른 내용의 정보를 포함하고 있는 경우에도 이러한 정보의 기저에 우리 입장을 지지하는 공통의 흐름이 있는 경우 이러한 흐름을 확인하여 준비하여 두는 것이 필요할 것이다. 이러한 확인 작업은 특정 지도의 단편적 검토를 통해서는 확인에 한계가 있을 것이며 여러 지도와 그 지도 제작배경을 복합적, 입체적으로 고려하여야만 가능할 것이므로 여기에는 상당한 시일이 소요될 것이다. 따라서 이러한 점을 고려하여 이 부분에 관한 준비작업 내지 검토작업을 실시하는 것이 필요할 것으로 본다.

특히 이 분쟁 경계획정위원회는 분쟁과 관련한 다양한 조약을 검토하며 특히 현재의 통상적 의미가 아니라 조약 체결 당시의 통상적 의미에 따라 조약의 문구를 해석하여야 한다는 입장을 밝히고 있다. 따라서 1951년 샌프란시스코 조약 등 독도 문제 관련 국제조약 및 협정을 분석함에 있어 체결 당시의 상황에서 통상적 의미를 해석하고 이러한 해석이 우리 입장을 지지한다는 결론을 도출할 수 있도록 노력하는 것이 중요하리라고 판단된다. 동일한 단어라고 하더라도 조약체결 당시의 통상적 의미와 오늘날의 통상적 의미는 차이가 있을 수 있을 것이다. 만약 일본의 주장이 조약 체결 당시의 통상적 의미와는 괴리가 있는 해석에 기초한 주장을 전개한다면 이에 대하여 집중적인 문제 제기를 할 필요가 있다. 이러한 주장은 일본이 우리에 대해서도 제기할 수 있는 만큼 이에 대한 대비 역시 필요하다고 할 것이다.

나아가 한편으로 이 분쟁 경계획정위원회는 조약의 해석과 관련하여 당사국의 추후 관행에 대하여 상당한 비중을 두고 있다. 물론 독도 문제의 경우 이 문제를 해결하기 위한 양국간 조약이 체결된 바가 전혀 없으므로 추후 관행의 문제가 직접 제기될 가능성은 희박하다고 할 수 있다. 그러나 경우에 따라서는 국경 분쟁이 제기된 이후 양국의 추후 관행이 경계획정의 최종 해결에 중요한 변수로 작용할 수도 있다는 점을 이 결정은 보여주고 있는 것으로 판단된다. 이는 국경 분쟁이 본격적으로 제기된 이후 (즉 critical date 이후) 당사국의 관행에 대해서는 증거력을 부인하거나 제한하는 원칙과는 일견 상충되는 것으로 보인다. 따라서 "결정적 기일" 문제와 상관없이 독도 문제와 관련하여서도 당사국의 추후 관행이 중요하게 작용한다는 점을 유념할 필요가 있다.

나아가 이 분쟁에서는 유엔과 국제전문가들이 상당히 중요한 역할을 수행하였다. 결정문 곳곳에서 경계획정위원회는 유엔 지도 제작 담당관과 여타 전문가의 의견을 중요하게 언급하고 있다. 경계획정위원회는 당사국이 제출하는 지도는 주관적인 견해의 반영일 가능성이 높다는 견해를 표명하며 조심스럽게 접근하는 입장을 취하고 있는 것과 맞물려 이를 평가하는 객관적인 전문가의 중요성을 부각하고 있는 듯하다. 이러한 점을 감안하면 지도 관련 유엔 전문가 및 여타 국제전문가들과의 교류를 강화하여 우리 입장과 견해를 점차적으로 이들에게 전파하는 것도 독도 문제의 국제분쟁화에 대비하는 중요한 첫걸음이 될 것이다.

베냉/니제르 국경분쟁 사건

Case Concerning the Frontier Dispute(Benin v. Niger), ICJ(2005)

박배근(부산대)

I. 사실관계

베냉과 니제르는 서아프리카에 있는 국가들로서 프랑스령 서아프리카 (Afirique occidentale française, AOF)의 일부로 있다가 각각 독립하였다. 베냉은 1960년 8월 1일에 다호메이(Dahomey)[1] 공화국으로 독립하였다. 이후 1975년 에 베냉인민공화국으로 국명을 고쳤으며 1990년에 다시 베냉공화국으로 국명 을 변경하였다. 니제르는 베냉 독립 이틀 후인 1960년 8월 3일에 독립하였다.

베냉의 북부와 니제르의 서남부가 국경으로 접하고 있는데, 국경의 동부 는 니제르 강, 서부는 메크루 강으로 되어 있다. 양국 사이에는 국경 분쟁이 있 었으며 특히 독립 전부터 니제르 강 내의 가장 큰 섬으로 면적이 약 40평방 킬 로미터인 레테 섬(Ile de Lété)의 관할을 두고 분쟁이 있었다. 독립 직전인 1960 년 6월에는 레테 섬에서 니제르로부터 온 페울(Peuhls) 족과 다호메이의 구루베 리(Gourouéri) 주민 사이에 분쟁이 발생하였으며 같은 해 6월 29일에는 폭동 이 발생하여 페울 족 네 사람이 살해되는 사건이 발생하였다. 이 사건 이후 양 국은 국경분쟁을 우호적으로 해결하기로 합의하고, 1961년과 1963년에 다호메

---

1) 프랑스식 발음으로 '다오메' 공화국으로 부르기도 하였다.

이 - 니제르 합동위원회를 개최하여 문제를 논의하였다. 그러나 문제는 평화적
으로 해결되지 못하였다. 1963년에 양국의 영토분쟁은 더욱 심화되는 상황을
맞이 하였으며 1993년, 1998년 등에도 레테 섬의 주권을 둘러싼 사건들이 발
생하였다.

1994년에 베냉과 니제르는 국경획정을 위한 합동경계획정위원회(commission
mixte paritaire de délimitation) 창설에 합의하였다. 양국의 합동경계획정위원회를
참석하는 협정은 1994년 4월에 서명되어 우선 잠정적용되었으며 양국의 비준
을 거쳐 2001년 6월 15일에 정식으로 발효하였다. 잠정적용되는 동 협정에 따
라 1995년 6월부터 2000년 9월까지 6차에 걸쳐 합동경계획정위원회가 회합하
였지만 분쟁의 해결에는 실패하였다. 이에 양국은 2001년 6월 15일에 특별협
정을 체결하여(2002년 4월 11일에 발효) 분쟁을 국제사법재판소에 회부하였다.

양국은 소재판부를 구성하여 재판하기로 합의하고, (a) 니제르(Niger) 강
지역의 경계선 결정, (b) 레테 섬을 포함한 니제르 강의 섬 영유국 특정, (c) 메
크루(Mekrou) 강 지역의 경계선 결정을 재판부에 요청하였다.

베냉은, 니제르 강 좌안이 국경으로서 니제르 강 전체와 니제르 강에 있는
모든 섬은 베냉의 주권 하에 있고, 메크루 강의 중간선이 국경이 된다고 주장
하였다. 니제르는 니제르 강의 최고수심선이 양국 국경선이 되며 니제르 강 최
고수심선과 강 우안 사이에 있는 섬은 베냉 영유, 니제르 강 최고수심선과 강
좌안 사이에 있는 섬은 니제르 영유에 속한다고 주장하였다. 또 메크루 강 좌
안의 육지에서 양국의 국경이 획정되어야 한다고 주장하였다.

Ⅱ. 쟁   점

베냉과 니제르 양국은 재판 회부를 위한 특별협정 제6조에서 재판에 적용
될 법으로 "식민지화로부터 이어받은 경계의 국가승계원칙, 즉 그들 경계의 변
경불가능성의 원칙을 포함한 국제사법재판소규정 제38조 제1항에 규정된 규칙
과 원칙"을 천명하였다. 이른바 우티 포시데티스 유리스(uti possidetis juris) 원칙

을 적용하여 재판하기로 합의한 것이다. 이에 따라 재판에서는 독립 당시에 존재하였던 프랑스 식민지법인 국내법(해외법, droit d'outre-mer) 상의 경계선을 확인하는 것이 문제가 되었다. 또 식민지 시대에 경계를 확정한 권원(법적 권원)이 존재하였는지의 여부, 그러한 법적 권원에 관한 증거가 없을 경우 법적 권원과 에펙티비테(effectivités) 사이의 법적 관계 등도 문제가 되었다.

우티 포시데티스 유리스 원칙을 적용하여 국경선 문제를 판단할 경우 결정적 기일은 언제가 되는지도 문제가 되었다. 또 어떤 관리행위 또는 통치행위가 에펙티비테에 해당하는 것인지도 문제가 되었으며 결정적 기일 이후의 에펙티비테도 고려의 대상이 되는지의 여부도 쟁점이 되었다.

마지막으로 모든 국경분쟁이나 영토분쟁에서와 마찬가지로 이 사건에서도 다수의 지도가 국경을 나타내는 증거로 제시되었는데, 그들 지도의 증거적 가치도 쟁점의 하나였다.

Ⅲ. 판　결

1. 적용될 법

특별협정 제6조에 의하여 이 분쟁에 적용되어야 할 국제법규칙과 원칙은 "식민지화로부터 이어받은 경계의 국가승계원칙, 즉 그들 경계의 변경불가능성의 원칙을 포함한 국제사법재판소규정 제38조 제1항에 규정된 규칙과 원칙"이다. 이 조문과 당사자들의 주장을 볼 때 양국은 국경선 결정에 우티 포시데티스 유리스(uti possidetis juris)의 원칙이 관련된다는 점을 합의하고 있다고 결론지을 수 있다.

2. 우티 포시데티스 유리스 원칙과 결정적 기일

우티 포시데티스 유리스 원칙에 따르면, 식민지 기간에 확립된 예전의 행정적 경계획정(délimitations administratives)을 포함하여 독립이 달성된 시점의 영토 경계를 존중하여야 한다. 따라서 이 사건에서는 프랑스의 통치로부터 이어받은 경계를 확인하여야 한다. 이러한 확인을 위한 결정적 기일은 베냉과 니제르의 독립일인 1960년 8월 1일과 3일이다.

우티 포시데티스 유리스 원칙에 따르면 양국의 경계는 독립 일자에 프랑스 식민지 법이 적용되었던 물리적 상태를 참조하여 확정되어야 한다. 그러나 니제르 강에서 일정한 섬들이 나타날 수도 사라질 수도 있다는 사실을 무시할 수 없기 때문에 독립 당시의 물리적 상태는 현재의 물리적 실제와의 관련 속에서 평가되어야 한다.

결정적 기일 이후의 지도나 조사 또는 다른 문서가 독립 당시에 존재하였던 상태를 확정하기 위하여 관련이 있을 수 있다는 가능성을 선험적으로(à priori) 배제할 수는 없다. 그러나 우티 포시데티스 유리스 원칙의 효과는 영역 권원을 동결시키는데 있으므로 독립 이후의 문서들은 독립 당시의 국경선 변경에 대한 당사자들의 합의를 명확하게 표시하지 않는 한 결정적 기일의 "영토의 사진"(instantané territorial)을 변경시킬 수 없다.

3. 법적 권원과 에펙티비테

프랑스령 서아프리카 총독의 1900년 7월 23일자 정령[2]은 제3 군사영토를 창설한 1900년 12월 20일의 포고와 결합되어 있다. 그러나 이 정령은 경계를 결정하는 것으로 볼 수 없다. 1934년 12월 8일자 정령과 1938년 10월 27일자 정령에는 "니제르강의 경로"라고 하는 말이 나오지만 이는 경계의 정확한 위치를 나타내기 위한 의도로 사용된 것이 아니며 단지 두 식민지들 사이의 분리선을 나타낼 의도로 사용되었다는 것이 명백하므로 이 두 정령들을 니제르 강 내에서의 경계를 창설하는 것으로 볼 수 없다.

식민지 시대의 규제행위와 행정행위로부터 니제르 강 지역의 경계에 관한 법적 권원의 증거를 얻을 수 없으므로 에펙티비테를 검토하여야 한다. 에펙티비테가 어떠한 법적 권원과도 병존하지 않는 경우에는 반드시 고려되어야 하

---

2) arrêté. 프랑스 행정기관의 명령과 처분을 일반적으로 가리키는 말.

기 때문이다.

　니제르 강 지역의 경계에 관해서는 1914년 7월 3일자 사두-(Sadoux) 부행정
관(administrateur adjoint)의 서한과 잠정협정(modus vivendi)상의 조문이 1914년
부터 1954년에 이르기까지 일반적으로 존중되었으며, 이 기간 동안 니제르강
의 주된 가항수로가 양자 모두에 의하여 경계로 생각되었다고 판단한다. 그 결
과 그 선의 좌측에 있는 섬들에 대한 행정 권한은 니제르가 행사하였으며 우측
에 있는 섬들에 대한 행정 권한은 다호메이가 행사하였다. 1954년과 1960년 사
이의 기간 동안은 에펙티비테에 관한 상황이 명확하지 않다. 그러나 1954년 이
전에 레테 섬에 대한 니제르의 통치가 다호메이에게 유효하게 양도되거나 다
호메이에 의해 회수되었는지는 결론을 내릴 수 없다.

　메크루 강 지역에서는 우티 포시데티스 유리스 원칙을 적용하기 위하여
에펙티비테를 탐구할 필요가 없다. 메크루 강 지역에 관해서는 확실한 법적 권
원이 존재하기 때문이다. 에펙티비테는 법적 권원이 의심스럽거나 결여된 것을
완전하게 만들고 보충하기 위한 경우에만 관심의 대상이 되며, 실효성과 저촉
되는 권원보다 결코 우월할 수는 없다. AOF 총독이 식민지 오트-볼타와 식민
지 니제르의 경계를 확정한 1927년 8월 31일자 정령은 명시적으로 또는 묵시
적으로 메크루강의 경로를 식민지간의 경계로 채택하였다. 그 이후 권한 있는
행정 당국들은 메크루강의 경로를 니제르로부터 다호메이를 분리하는 식민지
간 경계로 간주하였고, 1927년 이후에 공포한 일련의 문서들 속에 반영하였다.
이것이 메크루 강 지역에서 1960년 8월의 독립 일자의 법의 상태였다.

4. 니제르 강 지역의 경계선과 섬의 귀속

　베냉과 니제르의 경계선이 독립 일자에 존재하였던 니제르강의 주된 가항
수로를 따르며, 가야 맞은편의 세 섬들의 근처에서 그 경계는 이들 섬들의 좌
측을 지난다. 이 경계와 니제르 강 우안 사이에 위치한 섬들에 대해서는 베냉
이 권원을 가지며, 니제르는 그 경계선과 그 강의 좌안 사이에 있는 섬들에 대
하여 권원을 가진다. 여러 조사에 의하여 확인된 니제르 강의 주된 가항수로의

위치가 매우 유사하므로 니제르 강의 하상(河床)은 상대적으로 안정되어 있으며 퇴적이 있기는 했지만 주된 가항수로의 현저한 변경을 초래한 일은 드물었다고 보인다. 이러한 사실은 식민지 시기에도 독립이후의 시기에도 동일하였다고 보인다.

가야(Gaya) − 말랑빌(Malanville) 다리의 경계는 니제르 강의 경계를 따른다.

5. 메크루 강 지역의 경계선

1999년의 카시킬리 세두두 섬(Kasikilil Sedudu Island) 사건(보트와나/나미비아)에서 국제사법재판소는 다음과 같이 판결하였다. 즉 비록 관행이 충분히 일관된 것은 아닐지라도 오늘날 수로상의 경계를 결정하는 조약이나 협약은 가항수로에서는 탈베그를 경계로 하고 급하고, 항행이 불가능한 수로에서는 양안 사이의 중간선을 경계로 삼는다. 1998년 4월에 수행된 답사작업에서 베냉−니제르 합동경계획정위원회의 합동기술위원회는 니제르 강과 메크루 강의 주된 흐름이 교차하는 지점의 좌표를 작성하였지만, 수위가 낮아서 메크루 강을 항해할 수 없었기 때문에 더 이상 작업을 계속할 수 없었다고 밝히고 있다. 또 당사자들은 메크루 강의 탈베그의 정확한 경로가 특정 가능하도록 하는 문서를 전혀 제출하지 않았다. 메크루 강의 탈베그 경로와 중간선 경로 사이에는 무시해도 좋을만한 차이밖에 없을 개연성이 매우 크다. 이런 점들에 비추어 메크루 강의 중간선을 따르는 경계가 국제적인 경계의 확정에 고유한 법적 안정성의 요청을 더 만족스럽게 충족시킬 것이다.

Ⅳ. 평 석

이 사건 판결의 내용은 이 사건 판결 이전에 내려진 국제사법재판소의 다른 경계분쟁에 관한 판결들3)과 다르지 않으며 그 이전의 국제사법재판소판

---

3) 1986년의 Case Concerning the Frontier Dispute(Burkina Faso v. Republic of Mali), 1999년의 Case Concerning Kasikili/Sedudu Island(Botswana./Namibia), 2001년

결에서 벗어나는 획기적인 내용은 없는 것으로 평가되고 있다.[4] 그러므로 이 사건 판결은 국경분쟁, 특히 아프리카의 식민지 독립국 사이의 국경분쟁에 적용되는 법과 증거에 관한 국제사법재판소의 일관된 입장을 보여 주고 다시 한 번 확인시켜 준다는 점에 의의가 있다. 다만, 아프리카의 식민지 독립국 사이의 국경분쟁에서 여러 차례 문제가 되었던 우티 포시데티스 유리스(uti possidetis juris) 원칙의 적용에 관해서는 당사국이 동 원칙의 관련성을 재판회부합의에서 밝혔을 뿐만 아니라 재판의 과정에서도 동 원칙의 관련성을 인정하는 태도를 취하였기 때문에 판결의 쟁점이 되지 않았다. 이 점과 더불어, 국경 설정에 관한 식민지 시기의 실행에 관한 논의가 없다는 점도 이 사건 판결과 그 이전의 일련의 국경분쟁사건 판결의 차이로 지적되기도 한다.[5] 국경을 구성하는 하천 위에 건설된 다리에서의 국경 문제를 다루고 있는 점도 다른 판결에서 찾아보기 어려운 이 사건 판결의 특별한 내용으로 들 수 있을 것이다.

이하, 주요한 쟁점에 관한 이 사건 판결의 국제법적 의의를 짚어보고자 한다.

1. 우티 포시데티스 유리스 원칙

우티 포시데티스 유리스 원칙은 로마법에서 유래한 것으로 로마법상의 의미는 "점유하는 상태로 점유를 계속하라"는 것이다. 중남미 국가들이 스페인의 식민지로부터 독립할 때 이 로마법상의 원칙이 국경선 획정에 그대로 적용

의 Case Concerning Maritime Delimitation and Territorial Questions between Qatar and Bahrain(Qatar v. Bahrain), 2002년의 Case Concerning the Land and Maritime Boundary Between Cameroon and Nigeria(Cameroon v. Nigeria; Equitorial Guinea intervening) 등의 판결을 예로 들 수 있다.

4) Stephen Manthisa, The 2005 Judicial Activity of the International Court of Justice, 100 *American Journal of International Law* 634(2006).

5) Andrew A. Rosen, Economic and Cooperative Post—Colonial Borders: How Two Interpretations of Borders by The I.C.J. May Undermine the Relationship between Uti Possidetis Juris and Democracy, 25 *Penn State International Law Review* 218, note 47 (2006).

되기 시작하였다. 즉, 스페인 당국의 식민지 행정구역의 경계선을 그대로 국경선으로 하여 남미 국가들은 독립하였다. 이후 이 원칙은 아프리카 국가들이 독립할 때에도 국경선 확정의 원칙으로 적용되었으며 1992년의 구 유고슬라비아 중재위원회에 의하여 유럽에도 적용되었다.

우티 포시데티스 유리스 원칙 적용의 근거에 관한 재판부의 태도는 반드시 명확하지는 않은 것으로 보인다. 다시 말해, 우티 포시데티스 유리스 원칙이 국제법상의 확립된 원칙이기 때문에 이 사건 국경 획정에 적용되어야 하는 것인지 아니면 당사자가 합의하였기 때문에 국제법의 원칙 여하를 불문하고 사건 당사국이 동 원칙의 적용에 합의하였기 때문에 적용되어야 하는지에 관한 재판부의 태도는 완전히 명확하지는 않다. 이미 말한 바와 같이 재판부로서는 이 점에 관하여 깊이 검토할 필요가 없었다. 이 사건 당사국인 베냉과 니제르가 재판회부를 위한 특별협정 제6조에서 동 원칙의 관련성을 재판회부합의에서 밝혔고 재판의 과정에서도 동 원칙의 관련성을 인정하는 태도를 취하였기 때문이다. 그러나 재판부는 국제사법재판소의 선례인 부르키나파소/말리공화국간 국경분쟁 사건 판결, 베냉과 니제르가 모두 회원국으로 되어 있는 아프리카연합 창설의정서 제4조 등을 언급하면서 적어도 아프리카에서의 국경분쟁에는 우티 포시데티스 유리스 원칙이 국제법의 원칙으로 승인되었다는 견해를 덧붙이고 있다.

2. 결정적 기일

이 사건에서 재판부가 우티 포시데티스 유리스 원칙을 적용하기로 하였기 때문에 당연히 결정적 기일은 베냉과 니제르가 독립한 일자가 되어야 한다. 두 국가의 독립일은 이틀밖에 차이가 나지 않기 때문에 재판부는 결정적 기일을 결정하는 데 큰 어려움이 없었다.

결정적 기일을 "그 이후로는 당사자의 행위가 법적 상태에 영향을 비칠 수 없는 일자"로 정의하면서, 결정적 기일 설정의 이유를 결정적 기일 이후에 분쟁의 당사국이 자신의 법적 지위를 개선할 목적으로 행한 행위의 법적 효과 배제에 있다고 설명하고 있다. 다만, 결정적 기일 이후에 행하여진 행위라고 하더라도 그것이 분쟁의 해결을 지연시키면서 자신의 법적 지위를 개선하려는 목적으로 이루어진 것이 아닌 한 증거로서의 가치가 인정될 수 있다고 한다. 이는 결정적 기일에 관한 일반적인 학설을 수용한 것이라고 할 수 있다.

재판부는 결정적 기일 이후에 작성된 지도나 문서를 결정적 기일 당시의 국경을 확인하기 위하여 사용할 수 있음을 인정하였다. 실제로 재판부는, 양국의 국경이 니제르강의 가항수로의 최고수심선이 되어야 한다는 결론을 내린 후, 그러한 최고수심선을 1967년과 1970년 사이에 다호메이, 말리, 니제르와 나이지리아연방의 요청을 받아 네덜란드 기술자문사(Netherlands Engineering Consultants, NEDECO)가 수행한 중앙 니제르강의 가항성 조사 최종보고서를 근거로 결정하고 있다.

재판부는 또한 결정적 기일 이후의 에펙티비테에 관한 증거도 반드시 배제되어야 하는 것은 아니라는 태도를 취하였다. 재판부는 1992년 엘살바도르/온두라스 간 육지, 섬, 해양 경계 사건 판결을 인용하여, 결정적 기일 이후의 에펙티비테(이 사건의 경우에는 독립일인 1960년 8월 이후의 에펙티비테)에 대한 증거 문서라고 하더라도 독립당시의 경계에 관하여 제시하는 바가 있는 경우에는, 당해 에펙티비테와 경계 결정 사이에 관계가 있다는 것을 조건으로 결정적 기일 이후의 에펙티비테에 대한 증거 문서를 고려할 수 있다고 보았다.

3. 지도의 증거적 가치

모든 국경분쟁과 마찬가지로 이 사건에서도 국경을 확정하기 위한 증거로서 당사국이 여러 종류의 지도를 제시하고 원용하였다. 당사국이 제시한 지도들의 증거적 가치에 관하여 재판부는 국제사법재판소의 선례가 취한 입장을 충실히 따랐다. 재판부는 1986년 부르키나파소/말리공화국 간 국경분쟁사건에서 지도의 증거적 가치에 관하여 국제사법재판소가 내린 판결을 그대로 원용하고 있다. 즉, 지도는 지리적 정보를 담고 있는 것에 지나지 않으며, 그 자체로는 영토권원이 될 수 없고, 지도가 영토권원이 될 수 있는 것은 지도가 국가의 의지나 관련 국가들의 물리적 의지를 표현한 경우에 한한다고 밝히고 있다. 이와 관련하여 "지도가 그 전체의 일부를 이루는 공식적인 문서(un texte officiel)"에 부속되어 있는 것을 그 대표적인 예로 들고 있다. 이런 경우에 아니면, 지도는 신뢰성의 정도에 다양한 차이가 있는 부대적인 증거일 뿐인 것으로 본다. 재판부는 또한 "지도가 가지는 유일한 가치는 부수적(auxiliaire) 성질 또는 확인하는(confirmatif) 성질의 증거로서의 가치이며, 입증책임을 전환시키는 효과를 가지는 법률상의 추정(présomption juris tantum) 또는 반증 가능한 추정(présomption régragable)의 성질이 부여될 수는 없다"는 1986년 국경분쟁사건 판결의 본문도 그대로 인용하고 있다.

이러한 견해에 입각하여 재판부는 당사국이 제출한 다량의 지도 중 어느 것에 대하여도 국경의 결정적인 증거로서의 가치를 인정하지 않았다.

4. 에펙티비테(effectivité)

영토분쟁이나 국경분쟁과 관련하여 에펙티비테가 가지는 법적 효과에 관하여는 불명확한 점이 있지만, 재판부는 국제사법재판소의 선례의 입장을 충실히 따르고 있다.

1986년의 부르키나파소-말리 국경분쟁사건 판결에서 국제사법재판소는 법적 권원과 에펙티비테의 일반적인 법적 관계를 정리하였다. ① 행정당국의 행위가 법과 완전하게 일치하는 경우, 다시 말해 실효적인 행정이 우티 포시데티스 유리스에 부가되어 있는 경우에 에펙티비테의 유일한 역할은 법적 권원으로부터 도출된 권리의 행사를 확인하는 것에 그친다. ② 행정당국의 행위가 법과 일치하지 않은 경우, 다시 말해 법적 권원을 가지지 않은 국가가 분쟁의 대상이 된 영토를 실효적으로 통치한 경우에는 법적 권원을 가진 국가의 우월성이 인정된다. ③ 에펙티비테가 법적 권원과 공존하지 않는 경우에는 반드시 에펙티비테를 고려하여야 한다. ④ 법적 권원이 관계되는 영역의 범위를 법적 권원이 정확하게 제시하지 못하는 경우에는 법적 권원이 실제로 어떻게 해

석되었는지를 제시하는 데 에펙티비테가 본질적인 역할을 할 수 있다.[6]

　　재판부는 위와 같은 선례를 인용하면서, 우선 충분히 법적 권원이 확립되고 증명된 경우에는 분쟁의 해결을 위하여 에펙티비테를 고려하고 검토할 필요는 없다고 밝히고 있다. 그러면서 니제르강 지역의 국경에 관해서는 식민지 시대의 법적 권원이 증명되지 못하였으므로 문제가 된 국경 지역의 실효적 지배에 관한 증거, 즉 에펙티비테를 검토하고 있다. 그러나 메크루 강 지역의 국경에 관해서는 식민지 시대의 법령에 의하여 1927년에 법적 권원이 확립된 것이 증명된다는 이유로 에펙티비테에 관해서는 검토하지 않고 있다. 말하자면 니제르 강 지역은 부르키나파소-말리 국경분쟁사건 판결이 정리한 ③의 경우에 해당하는 것으로, 메크루 강 지역의 국경에 관해서는 같은 판결의 ①에 해당하는 것으로 보았다고 할 수 있을 것이다.

　　판결에서 니제르 강 지역과 관련된 실효적 지배의 증거로서 구체적으로 검토되고 있는 것들은 목축과 어로와 벌채의 면허, 세금 징수, 가축에 대한 정기적인 위생 규제, 군사적 순찰, 경찰활동 등의 행정행위이다.

5. 개인적 증언의 증거적 가치

　　재판 과정에서 베냉은 문서 증거와는 별개로 베냉은 "sommations inter-pellatives"(공식적인 심문에 대한 회신)의 형식으로 개인들로부터 얻은 증언을 증거로 제출하였다. 이에 대하여 니제르는 "그러한 증언은 문제가 된 기간으로부터 수십 년 이후에 이루어진 것으로서 의심스럽고 신뢰할 수 없는 것"이라고 하는 반론을 제기하였다.

　　베냉이 재판의 초기 단계에서 원용한 그러한 증언을 나중에는 원용하지 않았기 때문에 그러한 증언의 증거적 가치에 관하여 재판부는 실무적인 관점에서 더 이상 논하지 않았다. 그러나 설령 베냉이 끝까지 개인적 증언을 증거로 원용하였다고 하더라도 국경분쟁과 같은 사건에서 그러한 증언의 증거적 가치가 인정되었을 것 같지는 않다. 그 점을 의식하여 베냉은 개인적 증언을

---

6) *Frontier Dispute, Judgment, I.C.J. Reports 1986*, pp. 586~587, para. 63.

원용하기를 포기한 것으로 보인다.

6. 다리에서의 국경

니제르 강에 건설된 베냉과 니제르 사이의 다리 위에서의 국경에 관하여, 재판부는 다리 위에서의 국경에 관한 특별협정이 존재하지 않는 경우 그러한 경계 결정에 적용할 관습국제법은 존재하지 않는다고 보고 있는 것 같다. 그래서 특별한 합의가 없으면 다리 위에서의 국경은 다리 아래 하천에서의 경계선을 수직으로 확장함으로써 획정되어야 한다고 판결하고 있다. 그리고 하천 경계의 수직 확장에 의한 교량 경계의 확정이 필요한 이유로서, 국경이 "육지의 표면에서 뿐만이 아니라 하층토와 상부의 공역에서도 국가주권이 미치는 공간 사이의 분리선을 나타"내며, "서로 근접하게 위치하는 기하학적 평면" 즉 하천과 다리에서 "두 개의 다른 경계를 가지는 것으로부터 발생할 수 있는 곤란"이 완화된다는 것을 들고 있다.

7. 소재판부에 의한 재판

국제사법재판소 규정은 소재판부에 의하여 재판할 수 있는 경우를 두 가지로 규정하고 있다. 노동이나 통과·통신 등과 같은 특정 부류의 사건을 처리하는 경우, 재판소가 특정 사건을 처리하기 위하여 임의로 설치하는 경우이다(제26조 제1항, 제2항). 그리고 당사자가 요청하는 경우에는 소재판부가 사건을 심리하고 결정하도록 하고 있다(제26조 제3항). 이 사건에서는 베냉과 니제르의 특별협정 제1조 제1항에 따라 소재판부에 사건이 회부되었다. 간편하고 신속한 재판절차를 제공하여 국제사법재판소가 담당할 사건을 확보하려는 취지에서 만들어진 제도이지만 이용의 실적은 저조하다.

부　　록

국제분쟁의 평화적 해결을 위한 협약

국제사법재판소 규정

국제해양법재판소 규정

국제분쟁의 평화적 해결을 위한 협약

Convention for the Pacific Settlement of International Dispute

채　　택 : 1907. 10. 18.
발　　효 : 1910.　1. 26.
한국발효 : 2000.　2. 21.

　　독일제국 황제폐하이자 프러시아의 왕, 미합중국 대통령, 아르헨티나공화국 대통령, 오스트리아 황제폐하이자 보헤미아 등의 국왕이며 헝가리 교황, 벨기에 국왕폐하, 볼리비아공화국 대통령, 브라질 합중국 대통령, 불가리아 군주전하, 칠레공화국 대통령, 중국 황제폐하, 콜롬비아공화국 대통령, 쿠바 공화국 임시총통, 덴마크 국왕폐하, 도미니카공화국 대통령, 에쿠아도르공화국 대통령, 스페인 국왕폐하, 프랑스공화국 대통령, 대영 및 아일랜드제국 및 해외 영국영토의 국왕이자 인도 황제폐하, 헬레네 국왕폐하, 과테말라공화국 대통령, 하이티공화국 대통령, 이탈리아 국왕폐하, 일본 황제폐하, 룩셈부르크 대공국 공작이자 나소 공작전하, 멕시코합중국 대통령, 몬테네그로 군주전하, 노르웨이 국왕전하, 파나마공화국 대통령, 파라과이공화국 대통령, 네덜란드 여왕폐하, 페루공화국 대통령, 페르시아 황제 폐하, 포르투갈 및 알가르브 등의 국왕폐하, 루마니아 국왕폐하, 러시아 황제폐하, 살바도르공화국 대통령, 세르비아 국왕폐하, 샴 국왕폐하, 스웨덴 국왕폐하, 스위스연방 이사회, 오토만 황제폐하, 우루과이공화국 대통령, 베네주엘라 대통령은 보편적 평화유지를 위하여 노력할 진지한 소망에 기하여, 전력을 다하여 국제분쟁의 우호적 해결을 촉진하기로 결의하고, 문명국가 사회의 구성원들을 단결시키는 연대를 인식하고, 법의 영역의 확장과 국제 정의의 존중의 강화를 희망하고, 모든 독립국들에게 개방되어 있는 중재재판소의 항구적 설립이 이러한 목표달성에 효과적으로 기여할 것이라고 확신하며, 일반적이고 정규적인 중재절차 조직을 이용함이 유익하다는 것을 고려하고, 모든 국가의 안전 및 모든 민족의 복지의 기초가 되는 형평과

정의의 원칙을 국제적 협정으로서 기록하는 것이 긴요하다는 존경하는 만국평화회의 주창자의 의견에 공감하면서, 이러한 목적으로 조사위원회 및 중재재판소의 실제 기능이 향상되도록 보장하고 간이절차를 허용하는 사건을 중재재판에 회부함을 용이하게 하기를 희망하며, 국제분쟁의 평화적 해결을 위한 제1차 평화회의의 작업을 일부 수정하여 완성하는 것이 필요하다고 생각하고, 체약국들은 이러한 목적을 위하여 신 협약을 체결하기로 결정하고 각각 다음과 같이 전권위원을 임명하였다.

[전권위원의 성명 생략]

적합·타당한 형식을 갖추었다고 인정된 전권위임장을 기탁한 후, 이들 전권위원들은 다음과 같이 합의하였다.

제1장 일반적 평화의 유지

제1조 국가간의 관계에서 무력에 호소하는 것을 가능한 한 막기 위하여, 체약국은 국제적 이견의 평화적 해결을 보장하기 위하여 최선의 노력을 다할 것에 합의한다.

제2장 주선과 중개

제2조 체약국은 중대한 의견의 불일치나 분쟁의 경우 군사력에 호소하기 전에 사정이 허락하는 한, 하나 또는 다수의 우호적인 국가에 주선이나 중개를 의뢰할 것에 합의한다.

제3조 체약국은 위 의뢰와는 별도로, 분쟁과 관계가 없는 하나 또는 다수의 국가가 스스로의 발의에 의하여 사정이 허락하는 한 분쟁당사국에 주선과 중개를 제공하는 것이 유익하며 바람직하다고 인정한다. 분쟁과 관계가 없는 국가는 분쟁당사국의 적대행위가 진행중인 동안에도 주선이나 중개를 제공할 권리를 가진다. 분쟁당사국의 어느 일방도 위 권리의 행사를 결코 비우호적인 행위로 간주할 수는 없다.

제4조 중개자의 임무는 상반된 주장을 조정하고 분쟁당사국간에 발생할 수 있는 적대감을 유화시키는 것이다.

제5조 중개자의 기능은 분쟁당사국의 일방 또는 중개자 스스로가 중개자가 제시한 조정수단이 수락되지 아니하였다고 선언하는 때에 종료된다.

제6조 주선과 중개는 분쟁당사국의 의뢰에 의하든가 분쟁과 관계가 없는 국가의 발의에 의하든가를 불문하고 전적으로 권고의 성격을 가지며 구속력을 가지지 아니한다.

제7조 중개의 수락은 다른 합의가 없는 한, 전쟁준비를 위한 동원이나 기타의 조치를 중지·연기·방해하는 효력을 가질 수 없다. 중개의 수락이 적대행위의 개시후에 이루어졌다면, 다른 합의가 없는 한 진행중인 군사작전은 중지시키지 아니한다.

제8조 모든 체약국은 사정이 허락하는 한 다음과 같은 형태의 특별중개를 권고하기로 합의하였다. 평화를 위협하는 중대한 이견이 발생한 경우, 각 분쟁당사국은 평화관계의 파괴를 방지하기 위하여 일국을 선정, 타방이 선정한 국가와 직접교섭의 임무를 위탁한다. 별도의 규정이 없는 한 위 위임의 기간은 30일을 초과할 수 없으며, 이 기간중 분쟁당사국은 해당 분쟁문제를 중개국에게 일임한 것으로 간주하여 이에 대한 모든 직접교섭을 중지하고, 위 중개국은 분쟁 해결을 위하여 최선의 노력을 다하여야 한다. 평화관계가 분명하게 단절된 경우, 위 중개국들에게는 평화회복을 위하여 모든 기회를 이용하여야 할 공동임무가 부과된다.

제3장 국제조사위원회

제9조 체약국은 명예나 중대한 이익과 관련된 것이 아니고 단순히 사실문제에 대한 견해 차이로 야기된 국제적 성격의 분쟁의 경우에 있어, 외교수단에 의한 합의가 불가능하게 된 당사국은 사정이 허락하는 한 공평하고 양심적인 조사를 통하여 사실을 명확히 함으로써 분쟁해결이 용이하도록 국제조사위원회를 설치하는 것이 유익하고 바람직하다는 것을 인정한다.

제10조 국제조사위원회는 분쟁당사국간의 특별협약에 의하여 구성된다. 조사협약은 검토할 사실을 규정하고 위원회의 조직 방법 및 시기와 위원의 권한을 정한다. 또한 위 협약은 조사위원회의 소재지 및 소재지 변경의 허용여부, 위원회가 사용할 언어 및 위원회에서 사용할 수 있다고 공인된 다른 언어, 그리고 각 분

쟁당사국이 사실진술서를 제출할 기일과 분쟁당사국간에 합의한 모든 조건을 정한다. 분쟁당사국이 배석위원을 임명할 필요가 있다고 판단할 때에는 조사협약은 그 선임방법과 권한을 정한다.

제11조 조사협약이 위원회의 소재지를 지정하지 아니하는 경우 조사위원회는 헤이그에 소재한다. 조사위원회는 분쟁당사국의 동의 없이는 일단 정하여진 개최지를 변경할 수 없다. 조사협약이 조사위원회에서 사용할 언어를 정하지 아니하는 경우에는 조사위원회가 이를 정한다.

제12조 별도의 결정이 없는 한 조사위원회는 이 협약 제45조 및 제57조에서 규정한 방법으로 조직된다.

제13조 조사위원이나 배석위원중 1인이라도 사망·사임 그밖에 다른 이유로 직무수행이 불가능하게 된 경우에는 그를 임명할 때와 동일한 방법으로 그 공석을 충원한다.

제14조 분쟁당사국은 조사위원회에서 자국을 대표하고 분쟁당사국과 위원회간의 중간매개자의 역할을 수행하는 특별대리인을 지명할 권리를 가진다. 또한 분쟁당사국은 조사위원회에서 사건에 대하여 진술하고 자국의 이익을 지지하도록 법률고문 또는 변호인을 선임할 수 있다.

제15조 상설중재재판소 국제사무국은 헤이그에 소재하는 조사위원회의 서기국 역할을 수행하며, 체약국이 조사위원회를 이용할 수 있도록 그 사무실과 직원을 제공하여야 한다.

제16조 조사위원회가 헤이그 이외의 장소에서 개최되는 경우, 위원회는 해당 위원회의 서기국으로서의 역할을 수행할 1인의 사무국장을 임명한다. 서기국은 위원장의 지휘하에 위원회 회의장에 필요한 준비, 조서의 작성 및 조사기간중 문서관리업무를 담당하며, 이 문서는 후에 헤이그에 위치한 국제사무국에 이관되어야 한다.

제17조 체약국은 당사국들이 별도의 규칙을 채택하지 아니하는 한, 조사위원회의 구성 및 운영을 원활하게 할 목적으로 조사절차에 다음의 규칙들을 적용할 것을 권고한다.

제18조 조사위원회는 조사협약이나 이 협약이 규정하지 아니한 세부절차를 결정하며 증거를 다루는데 필요한 모든 절차를 준비한다.

제19조　조사에서는 양 분쟁당사국의 의견을 모두 들어야 한다. 각 분쟁당사국은 예정기일에, 필요한 경우, 사실에 대한 진술, 모든 경우에 사실의 진상을 밝히는 데 필요하다고 생각하는 증서·문서 및 기타의 서류, 그리고 자국이 조사하기를 원하는 증인 및 감정인의 명부를 조사위원회 및 타방당사국에 송부한다.

제20조　조사위원회는 분쟁당사국의 동의를 얻은 후 위의 조사수단을 사용하기에 유용하다고 판단되는 곳으로 일시적으로 이전하거나 1인 또는 다수의 위원을 그곳에 파견할 수 있다. 이 경우 그 조사가 실시될 지역의 관할국가의 승락을 요한다.

제21조　모든 조사와 현지의 검증은 분쟁당사국의 대리인과 법률고문이 출석하거나 그들을 정당하게 소환한 후 행하여져야 한다.

제22조　조사위원회는 위원회가 필요하다고 판단하는 설명이나 정보를 어느 분쟁당사국에게나 청구할 권리를 가진다.

제23조　분쟁당사국은 가능한 한 당해 사실에 대한 완전한 숙지와 정확한 평가를 위하여 필요한 모든 수단방법과 편의를 조사위원회에 제공할 것을 약속한다. 분쟁당사국은 위원회의 소환을 받은 자국 영토안에 소재하는 증인과 감정인의 출석을 보장하기 위하여 국내법에 의하여 행할 수 있는 모든 수단을 취할 것을 약속한다. 증인 또는 감정인이 조사위원회에 출석하는 것이 불가능한 경우 분쟁당사국은 자격있는 자국 관리 앞에서 이들의 증언이 행하여질 수 있도록 조치한다.

제24조　조사위원회가 체약국인 제3국의 영토안에서 행하는 모든 통고는 위 위원회가 직접 당해국 정부 앞으로 이를 하여야 한다. 현지에서 증거수집절차를 행할 때에도 이와 동일하다. 위 청구를 받은 국가는 그 국내법이 허용하는 한 그 청구를 이행하여야 한다. 이 청구는 그 국가의 주권이나 안전을 해친다고 인정되는 경우를 제외하고는 거절할 수 없다. 위원회는 또한 언제나 그 소재지의 국가를 통하여 활동할 권리를 동등하게 가진다.

제25조　증인 및 감정인은 분쟁당사국의 청구에 의하여 또는 위원회의 직권으로 소환되며, 어떠한 경우에도 증인 및 감정인이 소속한 국가의 정부를 통하여 소환된다. 증인의 심문은 위원회가 정한 순서에 따라 대리인과 법률고문이 출석한 가운데 분리하여 연이어서 이를 행한다.

제26조　증인의 신문은 위원장이 행한다. 그러나 조사위원회의 위원은 각 증인의

증언을 명확히 하거나 보완하기 위하여, 또는 진실에 이르기 위하여 필요한 범위안에서 증인에 관한 모든 정보를 얻기 위하여 적합하다고 보여지는 질문을 증인에게 할 수 있다. 분쟁당사국의 대리인과 법률고문은 증인이 증언할 때에 중단시킬 수 없고 직접 증인에게 질문할 수 없지만, 그들이 필요하다고 판단하는 보충적 질문을 증인에게 행하도록 위원장에게 요청할 수 있다.

제27조　증인은 증언을 할 때에 서면으로 된 문안을 낭독하는 것이 허용되지 아니한다. 그러나 진술하여야 할 사실의 성질상 메모 또는 서류를 사용함을 필요로 하는 경우에는 위원장의 허가를 얻어 이를 참고할 수 있다.

제28조　증인의 증언조서는 즉시 이를 작성하여 증인에게 낭독된다. 증인은 그가 필요하다고 생각하는 것을 변경하거나 추가할 수 있으며, 이러한 사실은 증언의 끝부분에 기재된다. 증인에게 증언의 전부를 읽어준 후 위원회는 증인에게 이에 서명하도록 요청한다.

제29조　대리인은 조사 진행중에, 또는 조사 종료시에 진실확인에 유익하다고 간주하는 진술·청구 또는 사실의 요약을 위원회 및 타방당사국에 서면으로 제출할 수 있다.

제30조　위원회는 결정을 비공개로 심의하고, 그 심리는 비밀로 한다. 모든 결정은 위원회 위원의 과반수의 찬성에 의한다. 투표에 참여하기를 거부하는 위원이 있는 경우 이를 조서에 기록하여야 한다.

제31조　위원회의 회합은 비공개로 하며, 조서 및 조사관련 문서는 분쟁당사국의 동의를 얻어 위원회가 공개하기로 결정한 경우를 제외하고는 비공개로 한다.

제32조　분쟁당사국으로부터 모든 설명과 증거가 제시되고 모든 증인의 진술이 끝나면, 위원장은 조사의 종결을 선언하고 위원회는 그 보고서를 심의하고 작성하기 위하여 정회한다.

제33조　위원회의 모든 위원은 보고서에 서명한다. 위원중 보고서에 서명하기를 거부하는 자가 있는 경우 그 사실을 기재한다. 그러나 이는 보고서의 효력에 영향을 미치지 아니한다.

제34조　위원회의 보고서는 분쟁당사국의 대리인 및 법률고문이 출석하거나, 이들이 정당하게 소환된 공개장소에서 낭독한다. 보고서의 사본은 각 분쟁당사국에게 송부된다.

제35조　위원회의 보고서는 사실의 선언에 한정되며 중재재판 판정의 성질을 가지지 아니한다. 사실의 선언에 대하여 어떠한 효력을 부여하느냐는 전적으로 분쟁당사국의 재량이다.

제36조　분쟁당사국은 각자의 비용을 부담하며, 위원회의 비용을 동등하게 부담한다.

제4장　국제중재재판

제1절　중재재판제도

제37조　국제중재재판은 국가간의 분쟁을 체약국들이 스스로 선정한 재판관에 의하여 법의 존중을 기초로 하여 해결하는 것을 목적으로 한다. 중재재판에 의뢰하는 것은 그 판정에 충실히 따른다는 약속을 포함한다.

제38조　체약국은 법적 성격의 문제와 특히 국제조약의 해석 또는 적용상의 문제에 있어서, 중재재판이 외교적으로 해결하지 못한 분쟁을 해결하는 가장 효과적이고 공평한 방법이라는 것을 인정한다. 따라서 전기의 문제에 관한 분쟁이 발생한 경우에는 사정이 허락하는 한 체약국이 이를 중재재판에 의뢰할 것이 요망된다.

제39조　중재재판협약은 이미 존재하거나 장차 발생할 수 있는 분쟁을 위하여 체결된다.

중재재판협약은 모든 분쟁 또는 특정 범주의 분쟁을 포괄할 수 있다.

제40조　중재재판에의 의뢰를 체약국의 의무로서 명백하게 규정하고 있는 일반조약이나 특별조약의 유무를 불문하고, 체약국은 중재재판에 복종하는 것이 가능하다고 판단되는 모든 경우에 강제적 중재재판을 적용할 목적으로 새로운 일반적 또는 특별한 협정을 체결할 권리를 보유한다.

제2절　상설중재재판소

제41조　체약국은 외교적으로 해결이 불가능한 국제적 이견의 즉각적인 중재재판 의뢰가 용이하도록, 제1차 평화회의에서 설립되었고 언제든지 개방되어 있으며 분쟁당사국간에 다른 규정이 없는 한 이 협약에 규정된 절차규칙에 따라 운용되

는 상설중재재판소를 유지할 것을 약속한다.

제42조 상설중재재판소는 분쟁당사국이 특별법정을 설립하기로 합의하는 경우를 제외하고는 모든 중재사건에 대하여 관할권을 가진다.

제43조 상설중재재판소는 헤이그에 소재한다. 국제사무국은 이 재판소의 서기국의 역할을 수행한다. 국제사무국은 재판 개정과 관련한 연락창구의 역할을 수행하며, 문서관리 업무를 담당하고, 모든 행정적 업무를 수행한다. 체약국은 체약국간에 합의된 중재재판에 관한 모든 조건과 체약국과 관련하여 특별법정에 의하여 행하여진 모든 판정의 인증등본을 가능한 한 속히 사무국에 송부할 것을 약속한다. 체약국은 또한 재판소가 내린 판정의 집행을 증명할 수 있는 법률·규칙 및 서류를 사무국에 송부할 것을 약속한다.

제44조 각 체약국은 국제법상의 문제에 능력이 잘 알려져 있고 덕망이 매우 높으며 중재재판관의 임무를 수락할 용의가 있는 자로서 4인이하의 중재 재판관을 선정한다. 이와 같이 선정된 자는 재판소의 중재재판관으로 명부에 기입되며 사무국은 이 명부를 모든 체약국들에게 통고하여야 한다. 사무국은 중재재판관의 명부에 변경이 있을 때마다 이를 체약국에 통고한다. 두 개의 국가 또는 그 이상의 국가는 공동으로 1인 또는 그 이상의 중재재판관의 선정에 합의할 수 있다. 동일인이 다수 체약국에 의하여 선정될 수 있다. 중재재판관은 6년 임기로 임명되며, 연임이 가능하다. 중재재판관이 사망하거나 사임한 경우에는 그를 임명할 때와 동일한 방법으로 그 공석을 충원한다. 이 경우 새로운 6년 임기로 임명된다.

제45조 체약국이 상호간에 발생한 이견을 해결하기 위하여 상설중재재판소에 의뢰하기를 원하는 경우, 그 이견을 판정할 권한을 가지는 법정을 구성하는 중재재판관은 중재재판관의 총명부에서 선정되어야 한다. 중재법정의 구성에 관하여 체약국간의 합의가 없는 경우에는 아래와 같은 방법에 의한다. 각 분쟁당사국은 각각 2인의 중재재판관을 임명하며 그중 1인은 자국인 또는 자국이 상설중재재판소의 중재재판관으로 임명한 자 중에서 선정하여야 한다. 이들 중재재판관들은 합동으로 1인의 상급중재재판관을 선정한다. 투표 결과가 동수인 경우에는 분쟁당사국간에 공동 합의로 선정한 제3국에 상급중재재판관의 선 정을 위임한다. 위 선정에 대한 합의가 이루어지지 아니하는 경우에는 각 분쟁당사국

은 각각 다른 1국을 지정하 며, 이들 지정된 국가들이 협력하여 상급중재재판관
을 선정한다. 지정된 2국이 2월이내에 합의하지 못하는 경우 이들 국가는 각각
분쟁당사국이 임명하지 아니하였으며 분쟁당사국의 국적을 가지지 아니한 자로
서 상설중재재판소 중재재판관명부에서 2인의 후보자를 추천한다. 추천된 후보
자들 중에서 추첨에 의하여 상급중재재판관을 결정한다.

제46조　법정이 구성되면 분쟁당사국은 법정에 의뢰하기로 한 결정과 중재합의문
및 중재재판관의 이름을 사무국에 통고한다. 사무국은 지체없이 각 중재재판관
에게 중재합의와 그 법정의 다른 중재재판관의 성명을 통지한다. 법정은 당사국
들이 정한 기일에 개정한다. 사무국은 이를 위하여 필요한 시설을 제공한다. 법
정의 중재재판관은 임무 수행중 자국을 제외한 지역에서 외교 특권 및 면제를
향유한다.

제47조　사무국은 모든 특별중재법정의 집무를 위하여 사무국의 시설과 직원을 체
약국이 사용할 수 있도록 제공한다. 상설중재재판소의 관할권은 분쟁당사국이
이 법정에 의뢰하기로 합의한 경우에는, 규칙에 정하여진 조건에 의하여 비체약
국간 또는 체약국과 비체약국간의 분쟁에도 확장될 수 있다.

제48조　체약국은 둘 또는 그 이상의 국가간에 심각한 분쟁이 발발할 위험이 있는
경우, 이들 국가에게 상설중재재판소가 개방되어 있음을 상기시키는 것을 체약
국의 의무로 간주한다. 따라서 체약국은 분쟁당사국에게 이 협약의 규정을 상기
시키고 지고한 평화의 이익을 위하여 상설중재재판소에 의뢰할 것을 권고하는
것은 오직 우호적인 행위로만 간주될 수 있음을 선언한다. 양국간에 분쟁이 발
생한 경우 그 일방은 당해 분쟁을 중재재판에 회부할 의사가 있다는 선언을 담
고 있는 문서를 언제든지 국제사무국에 송부할 수 있다. 사무국은 즉시 이 선언
을 타방당사국에게 통지하여야 한다.

제49조　상설집행이사회는 헤이그에 파견된 각 체약국의 외교대표와 집행이사회
의장인 네덜란드 외무장관으로 구성되며 국제사무국을 지휘.감독할 책임을 진
다. 집행이사회는 집행이사회의 의사규칙 기타 필요한 제규칙을 정한다. 집행이
사회는 재판소의 직무수행과 관련하여 야기될 수 있는 행정적인 제 문제를 결정
한다. 집행이사회는 사무국의 직원과 고용인의 임명 및 정직·파면에 관한 전권
을 가진다. 집행이사회는 봉급 및 수당을 정하며 전반적인 지출을 감독한다. 집

행이사회는 정당하게 소집된 회합에 있어서 9인이상의 출석자가 있는 경우에 유효한 평의를 할 수 있다. 그 결정은 다수결에 의한다. 집행이사회는 집행이사회가 채택한 규칙을 지체없이 체약국에 통지한다. 집행이사회는 매년 재판소의 업무, 행정업무의 집행 및 지출에 관한 연례보고서를 체약국에 제출한다. 또한 그 보고서에는 제43조 제3항 및 제4항에 의하여 체약국이 사무국에 송부한 서류의 주요 내용의 요약이 포함된다.

제50조 각 체약국은 만국우편연합 국제사무국을 위하여 정한 비율에 따라 사무국의 경비를 부담한다. 가입국이 부담하는 경비는 그 가입이 효력을 발생한 날부터 계산된다.

제3절 중재재판절차

제51조 중재재판의 발전을 촉진하기 위하여 체약국은 분쟁당사국이 다른 규칙에 합의하지 아니하는 한 중재재판절차에 적용할 다음의 규칙에 합의하였다.

제52조 중재재판을 의뢰한 체약국은 분쟁의 목적, 중재재판관의 임명에 허용된 기간, 제63조에서 규정한 통지를 행하는 형식·순서 및 기한, 그리고 각 분쟁당사국이 비용을 충당하기 위하여 예탁하여야 하는 금액을 정한 중재합의에 서명한다. 중재합의는 또한 필요에 따라서 중재재판관의 임명 방법, 법정이 궁극적으로 가질 수 있는 특별한 권한, 중재법정의 소재지, 법정이 사용할 언어와 법정에서 사용하도록 허용된 언어 기타 일반적으로 분쟁당사국이 합의한 모든 조건을 정한다.

제53조 상설중재재판소는 분쟁당사국이 당해 재판소에 위임하기로 합의한 경우에는 중재합의를 정할 권능을 가진다. 외교경로에 의하여 합의에 도달하지 못한 때에는 상설중재재판소는 아래의 분쟁의 경우에 분쟁 당사국중 일방만이 신청을 한 때에도 같은 권능을 가진다.

(1) 이 협약 발효후에 체결 또는 갱신되는 일반 중재조약으로서 모든 분쟁에 대하여 중재합의 를 예정하고 명시적으로나 묵시적으로 중재합의를 정하는 상설중재재판소의 권능을 배제하지 아니하는 조약의 적용범위에 속하는 분쟁. 다만, 분쟁당사국중 타방당사국이 자국의 견해로는 당해 분쟁이 의무적으로 중재재판에 회부되는 범주에 속하지 아니한다고 선언한 경우에, 중재조약이 이 선결문제

를 결정할 권한을 중재법정에 부여하지 아니하는 한 상설중재재판소에 회부되
지 아니한다.

(2) 체약국중 일방국이 자국 국민에게 지불하여야 한다고 타방국에 대하여 주장
하는 계약상의 채무로부터 발생하는 분쟁으로서 그 해결을 위하여 중재재판의
제의가 수락된 분쟁. 이 규정은 그 수락이 중재합의를 다른 방법으로 정할 것을
조건으로 이루어진 경우에는 적용되지 아니한다.

제54조 전조에 해당하는 경우에 제45조 제3항 내지 제6항에서 규정한 방법으로
임명된 5인의 위원으로 구성된 위원회가 중재합의를 정한다. 제5의 위원이 그
위원회의 당연직 의장이 된다.

제55조 중재재판관의 임무는, 분쟁당사국이 임의로 선정하거나 또는 본 협약에 의
하여 설립된 상설중재재판소의 재판관중 분쟁당사국이 선정한 1인 또는 수인의
중재재판관에게 부여된다. 분쟁당사국간 합의에 의한 법정의 구성이 실패한 경
우에는 제45조 제3항 내지 제6항에서 규정하고 있는 방법에 의한다.

제56조 1국의 군주 또는 국가원수가 중재재판관으로 선정된 경우에는 그가 중재
재판절차를 결정한다.

제57조 상급중재재판관은 중재법정의 당연직 재판장이 된다. 상급중재재판관이
없는 경우에는 중재법정이 그 재판장을 임명한다.

제58조 제54조의 규정에 의하여 위원회가 중재합의를 정하는 경우에는 별도의 규
정이 없는 한 위원회 스스로 중재법정을 구성한다.

제59조 중재재판관의 1인이 사망·사임 또는 그밖에 다른 사유로 그 직무를 수행
할 수 없는 경우에는 그를 임명한 때와 동일한 방법으로 그 공석을 충원한다.

제60조 분쟁당사국이 다른 소재지를 지정하지 아니하는 한 법정은 헤이그에 소재
한다. 법정은 제3국의 동의없이 그 영토안에 소재할 수 없다. 일단 법정의 소재
지가 선정되면 분쟁당사국이 동의한 경우외에는 법정이 이를 변경할 수 없다.

제61조 사용될 언어가 중재합의에서 정하여지지 아니한 경우 법정이 이를 정한다.

제62조 분쟁당사국은 자국과 법정간의 중간매개자의 역할을 수행하기 위하여 법
정에 출석할 특별대리인을 임명할 권리를 가진다. 분쟁당사국은 자국의 권리와
이익을 변호하기 위하여 법률고문 또는 변호인을 임명하여 법정에서 변호시킬
권리를 가진다. 상설중재재판소의 재판관은 그를 재판소의 재판관으로 임명한

국가를 위한 경우를 제외하고는 대리인·법률고문 또는 변호인의 직무를 행사할 수 없다.

제63조   일반적으로 중재재판절차는 서면예심과 구두심문의 두 단계로 이루어진다. 서면예심은 각 대리인이 재판부의 재판관과 타방당사국에게 진술서·항변서 및 필요한 경우 답변서를 송부하는 것이다. 분쟁당사국은 사건에서 요구되는 모든 문서 및 서류를 여기에 첨부한다. 송부는 중재합의에 의하여 정하여진 순서와 기한내에 직접 또는 국제사무국을 경유하여 행하여져야 한다. 중재합의에서 정한 기한은 분쟁당사국의 상호 합의 또는 법정이 정당한 판결을 위하여 필요하다고 인정하는 경우 법정에 의하여 연장될 수 있다. 구두심문은 법정에서 분쟁당사국의 주장을 구두진술하는 것이다.

제64조   분쟁당사국중 일방이 제출한 모든 서류의 인증등본은 타방당사국에게 송부되어야 한다.

제65조   특별한 사정이 있는 경우를 제외하고는 법정은 서면예심이 종결될 때까지 개정하지 아니한다.

제66조   구두심문은 재판장의 지휘아래 행하여진다. 구두심문은 분쟁당사국의 동의를 얻어 법정이 공개하기로 결정한 경우에 한하여 공개한다. 구두심문은 재판장이 임명한 서기관이 작성하는 조서에 기록된다. 재판장과 1인의 서기관이 이 조서에 서명하며 이 서명된 조서만이 정본의 성격을 가진다.

제67조   서면예심이 종결된 후에, 법정은 분쟁당사국중 일방이 타방의 동의없이 추가로 제출하기를 원하는 모든 새로운 문서와 서류에 대한 심문을 거부할 권리를 가진다.

제68조   법정은 분쟁당사국의 대리인이나 법률고문이 제기한 새로운 문서나 서류를 고려할 재량이 있다. 이러한 경우에 법정은 이 문서 또는 서류의 제출을 요구할 수 있되, 이를 타방당사국에 통지함을 요한다.

제69조   법정은 그 외에 분쟁당사국의 대리인에게 모든 문서의 제출과 이에 관한 모든 필요한 설명을 요구할 수 있다. 거절할 경우에 법정은 이를 기록한다.

제70조   분쟁당사국의 대리인과 법률고문은 그 사건의 변호를 위하여 유익하다고 생각하는 모든 주장을 법정에서 구두로 진술할 수 있다.

제71조   대리인과 법률고문은 항변과 쟁점을 제기할 권리를 가진다. 쟁점에 대한

법정의 결정은 종국적이며, 새로이 이를 논의할 수는 없다.

제72조　법정의 중재재판관은 분쟁당사국의 대리인과 법률고문에게 질문하고 의문이 있는 쟁점에 대하여는 설명을 요구할 권리가 있다. 심문의 진행중에 법정의 중재재판관이 행한 질문이나 발언은 법정 전체 또는 법정의 특정재판관이 의견을 표명한 것으로 간주되지 아니한다.

제73조　법정은 중재합의 및 원용할 수 있는 다른 조약을 해석하고 법의 원칙을 적용할 권한을 선언할 수 있다.

제74조　법정은 사건의 진행을 위하여 절차규칙을 발표하고, 각 분쟁당사국이 최종진술을 하는 방법·순서 및 기한을 정하며, 증거조사에 관한 모든 형식을 정할 권리를 가진다.

제75조　분쟁당사국은 가능한 한 법정의 판정을 위하여 필요한 모든 정보를 법정에 제공할 것을 약속한다.

제76조　법정이 체약국인 제3국의 영토안에서 행하는 모든 통고는 직접 당해국 정부앞으로 하여야 한다. 현지에서 증거수집절차를 행할 때에도 동일하다. 위의 청구를 받은 국가는 그 국내법이 허용하는 한 그 청구를 이행하여야 한다. 이 청구는 그 국가의 주권이나 안전을 해친다고 인정되는 경우를 제외하고는 거절할 수 없다. 상설중재재판소는 또한 언제나 소재지의 국가를 통하여 활동할 수 있는 권리를 동등하게 가진다.

제77조　분쟁당사국의 대리인과 법률고문이 그 사건을 뒷받침할 모든 설명과 증거를 제출한 때에 재판장은 심문의 종결을 선언한다.

제78조　법정은 그 결정을 비공개로 심의하며, 심리는 비밀로 한다. 모든 결정은 법정 재판관의 다수결에 의한다.

제79조　판정에는 판정이유가 기술되어야 한다. 판정에는 중재재판관의 성명이 기록되어야 하며, 재판장과 기록관 또는 기록관의 직무를 담당하는 서기관이 이에 서명한다.

제80조　판정은 분쟁당사국의 대리인과 법률고문이 출석한 후 또는 이들을 정당하게 소환한 후 공개법정에서 낭독한다.

제81조　정당하게 발표되고 분쟁당사국의 대리인에게 통고된 판정은 분쟁을 확정적으로 해결하며 상소는 허용되지 아니한다.

제82조 판정의 해석과 집행에 관하여 분쟁당사국간에 야기되는 모든 분쟁은 별도의 규정이 없는 한 당해 판정을 선고한 법정에 회부된다.

제83조 분쟁당사국은 중재합의에서 판정에 대한 재심청구권을 유보할 수 있다. 이 경우에 있어서는 별도의 규정이 없는 한, 판정을 내린 법정에 이를 청구하여야 한다. 이 청구는 그 판정에 결정적인 영향을 미칠 수 있고 심문 종결시에 법정과 재심을 요구한 분쟁당사국이 인지하지 못한 새로운 사실이 발견된 경우에 한하여 허용될 수 있다. 재심은 새로운 사실의 존재를 명백히 확인하고, 그 사실이 전항에서 기술된 성질의 것이라는 것을 인정하며, 이러한 이유로 그 청구가 허용될 수 있다는 법정의 결정에 의하여서만 개시될 수 있다. 중재합의는 재심청구기간을 정한다.

제84조 판정은 분쟁당사국에 대하여서만 구속력을 가진다. 그 판정이 분쟁당사국 이외의 다른 국가들이 참여한 조약의 해석과 관련된 경우 분쟁당사국은 적절한 시기에 모든 서명국에 통지하여야 한다. 이 국가들은 소송에 참가할 권리를 가진다. 이들 국가중의 1국 또는 다수국이 이 권리를 행사한 경우 판정에 관한 해석은 이들 국가에 대하여도 동일한 구속력을 가진다.

제85조 분쟁당사국은 각자의 비용을 부담하며 법정의 비용을 동등하게 부담한다.

제4절 간이중재재판절차

제86조 체약국은 간이절차를 허용하여 분쟁에 관한 중재재판의 운용을 용이하게 하기 위하여, 다른 규정이 없을 때에 적용할 수 있는 다음의 규칙을 정하며, 이 규칙과 저촉되지 아니하는 제3절의 규정은 그대로 적용한다.

제87조 각 분쟁당사국은 각각 1인의 중재재판관을 임명한다. 이와 같이 임명된 2인의 중재재판관이 상급중재재판관을 선정한다. 중재재판관들이 이에 합의하지 못하는 경우, 중재재판관은 상설중재재판소재판관의 총명부에서 당사국이 지정하지 아니하고 당사국의 국적을 가지지 아니한 재판관중에서 각각 2인의 후보를 지명하여 추첨함으로써 당해 후보자중 상급중재재판관을 정한다. 상급중재재판관은 재판장이 되며 법정의 결정은 다수결에 의한다.

제88조 법정은 사전에 합의가 없는 경우 그 구성후 즉시 분쟁당사국 쌍방이 진술서를 제출할 기한을 정한다.

제89조　각 분쟁당사국은 1인의 대리인으로 하여금 법정에서 자국을 대표하게 하
　　며, 이 대리인은 법정과 자신을 임명한 정부간의 중간매개자가 된다.

제90조　심리는 전부 서면으로 이루어진다. 다만, 분쟁당사국은 증인과 감정인의
　　출석을 요구할 권리를 가진다. 법정은 소환이 필요하다고 인정한 증인·감정인
　　과 분쟁당사국의 대리인에 대하여 구두 설명을 요구할 권리를 가진다.

제5장　최종조항

제91조　이 협약은 정당하게 비준된 후 체약국간의 관계에 있어서 1899년 7월 29
　　일의 국제분쟁의평화적 해결을위한협약을 대체한다.

제92조　이 협약은 가능한 한 조속히 비준하여야 한다. 비준서는 헤이그에 기탁한
　　다. 제1차 비준서 기탁은 여기에 참여한 국가들의 대표와 네덜란드 외무장관이
　　서명한 의사록에 기 록된다. 차후의 비준서 기탁은 네덜란드 정부 앞으로 비준
　　서를 첨부하여 서면통고함으로써 이루어진다. 네덜란드 정부는 제1차 비준서 기
　　탁에 관한 의사록, 전항에 언급된 통고서 및 비준서의 인증등본을 제2차 평화회
　　의에 초청된 국가들 및 본 협약에 가입한 기타 국가들에게 외교경로를 통해 즉
　　시 송부한다. 전항에 해당하는 경우에 네덜란드 정부는 이를 접수한 일자를 해
　　당국가들에게 통보하여야 한다.

제93조　제2차 평화회의에 초청된 비서명국은 이 협약에 가입할 수 있다. 가입하기
　　를 원하는 국가는 네덜란드 정부에 그 의사를 서면으로 통고하고 가입서를 전달
　　한다. 그 가입서는 동 정부의 문서보관소에 기탁된다. 네덜란드 정부는 가입서
　　와 통고서의 인증등본을 제2차 평화회의에 초청된 모든 국가에, 또한 통고서를
　　접수한 일자를 언급하여 송부한다.

제94조　제2차 평화회의에 초청되지 아니한 국가가 이 협약에 가입할 수 있는 조건
　　은 추후 합의에 의하여 정한다.

제95조　이 협약은 제1차 비준서 기탁에 참여한 국가들에 대하여는 그 기탁 의사록
　　작성일부터 60일 후에, 그 후에 비준하거나 가입한 국가들에 대하여는 네덜란드
　　정부가 비준통고서나 가입통고서를 접수한 날부터 60일후에 그 효력이 발생
　　한다.

제96조　체약국중 본 협약을 폐기하기를 원하는 국가가 있는 경우에, 그 국가는 네

덜란드 정부에 이를 서면으로 통고하여야 하며, 네덜란드 정부는 즉시 모든 다른 국가에 그 접수일을 명기한 통고서의 인증등본을 통지하여야 한다. 폐기는 그 통고서가 네덜란드 정부에 도달한 때부터 1년후, 이 통고를 행한 국가에 대하여만 효력이 발생한다.

제97조　네덜란드 외무부에 보관된 등록대장에는 제92조 제3항 및 제4항에 의하여 행한 비준서 기탁일 및 제93조 제2항의 규정에 의한 가입통고서 또는 제96조 제1항에 의한 폐기통고서의 접수일이 기록되어야 한다. 각 체약국은 이 등록대장을 열람할 수 있으며, 인증등본을 제공받을 수 있다. 이상의 믿음으로 각 전권위원은 이 협약에 서명하였다. 1907년 10월 18일 헤이그에서 체결된 이 협약의 정본은 네덜란드 정부의 문서보관소에 기탁되며, 인증등본은 각 체약국에 외교경로를 통하여 송부된다.

국제사법재판소 규정

Statute of the International Court of Justice

채   택 : 1945. 6. 26.
발   효 : 1945. 10. 24.
한국발효 : 1991. 9. 18.

제1조 국제연합의 주요한 사법기관으로서 국제연합헌장에 의하여 설립되는 국제사법재판소는 재판소 규정의 규정들에 따라 조직되며 임무를 수행한다.

제1장 재판소의 조직

제2조 재판소는 덕망이 높은 자로서 각 국가에서 최고법관으로 임명되는데 필요한 자격을 가진 자 또는 국제법에 정통하다고 인정된 법률가 중에서 국적에 관계없이 선출되는 독립적 재판관의 일단으로 구성된다.

제3조 1. 재판소는 15인의 재판관으로 구성된다. 다만, 2인 이상이 동일국의 국민이어서는 아니 된다.

2. 재판소에서 재판관의 자격을 정함에 있어서 둘 이상의 국가의 국민으로 인정될 수 있는 자는 그가 통상적으로 시민적 및 정치적 권리를 행사하는 국가의 국민으로 본다.

제4조 1. 재판소의 재판관은 상설중개재판소의 국별재판관단이 지명한 자의 명부 중에서 다음의 규정들에 따라 총회 및 안전보장이사회가 선출한다.

2. 상설중재재판소에서 대표되지 아니하는 국제연합 회원국의 경우에는, 재판관 후보자는 상설중재재판소 재판관에 관하여 국제분쟁의 평화적 해결을 위한 1907년 헤이그협약 제44조에 규정된 조건과 동일한 조건에 따라 각국 정부가 임명하는 국별 재판관단이 지명한다.

3. 재판소 규정의 당사국이지만 국제연합의 비회원국인 국가가 재판소의 재판관 선거에 참가할 수 있는 조건은, 특별한 협정이 없는 경우에는 안전보장이사회의

권고에 따라 총회가 정한다.

제5조　1. 선거일부터 적어도 3개월 전에 국제연합 사무총장은, 재판소 규정의 당사국인 국가에 속하는 상설 중재재판소 재판관 및 제4조　제2항에 의하여 임명되는 국별 재판관단의 구성원에게, 재판소의 재판관의 직무를 수락할 지위에 있는 자의 지명을 일정한 기간 내에 각 국별재판관단마다 행할 것을 서면으로 요청한다.

　2. 어떠한 국별재판관단도 4인을 초과하여 후보자를 지명할 수 없으며, 그중 3인 이상이 자국 국적의 소유자이어서도 아니 된다. 어떠한 경우에도 하나의 국별 재판관단이 지명하는 후보자의 수는 충원할 재판관석 수의 2배를 초과하여서는 아니 된다.

제6조　이러한 지명을 하기 전에 각 국별 재판관단은 자국의 최고법원, 법과대학, 법률학교 및 법률 연구에 종사하는 학술원 및 국제학술원의 자국 지부와 협의하도록 권고 받는다.

제7조　1. 사무총장은 이와 같이 지명된 모든 후보자의 명부를 알파벳순으로 작성한다. 제12조　제2항에 규정된 경우를 제외하고 이 후보자들만이 피선될 자격을 가진다.

　2. 사무총장은 이 명부를 총회 및 안전보장이사회에 제출한다. 총회 및 안전보장이사회는 각각 독자적으로 재판소의 재판관을 선출한다.

제8조　총회 및 안전보장이사회는 각각 독자적으로 재판소의 재판관을 선출한다.

제9조　모든 선거에 있어서 선거인은 피선거인이 개인적으로 필요한 자격을 가져야 할 뿐만 아니라 전체적으로 재판관단이 세계의 주요 문명 형태 및 주요 법체계를 대표하여야 함에 유념한다.

제10조　1. 총회 및 안전보장이사회에서 절대 다수표를 얻은 후보자는 당선된 것으로 본다.

　2. 안전보장이사회의 투표는, 재판관의 선거를 위한 것이든지 또는 제12조에 규정된 협의회의 구성원의 임명을 위한 것이든지, 안전보장이사회의 상임이사국과 비상임이사국 간에 구별 없이 이루어진다.

　3. 2인 이상의 동일 국가 국민이 총회 및 안전보장이사회의 투표에서 모두 절대다수표를 얻은 경우에는 그중 최연장자만이 당선된 것으로 본다.

제11조　선거를 위하여 개최된 제1차 회의 후에도 충원되어야 할 1 또는 그 이상의 재판관석이 남는 경우에는 제2차 회의가, 또한 필요한 경우 제3차 회의가 개최된다.

제12조　1. 제3차 회의 후에도 충원되지 아니한 1 또는 그 이상의 재판관석이 여전히 남는 경우에는, 3인은 총회가, 3인은 안전보장이사회가 임명하는 6명으로 구성되는 합동협의회가 각 공석당 1인을 절대 다수표로 선정하여 총회 및 안전보장이사회가 각각 수락하도록 하기 위하여 총회 또는 안전보장이사회 중 어느 일방의 요청에 의하여 언제든지 설치될 수 있다.

2. 요구되는 조건을 충족한 자에 대하여 합동협의회가 전원일치로 동의한 경우에는, 제7조에 규정된 지명명부 중에 기재되지 아니한 자라도 협의회의 명부에 기재될 수 있다.

3. 합동협의회가 당선자를 확보할 수 없다고 인정하는 경우에는 이미 선출된 재판소의 재판관들은 총회 또는 안전보장이사회 중 어느 일방에서라도 득표한 후보자 중에서 안전보장이사회가 정하는 기간 내에 선정하여 공석을 충원한다.

4. 재판관 간의 투표가 동수인 경우에는 최연장 재판관이 결정투표권을 가진다.

제13조　1. 재판소의 재판관은 9년의 임기로 선출되며 재선될 수 있다. 다만, 제1회 선거에서 선출된 재판관 중 5인의 재판관의 임기는 3년 후에 종료되며, 다른 5인의 재판관의 임기는 6년 후에 종료된다.

2. 위에 규정된 최초의 3년 및 6년의 기간 후에 임기가 종료되는 재판관은 제1회 선거가 완료된 직후 사무총장이 추첨으로 선정한다.

3. 재판소의 재판관은 후임자가 충원될 때까지 계속 직무를 수행한다. 충원 후에도 재판관은 이미 착수한 사건을 완결한다.

4. 재판소의 재판관이 사임하는 경우 사표는 재판소장에게 제출되며, 사무총장에게 전달된다. 이러한 최후의 통고에 의하여 공석이 생긴다.

제14조　공석은 후단의 규정에 따를 것을 조건으로 제1회 선거에 관하여 정한 방법과 동일한 방법으로 충원된다. 사무총장은 공석이 발생한 후 1개월 이내에 제5조에 규정된 초청장을 발송하며, 선거일은 안전보장이사회가 정한다.

제15조　임기가 종료되지 아니한 재판관을 교체하기 위하여 선출된 재판소의 재판관은 전임자의 잔임 기간 동안 재직한다.

제16조 1. 재판소의 재판관은 정치적 또는 행정적인 어떠한 임무도 수행할 수 없으며, 또는 전문적 성질을 가지는 다른 어떠한 직업에도 종사할 수 없다.

2. 이 점에 관하여 의문이 있는 경우에는 재판소의 결정에 의하여 해결한다.

제17조 1. 재판소의 재판관은 어떠한 사건에 있어서도 대리인, 법률고문 또는 변호인으로서 행동할 수 없다.

2. 재판소의 재판관은 일방 당사자의 대리인, 법률고문 또는 변호인으로서, 국내 법원 또는 국제 법원의 법관으로서, 조사위원회의 위원으로서, 또는 다른 어떠한 자격으로서도, 이전에 그가 관여하였던 사건의 판결에 참여할 수 없다.

3. 이 점에 관하여 의문이 있는 경우에는 재판소의 결정에 의하여 해결한다.

제18조 1. 재판소의 재판관은, 다른 재판관들이 전원일치의 의견으로서 그가 요구되는 조건을 충족하지 못하게 되었다고 인정하는 경우를 제외하고는, 해임될 수 없다.

2. 해임의 정식 통고는 재판소 서기가 사무총장에게 한다.

3. 이러한 통고에 의하여 공석이 생긴다.

제19조 재판소의 재판관은 재판소의 업무에 종사하는 동안 외교특권 및 면제를 향유한다.

제20조 재판소의 모든 재판관은 직무를 개시하기 전에 자기의 직권을 공평하고 양심적으로 행사할 것을 공개된 법정에서 엄숙히 선언한다.

제21조 1. 재판소는 3년 임기로 재판소장 및 재판소 부소장을 선출한다. 그들은 재선될 수 있다.

2. 재판소는 재판소 서기를 임명하며 필요한 다른 직원의 임명에 관하여 규정할 수 있다.

제22조 1. 재판소의 소재지는 네덜란드 헤이그로 한다. 다만 재판소가 바람직하다고 인정하는 때에는 다른 장소에서 개정하여 그 임무를 수행할 수 있다.

2. 재판소장 및 재판소 서기는 재판소의 소재지에 거주한다.

제23조 1. 재판소는 재판소가 휴가 중인 경우를 제외하고는 항상 개정하며, 휴가의 시기 및 기간은 재판소가 정한다.

2. 재판소의 재판관은 정기휴가의 권리를 가진다. 휴가의 시기 및 기간은 헤이그와 각 재판관의 가정 간의 거리를 고려하여 재판소가 정한다.

3. 재판소의 재판관은 휴가 중에 있는 경우이거나 질병 또는 재판소장에 대하여 정당하게 해명할 수 있는 다른 중대한 사유로 인하여 출석할 수 없는 경우를 제외하고는 항상 재판소의 명에 따라야 할 의무를 진다.

제24조 1. 재판소의 재판관은 특별한 사유로 인하여 특정 사건의 결정에 자신이 참여하여서는 아니 된다고 인정하는 경우에는 재판소장에게 그 점에 관하여 통보한다.

2. 재판소장은 재판소의 재판관 중의 한 사람이 특별한 사유로 인하여 특정 사건에 참여하여서는 아니 된다고 인정하는 경우에는 그에게 그 점에 관하여 통보한다.

3. 그러한 모든 경우에 있어서 재판소의 재판관과 재판소장의 의견이 일치하지 아니하는 때에는 그 문제는 재판소의 결정에 의하여 해결한다.

제25조 1. 재판소 규정에 달리 명문의 규정이 있는 경우를 제외하고는 재판소는 전원이 출석하여 개정한다.

2. 재판소를 구성하기 위하여 응할 수 있는 재판관의 수가 11인 미만으로 감소되지 아니할 것을 조건으로, 재판소 규칙은 상황에 따라서 또한 윤번으로 1인 또는 그 이상의 재판관의 출석을 면제할 수 있음을 규정할 수 있다.

3. 재판소를 구성하는데 충분한 재판관의 정족수는 9인으로 한다.

제26조 1. 재판소는 특정한 부류의 사건, 예컨대 노동사건과 통과 및 운수 통신에 관한 사건을 처리하기 위하여 재판소가 결정하는 바에 따라 3인 또는 그 이상의 재판관으로 구성되는 1 또는 그 이상의 소재판부를 수시로 설치할 수 있다.

2. 재판소는 특정 사건을 처리하기 위한 소재판부를 언제든지 설치할 수 있다. 그러한 소재판부를 구성하는 재판관의 수는 당사자의 승인을 얻어 재판소가 결정한다.

3. 당사자가 요청하는 경우에는 이 조에서 규정된 소재판부가 사건을 심리하고 결정한다.

제27조 제26조 및 제29조에 규정된 소재판부가 선고한 판결은 재판소가 선고한 것으로 본다.

제28조 제26조 및 제29조에 규정된 소재판부는 당사자의 동의를 얻어 헤이그 외의 장소에서 개정하여, 그 임무를 수행할 수 있다.

제29조 업무의 신속한 처리를 위하여 재판소는, 당사자의 요청이 있는 경우 간이 소송절차로 사건을 심리하고 결정할 수 있는, 5인의 재판관으로 구성되는 소재판부를 매년 설치한다. 또한 출석할 수 없는 재판관을 교체하기 위하여 2인의 재판관을 선정한다.

제30조 1. 재판소는 그 임무를 수행하기 위하여 규칙을 정한다. 재판소는 특히 소송절차규칙을 정한다.

2. 재판소 규칙은 재판소 또는 그 소재판부에 투표권 없이 출석하는 보좌인에 관하여 규정할 수 있다.

제31조 1. 각 당사자의 국적 재판관은 재판소에 제기된 사건에 출석할 권리를 가진다.

2. 재판소가 그 재판관석에 당사자 중 1국의 국적 재판관을 포함시키는 경우에는 다른 어느 당사자도 재판관으로서 출석할 1인을 선정할 수 있다. 다만, 그러한 자는 되도록이면 제4조 및 제5조에 규정된 바에 따라 후보자로 지명된 자 중에서 선정된다.

3. 재판소가 그 재판관석에 당사자의 국적 재판관을 포함시키지 아니한 경우에는 각 당사자는 제2항에 규정된 바에 따라 재판관을 선정할 수 있다.

4. 이 조의 규정은 제26조 및 제29조의 경우에 적용된다. 그러한 경우에 재판소장은 소재판부를 구성하고 있는 재판관 중 1인 또는 필요한 때에는 2인에 대하여, 관계당사자의 국적 재판관에게 또한 그러한 국적 재판관이 없거나 출석할 수 없는 때에는 당사자가 특별히 선정하는 재판관에게, 재판관석을 양보할 것을 요청한다.

5. 동일한 이해관계를 가진 수개의 당사자가 있는 경우에, 그 수개의 당사자는 위 규정들의 목적상 단일 당사자로 본다. 이 점에 관하여 의문이 있는 경우에는 재판소의 결정에 의하여 해결한다.

6. 제2항, 제3항 및 제4항에 규정된 바에 따라 선정되는 재판관은 재판소 규정의 제2조, 제17조(제2항), 제20조 및 제24조가 요구하는 조건을 충족하여야 한다. 그러한 재판관은 자기의 동료와 완전히 평등한 조건으로 결정에 참여한다.

제32조 1. 재판소의 각 재판관은 연봉을 받는다.

2. 재판소장은 특별연차수당을 받는다.

3. 재판소 부소장은 재판소장으로서 활동하는 모든 날짜에 대하여 특별수당을 받는다.

4. 제31조에 의하여 선정된 재판관으로서 재판소의 재판관이 아닌 자는 자기의 임무를 수행하는 각 날짜에 대하여 보상을 받는다.

5. 이러한 봉급, 수당 및 보상은 총회가 정하며 임기 중 감액될 수 없다.

6. 재판소 서기의 봉급은 재판소의 제의에 따라 총회가 정한다.

7. 재판소의 재판관 및 재판소 서기에 대하여 퇴직연금이 지급되는 조건과 재판소의 재판관 및 재판소 서기가 그 여비를 상환받는 조건은 총회가 제정하는 규칙에서 정하여진다.

8. 위의 봉급, 수당 및 보상은 모든 과세로부터 면제된다.

제33조 재판소의 경비는 총회가 정하는 방식에 따라 국제연합이 부담한다.

제2장 재판소의 관할

제34조 1. 국가만이 재판소에 제기되는 사건의 당사자가 될 수 있다.

2. 재판소는 재판소 규칙이 정하는 조건에 따라 공공 국제기구에게 재판소에 제기된 사건과 관련된 정보를 요청할 수 있으며, 또한 그 국제기구가 자발적으로 제공하는 정보를 수령한다.

3. 공공 국제기구의 설립문서 또는 그 문서에 의하여 채택된 국제협약의 해석이 재판소에 제기된 사건에서 문제로 된 때는 재판소 서기는 당해 공공 국제기구에 그 점에 관하여 통고하며, 소송절차 상의 모든 서류의 사본을 송부한다.

제35조 1. 재판소는 재판소 규정의 당사국에 대하여 개방된다.

2. 재판소를 다른 국가에 대하여 개방하기 위한 조건은 현행 조약의 특별한 규정에 따를 것을 조건으로 안전보장이사회가 정한다. 다만, 어떠한 경우에도 그러한 조건은 당사자들을 재판소에 있어서 불평등한 지위에 두게 하는 것이어서는 아니 된다.

3. 국제연합의 회원국이 아닌 국가가 사건의 당사자인 경우에는 재판소는 그 당사자가 재판소의 경비에 대하여 부담할 금액을 정한다. 그러한 국가가 재판소의 경비를 분담하고 있는 경우에는 적용되지 아니한다.

제36조 1. 재판소의 관할은 당사자가 재판소에 회부하는 모든 사건과 국제연합헌

장 또는 현행의 제 조약 및 협약에서 특별히 규정된 모든 사항에 미친다.

2. 재판소 규정의 당사국은 다음 사항에 관한 모든 법률적 분쟁에 대하여 재판소의 관할을, 동일한 의무를 수락하는 모든 다른 국가와의 관계에 있어서 당연히 또한 특별한 합의 없이도, 강제적인 것으로 인정한다는 것을 언제든지 선언할 수 있다.

가. 조약의 해석

나. 국제법상의 문제

다. 확인되는 경우, 국제 의무의 위반에 해당하는 사실의 존재

라. 국제 의무의 위반에 대하여 이루어지는 배상의 성질 또는 범위

3. 위에 규정된 선언은 무조건으로, 수개 국가 또는 일정 국가와의 상호주의의 조건으로, 또는 일정한 기간을 정하여 할 수 있다.

4. 그러한 선언서는 국제연합 사무총장에게 기탁되며, 사무총장은 그 사본을 재판소 규정의 당사국과 국제사법재판소 서기에게 송부한다.

5. 상설 국제사법재판소 규정 제36조에 의하여 이루어진 선언으로서 계속 효력을 가지는 것은, 재판소 규정의 당사국 사이에서는 이 선언이 금후 존속하여야 할 기간 동안 그리고 이 선언의 조건에 따라 재판소의 강제적 관할을 수락한 것으로 본다.

6. 재판소가 관할권을 가지는지의 여부에 관하여 분쟁이 있는 경우에는, 그 문제는 재판소의 결정에 의하여 해결된다.

제37조 현행의 조약 또는 협약이 국제연맹이 설치한 재판소 또는 상설국제사법재판소에 어떤 사항을 회부하는 것을 규정하고 있는 경우에 그 사항은 재판소 규정의 당사국 사이에서는 국제사법재판소에 회부된다.

제38조 1. 재판소는 재판소에 회부된 분쟁을 국제법에 따라 재판하는 것을 임무로 하며, 다음을 적용한다.

가. 분쟁국에 의하여 명백히 인정된 규칙을 확립하고 있는 일반적인 또는 특별한 국제협약

나. 법으로 수락된 일반 관행의 증거로서의 국제관습

다. 문명국에 의하여 인정된 법의 일반원칙

라. 법칙 결정의 보조수단으로서의 사법판결 및 제국의 가장 우수한 국제법 학

자의 학설. 다만, 제59조의 규정에 따를 것을 조건으로 한다.

2. 이 규정은 당사자가 합의하는 경우에 재판소가 형평과 선에 따라 재판하는 권한을 해하지 아니한다.

제3장 소송절차

제39조 1. 재판소의 공용어는 불어 및 영어로 한다. 당사자가 사건을 불어로 처리하는 것에 동의하는 경우 판결은 불어로 한다. 당사자가 사건을 영어로 처리하는 것에 동의하는 경우 판결은 영어로 한다.

2. 어떤 공용어를 사용할 것인지에 대한 합의가 없는 경우에 각 당사자는 자국이 선택하는 공용어를 변론 절차에서 사용할 수 있으며, 재판소의 판결은 불어 및 영어로 한다. 이러한 경우에 재판소는 두 개의 본문 중 어느 것을 정본으로 할 것인가를 아울러 결정한다.

3. 재판소는 당사자의 요청이 있는 경우 그 당사자가 불어 또는 영어 외의 언어를 사용하도록 허가한다.

제40조 1. 재판소에 대한 사건의 제기는 각 경우에 따라 재판소 서기에게 하는 특별한 합의의 통고에 의하여 또는 서면 신청에 의하여 이루어진다. 어느 경우에도 분쟁의 주제 및 당사자가 표시된다.

2. 재판소 서기는 즉시 그 신청을 모든 이해관계자에게 통보한다.

3. 재판소 서기는 사무총장을 통하여 국제연합 회원국에게도 통고하며, 또한 재판소에 출석할 자격이 있는 어떠한 다른 국가에게도 통고한다.

제41조 1. 재판소는 사정에 의하여 필요하다고 인정하는 때는 각 당사자의 각각의 권리를 보전하기 위하여 취하여져야 할 잠정 조치를 제시할 권한을 가진다.

2. 종국 판결이 있을 때까지, 제시되는 조치는 즉시 당사자 및 안전보장이사회에 통지된다.

제42조 1. 당사자는 대리인에 의하여 대표된다.

2. 당사자는 재판소에서 법률고문 또는 변호인의 조력을 받을 수 있다.

3. 재판소에서 당사자의 대리인, 법률고문 및 변호인은 자기의 직무를 독립적으로 수행하는데 필요한 특권 및 면제를 향유한다.

제43조 1. 소송절차는 서명 소송절차 및 구두 소송절차의 두 부분으로 구성된다.

2. 서면 소송절차는 준비서면, 답변서 및 필요한 경우 항변서와 원용할 수 있는 모든 문서 및 서류를 재판소와 당사자에게 송부하는 것으로 이루어진다.

3. 이러한 송부는 재판소가 정하는 순서에 따라 재판소가 정하는 기간 내에 재판소 서기를 통하여 이루어진다.

4. 일방 당사자가 제출한 모든 서류의 인증사본 1통은 타방 당사자에게 송부된다.

5. 구두 소송절차는 재판소가 증인, 감정인, 대리인, 법률고문 및 변호인에 대하여 심문하는 것으로 이루어진다.

제44조 1. 재판소는 대리인, 법률고문 및 변호인 외의 자에 대한 모든 통지의 송달을, 그 통지가 송달될 지역이 속하는 국가의 정부에게 직접 한다.

2. 위의 규정은 현장에서 증거를 수집하기 위한 조치를 취하여야 할 경우에도 동일하게 적용된다.

제45조 심리는 재판소장 또는 재판소장이 주재할 수 없는 경우에는 재판소 부소장이 지휘한다. 그들 모두가 주재할 수 없을 때에는 출석한 선임 재판관이 주재한다.

제46조 재판소에서의 심리는 공개된다. 다만, 재판소가 달리 결정하는 경우 또는 당사자들이 공개하지 아니할 것을 요구하는 경우에는 그러하지 아니한다.

제47조 1. 매 심리마다 조서를 작성하고 재판소 서기 및 재판소장이 서명한다.

2. 이 조서만이 정본이다.

제48조 재판소는 사건의 진행을 위한 명령을 발하고, 각 당사자가 각각의 진술을 종결하여야 할 방식 및 시기를 결정하며, 증거 조사에 관련되는 모든 조치를 취한다.

제49조 재판소는 심리의 개시 전에도 서류를 제출하거나 설명을 할 것을 대리인에게 요청할 수 있다. 거절하는 경우에는 정식으로 이를 기록하여 둔다.

제50조 재판소는 재판소가 선정하는 개인, 단체, 관공서, 위원회 또는 다른 조직에게 조사의 수행 또는 감정 의견의 제출을 언제든지 위탁할 수 있다.

제51조 심리 중에는 제30조에 규정된 소송절차 규칙에서 재판소가 정한 조건에 따라 증인 및 감정인에게 관련된 모든 질문을 한다.

제52조 재판소는 그 목적을 위하여 정하여진 기간 내에 증거 및 증언을 수령한 후

에는 타방 당사자가 동의하지 아니하는 한, 일방 당사자가 제출하고자 하는 어떠한 새로운 인증 또는 서증도 그 수리를 거부할 수 있다.

제53조 1. 일방 당사자가 재판소에 출석하지 아니하거나 또는 그 사건을 방어하지 아니하는 때는 타방 당사자는 자기의 청구에 유리하게 결정할 것을 재판소에 요청할 수 있다.

2. 재판소는, 그렇게 결정하기 전에 제36조 및 제37조에 따라 재판소가 관할권을 가지고 있을 뿐만 아니라 그 청구가 사실 및 법에 충분히 근거하고 있음을 확인하여야 한다.

제54조 1. 재판소의 지휘에 따라 대리인, 법률고문 및 변호인이 사건에 관한 진술을 완료한 때는 재판소장은 심리가 종결되었음을 선언한다.

2. 재판소는 판결을 심의하기 위하여 퇴정한다.

3. 재판소의 평의는 비공개로 이루어지며 비밀로 한다.

제55조 1. 모든 문제는 출석한 재판관의 과반수로 결정된다.

2. 가부동수인 경우에는 재판소장 또는 재판소장을 대리하는 재판관이 결정투표권을 가진다.

제56조 1. 판결에는 판결이 기초하고 있는 이유를 기재한다.

2. 판결에는 결정에 참여한 재판관의 성명이 포함된다.

제57조 판결이 전부 또는 부분적으로 재판관 전원일치의 의견을 나타내지 아니한 때에는 어떠한 재판관도 개별 의견을 제시할 권리를 가진다.

제58조 판결에는 재판소장 및 재판소 서기가 서명한다. 판결은 대리인에게 적절히 통지된 후 공개된 법정에서 낭독된다.

제59조 재판소의 결정은 당사자 사이와 그 특정 사건에 관하여서만 구속력을 가진다.

제60조 판결은 종국적이며 상소할 수 없다. 판결의 의미 또는 범위에 관하여 분쟁이 있는 경우에는 재판소는 당사자의 요청에 의하여 이를 해석한다.

제61조 1. 판결의 재심 청구는 재판소 및 재심을 청구하는 당사자가 판결이 선고되었을 당시에는 알지 못하였던 결정적 요소로 될 성질을 가진 어떤 사실의 발견에 근거하는 때에 한하여 할 수 있다. 다만, 그러한 사실을 알지 못한 것이 과실에 의한 것이 아니었어야 한다.

2. 재심의 소송절차는 새로운 사실이 존재함을 명기하고, 그 새로운 사실이 사건을 재심할 성질의 것임을 인정하고, 또한 재심청구가 이러한 이유로 허용될 수 있음을 선언하고 있는 재판소의 판결에 의하여 개시된다.

3. 재판소는 재심의 소송절차를 허가하기 전에 원판결의 내용을 먼저 준수하도록 요청할 수 있다.

4. 재심 청구는 새로운 사실을 발견한 때부터 늦어도 6월 이내에 이루어져야 한다.

5. 판결일부터 10년이 지난 후에는 재심 청구를 할 수 없다.

제62조 1. 사건의 결정에 의하여 영향을 받을 수 있는 법률적 성질의 이해관계가 있다고 인정하는 국가는 재판소에 그 소송에 참가하는 것을 허락하여 주도록 요청할 수 있다.

2. 재판소는 이 요청에 대하여 결정한다.

제63조 1. 사건에 관련된 국가 이외의 다른 국가가 당사국으로 있는 협약의 해석이 문제가 된 경우에는 재판소 서기는 즉시 그러한 모든 국가에게 통고한다.

2. 그렇게 통고를 받은 모든 국가는 그 소송절차에 참가할 권리를 가진다. 다만, 이 권리를 행사한 경우에는 판결에 의하여 부여된 해석은 그 국가에 대하여도 동일한 구속력을 가진다.

제64조 재판소가 달리 결정하지 아니하는 한 각 당사자는 각자의 비용을 부담한다.

제4장 권고적 의견

제65조 1. 재판소는 국제연합 헌장에 의하여 또는 이 헌장에 따라 권고적 의견을 요청하는 것을 허가 받은 기관이 그러한 요청을 하는 경우에 어떠한 법률문제에 관하여도 권고적 의견을 부여할 수 있다.

2. 재판소의 권고적 의견을 구하는 문제는, 그 의견을 구하는 문제에 대하여 정확하게 기술하고 있는 요청서에 의하여 재판소에 제기된다. 이 요청서에는 그 문제를 명확하게 할 수 있는 모든 서류를 첨부한다.

제66조 1. 재판소 서기는 권고적 의견이 요청된 사실을 재판소에 출석할 자격이 있는 모든 국가에게 즉시 통지한다.

2. 재판소 서기는 또한 재판소에 출석할 자격이 있는 모든 국가에게, 또는 그 문제에 관한 정보를 제공할 수 있다고 재판소 또는 재판소가 개정 중이 아닌 때에는 재판소장이 인정하는 국제기구에게, 재판소장이 정하는 기간 내에, 재판소가 그 문제에 관한 진술서를 수령하거나 또는 그 목적을 위하여 열리는 공개 법정에서 그 문제에 관한 구두진술을 청취할 준비가 되어 있음을 특별하고도 직접적인 통신수단에 의하여 통고한다.

3. 재판소에 출석할 자격이 있는 그러한 어떠한 국가도 제2항에 규정된 특별통지를 받지 아니 하였을 때는 진술서를 제출하거나 또는 구두로 진술하기를 희망한다는 것을 표명할 수 있다. 재판소는 이에 관하여 결정한다.

4. 서면 또는 구두진술 또는 양자 모두를 제출한 국가 및 기구는, 재판소 또는 재판소가 개정 중이 아닌 때에는 재판소장이 각 특정 사건에 있어 정하는 형식, 범위 및 기간 내에 다른 국가 또는 기구가 한 진술에 관하여 의견을 개진하는 것이 허용된다. 따라서 재판소 서기는 그러한 진술서를 이와 유사한 진술서를 제출한 국가 및 기구에게 적절한 시기에 송부한다.

제67조 재판소는 사무총장 및 직접 관계가 있는 국제연합 회원국, 다른 국가 및 국제기구의 대표에게 통지한 후 공개된 법정에서 그 권고적 의견을 발표한다.

제68조 권고적 임무를 수행함에 있어서 재판소는 재판소가 적용할 수 있다고 인정하는 범위 안에서 쟁송사건에 적용되는 재판소규정의 규정들에 또한 따른다.

제5장 개정

제69조 재판소 규정의 개정은 국제연합 헌장이 그 헌장의 개정에 관하여 규정한 절차와 동일한 절차에 의하여 이루어진다. 다만, 재판소 규정의 당사국이면서 국제연합 회원국이 아닌 국가의 참가에 관하여는 안전보장이사회의 권고에 의하여 총회가 채택한 규정에 따른다.

제70조 재판소는 제69조의 규정에 따른 심의를 위하여 재판소가 필요하다고 인정하는 재판소 규정의 개정을, 사무총장에 대한 서면통보로서 제안할 권한을 가진다.

국제해양법재판소 규정

Statute of International Tribunal for the Law of the Sea

채　　택 : 1982. 4. 30.
발　　효 : 1994. 11. 16.
한국발효 : 1983. 3. 14.

제1조(총칙)　1. 국제해양법재판소는 이 협약과 이 규정에 따라 조직되고 임무를 수행한다.

2. 재판소의 소재지는 독일연방공화국의 한자자유시인 함부르크로 한다.

3. 재판소는 스스로 바람직하다고 판단하는 경우 다른 지역에 위치하여 그 임무를 수행할 수 있다.

4. 재판소에 대한 분쟁의 회부는 제11부와 제15부의 규정에 따라 규율된다.

제1절　재판소의 조직

제2조(구성)　1. 재판소는 공정성과 성실성에 있어서 최고의 명성을 가지며 해양법 분야에서 능력이 인정된 사람 가운데에서 선출된 21인의 독립적 재판관의 일단으로 구성된다.

2. 재판소는 전체적으로 세계의 주요한 법체계가 대표되고 지리적으로 공평하게 배분이 이루어지도록 한다.

제3조(재판관의 자격)　1. 2인 이상의 재판관이 동일 국가의 국민이어서는 아니된다. 재판소에서 재판관자격의 목적상 2개국 이상의 국민으로 볼 수 있는 사람은 그가 일상적으로 시민적·정치적 권리를 행사하는 국가의 국민으로 본다.

2. 국제연합총회가 설정한 각 지리적 그룹에서 적어도 3인 이상의 재판관이 선출된다.

제4조(지명과 선거)　1. 각 당사국은 이 부속서 제2조에 규정된 자격을 가진 2인 이

내의 사람을 지명할 수 있다. 재판관은 이렇게 지명된 사람의 명부에서 선출된다.

2. 제1차 선거의 경우는 국제연합사무총장이, 그 다음 선거부터는 재판소서기가, 적어도 선거일 3개월 전에 당사국에게 2개월 이내에 재판관에 대한 지명을 제출하도록 서면으로 요청한다. 국제연합사무총장과 서기는 이렇게 지명된 모든 사람의 명부를 그 지명을 행한 국가를 부기하여 알파벳 순으로 작성하고, 이를 각 선거일이 속하는 달의 전월의 제7일 이전에 당사국에게 제출한다.

3. 제1차 선거는 이 협약의 발효일로부터 6개월이내에 실시된다.

4. 재판관은 비밀투표로 선출된다. 제1차 선거는 국제연합사무총장이 소집하는 당사국 회의에서, 제2차 이후의 선거는 당사국이 합의하는 절차에 따라 소집되는 당사국회의에서 한다. 이러한 회의에서 최다 득표를 한 사람으로서 출석하여 투표하는 당사국의 2/3이상의 다수의 표를 얻은 사람을 재판관으로 선출한다. 다만, 출석하여 투표하는 당사국의 2/3이상의 다수에는 전체당사국의 과반수가 포함되어야 한다.

제5조(임기) 1. 재판관의 임기는 9년이며 재선될 수 있다. 다만, 제1차 선거에서 선출된 재판관중 7인의 임기는 3년 후에 끝나며 다른 7인의 임기는 6년 후에 끝난다.

2. 임기가 제1항에 규정된 바와 같이 최초의 3년과 6년에 끝나는 재판관은 제1차 선거 직후 국제연합 사무총장이 추첨으로 선정한다.

3. 재판관은 후임자가 충원될 때까지 계속 직무를 수행한다. 재판관은 교체되는 경우에도 자신의 교체 이전에 착수한 소송절차를 끝맺어야 한다.

4. 재판관이 사임하는 경우 사직서는 재판소장에게 제출한다. 사직서가 접수되는 즉시 공석이 생긴다.

제6조(공석) 1. 공석은 다음의 규정을 조건으로 하여 제1차 선거에 규정된 바와 동일한 방법으로 채워진다. 서기는 공석이 생긴 후 1개월 이내에 이 부속서 제4조에 규정된 요청서를 발송하며, 선거일은 당사국과 협의후 재판소장이 정한다.

2. 임기가 끝나지 아니한 재판관을 교체하기 위하여 선출된 재판관은 전임자 임기의 남은 기간을 재직한다.

제7조(직무상 금지활동) 1. 재판관은 정치적이거나 행정적인 직무를 행하지 아니

하고, 또한 해양이나 해저자원의 탐사나 개발 또는 해양이나 해저의 그 밖의 상업적 이용에 관한 기업의 활동과 적극적으로 관련을 가지거나 재정적 이해관계를 가지지 아니한다.

2. 재판관은 어떠한 사건에서도 당사자의 대리인, 변호인 또는 보좌인으로서 행동할 수 없다.

3. 이러한 점에 관한 의문은 출석한 다른 재판관 과반수의 결정에 의하여 해결된다.

제8조(제척과 기피) 1. 재판관은 과거에 어느 한 당사자의 대리인, 변호인 또는 보좌인으로서, 국내재판소나 국제재판소의 재판관으로서, 또는 다른 어떠한 자격으로 참여한 사건의 결정에 참여할 수 없다.

2. 재판관이 어떠한 특별한 이유로 특정사건의 결정에 참여할 수 없다고 판단한 경우 이를 재판소장에게 알린다.

3. 재판소장은 어떠한 특별한 이유로 어느 재판관이 특정사건에 참여할 수 없다고 판단한 경우 이를 그 재판관에게 알린다.

4. 이러한 점에 관한 의문은 출석한 다른 재판관 과반수의 결정에 의하여 해결된다.

제9조(재판관의 자격상실) 어느 재판관이 요구되는 조건을 충족시키지 못하였다고 다른 재판관들이 전원일치로 인정한 경우 재판소장은 그 자리가 공석이라고 선언한다.

제10조(특권과 면제) 재판관은 재판소의 직무에 종사하는 동안 외교특권과 면제를 누린다.

제11조(선서) 모든 재판관은 직무를 시작하기 전에 공정하고 양심적으로 자기의 권한을 행사할 것을 공개법정에서 선서한다.

제12조(재판소장, 부소장 및 서기) 1. 재판소는 3년 임기의 소장과 부소장을 선출한다. 이들은 재선될 수 있다.

2. 재판소는 재판소서기를 임명하며, 필요한 경우 그 밖의 직원의 임명에 관하여 규정할 수 있다.

3. 재판소장과 서기는 재판소의 소재지에 거주한다.

제13조(정족수) 1. 참여가능한 모든 재판관은 재판에 참가하며, 재판정을 구성하

는 데 필요한 정족수는 11인이다.

2. 재판소는 이 부속서 제17조에 따를 것을 조건으로, 이 부속서 제14조와 제15조에 규정된 재판부가 효과적으로 임무를 수행할 수 있도록 특정한 분쟁을 검토하기 위한 재판정을 구성할 재판관을 결정한다.

3. 재판소는 재판소에 회부된 모든 분쟁과 신청을 처리하고 결정한다. 다만, 이 부속서 제14조가 적용되거나 당사자가 이 부속서 제15조에 따라 처리하여 주도록 요청하는 경우에는 그러하지 아니하다.

제14조(해저분쟁재판부) 해저분쟁재판부는 이 부속서 제4절의 규정에 따라 설치된다. 해저분쟁재판부의 관할권, 권한 및 임무는 제11부 제5절에 규정된 바와 같다.

제15조(특별재판정) 1. 재판소는 특정한 종류의 분쟁을 처리하기 위하여 필요하다고 인정하는 때에는 3인이상의 재판관으로 구성되는 특별재판정을 설치할 수 있다.

2. 재판소는 당사자가 요청하는 경우, 재판소에 회부된 특정한 분쟁을 처리하기 위한 재판정을 구성한다. 이러한 재판정의 구성은 당사자의 승인을 얻어 재판소가 결정한다.

3. 재판소는 업무를 신속히 처리하기 위하여 약식절차에 따라 분쟁을 처리하고 결정할 수 있는 5인의 재판관으로 구성되는 재판정을 매년 구성한다. 특정한 소송절차에 참여할 수 없는 재판관과 교대하기 위하여 2인의 재판관이 선정된다.

4. 당사자가 요청하는 경우 분쟁은 이 조에서 규정된 재판정에 의하여 심리되고 결정된다.

5. 이 조와 이 부속서 제14조에 규정된 재판정이 내린 판결은 재판소가 내린 것으로 본다.

제16조(재판소의 규칙) 재판소는 그 임무를 수행하기 위하여 규칙을 제정한다. 특히 재판소는 절차규칙을 정한다.

제17조(재판관의 국적) 1. 분쟁당사자의 국적재판관은 재판관으로서 참여할 권리를 가진다.

2. 재판소가 분쟁 심리중에 어느 한 당사자의 국적재판관을 포함시키는 경우, 다른 당사자도 재판관으로 참여할 1인을 선정할 수 있다.

3. 재판소가 분쟁 심리중에 분쟁당사자의 국적재판관을 포함시키지 아니하는 경우, 각 당사자는 재판관으로 참여할 1인을 선정할 수 있다.

4. 이 조는 이 부속서 제14조와 제15조에 언급된 재판정에 적용된다. 이러한 경우, 재판소장은 분쟁당사자와의 협의후 재판정을 구성하는 재판관중에서 필요한 인원의 재판관에 대하여 관계당사자의 국적을 가진 재판관에게 자리를 양보할 것을 요청하고, 그러한 국적을 가진 재판관이 없거나 출석할 수 없는 경우에는 당사자가 특별히 선정한 재판관에게 자리를 양보할 것을 요청한다.

5. 같은 이해관계를 가지는 다수의 당사자가 있는 경우 앞의 규정을 적용함에 있어 이들을 한 당사자로 본다. 이러한 점에 관한 의문은 재판소의 결정에 의하여 해결한다.

6. 제2항, 제3항 및 제4항에 따라 선정된 재판관은 이 부속서 제2조, 제8조 및 제11조가 요구하는 조건을 충족시켜야 한다. 그 재판관은 다른 재판관과 완전히 평등한 조건으로 재판에 참여한다.

제18조(재판관의 보수) 1. 선출된 각 재판관은 연봉을 받으며, 그가 직무를 행하는 각일에 대한 직무수당을 받는다. 다만, 재판관에게 지급되는 직무수당 총액은 그의 연봉을 넘지 아니한다.

2. 재판소장은 특별수당을 받는다.

3. 재판소부소장은 재판소장으로 활동하는 각일에 대한 특별수당을 받는다.

4. 이 부속서 제17조에 따라 선정된 재판관으로서 재판소의 재판관이 아닌 사람은 직무를 수행하는 각일에 대한 보수를 받는다.

5. 봉급, 수당 및 보수는 재판소의 업무량을 고려하여 당사국회의에서 수시로 결정되며, 재판관의 임기 중 감액되지 아니한다.

6. 재판소서기의 연봉은 재판소의 제안으로 당사국회의에서 결정된다.

7. 당사국회의에서 채택되는 규정에는 재판소의 재판관과 서기에게 지급되는 퇴직연금의 조건과, 또한 이들에 대한 여행경비 환불조건을 결정한다.

8. 봉급, 수당 및 보수는 모든 과세로부터 면제된다.

제19조 재판소의 경비 1. 재판소의 경비는 당사국회의가 결정하는 기간과 방법에 따라 당사국과 해저기구가 부담한다.

2. 당사국이나 해저기구가 아닌 주체가 재판소에 회부한 분쟁의 당사자인 경우,

재판소는 그 당사자가 재판소경비로 부담할 금액을 결정한다.

제2절 권한

제20조(재판소의 이용) 1. 재판소는 당사국에게 개방된다.

2. 재판소는 제11부에 명시적으로 규정된 사건의 경우이거나 모든 당사자가 수락한 관할권을 재판소에 부여하는 다른 협정에 따라서 회부된 사건의 경우 당사국 이외의 주체에게도 개방된다.

제21조(관할권) 재판소의 관할권은 이 협약에 따라 재판소에 회부된 모든 분쟁과 신청 및 재판소에 관할권을 부여하는 다른 모든 협정에 특별히 규정된 모든 사항에 미친다.

제22조(다른 협정에 따른 분쟁의 회부) 이 협약이 다루는 내용과 관련하여 발효 중인 조약이나 협약의 모든 당사국이 합의하는 경우, 이러한 조약이나 협약의 해석 또는 적용에 관한 어떠한 분쟁도 이러한 합의에 따라 재판소에 회부될 수 있다.

제23조(적용법규) 재판소는 모든 분쟁과 신청을 제293조에 따라 재판한다.

제3절 절차

제24조(소송의 제기) 1. 재판소에 대한 분쟁의 회부는 경우에 따라 재판소서기에게 특별한 합의를 통고하거나 서면신청을 제출함으로서 행하여진다. 어느 경우에도 분쟁의 주제와 당사자를 표시하여야 한다.

2. 서기는 특별한 합의나 신청을 모든 당사자에게 즉시 통고한다.

3. 서기는 또한 모든 당사국에게 통고한다.

제25조(잠정조치) 1. 제290조에 따라 재판소와 해저분쟁재판부는 잠정조치를 정할 권한을 가진다.

2. 재판소가 개정하지 아니하였거나 정족수를 구성할 만큼 충분한 인원의 재판관이 참석하기 어려운 경우, 잠정조치는 이 부속서 제15조 제3항에 따라 구성되는 약식절차 재판부에 의하여 정하여진다. 이 부속서 제15조 제4항에도 불구하고 이러한 잠정조치는 분쟁당사자의 요청에 따라 채택될 수 있다. 잠정조치는 재판소에 의하여 재검토되고 수정될 수 있다.

제26조(심리) 1. 심리는 재판소장이, 재판소장이 주재할 수 없는 경우에는 재판소 부소장이 관할한다. 재판소장과 부소장이 모두 주재할 수 없는 경우에는 출석한 선임재판관이 주재한다.

2. 심리는 재판소가 달리 결정하거나 당사자가 비공개를 요구하지 아니하는 한 공개로 한다.

제27조(사건의 진행) 재판소는 사건진행에 관한 명령을 발하고, 당사자가 자신의 주장을 종결하여야 할 형식과 시기를 결정하며, 또한 증거수집과 관련된 모든 조치를 취한다.

제28조(궐석재판) 어느 한 당사자가 재판소에 나타나지 아니하거나 자신의 사건 을 변호하지 아니하는 경우, 다른 당사자는 재판소에 대하여 소송절차를 진행하 여 결정을 내릴 것을 요청할 수 있다. 어느 한 당사자가 궐석하거나 사건을 변 호하지 아니하여도 소송절차 진행은 방해받지 아니한다. 재판소는 결정을 내리 기 전에 재판소가 그 분쟁에 대하여 관할권을 가지며 청구가 사실상으로 또한 법률상으로 충분한 근거가 있음을 확인한다.

제29조(결정방식) 1. 모든 문제는 출석한 재판관 과반수 의결로 결정한다.

2. 가부동수인 경우에는 재판소장이나 소장대행 재판관이 결정권을 가진다.

제30조(판결) 1. 판결에는 그 기초가 된 이유가 제시된다.

2. 판결문에는 그 결정에 참여한 재판관의 이름이 포함된다.

3. 판결이 전체적으로 또는 부분적으로 재판관 전원의 일치된 견해를 반영하지 아니하는 경우, 어느 재판관이라도 개별의견을 진술할 수 있다.

4. 판결에는 재판소장과 서기가 서명한다. 판결은 분쟁당사자에게 적절하게 통 지되고 공개법정에서 낭독된다.

제31조(소송참가 요청) 1. 당사국이 어느 분쟁에 대한 결정에 의하여 자국이 영향 을 받을 수 있는 법률적 성질의 이해관계를 가진다고 여기는 경우, 그 당사국은 재판소에 소송참가 허가를 요청할 수 있다.

2. 재판소는 이러한 요청에 대하여 결정한다.

3. 소송참가 요청이 허용되는 경우, 분쟁에 관한 재판소의 결정은 그 결정이 당 사국의 소송참가에 관계된 사항과 관련을 가지는 범위에서만 소송에 참가한 당 사국을 구속한다.

제32조 해석·적용문제에 대한 소송참가권

1. 이 협약의 해석이나 적용이 문제되는 경우, 재판소서기는 모든 당사국에게 이를 즉시 통고한다.

2. 이 부속서 제21조나 제22조에 따라 국제협정의 해석이나 적용이 문제되는 경우, 재판소서기는 그 국제협정의 모든 당사국에게 이를 통고한다.

3. 제1항과 제2항에 언급된 모든 당사자는 소송참가권을 가진다. 이러한 당사자가 그 권리를 행사할 경우, 판결에 의한 해석은 이러한 당사자를 구속한다.

제33조(결정의 종국성과 구속력) 1. 재판소의 결정은 종국적이며 모든 당사자를 구속한다.

2. 결정은 특정한 분쟁의 당사자간 이외에는 구속력을 가지지 아니한다.

3. 결정의 의미나 범위에 관한 분쟁이 있는 경우, 당사자의 요청에 따라 재판소는 이를 해석한다.

제34조(비용) 재판소가 달리 결정하지 아니하는 한, 분쟁당사자는 각기 자체비용을 부담한다.

제4절 해저분쟁재판부

제35조(구성) 1. 이 부속서 제14조에 규정된 해저분쟁재판부는 선출된 재판관들이 자신들 가운데에서 다수결로 뽑은 11인의 재판관으로 구성한다.

2. 해저분쟁재판부의 재판관선정에 있어서는 세계의 주요한 법체계가 대표되고 지리적으로 공평하게 배분이 이루어지도록 한다. 해저기구의 총회는 이와 관련된 일반적 성격의 권고를 채택할 수 있다.

3. 해저분쟁재판부의 재판관은 3년마다 선정되고 1회에 한하여 재선될 수 있다.

4. 해저분쟁재판부는 그 재판관 가운데에서 재판장을 선출하며, 재판장은 선정된 해저분쟁재판부가 존속하는 동안 재직한다.

5. 어떠한 소송절차가 해저분쟁재판소가 존속하는 3년의 기간이 지난 후에도 계속되는 경우 그 해저분쟁재판부의 본래 구성원이 그 절차를 완료한다.

6. 해저분쟁재판부에 공석이 생기는 경우, 재판소는 전임자의 잔여임기 동안 재직할 후임재판관을 재판소 재판관 가운데에서 선임한다.

7. 해저분쟁재판부를 구성하는데 필요한 재판관 정족수는 7인으로 한다.

제36조(특별재판정) 1. 해저분쟁재판부는 제188조 제1항 (b)에 따라 회부된 특정 분쟁을 다루기 위하여 해저분쟁재판부의 재판관 가운데에서 3인으로 특별재판 정을 구성한다. 특별재판정의 구성은 당사자의 승인을 얻어 해저 분쟁재판부가 결정한다.

2. 당사자가 특별재판정 구성에 동의하지 아니하는 경우 각 분쟁당사자는 재판 관 1인씩을 선임하고 제3의 재판관은 분쟁당사자가 합의하여 선임한다. 분쟁당 사자가 합의에 이르지 못하는 경우 또는 어떠한 당사자가 재판관을 선임하지 못 하는 경우, 해저분쟁 재판부의 재판장은 당사자와 협의를 거쳐 신속히 해저분쟁 재판부의 재판관 가운데에서 재판관을 선임한다.

3. 특별재판정의 재판관은 분쟁당사자를 위하여 직무를 수행하거나 그 국민이 아니어야한다.

제37조(이용) 해저분쟁재판부는 제11부 제5절에 규정된 당사국, 해저기구 및 그 밖의 주체에 대하여 개방된다.

제38조(적용법규) 해저분쟁재판부는 이 협약 제293조와 함께 다음을 적용한다.

(a) 이 협약에 따라 해저기구가 채택한 규칙, 규정 및 절차

(b) 심해저활동에 관한 계약과 관련된 사항에 대하여서는 그 계약의 조건

제39조(해저분쟁재판부 결정의 집행) 해저분쟁재판부의 결정은 집행이 이루어져 야 하는 당사국의 영역에서 그 당사국 최고 재판소의 판결이나 명령과 동일한 방법으로 집행될 수 있다.

제40조(이 부속서 다른 절의 적용) 1. 이 절의 규정과 어긋나지 아니하는 이 부속 서 다른 절은 해저분쟁재판부에 대하여 적용한다.

2. 해저분쟁재판부가 권고적 의견에 관한 임무를 수행함에 있어서 재판소의 절 차에 관한 이 부속서의 규정을 스스로 적용가능하다고 판단하는 범위안에서 그 지침으로 한다.

제5절 개정

제41조(개정) 1. 이 부속서 제4절의 개정 이외의 이 부속서의 개정은 제313조에 따라 또는 이 협약에 따라 소집된 회의에서 컨센서스에 의하여서만 채택될 수 있다.

2. 제4절의 개정은 제314조에 의하여서만 채택될 수 있다.

3. 재판소는 필요하다고 인정하는 이 규정에 대한 개정안을 제1항과 제2항의 규정에 의한 당사국의 심의를 위하여 당사국에 대한 서면통고로써 제안할 수 있다.

색 인

집필진

김기순
산하온환경연구소 소장
『국제환경법 주요판례』(공저, 박영사, 2016), 『동북아 평화협력구상 해양분야 이행방안: 해양환경』(공저, 한국해양과학기술원, 2017), 「남극해양생물자원보존위원회에서 설정한 해양보호구역제도(CCAMLR MPAs)의 발전과 쟁점」(국제법학회논총, 2017)

김동욱
한국해양전략연구소 연구위원
『한반도 안보와 국제법』(한국학술정보, 2010), 『푸에블로호 사건: 스파이선과 미국 외교정책의 실패』(높이깊이, 2011), 「독도 현안과 국제법적 대응 – 한일 간 소송 가능성을 중심으로 –」(Strategy 21, 2014)

노영돈
인천대학교 법학부 교수
『재외동포법 개정, 어떻게 되어가고 있는가』(다해, 2003), 「중국의 민족식별작업에 관한 고찰」(공저, 재외한인연구, 2014), 「한일 기본관계조약과 일본의 과거사책임」(한국 근·현대정치와 일본 Ⅱ, 2010)

도시환
동북아역사재단 독도연구소 연구위원
One Hundred Years After Japan's Forced Annexation of Korea: History and Tasks(공저, Peter Lang, 2015), 『한일협정 50년사의 재조명 Ⅴ』(공저, 역사공간, 2016), 「International Legal Implications of the San Francisco Peace Treaty and Dokdo's Sovereignty」(*Korean Yearbook of International Law*, Vol. Ⅳ, 2017)

박덕영
연세대학교 법학전문대학원 교수
『국제법 기본조약집』(박영사, 2017), 『국제경제법 기본조약집』(박영사, 2016), 『국제경제법의 쟁점』(박영사, 2015)

박배근
부산대학교 법학전문대학원 교수
「국제법규칙의 부존재」(국제법학회논총, 1996), 「관습국제법의 변경」(국제법학회논총, 1998), 「동아시아 국제법 수용기의 조선의 국제법적 지위에 관한 일고」(서울국제법연구, 2004)

박병도
건국대학교 법학전문대학원 교수
『국제환경책임법론』(집문당, 2007), 『국제환경법』(공저, 박영사, 2015), 「국제환경협약의 이행 및 준수메커니즘」(환경법연구, 2014)

박영길
한국해양수산개발원 전문연구원
「The complex legal status of the Current Fishing Pattern Zone in the East China Sea」(공저, *Marine Policy*, 2017), 「Korea's Response against IUU Fishing by Korean Vessels」(*Korean Yearbook of International Law*, Vol. Ⅲ, 2016), 「Implementation of the United Nations Law of the Sea Convention in Korea」(공저, *Asia−Pacific and the Implementation of the Law of the Sea*, 2016)

박찬호
부산대학교 법학전문대학원 교수
『국제해양법』(공저, 와이북스, 2016), 『동아시아와 해양법』(역서, 국제해양법학회, 2000)

박현진
대한국제법학회 및 국제해양법학회 이사
『독도 영토주권 연구 − 국제법·한일관계와 한국의 도전』(경인문화, 2016), *Insight into Dokdo-Historical, Political and Legal Perspectives on Korea's Sovereignty*(공편, Jimoondang, 2009)

서철원
숭실대학교 법과대학 교수
「리스본조약 발효 이후 EU의 국제투자관련 권한의 변경」(법학논총, 2015), 「최혜국대우 조항과 투자중재 요건과의 관계 재고: 혼란의 근본원인을 찾아서」(국제경제법연구, 2017), 「ICSID 협약상 투자의 의미」(국제법학회논총, 2010)

오승진
단국대학교 법과대학 교수
「소제기의 방식과 요건에 관한 연구」(국제법학회논총, 2015), 「선결적 항변에 관한 연구 − 국제사법재판소의 소송절차를 중심으로」(국제법학회논총, 2015), 「국제사법재판소에서의 입증책임의 분배」(국제법평론, 2014)

이성덕
중앙대학교 법학전문대학원 교수
『국제법』(공저, 한국방송통신대학교출판문화원, 2015), 「국제법상 국가의 단독행위의 개념 및 유형」(중앙법학, 2015), 「증정교린지(增正交隣志)를 통하여 본 朝鮮과 日本간의 交隣關係: 국제법사적 시각에서」(중앙법학, 2016)

이용희
한국해양대학교 해사법학부 교수
『대한민국의 해양법 실행』(공저, 일조각, 2017), 『한국의 신해양산업 부흥론』(공저, 두남, 2014),
『해양의 국제법과 정치』(공저, 연세대 동서문제연구원, 2011)

이재민
서울대학교 법학전문대학원 교수
『국제법 판례 100선(제3판)』(공저, 박영사, 2012), 『글로벌 시대를 위한 신통상법 및 통상정책』(공저, 박영사, 2012), 『국제법』(공저, 한국방송통신대학교출판문화원, 2015)

이창위
서울시립대학교 교수
「북핵 문제와 NPT 체제의 재검토」(국제법학회논총, 2017), 「해양과학조사에 대한 해양강대국과 연안국의 갈등」(국제법학회논총, 2015)

이태규
안양대학교 행정학과 교수
「국제재판상 지도의 증거력 – 카시킬리/세두두 섬 관련 사건을 중심으로 –」(국제법학회논총, 2012), 「국제법상 "Admissibility"에 관한 연구」(국제법학회논총, 2006), 「법의 지배 원칙의 세계화에 관한 연구 – 국제사법재판소 권고적 관할권 강화방안 재고론 –」(국제법학회논총, 1998)

전순신
동아대학교 법학전문대학원 명예교수
『판례연구: 국제사법재판소(Ⅰ)』(세종출판사, 1999), 『국제거래법무입문』(동아대학교 출판부, 2010), 「국제법상 선제적 무력행사의 합법성에 대한 검토」(법학논고, 2009)

정진석
국민대 법과대학 교수
『대한민국의 해양법실행』(공저, 일조각, 2017), 『국제환경법 주요판례』(공저, 박영사, 2016)

최철영
대구대학교 법학부 교수
「원록각서, 죽도기사, 죽도고의 국제법적 해석」(독도연구, 2017), 「미국의 재난법제와 군의 재난지원」(미국헌법연구, 2014), 「한일과거사 청산과 이행기 정의의 적용」(성균관법학, 2011)

※ 가나다순

영토해양 국제판례 연구

초판발행	2017년 12월 30일
지은이	동북아역사재단 독도연구소
펴낸이	안종만
편 집	김선민
기획/마케팅	조성호
표지디자인	김연서
제 작	우인도 · 고철민
펴낸곳	(주) **박영사**
	서울특별시 종로구 새문안로 3길 36, 1601
	등록 1959. 3. 11. 제300-1959-1호
전 화	02)733-6771
f a x	02)736-4818
e-mail	pys@pybook.co.kr
homepage	www.pybook.co.kr
ISBN	979-11-303-3133-1 93360

* 이 책은 동북아역사재단의 지원을 받아 간행한 것입니다.

정 가   29,000원